国家社会科学基金（批准号：14BJY025）

生态成本补偿与资源型企业税负公允性研究

程宏伟　彭　茜等　著

科学出版社

北　京

内 容 简 介

生态资源空间分布客观性与生态利益分配主观性的错位是生态矛盾产生与发展的根本原因，生态结构与利益结构的配比需要利益统筹。生态成本补偿是资源型企业发展的生态底线，也是资源型企业税负公允性判定的基本前提。生态成本补偿路径与补偿水平最终体现为企业的成本，影响企业的收益结构与资源型企业的税负水平。资源型企业税负公允能够使矿产资源在开发利用过程中各主体实现适度的、相对的、动态的利益平衡，直接影响企业发展能力、生态成本补偿能力、资源开发中的利益关系和谐度。本书以税负公允、生态治理为基础，提出化繁为简、征用统一、成本补偿、利益统筹的资源型企业税费改革基本原则，并设计具体改革方案。

本书适合于社会科学研究人员以及高校教师与学生阅读。

图书在版编目（CIP）数据

生态成本补偿与资源型企业税负公允性研究 / 程宏伟等著. —北京：科学出版社，2020.6

ISBN 978-7-03-064514-2

Ⅰ.①生… Ⅱ.①程… Ⅲ.①能源工业–工业企业管理–税负–研究 Ⅳ.①F810.42

中国版本图书馆 CIP 数据核字（2020）第 034294 号

责任编辑：王丹妮 / 责任校对：陶　璇
责任印制：张　伟 / 封面设计：无极书装

科 学 出 版 社 出版

北京东黄城根北街 16 号
邮政编码：100717
http://www.sciencep.com

北京虎彩文化传播有限公司 印刷

科学出版社发行　各地新华书店经销

*

2020 年 6 月第 一 版　开本：720×1000　B5
2020 年 6 月第一次印刷　印张：22 1/4
字数：450 000

定价：202.00 元

（如有印装质量问题，我社负责调换）

前　　言

　　资源型企业税费作为调节资源开发利益的重要经济手段，一直是各方利益主体关注的焦点。生态成本补偿是资源型企业发展的生态底线，也是资源型企业税负公允性判定的基本前提。生态成本补偿路径与补偿水平最终体现为企业的成本，影响企业的收益结构与资源型企业税负。资源型企业税负公允性直接影响企业发展能力、生态成本补偿能力、资源开发中的利益关系和谐度。围绕资源开发产生的利益冲突已经对社会稳定与区域科学发展产生了负面影响，亟须通过调整资源政策规范利益关系。

　　本书主要采用文献比较研究、理论演绎、社会调查、数据库查询、统计分析、演化与对策分析等方法，追踪国内外生态成本补偿与税负公允性的研究与实践动态，收集归纳资源型企业生态成本补偿与税负公允性的基础数据，测度资源型企业税负公允水平，构建资源型企业税负公允模型，设计税收与生态治理基金联动运作机制。数据采集运用社会调查与数据库查询相结合的方式，通过实地调研、问卷调查、访谈等方法，采集因典型矿区资源开采所产生的经济、社会、环境问题的第一手资料，获取生态成本补偿与税负公允性的现场数据；数据库查询主要是通过统计年鉴与报告、税费相关的国内外各级政府部门网站、国际组织、公司报告等途径获取各种数据。

一、本书的主要研究结论

　　资源型企业的生态问题实质上是资源收益分配不均的问题，资源型企业的核心问题在于资源利益结构的失衡。生态问题的本质是生态利益结构问题，生态问题的核心在于资源被不同的利益主体、利益结构享有。生态治理的本质是人类社会关系的治理。在矿业开采过程中，生态矛盾源于自然主体地位的缺失以及矿区居民利益缺乏足额补偿，解决生态矛盾的方法是建立公允的税费体系并合理使用，实现企业、政府、矿区居民生态利益的适度平衡。

（1）资源型企业税负公允是指在矿产资源开发利用的过程中，通过合理有效的税费调节，企业、政府、自然、矿区居民组成的利益结构间形成适度、相对、动态的利益平衡。而税收的本质是利益调节工具，脱离利益而言税收毫无意义，因此税收的核心问题在于"谁获得、谁享有、谁使用"，在于主体的成本与利益的配比，在于税费征收与使用的统一，使税费政策效益最大化，资源配置达到最优。税费用于调节生态矛盾的根本前提不仅在于公允的税费结构、税收水平，更需要规范税费的使用，提高税费的使用效益。在此基础上，以生态成本与企业税负水平为约束条件，进行政府与企业利益调节，构建资源型企业的税负公允测度模型，测度出资源型企业税负公允水平为 8.39%~12.09%。

（2）当前中国资源型企业税费种类繁多、税费结构不合理、税费征用不统一、信息披露不规范。本书通过构建资源型企业税负测度方法，对中国资源型企业税负水平进行测度发现，中国资源型企业税费共计 217 种。其中，税目 18 种（不含个人所得税，含环境税），行政事业性收费、政府基金、经营服务收费、政府专项收入等费目共计 199 种；在资源型企业税目中，特殊税费有 15 种（含资源税）。资源型企业的狭义总税负、广义总税负、延伸总税负分别为 16.13%、16.84%、17.01%，超出公允税负水平。生态类税负在有色金属与黑色金属矿采选业中所占比例较大，在煤炭开采和洗选业、石油和天然气开采业中所占比例较小。资源型企业税负存在国际差异、区域差异、行业差异、所有权性质差异，税费信息披露分散、标准不一，无法直观反映企业实际税负。

（3）生态类税费的生态治理效应不理想，生态信息披露有效性无法真实反映生态治理效果。当前生态类税负的整体生态治理效应有待提高，生态类税负不仅无法有效激励企业履行能源节约、减排、土地复垦、植被恢复义务，而且可能降低企业资源节约效应，原因在于政策制定与实际运行无法有效契合。尽管中国资源型企业生态类独立报告的发布比例显著提升，但生态治理效应未与之匹配，生态信息披露受外部环境与公司特征影响。

（4）资源型企业的生态成本应完全弥补资源开采造成的生态退化、资源耗减，但当前中国资源型企业实际承担的生态成本较低。本书通过建立生态成本测度体系，根据口径将生态成本划分为即期生态成本、递延生态成本和完全生态成本（即期生态成本为企业实际生态成本；递延生态成本考虑了经营活动造成的生态降级；完全生态成本将代际问题纳入考量），测度出中国资源型企业的即期生态成本、递延生态成本、完全生态成本分别为 6.02%、6.62%、8.21%。生态成本的提高会相对降低企业的营利能力，资源型企业承担全部生态成本不利于企业盈利，而缴纳的税费又远不足以弥补其生态成本。因此需要公允的税负水平，既使企业支付的税费接近其应当承担的生态成本，又对企业营利能力的影响较小。

（5）以税负公允为基础，从矿业开采利益协调、企业税收结构优化、生态治理效益提升等方面设计矿山生态治理综合机制。"化繁为简、征用统一、成本补偿、利益统筹"应当作为资源型企业税费改革的基本原则，其中，"利益统筹"是税费制度设计的核心理念。首先需要加快推进矿业税费结构性改革，构建公允的矿业税费结构体系。坚持税收中性和税收法定原则，在当前"清费立税"改革基础上进一步降低企业总体税负，对资源、环境、矿区居民补偿三大类税费进行清理合并，提高企业生态成本，促进生态治理。

（6）对矿业税费的会计处理提供配套改革，建立矿业税费信息及生态成本披露表，提高税费与生态治理信息透明度。增设"生态成本"科目，将企业发生的生态类税费计入成本，税前列支，实现真正的生态类税费成本内化。建立矿业企业税费表，包含税费基本信息表、税费现金流量表、税费负担和贡献率表；编制生态成本披露表，披露生态收益、生态成本、生态指标完成情况等信息，规范企业信息披露口径，提高政府监管与资源集约利用效率，为企业资源使用、环境治理等行为提供公众监督渠道。

（7）建立矿山生态治理基金综合体系，引入市场机制，全面提高矿山生态治理效益。将生态税费、恢复治理基金等统一纳入生态治理基金，提高生态类税费使用效率。成立基金公司独立法人，解决资源地人员分流问题，广泛吸收政府和社会资金，为基金运作提供人员与资金保障，实现矿山生态治理的社会化。推进第三方专业治理，引入矿山生态治理专业人才与先进技术设备，创建以"污染者付费，治理者获利"为原则的矿山生态治理市场。实行生态治理竞标机制，将矿山生态治理项目作为标的物，公开向全社会招标，引入金融机构，实现矿山治理的金融化。推进生态大数据建设、搭建智能监督平台、促进全民监督民众治理，实现矿山治理的民主化。有的放矢，因地制宜，保障安全的生态阈值，实现矿山治理的生态化。通过矿山治理的市场化、社会化、金融化、民主化、生态化，提高生态类税费的使用效益，最终实现社会利益、政府利益、经济利益、矿区居民利益、生态利益的有效对接和高度嵌入。

二、本书的研究价值

1. 学术价值

（1）生态经济领域。以生态经济理论与方法为基础，提出生态资源空间分布客观性与生态利益分配主观性的错位是生态矛盾产生与发展的根本原因，认为生态结构与利益结构的配比需要利益统筹，生态与经济的根本问题是社会利益结构错位在生态结构层面的反映；构建生态成本补偿与企业税负公允的分析框架，对资源型企业税负公允问题进行研究，对生态与经济协同发展问题进行拓展。

（2）公司税收领域。对于公司税负水平争议问题，提出税负公允概念，认为税负公允是无套利均衡条件下所有主体利益在适度、相对、动态的平衡状态下的税负水平；构建资源型企业税负测度体系，对资源型企业税负水平进行测度；构建资源型企业税负公允模型，以生态成本与行业平均利润率为约束条件，给出资源型企业税负公允判定方法；建立资源型企业税收基本数据库，为税负数据的连续动态积累提供基础，为学术研究提供系统数据资料。

（3）生态会计领域。对生态会计学科发展中的信息披露、成本计量等重要问题进行研究，提出生态信息披露有效性概念，认为生态信息披露有效性是信息规范性、决策有用性、治理有效性的统一，并构建生态信息披露有效性评价体系；提出生态成本补偿是生态结构优化的激励机制，将生态成本划分为即期生态成本、递延生态成本、完全生态成本，设计生态成本测度体系。

2. 应用价值

（1）矿山生态治理方面。针对矿山生态治理难题，以"谁治理，谁受益"为基本原则，构建税收与生态治理基金联动运作机制，通过市场化、社会化、金融化、民主化、生态化，解决矿山生态治理资金来源与资金运作问题、矿业人员分流问题、矿山生态恢复效果监管问题。

（2）生态类税制改革方面。针对资源型企业税费结构与税负水平问题，提出"化繁为简、征用统一、成本补偿、利益统筹"的税费改革思路，以测度的公允税负水平为改革参照，以现有税费结构为改革对象，从税目、税权、税率等方面，设计资源型企业税费结构，提出分期发展的阶段性改革目标，配套相应会计处理改革，为实现资源型企业税负公允提供改革路径。

（3）企业信息披露方面。针对资源型企业税费与生态信息披露问题，构建资源型企业税费信息与生态信息披露制度，设计税费信息披露表、生态信息披露表，为企业社会责任报告、环境报告、可持续发展报告等有关生态信息披露内容提供整合方案，为矿业权人信息公示制度与联动治理机制提供配套信息披露制度。

三、本书研究的局限性

税费种类统计不完全精确。由于政府信息披露的口径、方式、时间、地点等各不相同，故尽管花费大量时间与精力，但本书统计的数据不能做到完全准确，只能近似。

尽管本书比较系统地总结了国内外税费改革动态，以及相关学者研究成果、企业与部门的建议，提出税费改革思路，但资源型企业具有区域地质条件的差异性，所在地区的经济社会发展程度不同，地方政府具体治理方案存在不一致，本书提出的改革方案在应用实践方面受到一定限制，具体使用效果有待较长时间的验证。

税负公允水平只在暂时条件下成立。鉴于矿业开采利益矛盾处于动态变化之中，利益主体之间的调节能力在相对调整，导致税负公允水平测度的约束条件在未来发生变化，税负公允水平将会动态调整。

四、税负公允领域需要继续研究的相关问题

生态产权基础理论需要直面现实问题进行发展。源自"公地悲剧"而提出的外部性、庇古税、社会成本等概念与理论演绎呈现精巧的自洽性，逐渐囿于一种理论的自身演化，而与社会实践完全隔离，成为一种自我封闭的概念体系，已经无法从根本上为生态问题的解决提供全新的理论给养。需要回到问题的本源，遵循生态结构、社会结构、利益结构、等级结构的逻辑，从人的问题寻求生态问题的解决之道。

公司税负水平的参照物选择需要在国际比较、产业周期、法律与税收环境等综合分析的基础上确定适度标杆。因此需要研究者进行数据库建设，构建计量模型，分析社会文化、法律环境、税收环境与生态治理的关系。

公司税负在宏观与微观相结合的背景下进行系统性研究。对生态经济学、公共治理与企业社会责任、税收行为和生态会计进行整合性研究，需要构建基础理论框架，提炼核心概念，分析经典案例，形成研究范式。

本书从社会运行的内在问题反观人与自然的问题，期望生态矛盾的化解过程是人性的自然归化。对于书中存在的不足之处，恳请读者朋友不吝赐教。

程宏伟

2019 年 11 月 29 日

目　　录

第1章 税负争议的基本问题

1.1 税负争议的背景

资源问题本质上源于对经济利益的争夺[①]。人类没有一种活动能够脱离资源进行，也没有一个问题能比利益更容易引起关注。税收作为社会财富与利益结构的调节工具[②]，不仅是一个经济问题，更是政治哲学与生态伦理学问题。自环境问题纳入公共管理范畴，税收就被广泛用于解决环境负外部性[③]。资源型企业（resource-based enterprise）税收作为调节资源开发利益的重要经济手段，一直是各方利益主体关注的焦点，而资源税费改革更是主要矿业国的资源政策焦点与研究热点（Blackwell and Dollery，2013）。2012 年澳大利亚开征的矿产资源租赁税（mineral resources rent tax，MRRT）引起了广泛争议，甚至引发 FMG（Fortescue Metals Group Ltd.）集团控告澳大利亚联邦政府推出的 MRRT 违反宪法一案，最终在企业普遍反对中 MRRT 仅实行了两年就退出历史舞台。中国通过长期改革探索与实践，初步建立了以资源税、矿产资源补偿费[④]等为基础的资源开发利用税费体系，但是关于资源税费改革的实践探索与学术研究仍在深化，特别是生态环境问题的日益加重凸显了资源税费改革的紧迫性。在生态利益、政治利益、经济利益等多重利益矛盾交织的背景下，作为资源开发利用主体的资源型企业的税负公允性如何判定？

[①] 丽丝（2002）提出"所有资源问题本质上产生于资源及从中得到的福利随时间和空间在各集团之间分配方式的冲突"。

[②] 瓦格纳提出税收是一种调节工具，调节国民收入或对社会财富进行再分配（坂入长太郎，1987）。

[③] 经济合作与发展组织（Organization for Economic Co-operation and Development，OECD）统计，2008 年，OECD 国家中平均环境税收约占国内生产总值（gross domestic product，GDP）的 2%，占税收收入比重约为 6%（经济合作与发展组织，2011）。

[④] 矿产资源补偿费自 1994 年起根据《矿产资源补偿费征收管理规定》（1994 年 2 月 27 日国务院令第 150 号）开始征收，2016 年财政部、国家税务总局公布的《关于全面推进资源税改革的通知》（财税〔2016〕53 号）要求将矿产资源补偿费费率降为零。

无论国外或国内，无论何种行业，税负争论从未停止[1]，主要体现为五个方面：第一，税与费的关系，目前各方对税种达成共识，但关于费用种类的分歧较大，因为费在更大程度上受地方政府影响；第二，税收的基本特性（强制性、无偿性、固定性）在现实中由于政府补助、税收返还、税收减免等政策优惠使企业的实际税负水平存在巨大差别；第三，费主要由地方政府征收管理，且不具有税的基本特性，因此具有更大的议价空间；第四，会计与税收差异在实际中被企业用于税收筹划（技术层面的筹划与税收游说）；第五，企业披露的税负水平与实际税负水平存在差异。

税负争论的产生在于税负测度存在三个差异。第一，对企业税负水平测度进行确定时存在口径差异。在税率计算公式的分子上体现为企业税负包含哪些税、哪些费、是否扣除税收优惠等，在分母上体现为以什么作为基数进行度量。第二，在企业税负数据提取上存在时间差异。应交税费、未交税费、预交税费、已交税费、递延税费如何在数据提取时有效反映。第三，这些问题导致宏观税负与微观税负在口径上无法完全协调。政府部门披露的税负水平、国际组织报告的税负水平、企业披露的税负水平有何差异[2]，差异产生的原因以及如何看待这种差异。这些问题综合导致税负水平测度成为备受关注的话题。税负水平测度口径与方法的差异引发关于宏观税负比较、行业税负比较、企业税负比较的研究，研究成果的显著差异引起社会舆论的广泛关注。

然而，从技术层面比较税负水平是个伪命题[3]。税负水平测度只是税负公允（tax fairness）的一个构成。税收问题研究的重点不仅在于税负水平的高低，更在于公允与否，在于能否有效反映各利益主体的权利主张，在于是否得到有效使用。资源型企业的税负公允与否体现于税负是否有利于生态治理、企业发展，以及统筹矿业所在地的政府、企业与当地居民的关系。取之于民用之于民、成本补偿、利益统筹是税负公允的核心内涵。

税负之争实质反映了中国现行税费体制下各利益主体的利益诉求。税负问题产

---

① 2016 年底至 2017 年初，以福耀玻璃工业集团股份有限公司和杭州娃哈哈集团有限公司的税负水平问题为契机，社会各界对税负公允性问题展开热议。

② 自 2002 年起，福布斯"税收痛苦指数"就将中国列为全球税收负担最重的国家之一。世界银行和普华永道统计，2016 年中国总税率（占商业利润的百分比）为 68%，位居全球第 13 位，高于全球平均税率（为 40.6%）27.4 个百分点。但政府称中国税负处于中等水平。《财政部有关负责人就企业税费负担问题答记者问》中解释道，中国企业所得税和增值税在国际上属于中等水平（中华人民共和国财政部. 财政部有关负责人就企业税费负担问题答记者问. http://www.mof.gov.cn/zhengwuxinxi/caizhengxinwen/201701/t20170105_2515416.htm，2017-01-05）；中国官方认为中国总税率被估计虚高（第一财经. 中国企业税负全球第12? 主要是劳动力税率高. http://www.yicai.com/news/5192555.html，2016-12-27）；国家税务总局税收科学研究所所长李万甫认为中国宏观税负水平总体处于较低水平（中国新闻网. 专家：中国宏观税负水平总体较低. http://www.chinanews.com/cj/2016/12-21/8101036.shtml，2016-12-21）；等等。

③ 皮凯蒂在《21 世纪资本论》中也曾阐述过这种观点，"税收不是一个技术问题。它很大程度上是一个政治和哲学问题，也许是最重要的政治问题"（皮凯蒂，2014）。

生于利益主体的利益诉求和议价能力的差异。资源型企业的经营活动涉及的利益主体众多，矿产资源的开发利用既是利益流动的过程，也是成本补偿的过程。矿产资源开发利用的"主体-利益-成本"结构如图 1-1 所示。在未曾开发的矿区，居民依赖自然界中的水、土地、空气等资源生存，投入劳动力，通过农林牧渔等方式改造自然。企业介入后，便打破了这种初始状态。企业投入资本、劳动力、技术等生产要素，通过勘探开发获取自然界中的资源，尤其是将不可再生资源转化为商品，从而与矿区居民对资源利益的享有权发生冲突，因此企业生产实质上源于自然与居民利益的让渡。为调节企业资源开采与居民利益矛盾，政府作为市场交易的监管者和公共秩序的维持者，向企业与居民收取税费作为财政收入，通过税费的征收、分配与使用，为全社会提供公共服务，同时依据产业发展需求，对企业给予相应补助与税收优惠。因此自然资源间接流向政府，政府有义务对自然进行保护与治理，维持生态基本功能[①]。在此利益结构[②]中，利益交换的供给方发生成本，接收方获得收益，任何一方利益的最大化势必侵害另一方的权益，因此资源型企业的税费实质上是调节矿业开采利益的手段。企业的成本收益体现为经营成本与利润，矿区居民的成本收益部分体现为劳动力成本与收入，政府的成本收益体现为财政收入与支出。自然的成本直接体现为生态的自身修复代价，即生态成本（ecological cost）。征税的目的就在于确保所有利益主体的"利益-成本""损失-补偿"的配比，即一切利益的获取均以成本的付出为前提，而一切损失均有所补偿。

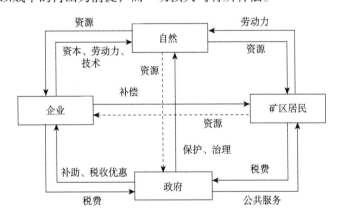

图 1-1　矿产资源开发利用的"主体-利益-成本"结构

① 当一种稀缺资源被多人共同享有使用时，环境就会发生退化，这就是加勒特·哈丁（Garrett Hardin）提出的"公地悲剧"。霍布斯、里奥德、戈登、戴斯也均在他们的著作中阐述该现象与逻辑，戈登在《渔业：公共财产研究的经济理论》中论述道："属于所有人的财产就是不属于任何人的财产……所有人都可以自由得到的财富将得不到任何人珍惜。"因此需要公共治理约束经济人行为，避免资源滥用与环境破坏（奥斯特罗姆，2000）。

② 此外，资源型企业还涉及供应商、消费者、员工、环保团体、竞争者等众多利益相关者，但本书认为企业、自然、政府与矿区居民是资源型企业资源开发利用过程中最核心的利益主体。

资源型企业税费除具有一般企业税负共性作用之外，还兼有生态修复与资源利益再分配的功能。生态问题与其说是人与自然间的问题，不如说是人与人、利益群体之间的矛盾与调节问题。中国资源型企业所在地一般经济发展落后、人民生活水平低、企业与矿区居民掌握的资源严重不对等，居民处于弱势地位，自然环境缺乏具有足够利益关系调节能力的代理人，导致缺乏有效监管与约束机制的企业肆意破坏环境，对矿区居民生活质量与环境造成严重损害。只有公允的税负才能消除这种掠夺，使利益主体处于平等地位。

资源型企业的税负公允直接反映资源型企业利益的实现程度与企业发展的积累水平，因此，资源型企业税负调整需要统筹考虑生态成本补偿主体、补偿客体、补偿资金来源，明确资源型企业税负用途比调整税负水平更为关键。

尽管资源型企业税负过重在政府、企业、社会中已达成共识[1]，但税费种类统计、税费负担水平、税费信息披露方面仍存在分歧。与此同时，产能过剩、产业升级、生产成本上升、产品价格波动、国际竞争加剧、新能源进入、生态治理监管加强等行业变化威胁着中国资源型企业的生存与发展[2]，如何在保障企业发展的前提下督促企业有效进行生态治理、平衡矿业开采利益，是当前中国资源型税费政策面临的难题与挑战。

在此基础上，本书旨在研究资源型企业的生态成本补偿（ecological cost compensation）与税负公允性问题，拟解决的关键问题包括税负公允与生态成本补偿的概念界定、资源型企业税负水平与生态成本的测度体系构建、税负公允模型的建立以及公允税负水平的确定，探究当前中国矿山生态环境治理与税费制度、结构、负担水平、用途中存在的问题，探究问题产生的根源，并提供解决路径。

1.2 税负争议的研究动态

资源型企业总体税负。Siegfried（1974）开创了资源型企业税负实证研究，他

---

① 以煤炭开采和洗选业为例，2013 年国务院发布的《国务院办公厅关于促进煤炭行业平稳运行的意见》（国办发〔2013〕104 号）中提出减轻煤炭企业税费负担的意见。企业与社会方面，伊泰集团、山东能源集团、阳泉煤业、中国煤炭工业协会、中国煤炭经济研究院等企业、行业组织与研究机构均认为中国煤炭开采和洗选业税费繁多、税负过重。（具体参见：王丽丽. 煤炭税费负担，究竟有多重？http://www.coal.com.cn/News/324460.htm，2012-10-11；赵春燕. 煤炭税费"糊涂账"？不少于 109 项 标准不一. http://www.nbd.com.cn/articles/2014-10-10/867911.html，2014-10-10.）

② 从 2010 年起，全球最大的 40 家资源型企业的市值不断下降，杠杆不断上升，并在 2015 年达到峰值。2012 年，这 40 家资源型企业市值为 1 600 亿美元，而 2015 年市值仅为 494 亿美元；2015 年的杠杆率较 2010 年增加了 40%。具体参见 O'Callaghan J，Fitzgerald L，Guilbault M. Mine 2017. https://www.pwc.com/gx/en/industries/energy-utilities-mining/mining/publications/mine-2017.html，2017-06-05.

计算了采掘业和生产行业［按美国国家税务局（Internal Revenue Service, IRS）行业代码］1963 年整个纳税年度的平均有效税率（effective tax rate, ETR）（国内、国外、州和当地应付所得税除以调整时间性差异后的税前账面收益）。沿用国外 ETR 的研究思路，王延明（2003）对中国上市公司的 ETR 进行研究得出行业间所得税的实际负担具有差异：农林牧渔、电子制造、交通运输、仓储、木材、家具制造等行业的 ETR 相对较低，而采掘、食品饮料、石油化工、医药、建筑、批发和零售贸易、房地产、社会服务等行业的 ETR 相对较高。刘羽羿（2003）对比国内外税收制度和税负后，指出中国矿产资源企业税负高于国外同类型企业。中国煤炭工业协会和中国煤炭经济研究会（2003）、中国有色金属工业协会课题组（2004）的研究得出了类似结论：中国资源型企业税负较重，原因在于所得税、增值税、资源税、资源补偿费的征收。李国平和张海莹（2010）对此给出了新的证据：2004~2008 年，采矿行业的总体税负率均大于制造业和电力、燃气及水的生产供应业，2004~2008 年采矿行业资源税税负率分别为 0.92%、0.95%、1.07%、1.10% 和 0.87%。张鹏（2016）进行案例比较研究发现在税费改革后，中国铁矿开采企业税负仍为同类国外企业的 2.15 倍。

生态类税费与共性类税费的关系。单独研究资源税的大部分学者认为资源税税率偏低，而全面考虑资源型企业税收体系的学者则认为资源型企业整体税收过高，且资源税税率偏高是导致该结果的主要原因之一。段治平等（2005）研究发现中国资源型企业总体税费率比国外高 6%，在资源型企业税费总额中占 66.50% 和 11.44% 的增值税和资源税是造成该结果的主要原因。张云（2007）认为是过高的增值税和所得税给企业带来沉重的成本负担。张伦俊和李淑萍（2012）认为税负较重表现为应交增值税税负和主营税金税负两者均超出全国平均水平，或其中一项远超全国平均水平，纳税增长超出增加值或主营业务收入的增长。曾先峰和李国平（2013）认为中国矿产资源的税费制度存在结构性扭曲，一般税费负担过重，而对资源耗竭的跨代外部成本与环境负外部成本的补偿率偏低。学者们在资源税税率、费率、税费结构、税负水平等问题认识上存在差异。

资源税费体制。学者们总体上认为现行的资源税费体制存在局限性。在整体税收结构上，资源税费定位不科学，资源税费关系混淆，征收不规范（孙钢，2007）。细分到煤炭开采和洗选业中，煤炭资源税费制度中存在税费关系界定不清晰、相关税费体系不合理、收费改革进展缓慢、普适性税费负担重、特有税费负担偏轻等问题（李英伟，2013）。税权划分存在局限性，地方财政紧张，不能从税收上解决补偿资金的来源问题，转而寻求收费渠道，产生形式多样的税外收费，加重企业负担（马衍伟，2009）。在税费财政分配上，缺乏规范区域间横向税收分配关系的制度性安排，在资源开发区域性的越界税收问题上，税收法规对"纳税地点"的模糊判定，造成资源地与外来投资总机构所在地政府之间流转税税收管辖权发生冲突，致使资源地税收流出（黄比智和霍牟，2004）。

资源税费改革。税费改革是学者共识，但提出的解决方式却不尽相同。目前资源税费的设计让地方政府更容易形成"资源开采-税收收入"而非"资源消耗、环境破坏-经济补偿"的逻辑认识，如此不可避免造成负向激励（朱权和张修志，2013）。资源税与费的关系成为改革的核心问题，由此形成了费改税、税费并存等多种观点。与主张费改税的观点不同，文正益（2011）认为，关于资源税取代资源补偿费的理论不可行。高小萍（2007）认为目前仅仅依靠税费改革无法解决资源利益分配问题，需要建立价、税、费、租的联动机制。张复明（2009）则认为应对矿产开发的负效应补偿进行合理划分，并建立与之对应的红利、税、费等补偿方式。李英伟（2013）提出通过重新梳理煤炭资源税费关系，使资源税费承担起一般资源税和级差资源税的重任。曾先峰和李国平（2013）认为应减少矿业企业的一般税费，并按照完全补偿两个外部成本的要求提高资源税费与环境税。李香菊和祝玉坤（2014）提出改革中国采矿业税制政策建议：优化税制结构，建立与矿产品价格变化相适应的弹性税制；完善和优化采矿业增值税和所得税政策；制定适度的采矿企业税收优惠政策，适时开征矿山企业环境税；加强税收征管，重点防范中央企业内部转移定价问题。同时，学者们认为在税权划分、税收分成等方面需要进行同步改革。

现有研究对资源型企业的税负公允性问题进行了广泛研究，并提供了解决思路，但仍存在以下问题。

（1）资源型企业税负水平测度方法、计算口径、比较对象等存在差异，对于资源型企业税负水平的判定结论不一致。

（2）资源型企业税负的个别税费与整体税费缺乏系统性研究，研究资源型企业单一税费的较多，研究资源型企业税负结构及其内在关系的偏少。

（3）孤立地研究资源型企业税负，没有将资源型企业税负与生态成本补偿等关键问题有机地结合起来。

（4）对于资源型企业税负与资源型企业发展能力没有进行整合性研究。

（5）对于资源型企业税负的公允性缺乏合理的判断标准，资源型企业税费改革研究理论依据不一致，税率、费率比例调整缺乏合理的数量依据，没有充分考虑改革后果的可预测性。

1.3 税负争议的相关概念

本书涉及的与税负争议相关的关键概念有税负公允、生态成本补偿、资源型企业。

1. 税负公允

西方最早系统阐释税赋的理论是 1662 年威廉·配第提出的"税赋利益说"（配第，1963），即纳税人承担的税赋由其在公共秩序中所享受的权益决定，税是一种人民财富的转移。庇古（2006）认为税是解决外部性的一种手段。"调节税的目的是要填补由外在性因素造成的差额而产生，并且随着它发生变化的私人成本与社会成本之间的差距"（伊特韦尔等，1996）。"费"包括行政事业性收费、政府基金、政府专项收入等。但二者都是纳税人财富的转移。在环境研究中，税与费的界限更为模糊，均可以理解为对环境废弃物处理的一种支付（经济合作与发展组织，1996）。因此本书所言"税"等同于税费，"税负"指的是税费负担。

明确本书的公允概念，首先需要在语义上区分公允与公平。"公允"对应的英文单词为"fairness"，"公平"对应的英文单词有"fairness""equity"[①]。西方经济学中，"equity"与"efficiency"（即公平与效率）是"fairness"的一体两面。当人们谈及公平时，与之相对应的是效率，公平与效率是人类社会生产、市场交易中的两个对立面，而本书所探讨的利益平衡绝非牺牲效率基础上的绝对公平，因此使用"公允"（fairness）一词更能表达本书的核心思想。

"公允"在哲学、社会学、经济学、法学中均被使用。哲学与社会学中，正义即公允（Rawls，2005）。经济学未对"公允"进行权威定义，但借助国际财务报告准则（International Financial Reporting Standards，IFRS）中"公允价值"的定义——"有序交易中市场参与者在计量日自愿出售一项资产所收到或转移一项负债所支付的价格"（The price that would be received to sell an asset or paid to transfer a liability in an orderly transaction between market participants at the measurement date）[②]，可以发现，经济学家认为公允的核心内涵在于"市场""有序""自愿"。此外，公司法中的"真实而公允"（true and fair view）作为英国、中国香港、欧盟国家财务报告编制的最高要求（王德宝和仇林明英，1995）是降低信息不对称的有效途径。可以认为，"真实而公允"是确保交易者平等自愿地在有序市场进行交易的前提。

在传统公允理念的基础上，本书从三个维度解读"公允"：利益结构适度范围内动态的相对平衡；公平、效率与效益的有机统一；人与自然的高度耦

[①] 例如，"公平理论"（equity theory）、"横向公平"（horizontal equity）、"纵向公平"（vertical equity）。

[②] International Accounting Standards Board. IFRS 13—Fair Value Measurement. https://www.iasplus.com/en/standards/ifrs/ifrs13，2013-12-12.

合。根据一般均衡理论，在市场信息完全对称、不存在不确定性、无虚假交易、资源总量恒定、参与方完全按照自身意愿进行交易的假设前提下，当一方的生产与交易不以另一方的损失为代价时，就实现了生产与交易的一般均衡，此时效率达到帕累托最优。而这种不以另一方损失为代价的效率就体现了公平，即"公平=帕累托最优"，这种最优既是资源配置效率的最优，也是利益结构的最优，公平与效率得到统一。然而现实中市场难以达到一般均衡所要求的假设状态，即信息不可能完全对称、参与方议价能力存在差异，从而产生虚假交易，导致市场效率损失，均衡点受各种因素扰动而产生波动。因此一般均衡理论中绝对的均衡点（即绝对的公平）在现实中体现为适度范围内的波动，用埃奇沃斯盒状图（Edgeworth Box）表示如图 1-2 所示。假定市场中只有交易，没有生产，不存在虚假交易，A 和 B 是市场中的两个交易者，并且完全按照自身意愿进行平等交易。市场中现有两种商品 X 和 Y，总量分别用盒子的高度和长度表示。盒子中的每一点表示 A 与 B 通过交易形成的商品组合。当 A 与 B 通过交易形成的商品组合落在对角线 L 上时，交易实现均衡。但在非强势有效市场中，存在市场摩擦，因此均衡点围绕 L 在相对较小的范围内波动。

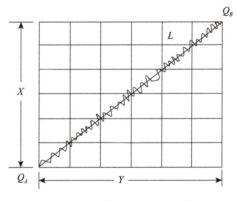

图 1-2　绝对均衡与相对均衡

借鉴均衡理论，本书认为"公允"是市场机制中要素价值的合理体现，是空间范围内效率实现基础上的一组动态的、相对的利益结构之间的平衡。公允与公平的区别在于公允是一个相对概念，不追求绝对的公平，而强调一个特定时间范围内小幅度波动的平衡。并且公允并非一成不变，它会随着经济周期、社会变迁等宏观因素发生动态的自我调节，以适应新的宏观环境。

长期以来经济学讨论的"效率"反映了工业时代人们对经济发展的单一追求。然而在生态问题凸显、环境矛盾突出的当下，一味追求速度只会恶化生态问题、加速人类灭绝，这要求在追求效率的同时，应更注重"效益"

（effectiveness）[1]。效率与效益的关系如图 1-3 所示。效率追求的是生产要素的投入产出比，即如何用最少的投入获得最大的产出，而效益强调生产要素投入与目标产出的配比。效果是产出实现目标的正当性程度。实际产出固然重要，但符合预期才是生产最初的意义。因此本书认为公平、效率与效益的有机统一，即"公允"，是生态文明背景下企业发展与市场交易的需求。

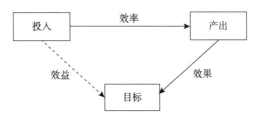

图 1-3　效率与效益的关系

税负公允是公允概念在税收理论中的具体体现。税收公平理论要求税负水平与能力匹配，提倡人与人之间的平等[2]。考虑到资源型企业税费特点，本书提出税是调节经济、社会、生态和政府利益的工具[3]。税费争论的产生在于与企业、政府、社会之间观点的对立，不在于某一种或某一类税费的高低或存废，真正的矛盾焦点在于征收的税费是否使用（税负的效率），能否更好地为公众服务，是否促进了社会和谐、利益结构的平衡（税负的效益）。资源稀缺性与理性经济人导致利益冲突，而税收正是利益主体间的调节工具。基于税收公平思想，本书认为税负的公允性不局限于人类社会，更强调人与自然的有机统一，体现为经济利益、政府利益、社会利益、生态利益的有效统筹。

本书将"税负公允"定义为无套利均衡条件下所有主体利益在适度、相对、动态的平衡状态下的税负水平。税负公允既是一个过程，也是一个状态。其过程体现于调节利益主体间利益冲突的税费的征收与使用；其状态体现于各利益主体利益诉求的满足。资源型企业的税负公允是指在矿产资源的开发利用过程中，通过合理有效的税费调节与成本补偿，企业、政府、自然、矿区居民组成的利益结构间形成适度、相对、动态的利益平衡。资源型企业税费制定的理论基础源自庇

---

[1] 效益也称为有效性。效益的评价在管理学中已有使用，绩效评估中提出"3E"（economy、efficiency、effectiveness）原则。《从摇篮到摇篮：循环经济设计之探索》（Cradle to Cradle: Remaking the Way We Make Things）中也认为在生态治理中，追求"生态效益"比"生态效率"更为重要（麦克唐纳和布朗嘉特，2005）。

[2] 例如，配第认为纳税比例相同即公平，尤斯梯、亚当·斯密要求税负水平与能力配比，萨伊认为税收的公平性体现为税赋全民承担。

[3] 税收调节是一个动态的空间概念。在时间上，税收调节体现为企业经济利益与历史遗留生态问题、未来生态保护的调节；在空间上，税收调节体现为企业缴纳的税费被集中用于一定空间范围内的生态治理。本书将专项用于生态治理与保护的税费称为生态类税费。生态类税费包括因资源开采、消耗、使用所产生的资源税费，因环境污染、环境保护产生的环境类税费，以及由于矿区居民利益受损而对企业征收的用于补偿居民损失的居民补偿类税费。

古税。在庇古税下，"税收将污染的边际损害等同于治理污染的边际成本"，但由于生态类税费在实践中仅为一项要素税，与其他税费相互作用（经济合作与发展组织，2011），实际效果偏离预期。因此本书认为绝对公允的税负水平是不存在的，它会小范围波动，但最终稳定为一个值。

2. 生态成本补偿

生态是具备自我修复与自净能力的系统，但这样的修复与自净力并非是可以无限承载的。资源型企业开采超出了生态承载的临界点便会造成生态降级，从根本上对矿区的生态结构和功能造成破坏，使其长期失去自我净化和恢复的能力，严重损害矿山的生态环境甚至无法补救与逆转。正如公允是一个相对概念，本书提倡的生态治理也是有限度的生态治理。人类生产活动对自然的影响应维持在一个可持续发展的生态阈值之内，既不能停止一切对自然造成负面影响的活动，也不能因人类生产而损害生态的自我修复能力。

中国自古便有"与天地相参"①的思想，意在人与自然相辅相成，协调发展，和谐进化。《礼记·祭义》中"树木以时伐焉，禽兽以时杀焉"②更是强调了资源的永续利用。基于当前生态恶化已经逼近生态不可逆转的临界点，急需对边际环境影响增量进行严格意义的补偿。生态补偿包括对已破坏生态的治理补偿、预防和保护性投入、外部性内部化的部分等。这些补偿共同形成了生态成本，即预防或解决对自然生态各类功能的污染与破坏所需要的全部可见与潜在的成本或费用。在生态成本中，最基本、最主要的就是对已破坏生态的治理补偿，这是资源型企业在生产经营活动中必须遵守的生态底线，本书将其称为生态成本补偿。生态成本补偿是资源型企业发展的生态底线，也是资源型企业税负公允性判定的基本前提。生态成本补偿路径与补偿水平最终体现为企业的成本，影响企业的收益结构与资源型企业税负。生态成本补偿根本上是人类对人性的自然回归。

3. 资源型企业

资源型企业是本书的研究对象。根据全国科学技术名词审定委员会的定义，矿产资源指由地质作用形成的，在当前和可预见将来的技术条件下，具有

---

① 《灵枢》岁露篇："人与天地相参也，与日月相应也。""参"的含义如下：天、地、人三者相互作用，兼利万物。

② 出自《礼记·祭义》："曾子曰：'树木以时伐焉，禽兽以时杀焉。'夫子曰：'断一树，杀一兽，不以其时，非孝也。'"把保护自然上升为道德行为的高度，是一种对自然资源永续利用的观点。

开发利用价值的，呈固态、液态和气态的自然矿物。中国证券监督管理委员会（以下简称中国证监会）《上市公司行业分类指引（2012 年修订）》中将从事"对固体（如煤和矿物）、液体（如原油）或气体（如天然气）等自然产生的矿物的采掘；包括地下或地上采掘、矿井的运行，以及一般在矿址或矿址附近从事的旨在加工原材料的所有辅助性工作，例如碾磨、选矿和处理，均属本类活动；还包括使原料得以销售所需的准备工作；不包括水的蓄集、净化和分配，以及地质勘查、建筑工程活动"的行业称为采矿业，并将采矿业细分为煤炭开采和洗选业、石油和天然气开采业、黑色金属矿采选业、非金属矿采选业、开采辅助活动、其他采矿业。

在以上六个子行业中，与另外四个子行业相比，非金属矿采选业、其他采矿业的税费负担与生态问题不是行业与社会发展的主要矛盾，并且开采辅助活动并不直接涉及矿山开发与资源开采，因此不在本书研究范畴内。为避免混淆，本书将煤炭开采和洗选业、石油和天然气开采业、黑色金属矿采选业的企业统称为资源型企业，意为从事矿产资源（特指煤、石油、天然气、金属矿物）的采掘生产活动的、主营业务为矿产品销售的企业。

1.4　税负公允的研究方法与内容

本书主要采用文献比较研究、理论演绎、社会调查、数据库查询、统计分析、演化与对策分析等方法，追踪国内外生态成本补偿与税负公允的研究和实践动态，收集归纳资源型企业生态成本补偿与税负公允的基础数据，构建资源型企业税负公允模型。

运用文献比较研究，对国内外资源型企业税负公允性的相关理论研究成果、实践动态进行比较分析，从税负理论、制度、结构、水平、用途、测度等维度进行国际比较；广泛整理生态成本补偿相关文献，掌握国内外生态成本补偿理论与实践动态。为中国资源型企业的税负公允分析提供参考借鉴，为税负公允的模型建立提供理论与实践基础。

采用理论演绎，以资源型企业经济利益、政府利益、生态利益、矿区居民利益冲突为切入点，探索当前中国资源型企业税负争端的核心问题与演化机理，以及生态成本补偿问题形成的内在原因；以利益统筹为核心，构建侧重经济利益与生态利益动态平衡的资源型企业税负公允模型，为资源型企业税负评价提供基本分析工具；以"实证检验-理论分析-模型推演"为分析框架，对中国现有生态类税费政策在生态治理中的实际效应进行分析评价；围绕矿区生态治理、企业发展、政府监管、矿区居民诉求等提出对策建议。

数据采集通过社会调查与数据库查询结合的方式。

社会调查主要采用实地调研、问卷调查、访谈等方法，对典型矿区的资源开采所产生的经济、社会、环境影响采集第一手资料与数据，分析矿产资源开发活动中企业发展与矿区生态环境之间的利益冲突，为生态成本补偿与税负公允性提供现场数据。

数据库查询主要通过统计年鉴与报告、税费相关的各级政府部门网站、国际组织、公司报告等途径获取各种数据。

第一，以《中国统计年鉴》《中国矿业年鉴》《中国税务年鉴》《中国国土资源年鉴》《中国环境统计年鉴》《中国矿产资源报告》《中国环境状况公报》等统计年鉴与权威报告为依据，获取相关宏观数据。

第二，税费相关的各级政府部门网站。对我国 361 个省、市级行政区（不含香港、澳门、台湾）的政府部门网站披露的与资源型企业税费相关的资料进行整理，主要涉及国土资源网、人民政府网、国家发展和改革委员会官网、物价局官网、财政局官网、生态环境部官网等。通过美国、澳大利亚、加拿大、印度等主要矿业国政府官方网站查询法律法规、税费制度、矿山治理等资料。

第三，商业数据库。借助国泰安数据库（China Stock Market & Accounting Research Database，CSMAR）、万得资讯（Wind 资讯）、RESSET 金融研究数据库（以下简称 RESSET）、润灵环球责任评级数据库（Rankins CSR Rating，RKS）等，获取公司相关数据。

第四，国际组织数据库与报告。通过经济合作与发展组织、世界银行、国际采掘业透明度行动计划秘书处（Extractive Industries Transparency Initiative，EITI）、国际矿业与金属业协会（International Council on Mining and Metals，ICMM）及其他国际权威组织获取生态治理与税费制度资料。通过国际财务报告准则、全球报告倡议组织（Global Reporting Initiative，GRI）等政府与组织官方网站获取会计处理与信息披露相关资料。

第五，公司报告。通过巨潮资讯网、上海证券交易所（以下简称上交所）官方网站、深圳证券交易所（以下简称深交所）官方网站等信息披露平台获取企业与行业数据。

统计分析。运用 Stata、AMOS、SPSS、Matlab 等软件，对生态成本补偿与资源型企业税负水平进行测度，对税费的生态治理效应进行实证检验，构建资源型企业税负公允模型，确定税负公允水平，为资源型企业生态治理与税负公允研究提供宏观与微观数据支撑。

演化与对策分析。以矿山环境治理恢复保证金为代表，探讨当前中国的生态治理困境，揭示困境形成的根本原因，为税负公允性模型的建立提供依据。

本书主要的研究思路：以资源型企业的税负公允为问题导向，提出税负公允概念，建立税负公允模型，以税负公允模型为基础，在深入挖掘资源型企业税负的理论和实践动态的基础上，对中国资源型企业税负与生态成本现状及生态治理效应进行分析，并提出资源型企业税负公允综合机制设计方案。研究思路如图 1-4 所示。

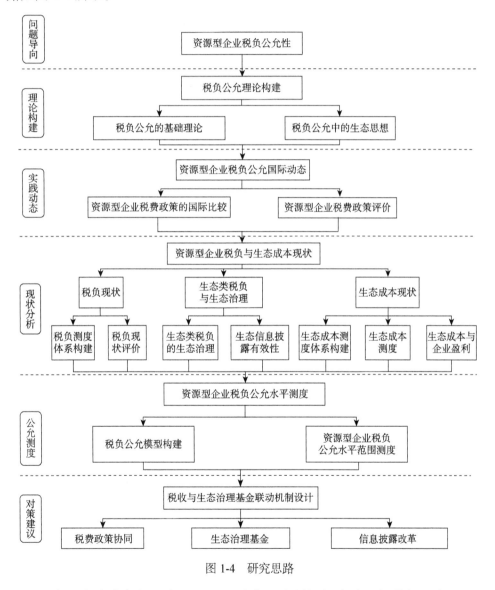

图 1-4　研究思路

本书研究内容包括：资源型企业税费理论渊源与演进逻辑分析、资源型企业税费改革国际动态与税费体系合理性评价、资源型企业税负测度体系构建、资源型企业税负现状评价、生态类税费与资源型企业生态治理效应、资源型企业生态信息披露有效性评价、资源型企业生态成本现状评价、资源型企业税负公允模型构建及水平测度、税收与生态治理基金联动运作机制设计。具体内容如下：

资源型企业税费理论渊源与演进逻辑分析。对国内外基本税收理论的系统归纳和演绎进行内在逻辑提取，比较分析税收理论中的公允思想，着重比较税负对生态治理的作用，理清税负在利益分配中的调节原理，为税负公允模型构建与水平测度提供理论支撑。

资源型企业税费改革国际动态与税费体系合理性评价。资源型企业税费征收的制度设计与实施效果的国际比较；主要矿业国税收制度在优化资源开发利用、规范资源型企业资源利益分配、生态补偿等方面的功能效应；中国资源型企业税费的历史沿革与实施效果分析。通过比较分析，明确中国资源型企业税费征收的理论依据，以及税率、费率的确定依据及其效果，界定资源型企业税费的定位、功能与合理性判定等问题，为中国资源型企业税费改革提供国际参照。

资源型企业税负测度体系构建。以企业实际税费曲线为测度前提，设计税负测度利益主体矩阵，分析税负测度难点，评析国内外税负测度方法、口径，构建税负测度体系，确定税负测度方法、口径、数据来源。

资源型企业税负现状评价。中国资源型企业税费结构分析与种类梳理；以税负测度体系为依据，进行资源型企业税负水平的行业比较、国际比较、区域比较、所有权性质比较。通过资源型企业税负多维测度，判定中国资源型企业的税负水平。比较资源型企业税负信息披露差异，探究税费争论产生原因。

生态类税费与资源型企业生态治理效应。资源型企业生态类税费的实证检验与理论分析，对资源型企业的生态类税费在生态治理中的实际效果进行客观评价，探究当前中国资源型企业的生态类税费是否实现征用统一；以矿山环境治理恢复保证金为例，分析生态类税费使用效应不显著的内在原因。

资源型企业生态信息披露有效性评价。提出生态信息披露有效性概念，建立资源型企业生态信息披露有效性体系，对资源型企业生态信息披露有效性进行评价，探究资源型企业信息披露的内外部影响因素。

资源型企业生态成本现状评价。构建资源型企业生态成本测度体系，测度资源型企业完全生态成本，为税负公允水平测度提供参数；比较资源型企业当前实际生态成本与完全生态成本的差异；对资源型企业生态成本与营利能力进行动态分析，确定资源型企业税负公允性的生态成本补偿判定标准。

资源型企业税负公允模型构建及水平测度。以生态成本为下限，行业平均利润率为上限，构建资源型企业税负公允模型，测度资源型企业税负公允水平，为资源型企业税费改革提供理论依据。

税收与生态治理基金联动运作机制设计。比较分析国内外资源型企业税费改革的实践经验，以生态正义为导向、生态成本与企业税负内在耦合为目标，以资源型企业为补偿主体、环境与矿区居民为补偿客体、税费为主要补偿资金，构建税费政策协同、生态治理基金运作、信息披露三位一体的资源型企业税收与生态治理基金联动运作机制。

第2章 税负公允理论

税负公允思想的演进是折射现状的历史参照系，本章主要采用文献比较和理论演绎法，对国内外税负公允基本理论进行归纳和演绎，在抽象其理论内在逻辑的基础上，理清税负在人类社会演进中调节利益结构与生态结构的核心逻辑。资源型企业税负公允理论命题的研究脉络整理如图 2-1 所示，分别从人类社会利益结构的税负公允理论和人类社会与生态结构的税负公允理论两个方面进行论证。

资源型企业税负公允的逻辑是能够达到生态、经济在宏观、微观层面上有机统一目标的税负水平。公允体现为三个方面，即量的层面、制度层面和人类社会层面。在量的层面，公允要求市场中无交易费用、市场中的供给和需求达到无套利均衡、满足市场出清的条件；在制度层面，公允要求社会中各主体的利益均衡；在人类社会层面，公允要求制度兼顾效率与激励的目标。综合以上三个方面，生态治理中的税负公允是指在一定社会经济约束条件下的合理的税负水平或状态。

图 2-1 税负公允命题研究脉络

资料来源：作者根据《西方税收理论》（国家税务总局税收科学研究所编著，中国财政经济出版社 1997 年版）、
《欧美财政思想史》（坂入长太郎著，中国财政经济出版社 1987 年版）及其他相关理论著作等资料整理

2.1 人类社会利益结构的税负公允理论

税负公允理论有着深刻的理论渊源。税负公允与税收正义的思想始终贯穿在税收理论的发展中，在历史发展进程中的税负公允思想，实际上都是围绕基本税负理论进行的，税负公允思想与税收基本理论相辅相成。税负公允理论发展历程可分为税负公允基本原则构建与税负公允形式和判定标准两大方向，同时这两大方向又相互交叉和辅助，如图 2-2 所示。税负公允理论发展过程分为税负公允思想发源和税负公允理论形成两个阶段。

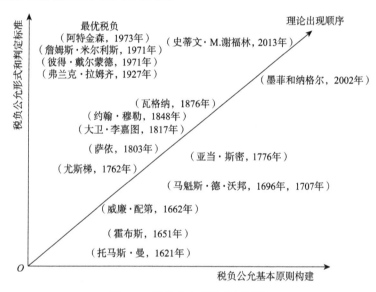

图 2-2　税负公允理论发展历程

资料来源：作者根据《西方税收理论》（国家税务总局税收科学研究所编著，中国财政经济出版社 1997 年版）、《欧美财政思想史》（坂入长太郎著，中国财政经济出版社 1987 年版）及其他相关理论著作等资料整理

2.1.1　税负公允思想发源

西方学者对税负公允的研究可追溯至重商主义时期。托马斯·曼（Thomas Mun）是重商主义的主要代表人物之一，他最早在《论英国与东印度的贸易》中展现了税负公允的思想。他主张纳税和征税公正，认为"国民靠纳税使自身安全得以保证，所以这种纳税是既公正又有利的"。同时提出了税收的交换、节约、民主三大原则，在这三大原则中蕴含了早期税负公允思想的萌芽（国家税务总局税收科学研究

所，1997）。霍布斯于 1651 年在《利维坦》中利用社会契约论分析税收问题，他认为人民为公共事业纳税的本质是为了换取和平而付出的代价（霍布斯，1986）。在重商主义之后，重农主义学派的主要代表人物马魁斯·德·沃邦也表达了自己的税收公平理念。他分别于 1696 年和 1707 年发表了《魏兹雷征税区地理记述》和《王国什一税方案》，认为由于税负过重以及征税与分配的方法不合理，农民已经被税收压得不堪重负，为此他主张进行"人头税方案"的税收制度改革，并在该方案中明确地提出了按照平等比例课税的思想（国家税务总局税收科学研究所，1997）。

重商主义和重农主义都蕴含了税负公允理论的思想，但是都没有明确地论证税负公允问题。直到 1662 年，英国经济学家配第在《赋税论》中系统地分析了当时英国的税收状况，他通过分析 41 种使租税负担增加并加重的一般原因，认为税负有偏袒是税负不公的体现："最使人感到不满的，就是对他的课税，多于对其邻人的课税……不管租税多么沉重，如果他对所有的人都按适当比例征收的话，则任何人都不至于因负担租税而使财富有所损失。"（配第，1963）基于这种现状，他认为课税的标准是"除非地方当局能贯彻执行法律，否则应使守法的人比违法的人负担要更轻，更有保障，并更能得到利益"（配第，1963）。配第的适度征税思想和公平税收原则成了税负公允理论的正式发源，他在关于税负公允的思想构建中做出了开创性的工作，尤其是他提出的公平、简便和节省的税收原则，引出西方学者对税负公允理论探索的不断深入和完善。

税负公允既是经济范畴的问题，又是哲学范畴的问题，在中国的历史背景下，同时也是历史范畴的问题。税负公允在中国有较丰富的思想源泉，中国儒家思想认为，若是财富平均，消灭了贫穷，境内团结、平安、和睦，不仅不会倾危，还会有远处的人来归服于你（郭齐勇，2006）。可见中国学者自古以来就重视经济中的公平与正义，公平正义思想不仅对当时的经济社会发展发挥了重要的作用，而且成了中国税负公允思想的理论渊源。中国对税负公允的思考可以追溯至《禹贡》，其记录了中国早期奴隶社会的赋税思想，蕴含了中国税负公允思想的起源（孙文学和刘佐，2006）。

2.1.2 税负公允理论形成

1. 税负公允原则构建

尽管配第在关于税负公允的思想构建中做出了开创性的工作，但他并未建成系统的税负公允理论。与配第相比，在税负公允思想中贡献最多的是亚当·斯密，他在配第的理论基础上进行了延伸。以后的经济学家关于税负公允理论问题的论述，基本都是在他的成果基础上发展起来的。1776 年，亚当·斯密在其代表性著作

《国富论》中将税收公平作为政府课税的首要原则，他认为税赋的平等是指赋税对于纳税基本原则的尊重和重视，这种原则是指"一国国民，都须在可能范围内，按照各自能力的比例，即按照各自在国家保护下享得的收入的比例，缴纳国赋，维持政府。一个大国的各个人须缴纳政府费用，正如一个大地产的公共租地者须按照各自在该地产上所受利益的比例，提供它的管理费用一样"。同时他也强调"任何税赋，如果结果仅由地租、利润、工资三者之一负担，其他二者不受影响，那必然是不平等的"（斯密，1974）。此外，他系统地总结了税收四原则，分别为平等原则、确实原则、便利原则、最少征收费原则。亚当·斯密的理论和原则成为之后的经济学家关于税负公允问题进行论证的基础。

关于税负公允的判定标准，学者们的观点大致分为税收受益学派和税收能力学派。税收受益学派认为，在税收过程中，谁享受了税收利益，谁就应该承担纳税责任。国家在分配税收责任的过程中，应该以享受税收利益的大小作为征收税额多少的基本依据，个人从政府那里享受到的利益大，其对应的纳税责任就多，反之则少。1848 年，约翰·穆勒针对这个说法，认为"如果某人承担的赋税少于他应该承担的份额，另一个人就要多承担赋税，因而一般说来，某人承担的赋税减轻所带来的利益并不如另一个人的负担加重所带来害处大"（穆勒，1991）。与税收受益学派相对应的税收能力学派则持有不同观点，如以塞里格曼为代表的学者认为课税的依据应该是税收的支付能力。根据他的理论，所得多的多纳税，所得少的少纳税，这样才能使税收负担公平合理（塞里格曼，1931）。

在税收能力说观点的基础上，费尔德斯坦（Feldstein，1976）提出用序数效用衡量纳税情形变化以及纳税能力标准，从横向公平的角度来考虑纳税公允问题。此后，罗森对他的观点进行了评价，认为只要纳税人的偏好不同，同样所得缴纳相同的税不会实现税收的横向公平，反之，只要纳税人的偏好相同，同样所得的人或消费相同商品的人，缴纳相同的税就可以实现税收的横向公平（罗森和盖亚，2009）。除税收受益和税收能力两种税负公允判定标准以外，墨菲和纳格尔（Murphy and Nagel，2002）关于税负公平的逻辑是，不能通过税收本身，而是需要通过整个经济体制的公平性来看税收公平与否。史蒂文·M. 谢福林于 2013 年在《税收公平与民间正义》中，从民间正义的角度出发，重新阐释了税负正义。他的观点汇集了社会心理学和哲学的见解，增加了对除经济学家以外的其他人对待税负公平的不同观点的考虑，以此来调节不同观点之间的差异，同时也增加了专家分析对于税负公正的意见。谢福林的论点得到了大多数人的认可，即税收制度的许多关键功能正好能够通过民间正义的概念来理解，这样有利于提出更完善的政策（谢福林，2016）。

西方经济学者从税负公允思想发源到系统的税负公允理论建立，历经了探索和求证的过程，也形成了多种流派。这些税负公允的理论影响着中国近现代税收理论的形成，同时也为本书提供了研究基础。在西方税负公允理论的影响下，中国税负公允理论不断发展。许善达（1997）指出："税法的公平性原则通常被认为是：在相同条件下的公民、法人及其他组织应被平等地对待，反对在相同条件下的公民、法人及其他组织受到不同的待遇。这一原则同时还意味着不同条件下（如纳税能力）的公民、法人及其他组织应缴纳不同的税收，即应以不同方式对待条件不同之人。"但是，张馨等（2000）认为中国税收理论界对于税收公平含义的理解存在着混乱，如税收公平、普遍征税、平等征税等概念并未界定清晰。除此之外，郝如玉等（2002）认为，税收公平只是一种相对的公平，这种公平包含税负公平和机会均等两个层次。

2. 最优公允税负理论

在有关税收基本原则和税收公平标准研究相对较成熟的基础上，最优税收理论应运而生。经济学中的最优税是指"按照税收经济学的一般观点，税收制度的设置必须满足一定税收原则的要求，这些原则包括效率、公平、经济稳定与增长、管理等"（鲍灵光，1998）。最优公允税负理论由福利经济学中的"最优"概念发源而来，福利经济学中衡量市场效率所采用的标准是"市场配置效率原则"，如果市场中不存在市场失灵，即在市场作用力充分条件下，消费者支付的边际价格将与竞争性产生的边际生产成本相等，也就是商品的供求和价格达到均衡。在此均衡状态下，各种经济资源能得到最有效的配置，是生产、交换的总体均衡（邓子基，1994）。

在市场"最优"理论的支撑下，经济学家考虑税负"最优"。于是，戴尔蒙德和米尔利斯（Diamond and Mirrlees，1971）等建立起了最优税理论。阿特金森和斯蒂格利茨（Atkinson and Stiglitz，1976）认为，最优税负理论综合考虑了商品税和所得税在效率和公平方面的优势，征收商品税和所得税分别容易实现效率和公平的目标，因此应该将商品税和所得税结合起来考虑，以达成对最优税负的分析。高凤勤（2014）以中国居民收入公平分配为研究对象，对最优税负理论进行了实证研究。莫迪利亚尼和米勒将最优税负的宏观研究衍生到微观研究，莫迪利亚尼-米勒理论（Modigliani-Miller 理论）提出资本结构与税收结构的组合影响企业价值，从而为公司最优税负研究提供了无套利均衡分析范式（Modigliani and Miller，1958）。此后，迈伦·斯科尔斯构建了隐性税负与企业税收筹划理论（斯科尔斯等，2004）。

最优税负需要权衡有限的不平等与无限的不平等，对大笔收入征收重税是实现共同体发展的方式之一（达利和柯布，2015）。市场最优配置原则说明在满足总体均衡的条件下资源都实现了合理配置，也就是达到了资源配置的帕累托最优状态。与市场最优配置原则类似，最优税负理论是指存在外部性等市场失灵的条件下，政府干预下的资源配置效率达到最优状态。最优公允税负指能克服生态成本的外部性缺陷，以税费的形式将外部性成本内部化，达到生态利益与经济利益相平衡的税负水平。

2.2 人类社会与生态结构的税负公允理论

2.2.1 资源税费与生态治理

生态治理的核心是处理人类社会中的利益关系，其中资源类税费作为重要的调节工具始终贯穿生态治理的过程，本部分从外部性理论、干预主义、生态治理对策、矿业利益调节四个角度阐述其发展关系。

1. 外部性理论与资源税费

矿产资源开发过程中产生的社会成本和负外部性会导致资源的滥用甚至枯竭，由此引发了经济学家对外部性的思考。外部性理论是由经济学家马歇尔（2010）在1890年提出的，随后庇古（2006）在他的基础上进行了丰富和拓展。外部效应是指一项行为的私人成本与社会成本存在差异，对其进行纠正的方法有税收和补贴两种。庇古在《福利经济学》中指出个人的一项行为，往往使其他人获得利益或受到损害，并且这种损害并不会得到补偿，这就是"经济外部性"。外部性可以按照其对他人的影响分为两类，庇古用外部经济或正外部性来定义使其他人获得利益的外部性，而用外部不经济或负外部性来定义使其他人受到损害的外部性，该理论从原理角度揭示了环境问题产生的根源，也提出了外部不经济带来环境问题的解决方案。

在马歇尔和庇古之后，学者们对资源税费的外部性作用进行了相应的拓展。思德纳（2005）除了支持资源税费在改善资源开发利用中产生的外部性的作用以外，还指出应该用征收采矿权使用费、立木费、使用费及土地税等费用的方式加强自然资源的管理。达门（Dahmén，1971）则认为克服外部性最有效的方法是对公共资源产权的明晰或重新界定。此外，美国环境经济学家鲍莫尔和奥茨（2003）以建模的方式证明：要使企业排污的外部成本内部化，需要对企业的污染物排放征税，以实现帕累托最优。

对于如何克服外部性问题，学者们的思路大概可以分为两种，代表性人物分别是庇古和科斯（Coase）。庇古倾向于采用税收的方法来解决环境外部性问题（庇古，2006），与其相对应的是，科斯提倡采用配额的方法来解决问题，他的产权理论激发了美国实行排污权许可证交易和配额制度来控制污染物的排放（Coase，1960）。希尔（2016）认为这两种解决思路都符合"谁污染谁治理"原则，目的都是缩小私人成本和社会成本之间的差距，解决人与生态之间的环境外部性问题。

2. 干预主义与资源税费

庇古认为自由市场经济不可能总是有效运行，因此对政府来说存在很大的空间来行使干预，以实现经济福利的目的。他所论证的人类社会福利不能以自然资源的耗竭和牺牲人类后代的自然财富权利为代价（庇古，2006）。而泰坦伯格于1998 年从正反两方面考虑政府干预，认为某些自然资源是典型的公共物品（泰坦伯格，2003）。政府对资源配置原本不应干涉过多，但如果市场不能对资源进行有效配置，政府进行干涉也是十分必要的。

3. 生态治理对策与资源税费

矿产资源开发的过程往往伴随着对生态的破坏。对生态进行治理的实质是协调矿产资源开发中的经济利益关系，实现矿产资源合理开发和可持续利用。因此，需要明确各利益相关者的权利和义务。生态问题提出的理论依据可追溯至著名的"库兹涅茨曲线"，该理论由 20 世纪 50 年代美国著名经济学家库兹涅茨（Kuznets，1955）提出，根据他对经济增长与收入分配之间的倒"U"形假定，可推出环境资源与经济发展之间同样遵循该规律，经济的快速发展将带来资源的枯竭。

类似于外部性问题的克服思路，在解决环境问题方面的两大代表也是庇古和科斯。庇古在外部性理论和干预理论的基础上提出了环境问题的政府解决方式——庇古税。他建议政府采用干预的手段，用税收来弥补私人成本和社会成本之间的差距。根据私人边际收益等于边际社会成本的原则，征收"庇古税"。与庇古的处理方式不同，科斯（Coase，1960）则关注社会成本，他认为以税收或激励的方式引导污染者减少对环境的损害存在缺陷，并提出通过私人谈判将外部成本内部化。

庇古和科斯解决环境问题的关键都在于将外部性问题内部化，即将资源型企业的外部成本内部化。除他们之外，霍特林（Hotelling，1931）也认为可以将资源税作为对资源和价格的调控手段，政府可以通过制定相关的税收政策来控制耗竭资源的开采程度，以实现对不可再生资源的保护。在他的模型中，资源税是一种税收调控手段，可以对价格产生影响。他的可耗竭资源理论因此成为现代矿业微观经济学的"基本原理"，他提出的模型被称为霍特林模型。

4. 矿业利益调节与资源税费

资源企业税费的本质是政府、企业、公众等各方利益的调解工具，解决生态问题的核心是生态利益的结构和分配问题。因此，资源型企业税负公允的本质在于各个利益主体的平衡。从矿山企业获利的角度，矿山企业进行开采活动的动力是创造财富或者经济盈余。从人与自然的角度来看，矿山企业获利本身是人类对生态资源的攫取，企业对资源的不当得利形成了资源红利。资源红利分配问题的实质是矿产资源开发过程中的利益分配问题。尽管矿山企业为自身的利润目标所驱使会追逐短期利益，但政府作为上层管理者掌控着关键的资源，应该在充分考虑社会目标和经济目标的情况下对矿产利益进行公允的分配。矿产资源税费即政府主导下的矿产资源开发过程中利益分配的一种。

资源税费能起到调节政府、企业、矿区居民和自然主体之间利益的作用。塔洛克（Tullock，1967）提出环境税的双重红利思想，此后，皮尔斯（Pearce，1991）正式提出双重红利的概念。双重红利是指政府在课征环境税时可以同时获得两种收益：一方面，政府的课税行为将降低矿山企业的环境污染行为；另一方面，环境税的开征会增加政府的财政收入，政府可以将这部分财政收入用于提高社会福利。

资源税费能促进资源有序开采及矿业可持续发展。通常来说，以资源红利形式征收的矿产资源税费主要用于矿产资源开发、保护和合理利用。兰德尔（1989）通过可耗尽资源最优动态配置问题研究得出，资源税费在调节资源有序开采及可持续发展中发挥重要作用，并指出在社会认为市场决定的资源开采率不是最优的情况下，政府的政治制度可以有效治理资源开采最优配置问题。

资源税费可以提高资源利用效率以及促进可再生资源的利用。特维（2006）认为，在中国现有的背景下进行一些税收措施，如投资税、财产税、增值税等，以及加征环境税和"碳税"，能确保税收中立，并可以将其用于向可再生资源项目提供投资激励。

资源型企业的利益结构与税负结构的优化配置取决于税收政策的有效性。政府的税收政策会改变矿业开采项目的预期回报率，从而使不确定性增加，引发企业进行相应税收筹划（Garnaut and Ross，1975）。Ergas 等（2010）研究发现不当的税收政策会导致激励机制的扭曲效应，并引发政治风险与经济风险。Li 和

Tran（2016）通过比较资源型企业与非资源型企业的税负结构，发现资源型企业的显性税负更低，并由于税收补助对隐性税负产生抵消作用，而非资源型企业的税收补助没有对隐性税负产生抵消作用。企业税负结构除宏观政策影响外，在微观层面受企业规模、资本结构、资产组合等公司特征影响。

以征收矿产资源税费的方式分配资源红利，可以达到经济建设与环境治理双赢的目标。如何确认资源红利的最优分配问题也是资源税征收过程中的关键问题。因为在政府和企业对矿产资源利益分成的调节过程中，企业获得的利润如果无法有效地补偿生态成本，会从根本上影响企业的发展能力。基于此，如何确定最优资源税费水平是矿业资源管理中的一个关键问题（Tilton，2004），其实质是对资源红利的最优分配。

2.2.2 税负公允的生态治理功能

西方经济学者普遍认为，达到均衡状态的税负是公平的。然而在现实状态下，所有的主体并不是理想状态下的"生态人"，而是"经济人"，从"生态人"到"经济人"的转变将导致社会的运行成本增加，造成整个社会运行出现套利空间，再加上现实的市场中存在税收，无套利均衡的条件得不到满足，矿业行业的非均衡利得也会增加个人和企业进行套利的机会。套利的方式之一即税收套利（斯科尔斯等，2004）。个人和企业的套利行为打破了市场的均衡，此时则需要税收在市场中行使调节资源分配的职能，通过政府的税收，使资源配置达到帕累托最优状态。

在原本就非均衡的市场条件下，若再加入生态成本的考虑，会使各个利益主体间利益关系更趋复杂，若要达到兼顾生态治理和经济稳定的目标，就需要同时满足公平与效率的税负——公允税负。公允税负能使企业所负担的税负达到兼顾宏观税收公平与效率的目标，使得政府利用税收进行的分配效率达到最高。这个观点也契合了罗尔斯在《正义论》中的思想，罗尔斯认为政府和社会制度的首要目标是实现正义，而正义总意味着平等，也就是本书所论证的公允。他认为，所有的"社会基本善"（自由、机会、财富和自尊的基础等）都应该被平等地分配，这些"善"主要包含人的基本权利，将人的这些基本资源进行平等分配后也就实现了正义（罗尔斯，1988）。在税负公允的基础上，将生态成本纳入考虑范围后，税负的公平和效率原则又得到了新的解读。公平是指各利益主体的利益均衡，效率是指各种资源得到了合理的配置。税负的公允可以从税收制度、结构、水平和用途四个方面来解读。

生态与绿化的核心是人。自然界本无税，税是调节人类社会政治关系、经济关系的重要经济工具。税收的背后是各利益主体的博弈过程，而税收的绿化过程是人与人之间紧张关系调节的一种反映。对矿产资源进行税费的征收会产生微观经济效应和宏观经济效应，换句话说，税收是对分配公平和效益原则的进一步加工，以调节人类社会的关系。税负公允是调节社会经济利益关系，使之在平稳波动中前行的重要方式。

第3章 国际矿业税费发展动态

中国矿业税费改革的基本趋势是追求矿业税费体系达到公允状态，这种公允的建立需要从主要矿业国矿业税费体系发展过程中借鉴经验和教训。在对其他矿业国矿业税费体系梳理的过程中，明确中国资源型企业税费制度的国际地位，为中国矿业税费的制度设计改革提供借鉴，为中国的资源型企业税负公允提供现实参考。本章比较主要矿业国矿业税费法律法规体系与税费发展动态，评价主要矿业国现有矿业税费体系合理度。

3.1 矿业税费法律法规背景

3.1.1 矿业税费法律法规体系

对采矿业来说，法律法规主要针对生态环境的治理与补偿，如图 3-1 所示，矿业税费法律法规通过制定相关矿业税费强制性地使资源型企业进行生态环境恢复。同时，矿业税费形成专项资金，通过政府对矿区生态环境进行治理补偿。生态环境治理情况不断反馈给政府，政府及时调整矿业法律法规，同时调整矿业税费征收标准。采矿业主要是对矿区地表生态环境造成破坏，基于此，本书主要研究主要产矿国关于土地破坏和土地复垦的相关法律法规。针对土地破坏和土地复垦，主要产矿国均有较为系统的法律规定。

大部分国家都在不断调整本国的矿业管理制度。但是，在当今复杂的国际政治环境和经济竞争环境下建立一个合适的矿业税费体系是非常困难的。矿业税费制定者必须根据本国基本情况、基本需求，融合经济目标制定出符合本国的矿业税费体系。矿业税费体系构建对矿业投资和矿业收入分配影响巨大，相应的税费征收必须以法律条文或明确的协议条文规定。不同的法律体系构建的矿业税收不尽相同。目前为止，主要矿业国形成了两种矿业税费体系：一是以所得税为主

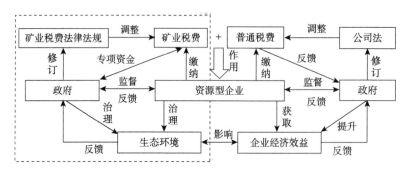

图 3-1　矿业法律法规对生态环境的治理作用机制

的矿业税费体系；二是以增值税和所得税为主的矿业税费体系。

（1）所得税为主的矿业税费体系以所得税为中心，再辅以矿业特有税费。采用所得税为主的矿业税费体系的国家主要有美国、加拿大、澳大利亚等国家。以美国为例，美国联邦政府制定所有企业的所得税，针对全美所有企业征收；州政府根据本州生态与发展情况，制定矿业税费征收标准，对在本州开展矿业活动的企业征收。图 3-2 展示的是美国以所得税为主的矿业税费体系对生态环境治理的运作机制。以所得税为主的国家，矿业税费体系是在所得税体系下构建的。这些国家征收所得税，然后通过国家财政对生态环境进行补偿恢复。针对矿产开发这种对生态环境破坏大的企业，政府根据本国实际情况征收矿业特有税费来额外补偿生态环境。以所得税为主的国家，具体的矿业特许税费的征收标准大多由地方政府制定。

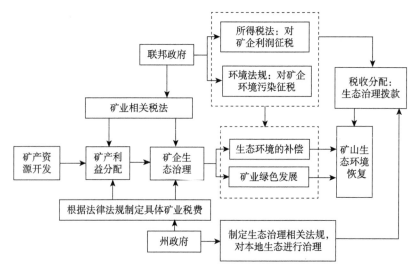

图 3-2　美国矿业税费体系运作机制

（2）增值税和所得税为主的矿业税费体系以增值税和所得税为中心，辅以矿业特有税费。采用这种矿业税费体系的国家主要是中国。以中国为例，中央政府通过税法制定相关行业的增值税税率和企业所得税，针对中国境内所有企业征收；再根据矿业法律法规制定矿业税费征收标准。图 3-3 展示了中国矿业税费体系对矿山生态环境治理的运作机制。与美国等以所得税为主的矿业税费体系相比，中国除了征收所得税以外，还对企业征收增值税，中国在双税制的基础上，针对矿业的特殊性再征收矿业税（如资源税）。而中国地方政府与中央政府的事权与财权不匹配，造成个别地方政府为了增加地方财政收入，增加收费项目或者加大罚款力度的情况。这在一定程度上使得矿产资源的收益分配不合理，造成矿山生态环境治理无法恢复，现实情况通过反馈机制传导给政府，政府为了矿业健康发展，进行新的一轮改革。

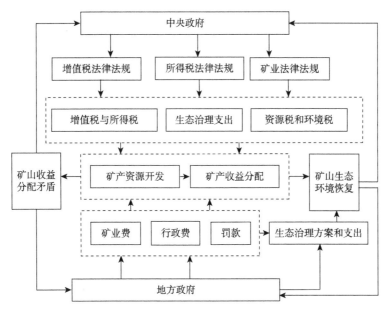

图 3-3　中国矿业税费体系运作机制

3.1.2　主要矿业国矿业税费法律相关体系比较

1. 主要矿业国矿业税费法律法规

世界各国经济环境、政治环境及文化传统的不同导致各个国家矿业税费法律体系的传统和构建时间都不同。表 3-1 列示了美国、加拿大、澳大利亚、中国、印度矿业税费法律法规体系所涉及的部分重要的法律法规。美国在 20 世纪 70 年代以前在联邦政府层面上就构建了自己的矿业税费法律法规体系，印度、加拿大、澳大利亚紧随其后，加拿大、澳大利亚在 20 世纪 80 年代颁布大部分矿业法律法规。中国从 1949 年后开始构建自己的矿业税费法律法规体系，从 1986 年颁布《中华人民共和国矿产资源法》起，正式进入构建矿业税费法律法规体系的过程。自改革开放以来，中国发布大量的法律法规，初步建立矿业税费法律法规体系。2010 年以后，开始对该体系进行结构性调整。

表 3-1 主要矿业国矿业税费法律法规体系

时间	美国	加拿大	澳大利亚	中国	印度
1970 年以前	《通用采矿法》（General Mining Law） 《矿产租借法案》（Mineral Leasing Act） 《采矿法案》（Materials of Mining Act） 《土地复垦法》（Land Reclaim Law） 《多重矿产使用法案》（Multiple Mineral Use Act）	—	《消费关税法案 1921》（Excise Tariff Act 1921）	矿业暂行条例	《矿山与矿产（发展与监管）法案》[Mines and Minerals（Development and Regulation）Act]
1970~1979 年	《露天采矿管理与复垦法案》（Surface Mining Control and Reclamation Act） 《联邦土地政策与管理法案》（Federal Land Policy and Management Act）	—	《矿业法案》（Mining Act）	—	—
1980~1989 年	《联邦油气租赁法案》（Federal Oil and Gas Leasing Act）	《海域污染预防法案》（Arctic Waters Pollution Prevention Act） 《领土土地法案》（Territorial Lands Act） 《矿业规定》（Mining Regulations） 《加拿大土地调查法案》（Canada Lands Surveys Act）	《离岸矿产（权利金）法案》[Offshore Minerals（Royalty）Act 1981] 《石油收入法案 1985》（Petroleum Revenue Act 1985）	中华人民共和国矿产资源法矿产资源勘查登记管理暂行办法 矿产资源监督管理暂行办法	《果阿、达曼和迪乌采矿特许权》[The Goa, Daman and Diu Mining Concessions（Abolition and Declaration as Mining Leases）Act]（废除并宣布为矿产租赁法案）

续表

时间	美国	加拿大	澳大利亚	中国	印度
1980~1989年	《联邦油气租赁法案》（Federal Oil and Gas Leasing Act）	《加拿大油气作业法案》（Canada Oil and Gas Operations Act） 《资源与技术调查法案》（Resources and Technical Surveys Act） 《加拿大石油资源法案》（Canada Petroleum Resources Act）	《石油资源租赁税评估法案》（Petroleum Resource Rent Tax Assessment Act 1987）	矿产资源监督管理暂行办法	《果阿、达曼和迪乌采矿特许权》〔The Goa, Daman and Diu Mining Concessions（Abolition and Declaration as Mining Leases）Act〕（废除并宣布为矿产租赁法案）
1990~1999年	—	《加拿大环境保护法案》（Canadian Environmental Protection Act） 《自然资源部法案》（Department of Natural Resources Act） 《加拿大政府矿物与金属政策》（The Minerals and Metals Policy of the Government of Canada）	《环境与生物多样性保护法案》（Environment Protection and Biodiversity Conservation Act）	中外合作开采陆上石油资源缴纳矿区使用费暂行规定 中华人民共和国水土保持法 中华人民共和国资源税暂行条例 中华人民共和国矿产资源法实施细则 矿产资源勘查区块登记管理办法 探矿权采矿权转让管理办法	《国家矿产政策》（National Mineral Policy）
2000~2009年	《1872矿产法改革议案》（1872 Mining Law Reform Bill）	《加拿大可持续发展技术基金法案》（Canada Foundation for Sustainable Development Technology Act）	《石油资源租赁税评估规定2005》（Petroleum Resource Rent Tax Assessment Regulations 2005） 《离岸石油与温室气体储存法案》（Offshore Petroleum and Greenhouse Gas Storage Act） 《消费关税修改议案2008》〔Excise Tariff Amendment（Condensate）Bill 2008〕	矿山地质环境保护规定	《离岸地区矿产（开发与管理）法案》〔Offshore Areas Mineral（Development and Regulation）Act〕
2010年至今	—	—	—	新疆原油 天然气资源税改革若干问题的规定 土地复垦条例 土地复垦条例实施办法 关于实施煤炭资源税改革的通知	《矿山与矿产（开发与管理）法案》〔Mines and Minerals（Development and Regulation）Amendment Act〕

续表

时间	美国	加拿大	澳大利亚	中国	印度
2010年至今	—	—	—	国务院关于印发矿产资源权益金制度改革方案的通知	《矿山与矿产（开发与管理）法案》〔Mines and Minerals（Development and Regulation）Amendment Act〕

注：（1）大部分法律法规在颁布后有所修订，表中罗列的是最早的版本

（2）美国、加拿大、澳大利亚是联邦制国家，州、省政府基本都有自己的矿业法律，表格中罗列的是联邦政府层面上的矿业法律

资料来源：根据各国政府部门网站的资料收集整理（美国内政部，加拿大自然资源部，澳大利亚科学、创新与行业部，印度矿业部。美国内政部官网地址为 http://www.doi.gov/；加拿大自然资源官网地址 http://www.nrcan.gc.ca/home；澳大利亚科学、创新与行业部官网地址为 https://industry.gov.au/Pages/default.aspx；印度矿业部网址为 http://www.fedmin.com/）

2. 矿业税费法律法规体系下各国和地区主要税费种类

矿业税费都是国家政府在法律法规的框架下征收的。表3-2整理了目前矿业国资源型企业征收的主要生态类税费。美国征收的生态治理的税费种类较多，而且美国每个州对同一种税费的名称和处理方式略有差异。各国生态税费种类不尽相同，总体上，美国、加拿大、澳大利亚三国生态税费种类较多，中国与印度则相对较少。

表3-2　世界主要国家和地区与生态成本相关的税费种类

税费种类	英文名称	征收国家和地区
乙醇汽油税	gasohol tax	美国
开采税[1]	severance tax	美国
有害废物费	hazardous waste fee	美国亚拉巴马州
有害废物处置税[2]	hazardous waste disposal tax	美国、加拿大、澳大利亚
采矿许可税[3]	mining license tax	美国、加拿大
有害物质税	hazardous substances tax	美国加利福尼亚州
固体废物税[4]	solid waste tax	美国
柴油燃油税	diesel fuel tax	美国
燃气税	gas guzzler tax/gas tax	美国、加拿大、澳大利亚、中国、印度
汽油税	gasoline tax	美国
臭氧消耗化学品税	ozone depleting chemicals tax	美国
碳税	carbon tax	加拿大、澳大利亚

续表

税费种类	英文名称	征收国家和地区
污染物税	pollutant tax	美国佛罗里达州
权利金	royalty	加拿大、澳大利亚、印度
矿产资源租赁税	minerals resource rent tax	澳大利亚
固体废物管理费	solid waste management fee	美国印第安纳州
固体废物管理税	solid waste management tax	美国
环保费 5)	environmental protection charge	美国、加拿大、澳大利亚、中国
空气排放许可费	air emissions license fee	美国、加拿大 6)
环保监管费	environmental protection regulatory fee	美国
污染税	contamination tax	美国
石油检验费	petroleum inspection fee	美国
资源消费税	resources excise tax	美国
能源矿产税	energy mineral tax	美国
水污染控制费 7)	water pollution control fee	美国、澳大利亚
煤炭税	coal taxes	美国
资源税	—	中国
复垦费	—	美国、加拿大、中国、澳大利亚

1）美国部分州将开采税进一步细分为煤炭开采税（coal severance tax）和开采税，开采税称为跨州税或采掘税；开采税为美国大部分州政府征收

2）该税在某些州亦称为危险废物评估税（hazardous waste assessment tax）

3）采矿许可税与权利金有点类似，是对矿业开采征收的一项税收，目前在美国仅小部分州征收；加拿大部分州亦称为矿业税（mining tax）

4）该税种在某些州亦称为固体废物处理税（solid waste disposal tax）或固体废物服务税（solid waste services tax）

5）加拿大某些省份亦称为环保处理费（environmental handling fee）；澳大利亚亦称为环境保护费（environment protection fee）

6）加拿大称为空气污染费（charge on air pollution）

7）该税在某些州亦称为水清洁费（clean water fee）

资料来源：根据经济合作与发展组织发布的相关数据整理（详细请见经济合作与发展组织数据库，网址为 http://webnet.oecd.org）

3. 主要矿业国复垦法体系

　　矿业法律法规体系是一个极其庞杂的体系。资源型企业在日常经营活动中必然受矿业法律法规的制约与影响。本书以资源型企业开矿复垦为例，介绍美国、加拿大、澳大利亚、中国的复垦法律法规体系的构建过程。

1）美国复垦法律法规

早在 20 世纪 50 年代开始，国际社会就开始广泛关注矿山生态环境，其中走在最前列的当属美国。1939 年，美国第一部管理采矿的法律《土地复垦法》（Land Reclaim Law）颁布于西弗吉尼亚州。之后，其他的州也开始陆续制定相关的土地复垦条例或法规（白中科，2010）。这些法规条例虽然具有地方性，在实施标准上不统一，但在一定程度上缓解了矿山生态环境的破坏，并且为美国联邦政府颁布全国性的复垦法规提供了实践基础（金丹和卞正富，2009）。1977 年 8 月 3 日，美国国会通过并颁布了现行复垦法《露天采矿管理与复垦法案》（Surface Mining Control and Reclamation Act，SMCRA）（以下简称《复垦法》），制定了统一的复垦标准和一系列复垦制度，并设立专门机构露天采矿复垦管理办公室（Office of Surface Mining Reclamation and Enforcement）对露天矿山的复垦活动进行监管。

《复垦法》的第四章和第五章主要对废弃矿山以及露天采矿中的复垦活动进行规范，提出了严苛而详细的标准。

露天采矿的管理分为联邦政府管理和州政府管理。国有土地的采矿和复垦属于联邦政府的管辖范围，而非国有土地的采矿及复垦由州政府在不违背《复垦法》以及相关环境保护法规的前提下制定法律和标准进行管理。无论露天采矿权人遵循的具体标准和州立法律是否相同，其申请采矿许可证的流程是相同的。图 3-4 显示了美国露天采矿业的采矿许可证申请流程。

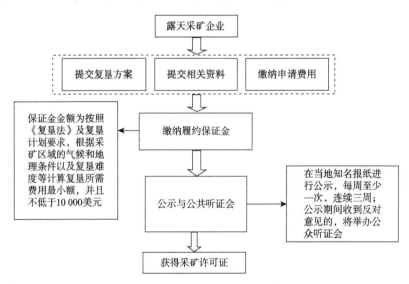

图 3-4　美国露天采矿许可证申请流程

资料来源：根据美国《复垦法》整理

进入采矿阶段，美国政府对采矿和复垦活动的监管制度非常严格。由于美国实行"边开采边复垦"的复垦政策，《复垦法》规定政府部门必须每个季度对采矿区域进行至少一次临时检查，而采矿人需要每个月向政府提交采矿和复垦进度报告。检查文件和采矿人月度报告一经提交就向社会公开，接受公众监督（SMCRA，第 517 节）。美国土地复垦每五年为一个验收期，验收合格返还履约保证金；验收不合格则再进行五年的验收期考核。

为了解决废弃矿山的复垦问题，美国建立"废弃矿山复垦基金"来保障复垦资金，并以信托基金的方式，由内政部负责管理，财政部负责运营和投资（SMCRA，第 401 节）。所有煤炭采掘企业[①]需要按照煤炭产量或者煤炭销售价值的比率缴纳复垦费（reclamation fee），不同种类的煤炭的标准百分比不同[②]。复垦费是废弃矿山复垦基金的主要组成部分，除此之外，废弃矿山复垦基金来源还包括财政部的投资所得、个人或企业捐赠等（SMCRA，第 401 节）。除了用于解决废弃矿区的历史遗留问题外，还可用于支持小型矿区的复垦活动。

对于《复垦法》颁布以后采矿破坏的土地，根据矿山不同的环境对复垦的技术和目标都有具体的规定，要求采矿和复垦同时进行且复垦率达到 100%。《复垦法》除了规定了严格的复垦要求以外，其重要性在于建立了采矿许可证制度（Mining Permit System）、废弃矿山复垦基金（Abandoned Mine Reclamation Fund）和土地复垦保证金制度（Performance Bonds）。其中采矿许可证制度和保证金制度被大多数国家借鉴用于本国的矿山恢复治理。

在复垦相关的科研方面，联邦政府每年会对州政府进行拨款，以支持各州对采矿、矿产资源以及土地复垦方面的科学研究。符合科研要求的研究机构可以向政府申请相应额度的经费，同时政府也鼓励大学和研究院等高等学府对矿产资源及土地复垦的相关课题展开研究（SMCRA，第 301~306 节）。

2）加拿大复垦法律法规

20 世纪 70 年代后期，加拿大联邦政府颁布《露天矿和采石场控制与复垦法》。作为加拿大复垦法规的中心，《露天矿和采石场控制与复垦法》为土地复垦提供了科学指导和技术标准，指明了复垦资金的来源，并明确了各级政府部门在土地复垦中应负有的责任和义务（金丹和卞正富，2009）。加拿大自然

---

①　根据"北美行业分类系统"（North American Industry Classification System，NAICS），美国的煤炭开采和洗选业称为"煤炭采掘业"。每个国家对煤炭开采和洗选业都具有各自的名称，为避免引发歧义，本书将其他国家的煤炭开采和洗选业统一称为"煤炭行业"。

②　所有的复垦费需要向美国内政部缴纳，其标准为：露天采掘的非褐煤煤矿按照每吨31.5美分或者每吨煤炭价值的 13.5%取其低者；地下采掘的非褐煤煤矿按照每吨 13.5 美分或者每吨煤炭价值的 10%取其低者；褐煤按照每吨 9 美分或者每吨价值的 2%取其低者。

资源部（Natural Resources Canada）公布的法规政策条款，明确规定由各省政府负责对各自辖区范围内的采矿活动进行规范。由联邦政府参与的采矿活动管理仅包括核能源循环中的铀矿开采管理（从开采到核反应以及最终的尾矿处理），加拿大国有采矿企业的采矿活动管理（federal crown corporations）以及国有土地和近海地区的采矿活动管理[1]。复垦活动的标准制定和主要监管责任下放到各省政府并不意味着联邦政府对复垦活动职责的脱手。联邦政府具有整体把控复垦方向和保障现有矿区以及未来矿区的复垦实施的责任。图 3-5 显示了各级政府与采矿行业企业在复垦活动中的角色。

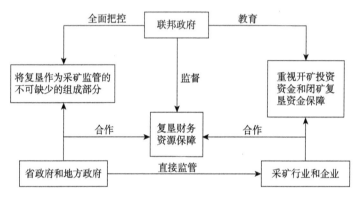

图 3-5 各级政府与采矿行业企业在复垦活动中的角色
资料来源：根据《加拿大政府金属与非金属矿物质管理政策》（The Minerals and Metals Policy of the Government of Canada）整理

除考虑现有矿区和未来矿区的复垦工作外，联邦政府还关注遗留矿山和无主矿山[2]的复垦问题。联邦政府需要联合各级政府及采矿行业，以建立一个完善的资金保障机制来解决遗留矿山和无主矿山的复垦问题。遗留矿山和无主矿山的数量和环境状况的统计主要由各省政府负责统计[3]。

划分细致的法规、政府间的良好合作和严格的监督是加拿大保持良好生态环境和土地资源的基本保证（金丹和卞正富，2009）。加拿大划分为十个省和三个特别行政区。特别行政区的采矿规范以及复垦法规都由联邦政府负责发布和监管，而十个省的采矿规定则由各自的省政府负责规范。本书总结了加拿大各省与

① Natural Resources Canada. Legislation and Regulations for Mining. http://www.nrcan.gc.ca/mining-materials/policy/8692，2017-04-20.
② 遗留矿山是指能够识别矿主或采矿权人，但矿主或采矿权人已经不再对该矿山进行日常维护、开采和管理，并且该所有权并没有移交加拿大政府；或者矿主或采矿权人已经破产，无法负担起该矿山复垦义务的情况。而无主矿山是指无法识别矿主或采矿权人，该矿山所有权已经移交加拿大政府的情况。
③ Natural Resources Canada. The Minerals and Metals Policy of the Government of Canada. http://www.nrcan.gc.ca/mining-materials/policy/8690#fwd，2017-11-14.

复垦相关的法律法规，如表 3-3 所示。

表 3-3　加拿大各省与复垦相关的法律法规

省份	法律法规	发布年份
不列颠哥伦比亚省	《采矿法案》（Mines Act）	1996
	《采矿健康、安全与复垦法案》（Health, Safety and Reclamation Code for Mines in British Columbia）	2003
阿尔伯塔省	《环境保护与改善法案》（Environmental Protection and Enhancement Act）	1993
萨斯喀彻温省	《石油与天然气保护法案》（The Oil and Gas Conservation Act）	1985
	《复垦要求公示》（Acknowledgement of Reclamation Requirements）	2009
曼尼托巴省	《可持续发展法案》（The Sustainable Development Act）	1997
安大略省	《采矿法案》（Mining Act）	1990
魁北克省	《环境质量法案》（Environment Quality Act）《矿井和采石场法规》（Regulation Respecting Pits and Quarries）	1978
纽芬兰和拉布拉多省	《矿物质法案》（Mineral Act）	1991
	《采矿法案》（Mining Act）	1999
	《采石场法案》（Quarry Materials Act）	1998
诺瓦斯科舍省	《矿产资源法案》（Mineral Resources Act）	1987
	《环境法案》（Environment Act）	1993
	《露天煤矿复垦方案指南》（Guide for Surface Coal Mine Reclamation Plans）	2003
新不伦瑞克省	《采矿法案》（Mining Act）	1985
	《可露天采掘物质法案》（Quarriable Substances Act）	1991
爱德华王子岛	《矿产资源法案》（Mineral Resources Act）	1978

资料来源：作者根据各省政府环保部门信息整理

加拿大各省在 20 世纪 70 年代至 21 世纪初发布了与采矿相关的法律法规，并在其中规范复垦行为，部分省政府还发布复垦专门法以对复垦行为进行规范。通过对以上法律法规的仔细整理，本书发现加拿大各省的采矿许可证制度和复垦保证金制度与美国比较相似，但保证金的计算方式或来源有所不同，如不列颠哥伦比亚省发布的《采矿法案》规定保证金的金额由企业根据采矿方案、复垦方案和复垦难度等条件计算后必须由环保部门检查员批准和审定，并存入指定银行，企业在完成复垦义务之前不再有权使用[1]。针对企业提交的复垦方案，各省政府会组织环境和资源方面的专家对企业复垦方案进行听证会，对此感兴趣的公民可以自由参加，企业需要定期提交复垦进度报告，与其复垦方案一起放在各省政府环保部门公示，由公众进行监督。

进行复垦时，加拿大不要求企业将土地完全恢复原貌，可以因地制宜对土地进行改造，其原则是不能低于原有的生态水平（张涛和王永生，2009）。

---

[1] Department of Environment in British Columbia. Mines Act, 1996.

对于废弃矿山，各省份均建立了废弃矿山信息系统的管理办法并设立废弃矿山恢复治理基金。为了鼓励复垦行为，各省分别设立复垦奖项，每年对企业的复垦行为进行评比，对获奖的企业给予奖励。例如，不列颠哥伦比亚省设立的复垦奖（Reclamation Awards），由社会公众进行推荐，由省政府组织评比，对优秀的复垦矿区进行褒奖[1]。

另外，各省政府还积极促进复垦的相关研究，每年举行与复垦研究相关的学术会议和研讨会，将成功复垦案例的研究成果应用到当前的复垦活动中。例如，不列颠哥伦比亚省举办的年度采矿业复垦学术研讨会（Annual BC Mine Reclamation Symposium），针对采矿过程中的复垦研究进行征稿和学术探讨[2]。

3）澳大利亚复垦法律法规

澳大利亚政府没有对复垦活动单独设立法规，但其被认为是世界上在复垦方面较为先进和成功的国家之一。在澳大利亚的相关法规中，对土地复垦的概念未使用"复垦"（reclamation）一词，而是采用"环境恢复"（rehabilitation）一词，意为恢复扰动土地（disturbed land）在采矿活动前的生态环境和生产力[3]。澳大利亚与复垦相关的法律法规主要包括《矿业法案》（1974年）和《环境与生物多样性保护法案》（1999年），规定复垦活动必须贯穿采矿的全过程。

以澳大利亚中央政府颁布的土地和矿产相关的法律法规为准绳，各级政府制定详细的操作标准和政策法规，虽然不同的地区有不同的具体规定，但澳大利亚的6个州和2个领地政府均颁布《矿业法案》对采矿活动进行规范，并且在复垦的规定上有相对统一的标准。

首先，在矿产资源勘探阶段以及取得采矿许可证之前，企业需要耗费大量的时间和资金，对矿区范围内的土地利用、人文、地理等多方面进行调查研究，严密论证方案的可行性和科学性，为企业落实土地复垦责任、实施复垦项目提供充分的依据（罗明和王军，2013）。在要求企业编制开采方案和复垦方案时，澳大利亚政府以及采矿企业充分尊重土地所有者、社区和地方政府的利益诉求，并将采矿和复垦的全过程置于公众的监督之下。社会和公众的意见，尤其是土地权益人的意见，是决定采矿企业是否有权开采或继续开采的关键。在决定土地复垦目标和标准方面，采矿企业需要将其评估合格的复垦方案与土

---

[1] Technical and Research Committee on Reclamation of Britain Columbia. Call for Nominations for 2017 Reclamation Awards. http://www.trcr.bc.ca/call-for-nominations-for-2019-reclamation-awards/, 2019-03-10.

[2] Technical and Research Committee on Reclamation of Britain Columbia. Call for Papers: 41st Annual BC Mine Reclamation Symposium. http://www.trcr.bc.ca/call-for-papers-41th-annual-bc-mine-reclamation-symposium/, 2018-10-22.

[3] Australia Government: Department of the Environment and Energy. Environment Protection and Biodiversity Conservation Act, 1999.

地权益人沟通，在经过土地权益人同意后方可提交政府审核，审核合格后企业才能获得采矿许可证（范树印等，2008）。对于复垦资金的保障，澳大利亚也像大多数国家一样采取保证金制度。保证金金额的计算是根据企业提交的复垦方案对生产过程中破坏的土地面积以及修复难度进行估算的，估算后报政府环保部门审核，如果企业每年的开采面积不断增大，则需要每年对增加面积计算和缴纳保证金。基于鼓励复垦的目的，对于复垦效果好的企业，政府会相对调低其保证金比例，最多可减少 75%的保证金缴纳额；反之，则调高比例。政府对采矿企业的保证金比例的核定，也需要充分参考土地权益人和公众的意见和评价。

澳大利亚中央政府不制定废弃矿山复垦的统一标准，而是由各州政府环境部门根据其具体情况解决。例如，昆士兰州的自然资源和矿区管理部（Department of Natural Resources and Mines）专门建立废弃矿区土地恢复项目组（Abandoned Mine Lands Program）来解决废弃矿山造成的环境问题[①]。

除了对矿山复垦活动的高度关注，澳大利亚政府和采矿企业还十分重视复垦的科学研究和成果应用（罗明和王军，2013），这是澳大利亚的复垦活动卓有成效的一个较大原因。众多的研究机构对土地复垦进行深入的研究，如澳大利亚科工联邦土地复垦工程中心、柯廷技术大学玛格研究中心及昆士兰大学矿山土地复垦中心等。这些研究机构与企业密切合作，采矿企业为科研机构提供了研究对象和科研资金，研究机构则以其最新最成熟的研究成果帮助企业减少复垦成本，协助企业开展土地复垦监测工作。

4）中国复垦法律法规

中国与土地复垦和矿山治理相关的法律法规从 1986 年的《中华人民共和国土地管理法》发布起，陆续在环境保护和采矿规范的法律中有所涉及，但结构比较散乱。本书总结中国与土地复垦和矿山治理相关的法律法规，如表 3-4 所示。

表 3-4　中国与土地复垦和矿山治理相关的法律法规

名称	发布年份	最新修订年份	复垦相关章节/规定
《中华人民共和国土地管理法》	1986	2019	第四章第四十三条："因挖损、塌陷、压占等造成土地破坏，用地单位和个人应当按照国家有关规定负责复垦；没有条件复垦或者复垦不符合要求的，应当缴纳土地复垦费，专项用于土地复垦。复垦的土地应当优先用于农业。"

① 详细内容请见澳大利亚昆士兰政府废弃矿区土地恢复项目组网站，网址为 https://www.qld.gov.au/environment/land/management/abandoned-mines/management。

名称	发布年份	最新修订年份	复垦相关章节/规定
《中华人民共和国矿产资源法》	1986	1996	第二章第二十一条："关闭矿山，必须提出矿山闭坑报告及有关采掘工程、不安全隐患、土地复垦利用、环境保护的资料，并按照国家规定报请审查批准。" 第四章第三十二条："开采矿产资源，必须遵守有关环境保护的法律规定，防止环境污染。开采矿产资源，应当节约用地。耕地、草原、林地因采矿受到破坏的，矿山企业应当因地制宜地采取复垦利用、植树种草或者其他利用措施。"
《土地复垦规定》	1988	已废止	共 26 条，对土地复垦的含义、适用范围、"谁破坏，谁复垦"原则、管理体制、土地复垦规划、建设项目土地复垦要求、复垦标准以及复垦后土地的验收和交付使用等，作了具体规定，适用于因从事开采矿产资源、烧制砖瓦、燃煤发电等生产建设活动，造成土地破坏的企业和个人
《中华人民共和国水土保持法》	1991	2010	第四章第三十八条："对生产建设活动所占用土地的地表土应当进行分层剥离、保存和利用，做到土石方挖填平衡，减少地表扰动范围；对废弃的砂、石、土、矸石、尾矿、废渣等存放地，应当采取拦挡、坡面防护、防洪排导等措施。生产建设活动结束后，应当及时在取土场、开挖面和存放地的裸露土地上植树种草、恢复植被，对闭库的尾矿库进行复垦。"
《中华人民共和国矿产资源法实施细则》	1994	—	第四章第三十四条："关闭矿山报告批准后，矿山企业应当……按照批准的关闭矿山报告，完成有关劳动安全、水土保持、土地复垦和环境保护工作，或者缴清土地复垦和环境保护的有关费用。"
《矿山地质环境保护规定》	2009	2019	第一章第二条："因矿产资源勘查开采等活动造成矿区地面塌陷、地裂缝、崩塌、滑坡，含水层破坏，地形地貌景观破坏等的预防和治理恢复，适用本规定。开采矿产资源涉及土地复垦的，依照国家有关土地复垦的法律法规执行。"
《土地复垦条例》	2011	—	第一章第一条："为了落实珍惜、合理利用土地和切实保护耕地的基本国策，规范土地复垦活动，加强土地复垦管理，提高土地利用的社会效益、经济效益和生态效益，根据《中华人民共和国土地管理法》，制定本条例。"
《土地复垦条例实施办法》	2012	2019	为保证土地复垦的有效实施，根据《土地复垦条例》制定本办法

中国最早与土地复垦相关的专门法律文件是 1988 年发布的《土地复垦规定》，该法规是《中华人民共和国土地管理法》的实施配套法规，但对土地复垦的规范未形成系统，既缺乏相应的监督制度，也未设立合适的保障措施，其后的矿产资源和环境保护的相关法规中，对土地复垦虽有提及，但未进行深入规范，直到国务院于 2011 年 3 月 5 日公布实施《土地复垦条例》（以下简称《复垦条例》），中国才算拥有了一个相对系统的土地复垦法律规范。2012 年 12 月 27 日，国土资源部发布《土地复垦条例实施办法》（以下简称《实施办法》）进一步完善条例。《复垦条例》和《实施办法》规定，采矿权人在申请采矿权时，应该提交土地复垦方案，并由政府组织专家论证其可行性。土地复垦方案通过后，采矿权人应该计算土地复垦需要的费用并在地方的国土资源部约定银行开设账户存缴土地复垦费用。预存的土地复

垦费用遵循"土地复垦义务人所有，国土资源主管部门监管，专户储存专款使用"的原则。使用预存的土地复垦费用时，采矿权人需要向国土资源部申请土地复垦费用支取通知书，并于每年 12 月 31 日前向政府汇报土地复垦义务履行情况。土地复垦义务的验收结果，应当在项目所在地进行公示，听取相关权利人的意见。为了激励复垦行为，对于完成复垦义务的企业，中国采用退还耕地占用税的方式；对于将非耕地复垦为耕地的企业，政府将提供购买指标。对于历史遗留损毁土地和自然灾害损毁土地，由地方政府负责进行复垦，复垦资金来源包括土地复垦费、耕地开垦费、新增建设用地土地有偿使用费、用于农业开发的土地出让收入等。

5）印度复垦法律体系

印度于2010年在《矿山与矿产（开发与管理）法案》（1957年）修改草案中正式添加"矿山关闭"的章节，开始重视矿山开采地区的生态和土地复垦问题。2010 年该法案草案明确规定了矿山开采地区生态保护问题，资源型企业必须向地区矿业基金缴纳相关税费。

6）各国土地复垦费比较

各国矿业法律法规体系的不同，导致各国的复垦费规定略有差异。不同国家土地复垦方面征收的税费在名称、信息披露等方面都有所不同。表 3-5 中展示了美国、加拿大、澳大利亚、中国与印度复垦费的区别，其中，美国、加拿大、澳大利亚复垦费对历史遗留问题有明确的复垦规定，而中国、印度暂且没有这方面的系统规定。

表 3-5　主要国家复垦费规定

国家	名称	英文名称	对历史遗留问题处理	信息披露方式
美国	履约保证金	performance bonds	缴纳复垦费，主要用作废弃矿山复垦基金	通过年报披露，具体披露内容有规定，如金额、会计政策和估计、复垦计划、复垦成本等
加拿大	复垦保证金	reclamation bonds	各省份均建立了废弃矿山信息系统的管理办法并设立废弃矿山恢复治理基金	通过年报披露
澳大利亚	环境恢复保证金	environmental rehabilitation bonds	由各州政府环境部门根据其具体情况解决	通过年报披露，具体披露内容有规定，如金额、会计政策和估计、复垦计划、复垦成本等
中国	土地复垦费用，矿山地质环境治理恢复保证金[1]	—	专项资金治理	通过年报披露
印度	矿业基金	mining fund	无系统方案	—

1）中国矿山地质环境治理恢复保证金于 2017 年 4 月更改为矿山环境治理恢复基金

美国、加拿大、澳大利亚三国对矿山土地复垦有较为明确、系统的规定，三国复垦费的运作机制明确,复垦费使用及矿山环境恢复受到较好的监督,信息披露制度完善透明。三国政府鼓励社会大众监督矿业复垦费的使用,以及监督资源型企业的复垦效果。同时,为了加快矿山环境的恢复,政府设立各种激励措施,鼓励关于矿山复垦的科研活动的开展。这些为中国未来矿山复垦费改革提供了方向。

3.2 主要矿业国矿业税费发展动态

3.2.1 主要矿业国矿业税费体系比较

全球通用型的矿业税费体系在短时间内是无法完全建立起来的,世界各国的矿业税费制定者必须在本国一般税费体系基础上,以本国基本经济状况、需求、目标为核心,以协调利益冲突为中心,有效地把矿业税费纳入一般税费体系。

1. 世界主要矿业国税费体系比较

表 3-6 列示了中国、美国、加拿大、澳大利亚和印度五个国家的税费体系,其中美国的税费有所得税、消费税、权利金、环境税等。

表 3-6 主要矿业国税收制度比较

税目		中国	美国[1]	加拿大[2]	澳大利亚[3]	印度[4]
所得税	中央	税率: 15%、25%; 石油: 100%; 其他: 60%	35%[5]	15%	30%	30%
	地方	40%	7%	11.5%	—	—
权利金[6]	中央	补偿费: 40%~50%	—	—	40%[7]	不同矿产不同标准
	地方	补偿费: 50%~60% 费率: 1%	大部分矿产资源: 2.5%	偏远地区: 利润的5%; 其他: 10%	精矿: 5%[8]	
资源税	中央	海洋石油归中央	—	—	—	—
	地方	石油、天然气: 5%; 煤炭: 2%-10%浮动税率	—	—	—	—
资本税	中央	—	—	0.255%	—	—
	地方	—	—	0.3%	各州政府征收	—
关税	中央	进口: 金银10%; 出口: 无	进口: 不定; 出口: 无	进口: 0.5%; 出口: 无	进口: 5%; 出口: 无	进口: 2%; 出口: 无
	地方	—	—	—	—	—
增值税或销售税	中央	税率: 17%、13%; 中央75%	增值税无; 销售税有	—	增值税无; 销售税按产品定	16%

续表

税目		中国	美国[1]	加拿大[2]	澳大利亚[3]	印度[4]
增值税或销售税	地方	25%	非金属矿3.125%；其他5%	13%（商品服务税）	—	4%（销售税）
环境税	中央	污染当量×适用税额[9]	0.12%	—	15.46澳元/吨	—
	地方	—	—	—	—	—
营业税	中央	—	—	—	35.50澳分/升	—
	地方	—	3.125%	—	—	—
资产税	中央	—	—	—	—	—
	地方	—	财产税：3%~5%	资产现市值×因子×税率	—	—
消费税	中央	汽油：1.52元/升	汽油：0.162美元/加仑	汽油：0.11加元/升	燃料：0.3814澳元/升	8%
	地方	—	汽油：0.18美元/加仑	—	—	—
油气租赁税	中央	—	—	—	40%	—
	地方	—	—	—	—	—

1）美国各州的税制不同，本章选取亚利桑那州作为州政府的代表

2）加拿大各省份的税费政策不统一，本章选取安大略省作为省政府的代表

3）澳大利亚各州的税费政策不统一，本章选取西澳大利亚州作为州政府的代表

4）印度税收体系分为直接税和间接税两种。直接税由中央政府征收，间接税由地方政府征收。印度地方政府征收税收数据来源难以获取，因此，本表中仅包含中央政府征收税率

5）联邦所得税是基于应税收入的累进税制：0~5 万美元，15%；5 万~7.5 万美元，25%；7.5 万~1 000 万美元，34%；大于 1 000 万美元，35%，大部分矿产企业的应税价格大于 1 000 万美元，因此，表中选择 35%

6）权利金在各国的叫法不同，有的国家叫开采税；在中国表现为矿产资源补偿费与资源税两个方面资源税单列。同时 2014 年 12 月 1 日起中国政府不再征收煤炭、原油和天然气的矿产资源补偿费

7）该税率只在西澳大利亚州巴罗岛征收，联邦与州政府分成比例为 75：25

8）澳大利亚在 2010~2014 年对矿产资源权利金进行改革，准备实行资源租赁税，但是于 2014 年废除

9）中国于 2018 年开始征收环保税。根据财政部、国家税务总局《关于全面推开营业税改征增值税试点的通知》（财税〔2016〕36 号），中国全面实施“营改增”，至 2016 年 5 月 1 日，营业税退出历史舞台

资料来源：中国数据根据相关税收法律法规的条款整理。国外数据根据各国政府网站、经济合作与发展组织发布的数据，以及美国科罗拉多矿业学院和全球资源政策和管理研究院编著的《全球矿业税收比较研究》（地震出版社 2006 年版）整理

从表 3-6 中可知，美国、加拿大、澳大利亚资源型企业的主要税费是所得税与权利金。此外，国外主要矿业国还涉及预扣税、闭坑费、复垦费等。美国、加拿大与澳大利亚等矿产资源种类比较多、政府管理能力较完善的国家，对具体矿种制定相应的税费政策。2010 年，澳大利亚联邦政府试图制定一个适合所有矿产种类特许矿业税费体系，但是于 2014 年宣告失败。中国于 2010 年开始对石油、天然气、煤炭进行试点改革，废除了煤炭资源补偿费，并于 2017 年 4 月改革矿山环境治理恢复保证金。

2. 世界主要矿业国矿业特许税费类型比较

表 3-7 主要介绍中国、美国、加拿大、澳大利亚与印度的矿业特许税费。矿业特许税费主要分从价计征、从量计征和从利计征三种模式，基本上对贵金属实行从价计征，对贱金属实行从量计征。美国、加拿大、澳大利亚三国计征矿业特许税费的权力核心主要是州（省）政府，而中国与印度则是中央政府。

表 3-7　主要矿业国矿业特许税费做法总结

项目	中国	美国	加拿大	澳大利亚	印度
形式	国家法律	州法律	省法律	州法律或关于协商协议的法律	国家法律
矿业特许费	从价型与从量型结合	从价型	从利型	大多为从价型或从量型；对钻石采用从利型	从价型与从量型
从价型的税费率范围	不同矿产税率不同，1%~4%	最低为 2%，由州土地专员决定税率	10%，偏远地区 5%	价值的 2%~7.5%	不同的矿产税率不同，0.4%~20%
是否因矿种而不同	是	是	否	是，某些矿还取决于加工程度	是，每一种矿种适用从价型或从量型的税费率
是否依矿场规模而变化	是	是	是（收入低于 50 万加元的免税费）	是（销售额低于 3 澳元的，一般免缴）	否
缓缴或免缴	是	否	是（在首次利润达 1 000 万加元前，非边远地区最多享受 3 年的免税期）	在本州加工的基础金属，可实质上减少	否

注：美国以亚利桑那州、加拿大以安大略省、澳大利亚以西澳大利亚州为例整理

资料来源：根据 2013 年美国学者奥拓等的《矿业特许税费——关于其对投资者、政府和市民社会影响的国际研究》（胡德胜，魏铁军等译）第 88~102 页内容整理

3.2.2　各国矿业税费发展动态分析

1. 美国矿业税费动态

1）美国主要矿产州的开采税

美国联邦政府层面上不对资源型企业征收权利金，美国大部分州放弃征收权利金而向资源型企业征收开采税。各州根据自身生态环境和经济发展需求以及矿业发展需要，在所得税框架下对资源型企业征收矿山治理相关税费。表 3-8 为美国主要矿产州开采税的征收标准。各州的矿产资源征收标准制定详细，不同州对同种矿产资源的征收标准不同。

表 3-8　美国主要矿产州开采税征收标准

州	矿产品种	税率
亚拉巴马	煤	不同郡县有不同的税率[1]
	铁矿石	0.3 美元/吨
	大部分矿产资源	0.1 美元/吨
阿拉斯加[2]	大部分矿产资源	对矿产企业矿产项目净收入征税，征税规则为：<4 万美元，税率为 0；4 万~5 万美元，税率为 1 200 美元+3%×超过 4 万美元的部分；5 万~10 万美元，税率为 1 500 美元+5%×超过 5 万美元的部分；>10 万美元，税率为 4 000 美元+7%×超过 10 万美元的部分
亚利桑那	大部分矿产资源	应税收入的 2.5%
阿肯色	煤炭	0.1 美元/2 000 磅
	铁矿石	0.2 美元/2 000 磅
	大部分矿产资源	开采时点市场价的 5%
科罗拉多	煤炭	开采税率根据生产者物价变化而变化
	金属型矿产资源	计税标准是总收入超过 1 900 万美元的按 2.25%征收
	钼矿	0.05 美元/吨
佛罗里达	重矿物[3]	3.2 美元/吨
	磷矿	1.61 美元/吨
爱达荷[4]	开采或萃取矿物	开采矿物或萃取物价值的 1%
堪萨斯	砂石	0.15 美元/吨
	煤炭	1 美元/吨
肯塔基	煤炭	分为两部分，原煤总价 4.5%+0.5 美元/吨
路易斯安那	煤、矿石、砂、石、大理石等	0.03~0.2 美元/吨
	盐	0.06 美元/2 000 磅
	硫矿物	1.03 美元/2 240 磅
蒙大拿	煤炭	计税标准较为复杂，从量计征，分为地表煤和地下煤，再根据煤炭的不同质量征收
内华达	矿物提炼	最大按矿产项目净收益的 5%征收
新墨西哥	煤炭	地表煤：0.57 美元/2 000 磅+1.02 美元/2 000 磅（开采附加税）；地下煤：0.55 美元/2 000 磅+0.99 美元/2 000 磅（开采附加税）
	铜、金、银、锌、砂、石等	从价征收，按应税价格的 0.125%~0.5%
北达科他	煤炭	0.375 美元/吨，但是该州会对煤炭征收褐煤研究基金增加税，计税规则为价格的 2%
俄亥俄	煤炭	0.1 美元/吨，同时征收复垦税 0.001 4 美元/吨
	盐、砂、石、页岩等	0.01~0.04 美元/吨
犹他	所有金属矿	应税收入的 2.6%
西弗吉尼亚	大部分矿产资源	生产总值的 5%
怀俄明	煤炭	地表煤：产值的 7%；地下煤：产值的 3.75%

续表

州	矿产品种	税率
怀俄明	天然碱、铀	产值的 4%

1）亚拉巴马州对矿产资源征收开采税（severance tax），其中煤炭的开采税不同郡县标准不同，大体为四类：0.1 美元/吨，0.2 美元/吨，0.25 美元/吨，0.335 美元/吨

2）阿拉斯加对矿产征收特许开采税（mining license tax）

3）重矿物是指密度大于 2.9 克/厘米^3 的矿物

4）爱达荷州与阿拉斯加州一样，实行特许开采税

资料来源：根据经济合作与发展组织发布的相关数据整理（详细请见经济合作与发展组织数据库，网址为 http://webnet.oecd.org）

美国大部分州都征收矿产行业开采税，不同州不同矿产资源开采税的计税规则有所差异。

（1）计征方式。美国各州对矿产资源计征的方式主要有从价计征、从量计征及从利润计征三种方式。其中尤以从量计征运用得最为广泛。一般来说，每个州开采税计征规则都是以其中一种方式为主，其他方式为辅。

（2）税率。大体分为三种：一是定额税率；二是比例税率；三是浮动税率。其中，多数州的矿产资源采用前两种税率，小部分矿产资源采用后一种税率，紧随企业收入和市场的变化而变化。

（3）征税范围。美国各州对矿产资源的征收范围较为广泛。不仅对传统意义上的矿产资源进行征税（如煤炭、金属矿物），也对砂、石、盐的矿物质征收开采税。

美国这种以州为核心的征收矿业税费的模式，在美国现有的法律和行政框架下，发挥着巨大的作用。美国法律制度的完善也为其提供了实施基础。这种矿业税费征收方式，极大地促进了美国矿业区的经济发展和生态环境修复。这也是美国矿业税费体系多年保持稳定的重要因素之一。

2）美国开采税变化

美国州政府为了遏制资源型企业破坏生态环境而征收开采税。表 3-9 展示了 2008~2015 年美国各州开采税变化。2008~2015 年美国各州开采税税收总和变化不大，占各州总税收的百分比基本在 1%~2%，这与美国 2008~2015 年来矿业税费体系比较平稳，结构变化不大有关。

表 3-9　2008~2015 年美国各州开采税变化

年份	2008	2009	2010	2011	2012	2013	2014	2015
税收收入/10^9 美元	947.9	934.7	960.3	994.0	1 017.0	1 050.1	1 075.6	1 098.2
开采税/10^9 美元	21.3	8.7	11.8	16.6	17.1	18.2	17.6	14.0
比率	2.25%	0.93%	1.23%	1.67%	1.68%	1.73%	1.64%	1.27%

注：表中税收收入是美国各州税收收入之和（不包括联邦税收收入）；开采税也是美国各州税收收入之和

资料来源：根据美国经济分析局数据整理（网址为 https://www.bea.gov/）

3）美国生态补偿的实践

美国作为主要矿业国之一，对矿产资源开发造成的矿山生态环境破坏、生态环境损毁的治理有较长的历史和比较充足的经验。美国在矿山生态环境治理中形成了完善的法律法规体系，在特有的法律法规体系下，对生态环境形成良性补偿。如图 3-6 所示，美国在《复垦法》的指导下，对生态环境建立补偿机制。美国于 1977 年通过《复垦法》，在该法案中明确了资源型企业对矿山土地复垦的基本义务。该法案将矿山生态环境治理以时间的维度一分为二，1977 年以前的矿山生态环境破坏由资源型企业与政府共同负责，实行复垦金制度，即资源型企业缴纳部分资金用于恢复矿山环境；1977 年以后破坏的矿山生态环境，由资源型企业自己负责恢复，实行保证金制度。该法案经过几次修订，在空间维度上越来越广，现在适用范围扩展到地下矿产资源的开采。

图 3-6　美国《复垦法》运行机制

资料来源：根据中国自然资源部相关资料整理归纳所得（http://www.mnr.gov.cn）

美国矿山生态环境治理与恢复主要在《复垦法》的指导下进行。以煤炭行业为例，在该法案的指导下，对开采企业征收复垦保证金、废弃矿山复垦基金、黑肺病基金（煤炭税是其重要组成），且针对煤炭采掘企业营业收入超过 200 万美元的部分征收超级基金，具体征收情况见表 3-10。

表 3-10　美国煤炭企业现行生态补偿类费用征收管理情况

名称	法律法规	相关标准	备注
废弃矿山复垦基金	《露天采矿管理和复垦法案（1977）》（Surface Mining Control and Reclamation Act, 1977）；《税收减免和健康保护法案（2006）》（Tax Relief and Health Care Act, 2006）	地下矿 0.135 美元/吨，露天矿 0.315 美元/吨（2007 年 10 月 1 日至 2012 年 9 月 30 日）；地下矿 0.12 美元/吨，露天矿 0.28 美元/吨（2012 年 10 月 1 日至 2021 年 9 月 30 日）	专项用于 1977 年 8 月 3 日之前形成的废弃煤矿和荒地的复垦治理；可动态调整

续表

名称	法律法规	相关标准	备注
复垦保证金	《露天采矿管理和复垦法案（1977）》（Surface Mining Control and Reclamation Act, 1977）	一般以 5 年破坏的土地面积的环境恢复费用为标准，每公顷土地 1 500~4 000 美元	主要用于责任明确的新矿山
黑肺病基金	《黑肺病福利收入法案（1977）》（Black Lung Benefits Revenue Act, 1977）；《黑肺病福利改革法案（1977）》（Black Lung Benefits Reform Act, 1977）	地下矿：1.10 美元/吨；露天矿：0.55 美元/吨	最高不超过销售收入的 4.4%

资料来源：依据皮博迪能源（Peabody）2014 年年度报表附注相关法律法规注释整理所得

美国各州矿业税费体系存在差异，各州根据本州需求和发展目标，在全国统一的矿业基本体系下发展自己的矿业体系。虽然美国各种矿业税费具体规定差异较大，但是美国资源型企业主要缴纳的税费是所得税、权利金（开采税）、生态补偿类费用。美国矿业特有税费从价计征和从量计征并存，各州根据实际情况，解决行政效率和分配效率矛盾。

2. 加拿大矿业税费动态

1）加拿大矿业税费体系运作机制

加拿大是联邦制国家，在联邦政府层面上没有专门的矿业体系。加拿大通过《领土土地法案》（Terroriry Lands Act）和《公共土地授权法案》（Public Lands Grants Act）对西北地区、育空地区和公用土地上的矿产资源开发进行管理。在省政府层面上，各省政府制定专门的矿业法律，建立符合发展目标的矿业税费体系。表 3-11 中展示了加拿大各地区主要的矿业税费。联邦政府层面上，仅仅规定了企业所得税，各省份矿业特有税费都是在各省矿业法的指导下构建的（除西北地区、努纳武特地区与育空地区外，这三个地区是在联邦政府层面上统一管理制定相关税费的）。

表 3-11 加拿大矿业主要税费种类

地区	权利金（开采税）	采矿权	所得税
联邦	—		15%[1]
纽芬兰和拉布拉多省	从利润计征[2]	—[3]	14%[4]
诺瓦斯科舍省	从价计征：2%；从利润计征：15%[5]	—[6]	16%[7]
新不伦瑞克省	从价计征与从利润计征之和[8]	每公顷 60 加元[9]	14%[10]
爱德华王子岛			16%[11]
安大略省	从利润计征[12]	—	11.5%[13]
曼尼托巴省	从利润计征[14]	每公顷 0.5 加元[15]	12%[16]
萨斯喀彻温省	—[17]	[18]	12%[19]

续表

地区	权利金（开采税）	采矿权	所得税
不列颠哥伦比亚省	—[20]	从量计征[21]	11%[22]
努纳武特地区	从价征收[23]	—[24]	12%[25]
西北地区	同努纳武特地区	同努纳武特地区	11.5%[26]
育空地区	从价征收[27]	—[28]	15%[29]
阿尔伯塔省	从量、从价计征[30]	—[31]	12%[32]
魁北克省	—[33]	—[34]	11.9%

1）加拿大联邦政府规定小型企业的所得税净税率为 10.5%，不过大部分矿产企业的规模较大，因此本章采用 15%的税率（http://www.cra-arc.gc.ca/tx/bsnss/tpcs/crprtns/rts-eng.html）

2）纽芬兰和拉布拉多省的权利金（开采税）是按利润计征，80%的利润按 15%的比例计征，剩余 20%的利润按 20%的比例计征（来源于纽芬兰和拉布拉多省自然资源部，网址为 http://www.nr.gov.nl.ca/nr/royalties/mining.html）

3）纽芬兰和拉布拉多省的采矿权为每公顷 120 加元（2015 年 5 月到 2016 年 4 月是每公顷 105 加元，2015 年 5 月之前是每公顷 80 加元）（来源于纽芬兰和拉布拉多省自然资源部，网址为 http://www.nr.gov.nl.ca/nr/forms/mines/index.html）

4）加拿大各省所得税都有两种税率：低税率和高税率。符合政府规定的小企业扣除项目的应税部分适用低税率，其他的应税收入适用高税率。加拿大纽芬兰和拉布拉多省的所得税低税率为 3%（http://www.cra-arc.gc.ca/tx/bsnss/tpcs/crprtns/prv/nfld/menu-eng.html）

5）征收标准按从价计征和从利润计征较高者征收

6）诺瓦斯科舍省采矿权有效期为两年，费用根据实际情况决定

7）诺瓦斯科舍省的所得税低税率为 3%（加拿大各省所得税税率来源于加拿大税务局官网，网址为 http://www.cra-arc.gc.ca/tx/bsnss/tpcs/crprtns/prv/ns/menu-eng.html）

8）新不伦瑞克省开采税采用从价计征与从利润计征之和的方法进行征收，对资源型企业净收入征收 2%后，再对净利润超过 10 万加元的部分征收 16%的税[来源于新不伦瑞克省的开采税法（Metallic Minerals Tax Act）中的条文，网址为 http://laws.gnb.ca/en/showdoc/cs/M-11.01]

9）新不伦瑞克省采矿权资料来源于新不伦瑞克省政府官网，网址为 https://www.gnb.ca/

10）新不伦瑞克省的所得税税率为 3.5%，高税率在 2016 年 4 月以前为 12%

11）爱德华王子岛的所得税低税率为 4.5%

12）安大略省开采税对偏远地区按利润的 5%征收，对非偏远地区按利润的 10%征收（来源于安大略省政府官网，网址为 http://www.fin.gov.on.ca/en/tax/mining/index.html）

13）安大略省的所得税低税率为 4.5%

14）曼尼托巴省的开采税按利润等级征收，5 000 万加元以下，征收 10%；5 000 万~5 500 万加元，超过 5 000 万加元部分再征收 65%的税收；5 500 万~10 000 万加元，征收 15%；10 000 万~10 500 万加元，政府对超过 10 000 万加元的部分征收 57%的税收；>10 500 万加元，征收 17%（来源于曼尼托巴省政府官网，网址为 http://www.gov.mb.ca/finance/taxation/taxes/mining.html）

15）曼尼托巴省的采矿许可证收费为每公顷 0.5 加元（来源于曼尼托巴省政府官网，网址为 http://www.manitoba.ca/iem/busdev/exp-guide/pdf_forms/mb25.pdf）

16）曼尼托巴省所得税低税率为 0，该省规定企业应税收入在 450 000 加元（2014 年以前是 400 000 加元，2014 年至 2016 年 1 月是 425 000 加元）以下享受低税率政策

17）萨斯喀彻温省金属矿石的权利金征收采用以下方式：销量<100 万吨（万盎司），对其净利润征收 5%；销量>100 万吨（万盎司），对其净利润征收 10%（来源于萨斯喀彻温省政府官网，网址为 http://publications.gov.sk.ca/documents/310/97785-Metallic%20and%20Industrial%20Minerals%20Information%20Circular.pdf）。萨斯喀彻温省其他矿产如煤、钻石、铀矿等权利金征收方式比较复杂，详情见萨斯喀彻温省官网（http://www.saskatchewan.ca/business/agriculture-natural-resources-and-industry/mineral-exploration-and-mining/mining-royalties-and-taxes）。该省

在对其矿产资源征收权利金时，对钾矿、铀矿、煤炭项目按销售收入 3%征收资源附加费（resource surcharge）（http://www.finance.sk.ca/taxes/cct/）

18）萨斯喀彻温省采矿权规定较为复杂，其中油气资源的采矿权根据地区和油气质量规定。例如，金德斯利-克罗伯特地区的重质原油的采矿权为19.947加元/米³，轻质原油为23.345加元/米³（来源于萨斯喀彻温省政府官网，网址为 http://www.publications.gov.sk.ca/freelaw/documents/English/Statutes/Statutes/C50-2.pdf）

19）萨斯喀彻温省所得税低税率为2%，适用低税率的应税收入为 500 000 加元以下

20）不列颠哥伦比亚省权利金由开采税和矿产资源土地税（mineral land tax）组成。开采税采用以下方式进行征收：当企业投资未全部收回时，按当前净收益的2%征收；当企业投资完全收回时，按净收入的13%征收（来源于不列颠哥伦比亚省政府官网，网址为http://www2.gov.bc.ca/gov/content/taxes/natural-resource-taxes/mining/mineral-tax/coal-other-mines）。而矿产资源土地税按面积征收，征收税率为每公顷 1.25~4.94 加元（http://www2.gov.bc.ca/gov/content/taxes/natural-resource-taxes/mining/mineral-land-tax）

21）不列颠哥伦比亚省采矿权主要是从量计征，费率在 150~3 750 加元（来源于不列颠哥伦比亚省政府官网，网址为 http://www2.gov.bc.ca/gov/content/taxes/natural-resource-taxes/mining/mine-inspection-fee/pits-quarries）

22）不列颠哥伦比亚省所得税低税率为 2.5%，适用低税率的应税收入为 500 000 加元以下

23）努纳武特地区权利金从价征收，征收方式比较复杂，大体比率是矿山产值的 0~14%，详细征收方式见加拿大联邦政府官网（http://laws-lois.justice.gc.ca/eng/regulations/SOR-2014-69/page-10.html#h-24）

24）努纳武特地区采矿权每公顷 0.25 加元，与矿山开采相关的费用较多，详情请见加拿大政府官网（http://laws-lois.justice.gc.ca/eng/regulations/SOR-2014-69/page-16.html#h-29）

25）努纳武特地区所得税低税率为 4%

26）西北地区所得税低税率为 4%

27）育空地区权利金采取从价征收，征收方式比较复杂，大体比率在 0~12%，详细征收方式见育空地区政府官网（http://www.gov.yk.ca/legislation/acts/qumi_c.pdf）

28）育空地区采矿权为每公顷 5 加元（来源于育空地区政府官网，网址为 http://www.emr.gov.yk.ca/oilandgas/pdf/guidelines_application_for_oil_and_gas_lease.pdf）

29）育空地区所得税低税率为 3%（该比率在 2014 年 7 月 1 日以前为 4%），适用低税率的应税收入为 500 000 加元以下

30）阿尔伯塔省权利金征收方式是从量计征和从价计征并存，其中煤炭从量计征和从价计征并存：亚烟煤每吨 0.55 加元，烟煤在矿产卖出之前，权利金为坑口价值的 1%，卖出后，再加上矿产净收入的 13%（来源于阿尔伯塔省环境与自然资源部，网址为 http://energy.alberta.ca/coal/656.asp）。金属类的矿产实行从价计征，在矿产卖出之前，为坑口价的 1%，卖出后，再加上矿产净收入的 12%。其他矿产资源实行从量计征，如硅砂，每吨征收 0.37 加元（来源于阿尔伯塔省环境与自然资源部，网址为 http://www.energy.alberta.ca/minerals/699.asp）

31）阿尔伯塔省采矿权类型有金属及工业矿物租约（Metallic and Industrial Minerals Lease）、金属及工业矿物许可证（Metallic and Industrial Minerals Licence）、特殊矿物租约（Special Mineral Leases）等，金属及工业矿物租约为每公顷 3.5 加元（来源于阿尔伯塔省环境与自然资源部，网址为 http://www.energy.alberta.ca/minerals/708.asp）

32）阿尔伯塔省所得税高税率在 2006 年到 2015 年 7 月 1 日为 10%，2015 年 7 月至今为 12%，该省所得税低税率为 2%（2006 年到 2016 年 12 月该比率为 3%）（http://www.finance.alberta.ca/publications/tax_rebates/rates/hist1.html#corp）

33）魁北克省 2014 年 1 月 1 日施行新的矿产税制，新税制包括最低矿产税和以利润为基础的累进制税制，矿产企业支付两者中较高的一项。最低矿产税以坑口价为计价基础，不超过 8 000 万加元的部分征收 1%，超过 8 000 万加元的部分征收 4%。而累进矿产税随着利润率的不同而变化（http://mern.gouv.qc.ca/english/mines/fiscal/fiscal-regime.jsp）

34）魁北克省采矿权比较复杂，采矿权的类型有勘探许可证、采矿租约、请求权等。相关费率较为复杂，如魁北克省的采矿租约分为：一是偏远地区每公顷 22.3 加元；二是公有土地每公顷 46.75 加元（来源于魁北克省自然资源与能源部，网址为 http://mern.gouv.qc.ca/english/mines/rights/rights-extraction-fees.jsp）

资料来源：根据加拿大政府发布的相关信息整理

2）加拿大矿业税制

加拿大宪法赋予省政府部分的立法权，加拿大各省政府建立自身的矿业法律法规体系，表 3-12 展示了加拿大各省政府在矿业法律法规体系指导下建立的矿业税费体系。加拿大各省都有自己的矿业法，各省矿业税费体系都是在本省矿业法的基础上建成的，联邦政府不具体规定矿业税费的相关内容。联邦政府对资源型企业的调节通过对企业所得税进行调节来实现。2010 年后，加拿大联邦政府大幅降低企业所得税，促进资源型企业的发展。

表 3-12 加拿大省级矿业税制特点

省份		AL	BC	MB	NB	NL	NS	ON	QC	SK	NT	NU	YK
法律依据		《金属与工业矿产权利金规定》(Metallic and Industrial Minerals Royalty Regulation)	《矿业税法案》(Minerals Tax Act)	《矿业税法案》(The Mining Tax Act)	《金属矿业法案》(Metallic Minerals Tax Act)	《收入管理法案》(Revenue on Administration Act)	《矿产资源法案》(Mineral Resources Act)	《矿业税法案》(Mining Tax Act)	《矿业税法案》(Mining Tax Act)	《矿业税收法案》(1983)(The Mineral Taxation Act, 1983)	《西北地区与努纳武特采矿规定》(Northwest Territories and Nunavut Mining Regulations)		《石英矿业规定》(Quartz Mining Act)
权利金费率		—1)											
新矿山开采免税		无	无	有	前两年免除从价征收的部分	前 10 年高达 200 万加元的信贷免税	无	—2)	无	10 年免税期	无	无	无
勘探费用扣除比例		100%	100%	100%~150%	150%	100%	前三年100%，其他30%	100%	100%~125%	150%	100%	100%	100%
处理过程的补贴率	铣	无	无	20%	8%	8%	10%	8%	7%	无	8%	8%	部长决策
	熔炼			20%	15%	15%	10%	12%	13%		8%	8%	无
	提纯			20%	15%	8%	10%	16%	13%		8%	8%	无
复垦基金可否扣除		可以	可以	可以	可以	可以	不可以	可以	可以	可以	可以	可以	不可以

1）年利润<50 万加元的企业免除矿业税，年利润为 50 万~1 000 万加元的企业，前三年免税（偏远地区是前 10 年），利润>1 000 万加元的企业第一年免税

2）权利金费率详见表 3-11

注：AL 是阿尔伯塔省，BC 是不列颠哥伦比亚省，MB 是曼尼托巴省，NB 是新不伦瑞克省，NL 是纽芬兰和拉布拉多省，NS 是诺瓦斯科舍省，ON 是安大略省，QC 是魁北克省，SK 是萨斯喀彻温省，NT 是西北地区，NU 是努纳武特地区，YK 是育空地区

资料来源：根据加拿大自然资源部发布的信息整理，网址为 https://www.nrcan.gc.ca/mining-materials/taxation/mining-taxation-regime/8890

加拿大与美国类似，矿业税费征收标准由省政府制定实施，而且加拿大联邦政府对矿产资源没有专门的法律。这些都是由省政府制定的。加拿大矿业税费体系相对平稳，近十年来变化不大，加拿大政府近十年主要是通过调节通用税费种类来对矿业进行调节。

3）加拿大矿业税费体系运作模式

加拿大矿业税费体系构建的权力重心是加拿大省政府，联邦政府放权于省政府的同时，又与省政府进行高效的合作，实现矿山生态环境的治理恢复。联邦政府监督省政府各项矿业税费政策的实施。加拿大矿业税费体系在市场和生态环境补偿驱动下，在多年的改革中逐步完善、实施准则逐渐透明，形成现在易实施、生态补偿效果较好的状态。如图 3-7 所示，加拿大税费体系把社会大众纳入其中，让公民参与到矿山生态环境治理的过程中。

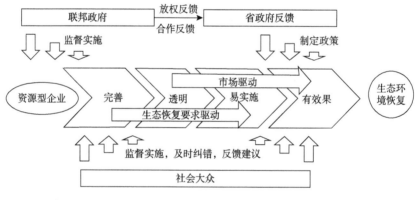

图 3-7　加拿大矿业税费体系运作模式

3. 澳大利亚矿业税费动态

1）澳大利亚矿业税收改革的基本发展过程

矿业税收收入是澳大利亚财政收入的重要组成部分。由于澳大利亚各州的矿业税基不同、联邦政府和州政府之间的税收调节等原因，虽然澳大利亚资源型企业获得巨额利润，但 2012 年以前政府的矿产资源税收所占矿业营业利润百分比不超过 2.5%。澳大利亚联邦政府对矿产资源项目利润征税的结构性改革始于 20 世纪 80 年代，以对各方压力较小的离岸油气资源的超额利润进行征税为开端，开始了矿业税收改革的漫长道路。1980~2015 年，澳大利亚的矿业税收改革大体经历以下四个阶段（图 3-8）。

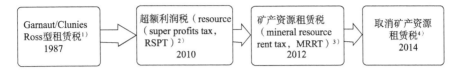

图 3-8 澳大利亚资源税收改革动态

1）Garnaut /Clunies Ross 型租赁税又称油气资源租赁税，1975 年由澳大利亚经济学家加诺特和克卢尼斯共同提出，1987 年开始实施

2）超额利润税又称为亨利税

3）矿产资源租赁税的前身是超额利润税，2010 年首次提出，2012 年开始实行

4）矿产资源租赁税于 2014 年 9 月被废除

20 世纪 70 年代，澳大利亚石油资源税收制度冲突较大，针对离岸油气资源项目的超额利润，1987 年澳大利亚提出征收油气资源租赁税（Hogan，2012）。油气资源租赁税（petroleum resource rent tax，PRRT）只对净利润为正的油气项目进行征税，当油气项目净利润为负时，政府给予一定的税收返还（Garnaut and Ross，1975）。油气资源租赁税实施后，澳大利亚矿业税收结构性改革进入平稳发展期。

2010 年以后，随着矿产资源价格的提升，澳大利亚主要产矿地区以 10% 的人口生产 16.2% 的国民生产总值[①]；而澳大利亚 60% 的人口集中在非产矿区，产矿区与非产矿区的利益冲突较大，财富分配平衡被打破。2010 年澳大利亚政府提出超额利润税，该税收政策是对矿产项目利润回报率超过 6%[②]的部分征税[③]，税率为 40%，适用于所有采掘业[④]。超额利润税使得资源型企业的税负过重，这在澳大利亚掀起了广泛的讨论，并直接导致澳大利亚政局的动荡。2010 年，联邦政府为了缓和矿业税收结构性改革的矛盾冲突，提出用矿产资源租赁税代替超额利润税。

2012 年 7 月 1 日，澳大利亚正式实行矿产资源租赁税，该项税收政策是对年利润达到 7 500 万澳元以上的铁矿石和煤矿企业征收 30% 的税收[⑤]。政府通过税收返还等形式，使得企业矿产资源租赁税的实际税负为 22.5%。矿产资源租赁税当时预计影响 320 家资源型企业；同时澳大利亚政府决定将油气资源租赁税的范围从离岸石油天然气扩展到陆上石油天然气[⑤]。在经过资源型企业、州政府与联邦政府两年的调节，2014 年澳大利亚新政府上台，立即宣布废除矿产资源租赁税。目前，州政府与联邦政府关于矿业税收分成主要是企业所得税归联邦政府所有；州政府根据本州矿产资源的先天条件和社会福利发展的需要自行确立权利金费率，权利金收入归州政府所有。表 3-13 是澳大利亚资源型企

① Australian Bureau of Statistics. Australian National Accounts：State Accounts. http://www.abs.gov.au/AUSSTATS/abs@.nsf/mf/5220.0，2017.

② 6% 为澳大利亚国债利率。

③ Department of Treasury. Australia's Future Tax System：Final Report. 2016.

④ Wikipedia. Minerals Resource Rent Tax，2015.

⑤ The Australian. Full Statement and Detail of New Mining Tax，2010.

业现在主要承担的税费种类。澳大利亚矿业税费体系回到改革前繁杂的状态，矿产品权利金标准相对复杂。资源型企业在不同州面临不同标准。

表 3-13 澳大利亚主要产矿州税收制度对比

地区	所得税	油气资源租赁税	矿产品权利金	油气资源权利金	矿业相关费用
联邦	30%[1]	40%[2]	—[3]	油气资源租赁税取代油气资源权利金	工作许可费、开采许可费、采矿权等
西澳大利亚州	—		从价（销售价）为主：精矿为 5%；从量为辅：价值较低的矿产品	—[4]	勘探许可费、开采许可费、采矿权等
北领地	—		从价（销售净额）：<5 万澳元，为 0；>5 万澳元，超过 5 万澳元部分征 20%	从价（油井价值）：10%	开采许可费、采矿权等
昆士兰州	—		从价（矿产品平均单价 P）：<100 澳元/吨，费率为 1.25%；>100 澳元/吨，费率为 1.25%+[（P-100）/P×（2.5%~1.25%）]	从价（油井价值）：10%	勘探许可费、采矿权、石油开采费、管道许可费
新南威尔士州	—		从价（交货价值）：4%	从价（油井价值）：10%	对矿产资源分组，同种费用下，不同组的收费不同
维多利亚州	—		从量：买卖原矿，1.43 澳元/吨；深加工，0.87 澳元/吨	从价（油井价值）：10%	费用随年份变化，不同矿种和开采条件有不同标准
塔斯马尼亚州	—		双重征收（利润和净销售额）：1.9%	从价（油井价值）：12%	开采许可费、采矿权等
南澳大利亚州	—		从价（矿产价值）：精矿，5%	从价（净销售额）：10%	开采许可费、采矿权等

1）澳大利亚规定销售额少于 200 万澳元的企业，企业所得税为 28.5%，其他企业为 30%。资源型企业销售额一般在 200 万澳元以上，所得税比率为 30%（Australian Taxation Office. Company Tax Rates，2016，https://www.ato.gov.au/Rates/Company-tax/）

2）A. 澳大利亚油气资源租赁税是对油气项目的超额利润征收 40% 的税［该税率来源于澳大利亚科学、改革和工业部（Department of Industry Innovation and Science）。网址为 http://www.industry.gov.au/］；B. 2012 年 7 月前，油气资源租赁税只对离岸油气项目征收，7 月后，对所有油气项目征收［该税率来源于澳大利亚税务局（Australian Taxation Office）。网址为 https://www.ato.gov.au/Business/Petroleum-resource-rent-tax/2016］

3）中央政府征收权利金与油气资源租赁税类似，只在西澳大利亚州的巴罗岛实行，相关税款由联邦政府与西澳大利亚州政府按 75∶25 的比例分成［该税率来源于澳大利亚科学、改革和工业部（Department of Industry Innovation and Science）］。1992 年，澳大利亚联邦政府同北领地达成协议，对离岸矿产资源从价征收 2.5% 的权利金，对其司法管辖区内所有离岸矿产资源项目净利润抽成 15%，离岸项目权利金所得，中央与州政府按 60∶40 的比例分成（来源于澳大利亚科学、改革和工业部）

4）西澳大利亚州油气权利金的征收方式主要有三种：A. 油气企业在取得第一次生产许可证时，油气资源权利金费率按油井价值的 10% 征收，取得第二次生产许可证时，按油井价值的 12.5% 征收；B. 在西澳大利亚巴罗岛上，澳大利亚用资源租赁权利金（resources rent royalty）代替上述 A 的征收方式；C. 油气资源租赁税（来源于西澳大利亚州官网 http://www.dmp.wa.gov.au/Petroleum/Royalties-1578.aspx#toc_2510）

注：本表中的矿产品权利金只罗列了铁矿石的权利金费率

资料来源：根据澳大利亚各州官网发布的法律法规整理（澳大利亚联邦政府官网为 http://www.australia.gov.au；西澳大利亚州官网为 https://www.wa.gov.au；北领地官网为 http://nt.gov.au；昆士兰州官网为 https://www.qld.gov.au；新南威尔士州官网 http://www.nsw.gov.au；维多利亚州官网 http://www.legislation.vic.gov.au；塔斯马尼亚州官网为 http://www.tas.gov.au；南澳大利亚州官网为 http://sa.gov.au）

2）各方对澳大利亚矿业税收改革的反响

2010 年，澳大利亚政府提出超额利润税的税收政策后，各国学者纷纷对澳大利亚矿业税收改革发表意见。Morgan Research（2010）发现支持与反对矿业税收改革的人数大体相当。学者对澳大利亚此次的矿业税收结构性改革看法大体分为三种：一是认为矿产资源租赁税明晰了澳大利亚资源租赁税结构框架，相比权利金，具有更高的透明性和效率；为公共部门分配自然资源租金提供了一个有效的方法，能够有效刺激矿业经济的发展；并且随着时间的推移，实现税收对社会和自然的双补偿（Freebairn and Quiggin，2010；Druckman et al.，2012；Boadway，2012）。二是赞同矿产资源租赁税与权利金制度共存是最好的方式，这部分学者致力寻找矿产资源资源租赁税与权利金的最优结构（Hogan，2012；Freebairn，2015）。三是认为矿产资源租赁税没有考虑现实，不仅会抑制对矿业的投资，还会使政府税收承担较大风险，是一个错误的政策（Smith，2010；Ergas et al.，2010；Passant，2014）。

资源型企业对超额利润税持反对意见。资源型企业认为矿业具有特殊性，矿产项目要求的利润回报率远远大于 6%，对超过 6% 的部分征税严重影响了矿业经济的发展。矿产资源租赁税作为超额利润税的替代，是企业、政府与社会三方利益暂时平衡的结果。2012 年矿产资源租赁税正式取代超额利润税在澳大利亚实施。与超额利润税相比，矿产资源租赁税的范围变窄，资源型企业的税负相对较轻。表3-14 是超额利润税与矿产资源租赁税税费的比较。矿产资源租赁税施行后，矿业的总体税负为 44.975%，比实施超额利润税的税负水平低13%。同超额利润税相比，矿产资源租赁税只针对年利润达到 7 500 万澳元的铁矿石和煤矿企业征收，矿业总体税负水平小于 44.975%。

表 3-14　超额利润税与矿产资源租赁税的区别

税费构成	超额利润税	矿产资源租赁税
资源税率（t_r）	40%	30%
资源税返还（t_1）	0	25%
资源税的真实税率[$t_r(1-t_1)$]	40%	22.5%
征税范围	利润大于 0 的资源型企业	利润大于 7 500 万澳元的铁矿石和煤矿企业
企业所得税（t_c）	30%	29%[1]
企业总体税负[$t_r+t_c(1-t_r)$]	58%	44.975%

1）资源租赁税法案实行时，澳大利亚政府将资源型企业的企业所得税从30%降至29%

资料来源：作者根据 Hogan（2012）整理

矿产资源丰度高的地区认为各州应当依据矿产资源分布、开采难易程度以及社会状况各自制定矿产资源权利金费率。单一的矿产资源租赁税没有考虑各州的实际情况，容易造成"资源诅咒"。矿产资源租赁税既不能有效地实现财富分配，也不能有效地促进矿业的发展。在州政府与联邦政府财政之争的基础上，州政府反对联邦政府实施矿产资源租赁税。在联邦政府宣布征收矿产资源租赁税的同时，澳大利亚某些州宣布提高本州的权利金费率。在各方压力下，澳大利亚联邦政府于2014年宣布取消矿产资源租赁税，至此资源型企业、州政府和联邦政府的利益调节暂时平衡。

3）澳大利亚矿业税收结构性改革的影响

澳大利亚矿业税收结构性改革对澳大利亚矿业投资影响巨大。中国、美国、日本是澳大利亚矿业外资的主要来源。图 3-9 为中国、美国、日本 2009~2015 年投资澳大利亚矿产资源开发与利用的情况。2012 年澳大利亚矿产租赁税实施后，中、美、日三国投资者普遍不看好此次矿业税收改革，三国对澳大利亚矿业投资额下降幅度较大，到2014年矿产资源租赁税的废除，中、美两国对澳大利亚矿业的投资才有所回升。从图 3-10 中可以看出，虽然中国对澳大利亚的投资在 2012~2015 年不断地飙升，但是对澳大利亚矿产资源的投资呈现了先下降后上升的趋势。特别是2012~2013 年度[1]、2013~2014 年度，中国对澳大利亚矿产资源投资降到低谷，矿产资源投资额所占总投资额的比率从64%降至20%。澳大利亚矿业税收改革最为激烈的几年里，澳大利亚矿业所获外国投资总额迅速减少，2011~2012 年度为516亿澳元，占总投资额的比率为 31%[2]；2013~2014 年度为 224 亿澳元，所占比率仅为13%[3]。根据澳大利亚外资审查委员会（Foreign Investment Review Board，FIRB）披露的年度报告表明，2013~2014 年度相较于 2012~2013 年度，各国对澳大利亚矿业的投资减少了 50%，2014~2015 年度废除矿产资源租赁税后，各国对澳大利亚矿业的投资才有缓慢的上升，2014~2015 年度，对澳大利亚投资位于前八的国家中，除新加坡外，其他国家对矿业投资都有所增加。

澳大利亚联邦政府想通过矿业税收改革增加财政收入，调整各州的财富分配。图 3-11 是澳大利亚 2009~2015 年资源租赁税的变化图。2012 年实施矿产资源租赁税后，澳大利亚资源租赁税的税收收入上升，但是上升幅度不大，资源租赁税 2012~2013 年度较 2011~2012 年度仅增加 3.54 亿澳元；2013~2014 年度较2012~2013 年度不增反降，联邦政府的资源租赁税改革没有达到预期的目的[4]。2009~2015 年，澳大利亚净税收所占 GDP 比重变化不大，大致保持在 22%的比率；而 2012~2013 年度、2013~2014 年度税收增幅保持在 3%左右，比 2014~2015

---

① 澳大利亚财务年度为每年的 7 月 1 日开始到次年的 6 月 30 日截止。
② Foreign Investment Review Board. 2011~2012 Annual Report，Australian Government.
③ Foreign Investment Review Board. 2013~2014 Annual Report，Australian Government.
④ Australian Taxation Office. Commissioner of Taxation Annual Report 2014–15. https://annualreport.ato.gov.au/sites/default/files/AR_14-15_Vol1_n0995_js34758_w.pdf?acsf_files_redirect.

年度（4.72%）的增幅低。这些数据都表明澳大利亚此次矿业税收改革对税收影响不大，但相比改革之前，有轻微的抑制作用。

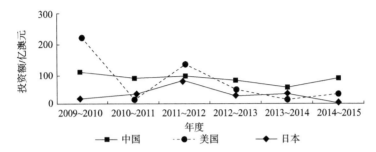

图 3-9　中、美、日三国对澳大利亚矿业投资变化情况
资料来源：根据澳大利亚外资审查委员会年度报告（2009~2015 年）整理

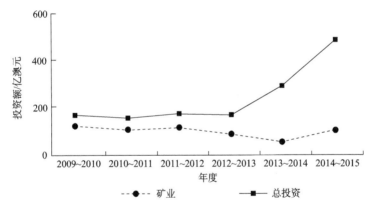

图 3-10　中国对澳大利亚投资变化情况
资料来源：根据澳大利亚外资审查委员会年度报告（2009~2015 年）整理

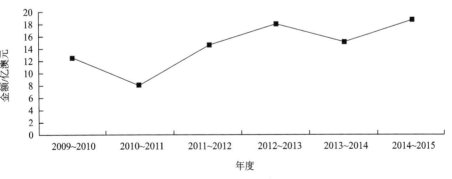

图 3-11　澳大利亚 2009~2015 年资源租赁税变化情况
资源租赁税包括矿产资源租赁税和油气资源租赁税
资料来源：根据澳大利亚税务局相关数据整理

澳大利亚实施矿产资源租赁税不能有效刺激矿业的发展。在实施矿产资源租赁税后，澳大利亚矿业营业利润从 2011~2012 年度的 821.4 亿澳元降至 2012~2013 年度的545.1 亿澳元；澳大利亚矿业增加值、矿业的总收入也并未增加（图 3-12）。在资源型企业与政府的利益调节中，资源型企业通过利用会计准则和相关的法律条文，短期内避免矿产资源租赁税对企业的影响。矿产资源租赁税的实施在一定程度上影响了澳大利亚矿业的发展。

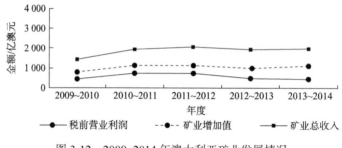

图 3-12　2009~2014 年澳大利亚矿业发展情况

资料来源：根据澳大利亚统计局相关数据整理

澳大利亚政府宣布实行矿产资源租赁税之日起，该税改方案在澳大利亚引起了剧烈的反响。在澳大利亚联邦政府宣布实施矿产资源租赁税后，各个州政府先后调整本州矿产资源权利金来对抗矿产资源租赁税的实施（Kraal，2013）。为了更好地比较澳大利亚实行矿产资源租赁税前后资源型企业税负的变化，本章选取五家在澳大利亚上市的资源型企业进行研究。表 3-15 是在澳大利亚上市的五家公司实行矿产资源租赁税前后的税负变化表。

表 3-15　五家资源型上市公司资源租赁税税负相关情况 [1]

企业	年度	公司所得税 [2] (I) /万澳元	权利金（R）/万澳元	销售收入（T）/万澳元	营业利润（P）/万澳元	I/P	R/T	P/T
BHP Billiton	2011~2012	916 900	374 400	9 162 000	3 111 200	29.5%	4.09%	33.96%
	2013~2014	849 900	358 800	8 736 800	2 890 700	29.4%	4.11%	33.09%
Fortescue Metals Group	2011~2012	91 500	47 600	868 500	294 200	31.1%	5.48%	33.87%
	2013~2014	152 500	100 800	1 527 900	508 700	30.0%	6.59%	33.29%
Mount Gibson Iron	2011~2012	6 700	4 700	64 800	24 000	27.9%	7.25%	37.04%
	2013~2014	6 700	7 400	89 800	16 400	40.9%	8.24%	18.26%
BC Iron	2011~2012	1 800	1 100	20 200	6 100	29.5%	5.45%	30.20%
	2013~2014	4 600	2 900	46 600	11 900	38.7%	6.22%	25.54%

续表

企业	年度	公司所得税[2]（I）/万澳元	权利金（R）/万澳元	销售收入（T）/万澳元	营业利润（P）/万澳元	I/P	R/T	P/T
Woodside Petroleum Ltd.[3]	2011	88 000	60 600	624 300	284 200	31.0%	9.71%	45.52%
	2015	31 600	28 000	653 900	46 300	68.3%	4.27%	7.08%

1）BHP Billiton 和 Fortescue Metals Group 是澳大利亚大型资源型企业，公司涉及多种矿产资源开发，Mount Gibson Iron 和 BC Iron 两家主要是以铁矿石开发为主营业务，Woodside Petroleum Ltd.为澳大利亚最大的油气开发企业

2）作者查询多家在澳大利亚上市的资源型企业，基本没有单独披露矿产资源租赁税的税费情况，各个公司认为矿产资源租赁税是针对利润进行征税，把它作为企业所得税进行处理，企业没有单独披露矿产资源租赁税的具体信息

3）Woodside Petroleum Ltd.披露具体的油气资源租赁税的具体情况，该公司所得税中包含油气资源租赁税，2011 年为 2 210 万澳元，2015 年为 17 030 万澳元；澳大利亚大部分企业的会计年度从每年的 7 月 1 日开始到次年的 6 月 30 日为止，但 Woodside Petroleum Ltd.会计年度为每年的 1 月 1 日到 12 月 31 日

资料来源：根据上述资源型企业的财务报表整理

　　BHP Billiton 和 Fortescue Metals Group 两家企业所得税占营业利润的百分比 2011~2012 年度（29.5%，31.1%）高于 2013~2014 年度（29.4%，30.0%）。两家企业权利金所占销售收入百分比 2013~2014 年度（4.11%，6.59%）高于 2011~2012 年度（4.09%，5.48%），两家企业权利金所占比重都有所增长。根据 2012 年澳大利亚矿产资源租赁税法案中补贴条例的规定，矿产资源租赁税可以抵消部分矿产资源权利金①。BHP Billiton 和 Fortescue Metals Group 两家企业根据政策规定，使得澳大利亚联邦政府实施的矿产资源租赁税没有影响到本企业的税负水平；同时，两家企业从事多种矿产资源的开发，而矿产资源租赁税只对铁矿石和煤炭征收，这在一定程度上说明，矿产资源租赁税对这两家企业的影响不大。同时也从侧面解释了 BHP Billiton 强力反对超额利润税的实行，却没有公开反对矿产资源税实施的原因。

　　Mount Gibson Iron 和 BC Iron 两家主要以铁矿石开发为主，两家企业所得税所占营业利润的百分比 2013~2014 年度为 40.9%和 38.7%，远高于 2011~2012 年度的 27.9%和 29.5%；增长幅度在 10%左右。说明矿产资源租赁税的实行，加重了铁矿石企业的税负。两家企业的权利金所占销售收入的百分比 2013~2014 年度较 2011~2012 年度有所上升，这是由于州政府在联邦政府颁布矿产资源租赁税相关法案后，提高权利金费率造成的，州政府与联邦政府的利益之争加重了相关资源型企业的税负水平。

　　Woodside Petroleum Ltd. 是澳大利亚最大的油气开发企业，经历了油气资源租

---

　　① Australian Government. Minerals Resource Rent Tax Act 2012. https://www.legislation.gov.au/Details/C2015C00338，2012-03-29.

赁税征收范围从离岸油气扩展到陆上油气相关税负水平变化。2011 年该公司油气资源租赁税为 2 210 万澳元，2015 年上升至 17 030 万澳元。所得税占营业利润百分比从 31.0%增长到 68.3%。根据相关法案规定，部分权利金可以抵扣油气资源租赁税，该企业权利金所占销售收入百分比从 9.71%下降到 4.27%。

在矿产资源租赁税政策实施期间，Mount Gibson Iron、BC Iron、Woodside Petroleum Ltd.三家企业，采取相关措施，降低企业利润，三家企业营业利润所占销售收入百分比 2013~2014 年度较 2011~2012 年度降幅巨大，即使是 BHP Billiton 和 Fortescue Metals Group 两家受矿产资源租赁税影响不大的企业，该比率也有轻微的下降。大部分资源型企业对资源租赁税政策采取相对消极的态度。种种因素使得澳大利亚实行资源租赁税前六个月里，澳大利亚联邦政府相关税收仅仅增加 1.3 亿澳元（Wayne，2013）。从表 3-15 中可以看出，在矿产资源租赁税实施后，四家资源型企业的权利金所占销售收入的比率有所上升，上升幅度大致在 1%。

4. 印度矿业税费动态

1）印度部分矿产权利金

表 3-16 展示了印度矿产资源权利金 2004~2014 年的变化，印度的矿产资源保证金大体经历了三次改革，基本趋势是从量计征向从价计征转化，贵金属和储量高的矿产品权利金随国际金属价格波动而变化。

表 3-16　2004~2014 年印度主要矿产权利金费率变化

矿种		2004 年	2009 年	2014 年
铁矿石	粗矿	含铁量 65%以上，每吨 27 卢比；含铁量 62%~65%，每吨 16 卢比；含铁量 62%以下，每吨 11 卢比	从价征收，销售价的 10%	从价征收，销售价的 15%
	精矿	含铁量 65%以上，每吨 19 卢比；含铁量 62%~65%，每吨 11 卢比；含铁量 62%以下，每吨 8 卢比		
金矿石	产品	伦敦金银市场协会披露应税金价的 1.5%	伦敦金银市场协会披露的应税金价的 2%	伦敦金银市场协会披露的应税金价的 4%
	副产品	伦敦金银市场协会披露相关副产品应税价格的 2.5%	伦敦金银市场协会披露相关副产品应税价格的 3.3%	伦敦金银市场协会披露相关副产品应税价格的 3.3%
银	产品	伦敦金属交易所披露的应税银价的 5%	伦敦金属交易所披露的应税银价的 5%	伦敦金属交易所披露的应税银价的 5%
	副产品	伦敦金属交易所披露的相关副产品应税价格的 5%	伦敦金属交易所披露的相关副产品应税价格的 5%	伦敦金属交易所披露的相关副产品应税价格的 7%
铬铁矿		从价征收，销售价的 7.5%	从价征收，销售价的 10%	从价征收，销售价的 15%

续表

矿种		2004 年	2009 年	2014 年
铝土矿	本国矿石	伦敦金属交易所铝的应税价格的 0.4%	伦敦金属交易所铝的应税价格的 0.4%	伦敦金属交易所铝的应税价格的 0.6%
	国外矿石	从价征收，销售价的 20%	从价征收，销售价的 20%	从价征收，销售价的 25%

注：矿产资源权利金根据印度矿业部在 2004 年（资料来源于印度矿业部 2004 年 10 月 14 日发布的矿产资源权利金费率，网址 http://mines.gov.in/writereaddata/UploadFile/ROYALTY%20RATES%2001092014.pdf，2017-04-17）、2009 年（资料来源于印度矿业部 2009 年 8 月 13 日发布的矿产资源权利金费率，网址 http://mines.gov.in/writereaddata/UploadFile/13082009.pdf，2017-04-17）、2014 年（资料来源于印度矿业部 2014 年 9 月 1 日发布的矿产资源权利金费率，网址为 http://mines.gov.in/writereaddata/UploadFile/ROYALTY%20RATES%2001092014.pdf，2017-04-17）发布相关条例整理

2）印度生态类税费种类

尽管印度在经济快速发展过程中开始注重生态保护与可持续性发展，但目前印度的生态类税费较少，主要是矿产资源权利金以及针对煤炭开采和洗选业所征收的煤税，具体见表 3-17。

表 3-17 印度主要的生态类税费

税名	税基	税率	是否全国征收
绿税	运输车辆	不同邦有不同的规定[1]	否
车辆税	购买车辆	不同邦有不同的规定[2]	是
权利金	矿产资源	不同矿产资源有不同的规定	是
污染控制保护税	水的污染物	不同的污染物有不同的规定[3]	是
煤税[4]	煤炭	50 卢比/吨	是

1）印度只有少数邦征收，以印度安得拉邦为例，运输车辆（非载客）和除摩托车以外的非运输车辆，每年 5 000 卢比；摩托车每年 1 000 卢比

2）以安得拉邦为例，车辆税为售卖价格的 14%

3）国内工业用水，0.03 卢比/吨；冷却用水，0.1 卢比/吨；污水排放（有毒的或者难以生物降解的），0.3 卢比/吨；污水排放（无毒或者容易生物降解的），0.1 卢比/吨

4）印度针对煤炭行业清洁所征收的税，英文全称为 Tax on Raw Coal，Raw Peat and Raw Lignite

资料来源：根据经济合作与发展组织发布的数据和印度矿业部发布数据整理。经济合作与发展组织数据库网址为：http://stats.oecd.org/；印度矿业部网址为：http://mines.gov.in/

3）印度矿业税费体系改革动态

印度矿业部在 2015 年披露了对矿业税费结构调整的方案，表 3-18 显示印度矿业税费体系改革前后的主要变化，印度矿业体系改革是中央政府与地方政府相互妥协的结果。印度矿产资源税费改革降低了矿产基金的缴纳数额。中央政府通过放弃主矿（major minerals）的权利金征收，来增加对副矿（minor minerals）的控制；矿业改革集中在对矿业特许权改革上，加大邦级政府对矿产资源特许权发放上的权利；同时使矿山拍卖合法化，提高矿产资源特许权信息的透明度。

表3-18   2015年印度矿业体系改革前后对比

内容	2015年以前	2015年至今
法律基础	《矿山与矿产（开发与管理）法案》，2010	《矿山与矿产（开发与管理）法案》，2015
区域矿产基金[1]	权利金的30%	权利金的10%
国家矿产勘查信托基金[2]	—	权利金的2%
权利金分成	—	地方政府保留100%的主要矿产资源的权利金[3]
税权划分	—	中央政府通过把31种矿产资源划分为副矿，降低地方政府对这类矿产资源的控制
矿业特许权	中央政府颁发矿产特许权；实现勘探许可证、探矿权许可证和采矿许可证	中央政府不再颁发矿业特许权（除烟煤、原子能矿产）；提高邦级政府在矿产特许权发放上的权利；新增复合许可证（带有采矿租约的探矿许可证）
违法惩罚	违法行为惩罚较低	加大对违法行为的惩罚力度。最高罚金为每公顷50万卢比

1）该基金英文名为 District Mineral Foundations

2）该基金英文名为 National Mineral Exploration Trust

3）这里的主要矿产不包括煤炭

资料来源：根据印度矿业部发布的文件整理

5. 中国矿业税费动态

1）中国矿业税费改革变迁

伴随中国税制改革进程，中国矿业税费改革经历了三个阶段，如图3-13所示。

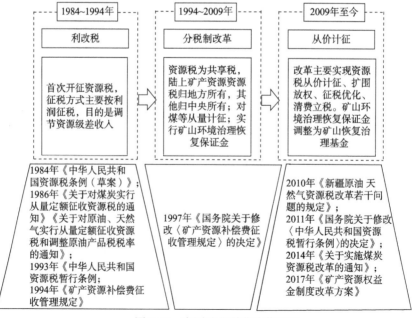

图3-13   中国矿业税费改革进程

资料来源：根据谢美娥和谷树忠（2017）整理

2）中国资源税改革变迁与影响

中国矿业税费改革以来，矿业税费种类不断变化。在改革进程中为了适应矿业经济发展的需要，国家、政府在不断地调整不同矿产资源的资源税征收方式，如表 3-19 所示。

表 3-19　中国资源税制度调整过程

年份	内容	征收方式
1984	销售利润 12%以下部分，不缴纳资源税； 超 12%到 20%的部分，销售利润每增长 1%，税率增加 0.5%； 超 20%到 25%的部分，销售利润每增长 1%，税率增加 0.6%； 超 25%的部分，销售利润每增长 1%，税率增加 0.7%	从利润计征
1986	开始对煤炭、石油、天然气等实行从量计征	从量计征
1986~1994	开始对部分矿产资源实行从量计征的资源税征收方式	
1994~2010	主要矿产资源实行从量计征，并提高主要矿产资源的资源税税率。例如，石油调高至 14~30 元/吨，天然气 7~15 元/吨	
2010	新疆开始对石油、天然气资源税征收方式进行改革，实行从价计征，税率为 5%	从价计征
2011~2013	资源税改革扩围，石油、天然气全面实行从价计征，开始在全国推广资源税从价计征改革	
2014	煤炭资源税改革全面进行，实行 2%~10%的浮动比例税率，在煤炭开采和洗选业清费立税，废除煤炭矿产资源的矿产资源补偿费	

资料来源：根据 1984 年颁布的《中华人民共和国资源税条例（草案）》；1986 年制定的《关于对煤炭实行从量定额征收资源税的通知》《关于对原油、天然气实行从量定额征收资源税和调整原油产品税率的通知》；1994 年颁布的《中华人民共和国资源税暂行条例》；2010 年制定的《新疆原油 天然气资源税改革若干问题的规定》；2011 年制定的《国务院关于修改〈中华人民共和国资源税暂行条例〉的决定》；2014 年制定的《关于实施煤炭资源税改革的通知》等法律法规整理

中国矿业税费改革集中在对资源税的改革和清费立税上，2010 年开始，中国政府废除如矿产资源补偿费等部分费，并把一些费用归到资源税中，开始对资源税进行新一轮的改革。表 3-20 展现了东部各省市资源税税收占比情况。东部地区资源税所占税收比率低。除河北省、辽宁省、山东省外，其他省市资源税所占税收比率不足 1%。中国开始进行矿业税费改革后，东部各省市的资源税所占税收比重略有波动，对东部地区影响不大。

表 3-20　东部各省市资源税税收占比情况

地区	2007 年	2008 年	2009 年	2010 年	2011 年	2012 年	2013 年	2014 年	2015 年
北京	0.02%	0.02%	0.02%	0.02%	0.01%	0.03%	0.02%	0.02%	0.02%
天津	0.13%	0.14%	0.11%	0.07%	0.07%	0.24%	0.28%	0.19%	0.13%
河北	3.90%	3.16%	2.81%	2.40%	2.43%	3.48%	3.30%	2.93%	1.47%
辽宁	2.97%	2.78%	2.76%	3.06%	3.45%	4.72%	5.63%	4.38%	2.28%
江苏	0.23%	0.24%	0.31%	0.30%	0.30%	0.46%	0.43%	0.42%	0.40%
浙江	0.40%	0.38%	0.34%	0.26%	0.29%	0.26%	0.26%	0.24%	0.28%
福建	0.73%	0.78%	0.75%	0.67%	0.64%	0.65%	0.53%	0.63%	0.59%

续表

地区	2007 年	2008 年	2009 年	2010 年	2011 年	2012 年	2013 年	2014 年	2015 年
山东	2.22%	1.88%	1.91%	1.55%	1.47%	2.99%	2.62%	3.02%	2.47%
广东	0.25%	0.24%	0.25%	0.25%	0.24%	0.24%	0.24%	0.24%	0.22%
海南	0.88%	1.06%	0.68%	0.52%	0.53%	0.81%	0.65%	0.55%	0.52%
平均	1.17%	1.07%	0.99%	0.91%	0.94%	1.39%	1.40%	1.26%	0.84%

注：上海无资源税税收入，故本表未列上海地区的资源税所占税收比率

资料来源：根据中华人民共和国国家统计局官方网站提供数据计算整理所得

表 3-21 显示中部各省份资源税税收占比情况。2010 年矿业税费开始改革后，中部地区（除山西、黑龙江）资源税所占税收的比率变化不大。2014 年中央发布《关于实施煤炭资源税改革的通知》后，山西省资源税所占税收比率从 2014 年的 5.19%一跃升至 2015 年 13.55%。煤炭资源税改革在山西这个煤炭大省产生较大影响。

表 3-21 中部各省份资源税税收占比情况

地区	2007 年	2008 年	2009 年	2010 年	2011 年	2012 年	2013 年	2014 年	2015 年
山西	6.01%	5.60%	5.16%	4.71%	4.44%	4.19%	4.54%	5.19%	13.55%
吉林	1.47%	1.33%	1.25%	1.09%	0.97%	2.01%	1.73%	1.51%	1.15%
黑龙江	4.59%	3.34%	3.45%	2.75%	3.20%	8.17%	8.25%	11.08%	6.11%
安徽	1.85%	1.87%	1.84%	1.46%	1.31%	1.37%	1.30%	1.23%	1.14%
江西	1.91%	2.49%	2.53%	2.21%	2.40%	3.04%	2.94%	3.38%	3.16%
河南	3.41%	3.25%	2.95%	2.57%	2.11%	2.32%	2.12%	2.01%	1.68%
湖北	1.05%	1.00%	1.12%	1.08%	0.95%	0.94%	1.01%	1.01%	0.85%
湖南	0.69%	0.69%	0.68%	0.84%	0.74%	0.76%	0.75%	0.73%	0.67%
平均	2.62%	2.45%	2.37%	2.09%	2.02%	2.85%	2.83%	3.27%	3.54%

资料来源：根据中华人民共和国国家统计局官方网站提供数据计算整理所得

表 3-22 是西部各省区市资源税税收占比情况。西部各省区市（除西藏、重庆外）资源税所占税收比率都在1%以上。西部各省区市受矿业税费改革影响较大。矿业税费改革在新疆、青海、宁夏等地区的影响较为明显，总体而言，西部大部分省区市资源税占比略有增长。

表 3-22 西部各省区市资源税税收占比情况

地区	2007 年	2008 年	2009 年	2010 年	2011 年	2012 年	2013 年	2014 年	2015 年
内蒙古	4.79%	4.75%	4.78%	4.89%	5.76%	6.08%	5.81%	5.81%	7.97%
广西	1.12%	1.19%	1.28%	1.31%	1.33%	1.34%	1.37%	1.75%	1.75%

续表

地区	2007 年	2008 年	2009 年	2010 年	2011 年	2012 年	2013 年	2014 年	2015 年
重庆	1.45%	1.38%	1.18%	0.81%	0.91%	0.90%	0.75%	0.76%	0.81%
四川	1.24%	1.19%	1.13%	1.09%	1.42%	1.37%	1.28%	1.26%	1.22%
贵州	2.04%	2.04%	2.72%	2.78%	2.31%	1.87%	1.83%	1.66%	2.19%
云南	1.66%	1.72%	1.91%	1.84%	1.60%	1.66%	1.54%	1.39%	1.51%
西藏	4.28%	3.82%	2.70%	2.61%	1.77%	1.43%	1.36%	0.82%	1.04%
陕西	4.09%	3.72%	3.36%	3.14%	5.29%	5.44%	6.27%	6.36%	7.03%
甘肃	2.96%	3.41%	2.91%	2.81%	5.06%	4.78%	4.67%	4.69%	3.17%
青海	6.26%	7.05%	9.72%	10.77%	12.44%	12.12%	10.49%	11.61%	10.65%
宁夏	2.14%	1.49%	1.66%	1.51%	1.55%	1.98%	2.11%	2.17%	5.19%
新疆	4.29%	3.80%	4.08%	7.80%	10.96%	9.92%	8.68%	8.81%	7.70%
平均	3.03%	2.96%	3.12%	3.45%	4.20%	4.07%	3.85%	3.92%	4.19%

资料来源：根据中华人民共和国国家统计局官方网站提供数据计算整理所得

图 3-14 为东部、中部、西部资源税占税收收入的比率图。图中显示中国资源税在政府税收中的比重从东向西递增。同时东部比率曲线较中部、西部平滑。这说明 2010 年以后，中国矿业税费改革对东部地区影响不大。总体上来看，此次中国矿业税收改革引起中国各省区市资源税占税收收入比重变化不大。

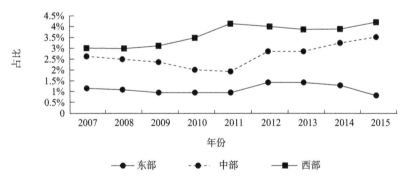

图 3-14　东部、中部、西部资源税占税收收入的比率图

资料来源：根据中华人民共和国国家统计局官方网站提供数据计算整理所得

3）中国矿山环境治理恢复保证金改革

矿山环境治理恢复保证金是资源型企业对矿山生态治理的补偿。如图 3-15 所示，矿山环境治理恢复保证金大体经过了三个阶段，即初始阶段、发展阶段和改革阶段。

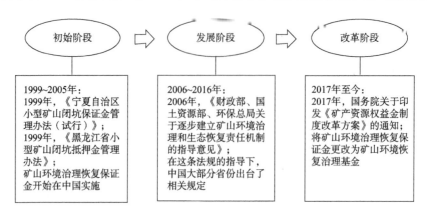

图 3-15　中国矿山环境治理恢复保证金发展历程

矿山环境治理恢复保证金制度自1999年实施以来，虽然取得了一定成效，但矿山生态治理问题依然突出，矿山环境治理恢复保证金没有从根本上解决矿山生态治理问题。2017年4月，中国国务院发布通知对矿山环境治理恢复保证金进行改革，把矿山环境治理恢复保证金改为一项基金，提高资源型企业、社会居民和政府参与矿山生态治理的积极性，矿山生态治理机制探索进入新阶段。

3.3　主要矿业国矿业税费体系公允性评价

3.3.1　矿业税费体系公允性评价依据

矿产资源开发利用导致生态、经济、社会等相关主体的利益失衡，并产生"资源诅咒"现象（Auty，1993；Sala-i-Martin and Subramanian，2013；Papyrakis and Gerlagh，2004；Alexeev and Conrad，2009），抑制区域创新能力的发展与人力资本的积累。矿业税费是调节资源开采利益的主要手段，公允的税费体系能够对生态、经济、社会、技术进行有效补偿，统筹生态、经济、社会协调发展。矿业税费对矿区各方面的补偿不是孤立存在的，而是存在内在联系的。图3-16显示，在公允的矿业税费体系下，生态、经济、技术、社会补偿相互影响、相互促进实现矿区各方面协调发展，政府根据相关法律法规制定矿业税费体系，对生态、经济、社会、技术进行补偿，使矿区实现可持续发展。

根据矿业税费公允性结构构建矿业税费公允性评判体系（图3-17），矿业税费体系实行过程中的总体目标是实现矿区社会和谐发展。在矿业税费体系下，生态、社会、经济与技术方面都得到有效补偿。

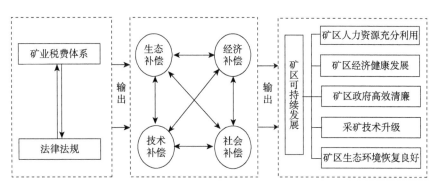

图 3-16　矿业税费公允性结构

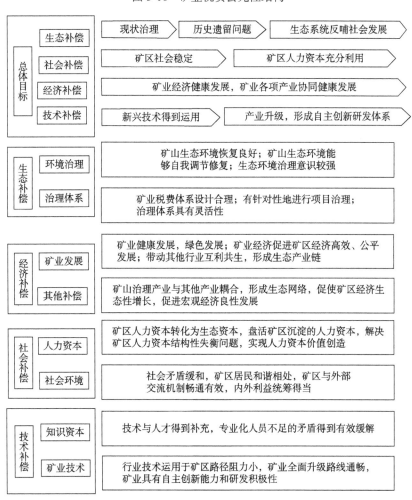

图 3-17　矿业税费公允性评判体系

根据矿业税费公允性评判体系，模拟出主要矿业国矿业税费体系公允性变化趋势，如图 3-18 所示。美国在 1970~1980 年进入矿业税费体系公允线（标志是美国 1977 年《复垦法》颁布，美国开始对过去矿山生态环境破坏进行修复）。加拿大和澳大利亚紧随其后，在 1980~2000 年进入矿业税费体系公允期。中国自改革开放以来，不断对矿业税费体系进行调整。至今，中国仍然在进行矿业税费改革，向着矿业税费公允点前进。

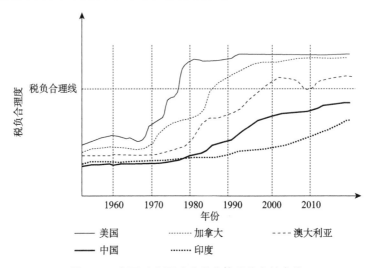

图 3-18 主要矿业国矿业税费体系公允性变化

3.3.2 矿业税费体系公允性评价结果

各国税费体系公允性主要体现在税费对生态、经济、社会和技术层面上的补偿。生态补偿是矿业税费公允性的集中体现，是矿业特有税费体系公允性必须满足的前提。基于此，为了突出各国矿业税费体系公允性，本章在矿业税费体系特点上设计出基于生态补偿、经济补偿、社会补偿和技术补偿来反映税费体系公允程度的评价指标共 80 个，评价指标体系如表 3-23 所示。

表 3-23 评判税负公允性指标体系

一级指标	二级指标	三级指标	四级指标
生态补偿	环境治理	矿山治理	矿山环境恢复治理投入资金占财政支出比例
			环境保护支出占财政支出的比例
			绿化措施
			绿化措施的经济投入与效益
			水土保持措施
			水土保持措施的经济投入与效益
			土地复垦措施

续表

一级指标	二级指标	三级指标	四级指标
生态补偿	环境治理	矿山治理	土地复垦措施的经济投入与效益
			矿山损毁土地恢复率
			其他保护与恢复措施
			其他保护与恢复措施的经济投入与效益
		污染治理	污染排放政策
			污染减排措施
			污染物排放达标率
			污染物回收利用措施
			污染物回收利用措施的财务投入与效益
		环境绩效	节能措施
			能源耗用政策
			能耗节约量
			资源利用政策
			资源节约措施
			实际资源节约量
			按能源性质（如电力、热能、冷能、蒸汽）划分的能源耗用量
			资源节约措施的财务投入与效益
		其他生态治理	生态环境破坏事件的应对措施
			生物多样性的管理政策
			造林面积占辖区面积的比例
			自然保护区面积占辖区面积的比例
	治理体系	税费体系	企业遵循的环境法规、标准
			环境违法处罚标准
			矿业特许税费类型经济分配效率
			矿业特许税费适应度
			矿业治理基金
			矿业特许税费占财政收入比例
		非税费体系	环保机构的设立
			环境报告接受第三方审核
			环境管理体系
			环保的主要考核指标
经济补偿	矿业发展	矿业投入	矿业矿产资源勘探许可证发证数
			地质勘探的投入
			矿产资源采矿许可证发证数
			采矿业固定资产投资占社会固定资产投资比例
			外资资本投入
			外资资本投入占资本投入比例
			矿山开采前环境评估
		矿业效益	矿业产值占工业产值比例
			人均矿业产值
			矿业销售利润率

续表

一级指标	二级指标	三级指标	四级指标
经济补偿	矿业发展	矿业效益	矿产品进出口总额占全部产品进出口总额的比例
	其他补偿	宏观经济	生产总值增长率
			矿业面临的宏观政策
			国家经济对矿业的依赖度
社会补偿	人力资本	人力素质	高等教育占人口比例
			教育支出占财政支出比例
			人均公共图书馆藏书量
			医疗保险
		人力资源就业	采矿业从业人数占工业从业人数的比例
			失业率
			单位矿业人员矿业产值
	社会环境	设施建设	铁路密度
			公路密度
			民航机场飞机起降架次
			信息化程度
		政府管理	政府腐败程度
			政府服务意识
			社区安全
		人民生活	消费水平
			人均可支配收入与平均工资比例
			居民恩格尔系数
			居民收入水平
技术补偿	知识资本	科研投入	科研经费筹集总额占地区生产总值比例
			万人从事科研活动人数
		科研绩效	万人专利权数
			高校密集度
	矿业技术	技术投入	固定资产更新换代
			智能化程度
			绿色技术投入
		矿业科技绩效	企业集约化程度
			绿色技术环境效益
			矿业生产效率

注：本章着重考察矿业税费对生态环境的补偿，因此指标构建偏向于生态补偿

　　本章对中国、美国、加拿大、澳大利亚与印度五个国家的税费公允性进行评判。其中每个指标有 5 个分数档，即 1 分、2 分、3 分、4 分、5 分。通过比较五个国家在同一个指标下的表现，根据表现分别给予相应的分数（表现最好给 5 分，以此类推）。在权重方面，本章采用层次分析法确定。

　　本章按照层次分析法的思路，根据定性信息、实物量信息、货币量信息相对比重为 1∶2∶3 的中心思想，进行权重的确定。为避免在重要性判断中主观因素

可能对权重计算造成的潜在影响，本章运用 Yaahp 软件对所有比较判断矩阵进行一致性检验，结果显示均通过检验，由此判断所得权数较为合理。通过层次分析法加权汇总各指标得分，即得出最终分数。

指标评分主要根据世界银行报告、经济合作与发展组织数据以及各国政府官网发布的信息，综合给出得分。美国、加拿大、澳大利亚、中国和印度的税费体系公允性判断如表 3-24 所示。

表 3-24 各国矿业税费体系公允性得分

项目	美国	加拿大	澳大利亚	中国	印度
生态补偿	4.115	3.398	3.613	2.511	1.179
经济补偿	3.112	3.240	3.735	2.777	2.135
社会补偿	3.939	4.038 8	3.301	2.410	1.312
技术补偿	4.375	4.166	3.459	2.000	1.000
综合得分	15.541	14.842 8	14.108	9.698	5.626

生态补偿方面，由图 3-19 可见，美国矿业税费体系在生态补偿方面的得分在这五个国家中最高，美国矿业税费在生态补偿方面做得最好，其中美国在生态补偿方面得分为 4.115 分。在经济补偿方面，澳大利亚在这五国中表现得最好（图 3-20）。矿业是澳大利亚的支柱产业，澳大利亚矿业税费体系在经济补偿方面做得最好。在经济补偿方面，美国、澳大利亚与加拿大得分差距不大。在社会补偿方面，加拿大在五国中得分最高（图 3-21）。加拿大政府层面上的工作较为完善，政府的服务意识较高。在技术补偿方面，美国、加拿大、澳大利亚三国表现良好，中国与印度表现较差（图 3-22）。

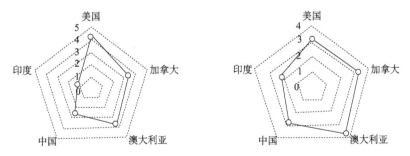

图 3-19 各国矿业税费体系在生态补偿方面得分　图 3-20 各国矿业税费体系在经济补偿方面得分

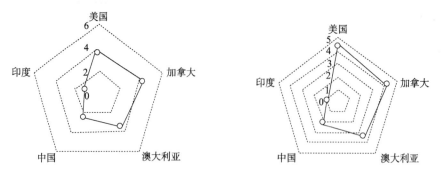

图 3-21　各国矿业税费体系在社会补偿方面得分　图 3-22　各国矿业税费体系在技术补偿方面得分

　　美国、加拿大、澳大利亚三国矿业税费体系在各方面的补偿都好于中国与印度，这在一定程度上说明矿业税费体系对生态、经济、社会、技术的补偿形成一种共生发展模式。中国在矿业税费体系改革过程中，需要考虑改革的协同效应，设计公允的矿业税费体系，增加矿业税费体系在各方面补偿的公允度。

第4章 资源型企业税负测度体系构建

税负水平的高低从来都是一个相对的概念，这种相对性主要体现在不同的利益主体对税收理解的差异上。本章以纳税人减税行为衍生出的企业实际税费曲线作为测度的基本前提，通过对税负测度利益主体矩阵、税负测度难点的基本描述，以及国内外已有的税负测度方法、口径的评述，构建出包含税负测度方法、口径、数据来源在内的税负测度体系，并根据资源型企业实际税费情况，依次定义了总税负、税种税负、费种税负测度口径，明确了税费数据提取标准，以实现对资源型企业实际税负水平的准确判定。

4.1 税负测度基础

4.1.1 税负测度理论基础

1. 纳税人减税行为的存在

纳税人节税、避税、税收违规行为的存在所衍生出的税负测度旨在寻求企业实际税负，明确企业税负水平的公允性。虽然名义税率是税务机关所规定的要求纳税人缴纳的应纳税额与征税对象的占比，但名义税率往往只能反映企业实际税负的近似值，纳税人往往会采取不同的手段以达到减少纳税的目的。基于此，以合法性为划分标准，研究者将纳税人的这种行为分为节税、避税、税收违规三种，三者之间的差异与共同之处见表4-1。

表 4-1 纳税人减税行为差异

纳税人行为	差异之处			相同之处
	合法性与道德性	政府态度	税基变化	
节税	合法，并且是道德的，法律政策支持引导	支持	节税与避税不改变全社会税基总量，会造成税基由高税率部分向低税率或零税率部分转移	①行为主体均为纳税人；②行为目的：减少纳税义务；③行为环境相同，均处于相同的税收征管体系；④不同国家间三种行为的界限不同，可相互转换
避税	不违法但是不道德，处于合法与违法之间的灰色地带，无明确的相关法律政策	不提倡		
税收违规	违法与不道德，与法律条款相悖	严惩	全社会的税基总量减少	

对节税、避税、税收违规之间的差异性，学者们亦从不同的角度提出了不同的见解。刘剑文和丁一（2003）从法理上对节税与避税进行了定义以及差异划分；汉龙和海茨曼（Hanlon and Heitzman，2010）则将所有减少税收的行为视为避税，并总结归纳出 12 种避税程度测量方法，在其后续研究中也重点讨论了避税与其他因素之间的动态关系；阿特伍德等（Atwood et al.，2012）则用 22 个国家的 69 000 家企业验证了账面税金、国际区域与国家税制、征税强度与避税间的关系，证明企业在必要时的不避税行为会使税收的一致性越高。Kohn 和 Saccardo（2015）认为企业关于税务的良好治理会对合法支付最少税额的公司有利，一味地避税对企业声誉以及社会认知有影响。Cai 和 Qiao（2009）的研究表明竞争压力推动了中国工业企业从事更多的避税活动，应加强金融市场监管与确保所有企业具有竞争优势。戴伦等（Dyreng et al.，2008）用"长期现金有效税率"检测了10 年内企业避税程度，发现很大一部分公司能在持续的时间内成功避免大部分企业所得税。

国外学者通常将节税与避税行为统称避税，而国内的学者则较为严格的区分出节税、避税的界限。但对于节税、避税、税收违规的归类研究者们逐渐达成共识：节税与避税均属于税收筹划的两个方面，两者各有不同的含义与特点。最大的区别在于执行税法与税法政策导向的差异性：节税是在符合税法规定、政策支持的条件下进行的道德行为；而避税属于法律与道德之间的灰色地带。相较节税与避税，税收违规则是触碰了法律与道德的底线，属于违法行为。

2. 企业实际税费曲线

拉弗曲线[①]描述了政府的税收收入与税率之间的关系，将拉弗曲线与企业实际税费相结合，得到企业实际税费曲线，如图 4-1 所示。

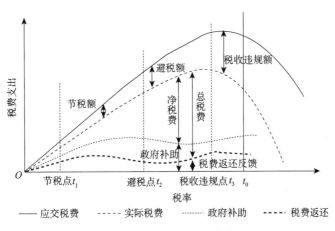

图 4-1　企业实际税费曲线

资料来源：根据拉弗曲线、企业减税行为、政府税收优惠政策等税费相关行为整理

企业税收曲线假设：

（1）在税率较低的情况下，即税率在 t_1 前，企业按照税法规定纳税，不采取节税、避税、税收违规行为；随着税率升高，到最优税率 t_0 前，企业从按实际税率纳税逐渐过渡到节税、避税、税收违规三个层面。

（2）政府与企业之间税费信息不对称，政府无法全面获取企业应纳税额。随着税率的升高，为实现利益最大化，企业会采用盈余管理等方式降低应纳税额，即企业节税、避税、税收违规等减税行为的产生。而减税行为的产生又势必会导致企业实际缴纳税费低于企业当期应交税费，企业实际税费曲线由此产生。而除向政府缴纳税费的现金流之外，企业还获得政府所给予的具有无偿性的政府补助金，在企业实际税费额以及企业与政府之间双向的具有无偿性的政府补助金的体制下，得到了企业实际净税负。

---

① 拉弗曲线是由美国著名供给经济学家拉弗（Laffer）在 1974 年提出的。拉弗为了说服当时的总统助理切尼，使其明白只有通过减税才能使美国摆脱"滞胀"的困境，即兴在华盛顿一家餐桌的餐巾纸上画的一条抛物线。拉弗曲线描绘了政府的税收与税率之间的关系，当税率在一定限度以下，提高税率能够增加政府税收收入。但一旦超过这一限度（t_0），税率的提高会降低企业的盈利水平，税基减小，政府的税收收入减少；反之降低税率，企业盈利水平上升，税基提高，政府税收收入增加。

4.1.2 税负测度方法基础

1. 税负测度利益主体矩阵

从古至今税负公允的争论从未淡出人们的视野，不可否认的却是，税负水平高低从来都是一个相对概念，没有绝对合理的衡量标准。本书研究认为，在现今税负争论中税负高低水平的争议点集中于两个方面：一是税费负担测度范围的广度，二是税费缴纳的实际总额，其中，税费总额又与税费广度成正向相关关系。可见，税负水平争议的核心点主要在于税费测度广度的确定，即纳入税费研究的范围越广，税费缴纳实际总额越高，税负争议主体得到相对税负水平也越高。

在宏观税负研究中，国内通用标准有大、中、小三个口径，三个口径中税费测度范围依次扩大，多用于以政府为主体的税负研究；国际标准中国际货币基金组织（International Monetary Fund，IMF）和经济合作与发展组织口径亦存在经济合作与发展组织将社会保障金纳入税费范围而国际货币基金组织未纳入税费范围的广度差异；国际标准与国内标准差异的存在，使得国内学者在利用国内标准衡量的同时又不断进行税负测度口径创新以向国际衡量标准靠拢。在微观税负测度中，研究者以及纳税人使用的口径则显得五花八门，政府收费、罚没收入等是否计入税费测度广度都成为税负争议热点。总的来说，在宏观税负测度的争议中，又以土地使用权转让收入与财政收入是否纳入税费计算范围争议最大，争议主体多为研究者、国际机构以及政府；而微观税负研究的争议则以流转税、劳务税（社会保障金）以及政府收费是否在企业税负中反映为主，微观税负研究的争议主体又多以纳税人、国际机构以及研究者为主。

税负争议的产生主要源于政府、纳税人、研究者与国际组织四个利益主体对税负的不同认识，即利益主体之间对税负争议点的差异化分析。将四个研究主体放入象限矩阵中分析得到图 4-2 税负研究主体差异矩阵：纳税人一般将企业与政府之间的现金流均计入税费广度中，即包含了税与非税收入，因此政府处于三象限；政府在研究时一般利用国际标准以及小口径进行国际的比较，故一般而言，政府得出的税负处于较低水平；在国际比较中，国际组织则更偏爱对税制以及国际标准进行对比分析；而研究者们在分析税负时，则出于不同的合理性评判，根据新税费范围不断更新税负测度指标，因此研究者与国际组织常位于二、四象限中。

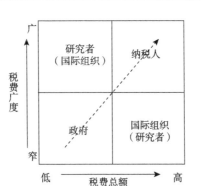

图 4-2　税负研究主体差异矩阵

四个利益主体站在不同的角度对税负水平的分析衍生出人们对税负水平的巨大争议。而不可否认的是，税负水平是一个相对概念，不同利益主体的立场决定了各主体在税负水平的研究中所选择的参考标准、测度口径以及税费信息来源的不同。由此，税负的高低、公允与否从本质上来讲是各利益主体之间的相对利益调节，在调节的过程中，人们的关注点逐渐从税负水平过渡到对税费的使用、使用效果以及使用透明度的共识中。

2. 测度难点

税费信息不对称。针对不同的信息获取者，企业信息披露载体具有多样性与特定性。根据获取税费信息的有效性、全面性、准确性高低排序，税费信息的获取由企业管理当局、税务机关、企业利益相关者到社会公众依次递减。同时企业管理当局单方面遵守的税费信息保密性原则，也使得企业实际税负测度局限于不完全的税费信息。

税费缴纳种类与缴纳量双重不完整性。根据税费信息披露载体，除针对特定主体的纳税申报表税费缴纳种类与缴纳量具有相对完整性以外，包括财务报告、社会责任报告等在内的向社会主动披露的税费信息则无法反映企业当期实际税收。一方面，基于会计准则中的重要性要求，企业日常生产经营活动中部分税额较小，不满足披露要求，企业披露税费种类不完整；另一方面，财务报表中"应交税费"反映了当期未交税费余额，而对企业当期税费实际缴纳量仅以"支付的税费总额"进行简单的总额列示，大部分税种当期缴纳量无明确反映。税种与税种缴纳量的双重不完整性使得企业分税种税负测度结果不足以完整地反映企业实际税负。

地方费种名称混乱。在中国税费体制结构中，费的征收常以中央规定为准则，再由各级地方政府制定明细标准，导致大部分地方性税费征收名称、范围以及标准差异明显，以河道维护费为例，各省名称及征收标准见表 4-2。除政府税费信息披露不一致外，企业在披露时亦存在差异，对同种税费采用不同的简称，如直接将河道维护管理费简称河道管理费、河道税。政府间、企业间披露名称的相互混乱，使得税负测度过程中无法准确辨认企业税费缴纳信息，增加了测度难度，以及行业间、企业间的横纵向比较难度。

表 4-2　河道维护费各省名称及征收标准

省份	名称	征收标准
辽宁	河道工程修建维护费	①凡有销售、营业收入的，按月销售或者营业收入的 1‰计征；对上一年销售额在 1 000 万元以上，进销差价率在 10%以下的大型商业企业，按月销售额的 0.5‰计征；②保险企业按月保费收入的 0.5‰计征；③银行（含信用社）按月利息收入的 0.5‰计征；④信托投资公司、财务公司等非银行金融机构按月业务收入的 1‰计征
山西	河道工程维护管理费	①工商企业和个体工商户按当年实际缴纳流转税总额的 1%缴纳；②有生产经营性收入的事业单位按当年实际缴纳增值税和所得税总额的 2%缴纳；③对保护范围内的农业纳税人，每年每亩（1 亩≈666.67 平方米）农田（包括河滩地）按当年国家规定的 1 千克小麦价格缴纳
湖北	河道堤防工程修建维护管理费（简称堤防维护费）	①对农业纳税人，每年每亩农田 5 千克稻谷的价格（按当年农业税计价标准计价，下同）征收；林、牧地和渔业水面等，按每亩 6 千克稻谷的价格征收；②对非农业纳税人，按照应缴纳流转税总额的 2%征收
广东[1]	堤围防护费	①工商、建筑、交通运输、金融保险、房地产和社会服务按营业收入的 0.5‰征收；②电力企业按年电力总产值的 0.5‰征收；③银行按当期利息收入的 0.5‰征收；④各类信托投资和财务等非金融机构按当期业务收入的 0.5‰征收

1）2016 年 10 月 1 日起广东省全面停征堤围防护费
注：本表主要以四个省的不同名称的河道维护费为例，对于其他省以及其他费种不予详细讨论

3. 税会差异

税会差异是对企业利益与政府利益之间经济协调关系的直观反映。税法与会计各自服务的对象不同，根据服务对象要求，两者目的亦不相同，前者要求纳税人严格按照税法要求计算纳税，而后者则要求纳税人按照会计制度对企业日常经营活动进行会计核算；两者在核算制度上亦不同，税法要求采用权责发生制与收付实现制相混合，对费用以及收入的确定多以收付实现制为主，会计则要求按照权责发生制核算。两者目的、服务对象以及制度的差异，直接导致按照会计账面价值和名义税率核算的企业税费负担与实际税费负担存在差异，而节税、避税与税收违规行为的存在亦使得企业对实际税负测度进行必要的调整与修正。

根据"收入-成本=利润"的会计恒等式，税法与会计对生产经营活动中各项活动所产生的收入与成本的不同处理是税会差异产生的主要原因，表 4-3 是对收

入与成本中存在税会差异的项目按照差异产生原因进行的代表性列示。

表 4-3　税会差异归纳总结

项目	差异原因	具体项目举例分析		差异分类
		税法	会计	
收入	确认条件	①商品销售合同已经签订，企业已将商品所有权相关的主要风险和报酬转移给购货方；②企业对已售出的商品既没有保留通常与所有权相联系的继续管理权，也没有实施有效控制；③收入的金额能够可靠地计量；④已发生或将发生的销售方的成本能够可靠地核算	①企业已将商品所有权上的主要风险和报酬转移给购货方；②企业既没有保留通常与所有权相联系的继续管理权，也没有对已售出的商品实施有效控制；③收入的金额能够可靠地计量；④相关的经济利益很可能流入企业；⑤相关的已发生或将发生的成本能够可靠地计量	暂时性差异
	确认时间	形式重于实质，形式是指票据方式、结算方式等。分期收款方式销售货物时以合同约定收款日期确认收入的实现。房地产企业预售账款确认为收入	实质重于形式。分期收款销售商品在实现销售的时候确认销售商品收入。房地产预售收入不满足收入确认条件，不计入收入	
	计量确认	采用递延方式核算具有融资性质商品的销售时，税法不考虑资金的时间价值，按已收获或应收的合同或协议价款确认收入	采用递延方式核算具有融资性质商品的销售时，会计按照应收的价款的现值与价款之间的差额确定摊余成本，冲减财务费用	永久性差异
	确认范围	存在财政拨款等不征税收入以及国债利息等免税收入，不纳入应税所得	不征税收入与免税收入计入会计收入	
成本	确认时间	预计负债只是履行该义务很可能导致经济利益流出企业，还没有实际发生，不符合税法规定的实际发生原则，不允许在计算应纳税所得额时扣除	与或有事项相关的义务同时满足：该义务是企业承担的现时义务，履行该义务很可能导致经济利益流出企业，该义务的金额能够可靠地计量等三个条件，计入当期损益，确认预计负债	暂时性差异
	计量基础	存货、固定资产等按照历史成本为计税基础，减值准备除国务院财政、税务主管部门规定可以确认损益外，不得调整扣除；资产的累计折旧（摊销）按照税法规定年限、方法计提扣除	存货按照成本与可变现净值孰低计量，资产等按照账面净值填列，存货与固定资产当期减值准备计入当期损益允许扣除；折旧按照会计准则规定年限、方法计提扣除	
	扣除范围	税法规定了如罚金等的不得扣除，以及工会经费、业务招待费等的限额扣除	会计上按照实际发生全额扣除	永久性差异

资料来源：根据税收与会计制度整理

4. 可比性原则

此处的可比性原则借用会计学中的定义，即可比性原则要求税费信息、税负测度结果在同一企业内以及不同企业之间的横纵向可比。相较之会计学中可比性主要针对企业管理中的会计信息，本节中可比性则主要针对各企业披露的税费信息以及税负测度结果信息。即同一企业在不同时期的税费信息以及其税负测度结果信息可比；不同企业在同一时期企业间所披露的税费信息以及其税负测度结果信息可比。

4.1.3 税负测度公式演化

根据会计学基本原理公式：收入-成本=利润，进一步演化出资源型企业税费结构公式如图 4-3 所示。图中各项税费均以代表性税费进行简单举例。其中，增值税作为价外税，不影响企业当期损益，但在会计计量过程中同样以"应交税费"科目表示，反映在企业资产负债表以及现金流量表"支付的税费总额"中，因此增值税也应纳入衡量企业税负水平的范围。企业当期缴纳的税费还包括个人所得税以及为职工支付的社会保障金，虽然个人所得税是企业当期实际流出的税费现金，但属于企业代扣代缴税金，常反映在企业"应付职工薪酬"以及现金流量表"支付给职工以及为职工支付的税"中，故此处不考虑，同理为职工支付的社会保障金此处亦不考虑。

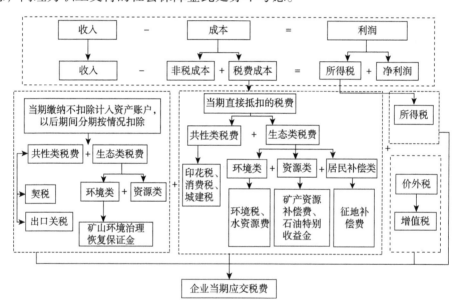

图 4-3   税负结构公式

（1）矿山环境治理恢复保证金于 2017 年 4 月 20 日改为矿山环境治理恢复基金
（2）环境税于 2016 年 12 月落地，由排污费平移改为环境税，2018 年 1 月 1 日正式实施
（3）本书中将矿产资源税费分为共性类税费与生态类税费，其中共性类税费是指所有企业在日常生产经营中均需缴纳的税费；生态类税费则是指政府向开采利用资源的纳税人征收的用于环境保护、资源合理开发利用、居民补偿等生态治理的税与费。而根据生态类税费用途差异性，又将生态类税费分为环境类税费、资源类税费、居民补偿类税费

4.1.4 税负测度评述

在对税负水平进行对比分析时，政治经济学家往往先从整个国家或地区的宏观

总体税负着手，进一步分析描述该地区和国家的经济水平、税负水平。而后期研究者们逐渐从宏观税负研究转移到微观企业税负研究中，但对微观税负测度中的研究口径国内外学者始终未达成一致。就目前已有的研究来说，可以将税负测度进行如图 4-4 所示的归纳。宏观税负测度中，国际已有经济合作与发展组织以及国际货币基金组织标准，国内研究也通常分为大、中、小三个口径，宏观税负测度逐渐形成趋于一致的标准。而在微观税负测度上，国内外研究者在选取测度方法上一般采用有效税率、平均税率以及名义税率等比较分析，差异较小；但在税负测度口径选取上却呈现多元化标准，不同的研究者根据研究目的、数据获取来源对各项税费（分子）和计税经济来源（分母）界定的方法多种多样，并从研究目的上解释了测度口径选取的合理性。而不同口径合理性解释多元化，也是学者们微观税负测度始终未达成一致的原因之一。本书旨在探讨资源型企业税负公允与企业生态治理的动态关系，主要以微观层面的企业税负测度为主，故本节中税负测度体系是以微观层面的企业税负测度为基石所构建的。

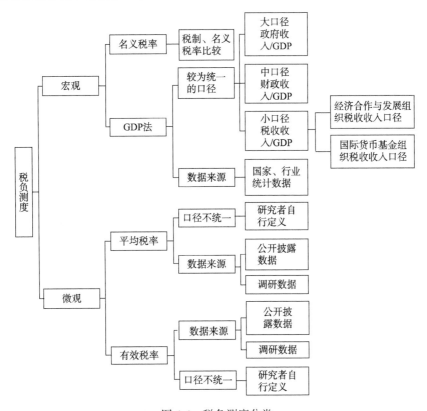

图 4-4　税负测度分类

1. 税负测度方法评述

通过对国内外微观企业税负水平研究相关文献的整理，本节将以公司层面数据为研究样本的微观税负测度方法进行归纳总结，如表 4-4 所示。

表 4-4 税负测度方法

微观税负研究方法	公式	缺点	优点	适用范围	代表研究
法定税率	名义税率	未考虑税收优惠、政府补贴等影响，不能直接反映企业税负实际水平	直观反映企业名义税负大小	用于国际比较	美国科罗拉多矿业学院和全球资源政策和管理研究院（2006）
平均税率	全部应纳税额/课税对象总额	难以从企业已披露的信息中通过某种计算方法得到企业当年的全部应纳税额	便于与名义税率比较反映实际税负	常用于问卷调研分析数据、累进税种、总税负税率研究	Anderson（2013）
有效税率	实际缴纳的税额/课税对象	难以从企业已披露的信息中得到企业当年实际缴纳的各分税种税额	直观反映企业实际税负	常用于对所得税税负测量	Wu 等（2007）

目前国内外学者对微观税负测度方法的分类研究中：名义税率（法定税率）在微观税负测度中常用于国际代表性行业、企业的税负研究，另外两种税负测度的方法则是微观研究中较为通用的方法。其中平均税率多用于对行业总体税负率等的研究；而有效税率又分为平均有效税率（实际平均税率）和边际有效税率（实际边际税率）。其中边际税率表示每增加或减少一元当期应税收入，所增加或减少的支付给税务当局的税收。边际有效税率常用于比较某项投资对企业当期利润以及税收造成的影响，从而评判该项投资。故国内外研究者在选取税负测度方法上一般采用平均有效税率。

2. 税负测度口径评述

对微观税负测度口径评述时，本节按照税负测度的税费种类对税负测度口径进行再分类；同时根据测度口径中分母的差异对所有分类的税种税负再进行明细分类。

根据国内外文献整理出总税负、各税种税负测度口径的差异，如表 4-5 所示。总税负口径中，测度口径的差异主要在于分母的选择上。现金流类税负口径主要考虑企业支付的税费现金流对企业经营现金流的影响；差值类和税前利润类口径侧重于关注税费总额对企业利润的影响；而息税前利润类口径则进一步消除了企业大量存款所导致的财务费用对企业税前利润的影响；营业收入类口径依从了税法所要求的大部分税种的计税基础。

表 4-5　税负测度口径

分类	按分母计算口径细分	计算方法	递延考虑	口径评述	代表研究
总税负类	营业收入类	总体税负水平=应缴纳税收总额/同期销售（营业）收入	否	应纳税总额反映企业当期应向税务机关缴纳的税款总额，但在实际测算中无法从企业公开信息中获取该项数据，同时应纳税额未考虑先征后返等税收优惠政策，导致应纳税额与实际税收不符	王育宝和吕嘉郁（2013）
		税负=（支付的各项税费-收到的税费返还）/营业收入	否	支付的税费总额、收到的税费返还来源于现金流量表，两者差值直观反映了企业当期实际税费现金净流量，但却无法反映企业该会计期间内实际应当缴纳的税费	刘骏和刘峰（2014）
		税负=（支付的税费总额+应交税费期末余额-应交税费期初余额）/营业收入	否	考虑了因缴纳税费时间所造成的税会会计期间的归属差异性，但对部分政府补助较高的企业不适用	李炜光和臧建文（2017）
	税前利润类	总利润税收负担率=（支付的各项税费-收到的税费返还）/税前利润	否	税前利润反映了企业当期实现利润总额所承担的各种税收，考虑了税对企业盈利的直接影响，但分母计税基础口径与总税费支出计税口径不一致	吴祖光和万迪昉（2012）
	现金流类	经营活动现金流税收负担率=（支付的各项税费-收到的税费返还）/企业当期经营活动现金流	否	经营现金流类分子分母选择统一的数据口径来源，消除了会计方法对经济利润的影响，反映企业当期税费现金支出对企业经营现金流的影响，但分子分母均来源于现金流量表，无法反映该会计期间内企业实际税费	
	差值类	真实实际税负水平=（支付的各项税费总额-收到的税费返还）/营业收入-营业收入净利率	否	真实实际税负水平选用总税负与营业收入净利率的差值，直观比较出企业税负相对于营利能力的相对水平	杨海燕（2017）
所得税类	税前利润类	ETR=所得税费用/税前会计利润	否	计算公式简单，但未考虑计税基础以及递延所得税费用的影响	Li 和 Tran（2016）
		ETR=（所得税费用-递延所得税费用）/税前利润	是	考虑了递延所得税的影响，但分母计税基础的考虑与分子纳税额数值的使用不具有一致性	Wu 等（2007）
		ETR=所得税费支出/[税前利润-（延期税收支出/法定税率）]	是	分母考虑了应纳税所得额的影响，但分子却忽视了递延所得税影响，分子分母口径不具有一致性	
		ETR=（税费支出-递延所得税）/[税前利润-（递延所得税/法定税率）]	是	分子分母简单还原了所得税纳税计算，但分母中对应纳税所得额仅做了暂时性差异部分的调整，忽略了永久性差异造成的影响	
	现金流类	ETR=（所得税费支出-延期税收支出）/经营现金流	是	反映了当期所得税支出对企业经营现金流的影响	李凯和刘昊（2011）

续表

分类	按分母计算口径细分	计算方法	递延考虑	口径评述	代表研究
所得税类	息税前利润类	ETR=[税费-（当年递延税拨备-上一年递延税拨备）]/息税前利润	是	递延所得税拨备不适用于中国税费体制	Janssen（2005）
		ETR=[税费-（当年递延税拨备-上年递延税拨备）]/[现金流-（息税前利润-扣息前税后利润）]	是		
		ETR=（所得税-双重税收减免+海外税）/息税前利润	否	考虑了跨国企业国外所得税扣除等因素，但未考虑递延所得税影响，不能反映企业当期实际缴纳的所得税	Holland（1998）
	其他	ETR=（所得税费用-递延所得税）/（税前会计利润+当期计提的（七项除坏账准备外）资产减值准备-投资收益+收到的现金股利+收到的现金债券利息）	是	考虑了递延所得税，部分调整了应纳税所得额，但忽略了部分暂时性差异与永久性差异的影响	王延明（2003）
		会计账面与实际税负差异 BTD（book-tax differences）=[税前利润-（所得税费用-递延所得税费用）/年末所得税率）]/上一年资产总额	是	直接反映总资产利用效率下，企业所得税税负水平与盈利水平差异，是所得税税负水平的相对值	田高良（2016）
其他税种	其他	A 税种（流转税、增值税、资源税、资源补偿费、矿业权价款、所得税）负担率=A 税种缴纳税额/当年销售收入	否	各税种均以销售收入作为分母口径，利于各税种税负的直接比较，但对所得税等税法规定不以销售收入为计量口径的税种在进行行业间税负对比时存在一定偏差	张举钢和周吉光（2011）
	协调系数	营业税协调系数=营业税比重/主营业务收入比重	否	常用于对某一样本测度整体上的平均行业水平分析	张伦俊和李淑萍（2012）
特殊行业	其他税种	A 税种税负率=本年度 A 税种税额/（本年营业收入+本年预售房款）	否	总税负的构成考虑不全面，常用于对于存在预收款项，如房地产等行业企业的税负测度中	李晓红和魏微（2015）
	所得税	所得税税负率=本年实际所得税/（本年营业收入+本年预售房款）	否		
	总税负	总税负=（营业税金及附加+本年实际所得税）/（总收入+本年预售房款）	否		

税种税负，又主要分为所得税与其他税种。所得税税负测度口径的差异在分母与分子上均有所体现。分子上主要受递延所得税的影响，主要分为"所得税费用""所得税费用-递延所得税"以及其他如海外税等税费的扣除，对递延所得税的扣除考虑了企业当期实际缴纳的税费，而其他税费在所得税分子口径的扣除则是主要针对海外

跨国企业境外所得税的扣除。分母口径上的差异按照税务会计计算方法又可将分母差异分为调整类与非调整类。调整类考虑了税会差异所引起的暂时性与永久性差异的影响，与当期实际缴纳所得税相对应；非调整类则是对企业当期数据的直接引用，按照总税负分母口径差异分类，又可分为现金流类、息税前利润与税前利润三类，其中，分母测度口径的应用合理性解释与总税负分母测度口径应用解释相似。

除所得税外的其他税种税负测度口径中，由于国际上多以所得税为主，故对流转税等其他税种研究较少，本书也仅对中国企业所面临的其他税种税负测度口径进行整理。其他税种税负测度口径较为统一，大部分是以 "税种税费总额/企业当期对应的营业收入（销售收入）" 作为各税种税负的测度口径。

除了微观税负测度方法与测度口径外，在微观税负测度体系所包含的三个板块中，数据来源板块相对简单，主要包含调研获取数据以及采用公司公开披露的信息获取数据两种方式，两种来源在税负测度上均得到学者们的广泛运用，与测度方法以及测度口径的多元化差别明显，故本节中不再单列出来，仅做出如下简单分析。

数据来源的两种方法获取各有优劣，其中采用调研法获取的数据，税费信息较为全面且能够直观反映企业当期实际缴纳的所有税费种类以及总额，但由于调研成本高，且企业税费信息具有保密性，问卷回收率较低；而另一种通过公司直接披露的税费信息获取数据的方法较为简单与直观，但是由于企业盈余管理以及委托代理关系的存在，企业公开税费信息在一定程度上不能反映企业当期实际税费缴纳量，同时在只能获取部分企业税费种类信息及纳税额的双重影响下，企业实际税负不能得到实际与完全的反映。

总的来说，税负测度体系中尤以税负测度口径的差异最为明显，数据来源以及测度方法在不断的发展中逐渐有规律可循。

4.2 资源型企业的税负测度体系

4.2.1 税负测度体系构成

1. 测度体系

基于上述税负测度基础以及前文中对已有的税负测度方法、口径的评述分析，考虑到资源型企业税费构成的特殊性，本节构建了在一定约束条件下资源型企业税负测度体系。

本节所讲的税负测度体系是指建立在微观企业层面的税负测度体系，如图 4-5 所示，主要包含测度方法、测度口径以及数据来源三个板块。三个板块共同体系的构建以及相互作用，要求税负测度中数据提取、测度方法具有合理性，测度口径具有对应性，使得税负测度结果具有延伸性、可比性。其中延伸性是指，分税费种类的税负测度能够涵盖各级政府固定性征收所衍生出的费，不局限于税种税负的测度；可比性则是指构建的税费测度体系在实际运用中，能够在不同企业间、行业间、国际上具有一定的可比性。

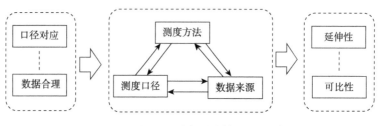

图 4-5　税负测度体系

2. 约束条件

以研究者为利益主体，纳税人支付的税费为研究对象。不同的利益主体对税负的不同认识决定了税负测度口径这一关键因素之间的差异。本书站在研究者的立场上，将资源型企业这一纳税人实际支付的税费作为研究对象，不考虑为职工支付的劳务税（社会保障金）以及代扣代缴的个人所得税，以求较为客观公允地对资源型企业实际税负情况做出分析。

基于"税+费"共同体系。为了更好地研究资源型企业税负公允与生态治理的动态关系，本节中的税费测度体系包含广义的税费，即政府征收的税与费。而已有文献对企业税负测度主要基于政府税收层面，极少涉及包含政府收费在内的广义的税负测度。因此，本书将政府收费纳入税负测度体系构建中，其中纳入税费负担测度的政府收费又主要包含行政事业性收费、政府基金、经营服务性收费以及资源价款收入，不包含罚没收费、国有资产运营、土地出让金以及社会保障金收费。同时根据税费计算纳入的范围又对税负测度范围进行了狭义、广义与延伸口径分类。

以税法和费的征收条款为基本导向。本书中税负测度口径选择主要以税法以及各级政府收费的征收标准为导向，以税务会计中税费的计量为基石。对于经营现金流等主要以对企业支付的税费现金占比为导向的测度口径不予讨论分析。而对于其中部分计税标准与计税基础具有多元性的税费（如印花税等）测度，为了与其他税费具有可比性，本书中通用当期营业收入作为测度口径。

以公司主动披露的税费信息为数据来源。税费数据获取的来源主要有两种方式：公司主动披露和问卷调查法，其中，问卷调查法中数据获取虽较为全面与准确，但获取成本大，且回收率低。因此本书中的税负测度指标体系构建主要基于企业主动披露的税费信息。

4.2.2　税负测度方法

根据对其他测度方法（平均税率以及名义税率）的分析评述以及税务会计中对税收计量基础的规定，本书沿用税负公平原则中能力说作为衡量标准，以企业当期营业收入、利润总额等反映企业经济效益的分母口径作为企业税负的衡量标准。同时因税会差异的存在，有效税率这一反映企业实际税负水平的测度方法得到了更为广泛的使用。而有效税率又分为边际有效税率与平均有效税率（average effective tax rate，AETR），边际有效税率多用于评价投资的可行性；平均有效税率则多以测度企业当期实际缴纳的税费为主，直观反映了企业当期实际税负水平。因此在对企业实际税负进行分析评价时，研究者们多引用平均有效税率这一测度指标。为了反映企业当期实际税负水平以及与已有研究具有可比性，选择了平均有效税率作为测度方法：

$$平均有效税率 = 纳税人当期实际缴纳的税款 / 课税对象总额 \qquad （4\text{-}1）$$

在没有税收减免、累进税率，企业不进行节税、避税，以及税收违规的情况下，有效税率为名义税率；但在实际情况中，大部分企业存在税收减免、税收优惠以及采取各种减税措施以降低企业税费，此时，有效税率则更准确地反映出了企业当期实际税负水平。

4.2.3　税负测度口径

1. 总税负测度口径

1）狭义总税负测度口径

根据税负测度约束条件，总税负测度分母口径选择企业当期营业收入。分子口径，从现金流量表中"支付的税费总额"的编制中来讲，其主要包含会计处理中计入"应交税费"和"营业税金及附加"的税费科目。而现金流量表中，支付的税费总额反映的是企业当期实际缴纳的税费总额，没有会计期间的归属特性。为了更好地反映企业当期所属会计期间所支付的税费总额，在短期有效税率的测度中，拟将应交税费纳入总税负测度公式中，消除部分因所属会计期间的不同所引起的偏差。故将狭义的总税负测度口径做出如下定义：

$$狭义短期有效总税负 =（支付的税费总额 - 收到的税费返还 + 当期应交税费期末余额$$
$$- 上期应交税费期末余额）/ 当期营业收入$$
$$（4\text{-}2）$$

政府补助作为企业营业外收入的来源之一，从企业与政府之间现金流向以及政府补助获取的无偿性来看，可将政府补助视为政府对企业的单向税费补贴，且在计算所得税时部分予以扣除，故将剔除政府补助的总税负视为企业净总税负。

$$补贴率=政府补助/当期营业收入 \qquad (4-3)$$

剔除政府补助的影响，其中政府补助又包含税收返还，对税收返还进行调整，得到企业短期净税负：

$$狭义短期净税负=总税负-补贴率+税收返还/营业收入 \qquad (4-4)$$

而在假定公司持续经营的前提下，为消除支付税费总额中不属于该会计期间的税费所引起的偏差，亦可以采用狭义长期有效总税负进行测度分析。

$$狭义长期有效总税负=\frac{\sum 支付的税费总额 - \sum 收到的税费返还}{\sum 营业收入总额} \qquad (4-5)$$

其中，由于结束计算年度应交税费期末余额与开始计算年度应交税费期初余额的差值以及收到的税费返还相对较小，在长期有效总税负中不予考虑。

剔除政府补助的影响，得到企业狭义长期净税负：

$$补贴率=\frac{\sum 政府补助}{\sum 营业收入总额} \qquad (4-6)$$

$$狭义长期净税负=\left(\frac{\sum 收到的税费返还}{\sum 营业收入总额}\right)+长期有效总税负-补贴率 \qquad (4-7)$$

2）广义总税负测度口径

政府收取的费中有部分属于企业向政府缴纳的，由政府代为监管，实行专户储存，专款专用的费。主要分为以下两类。

第一，企业保证对企业经营所造成的环境问题进行治理所缴纳的保证金性质的环境类费，包含矿山环境治理恢复基金、土地复垦保证金、煤炭转产发展资金等。这类资金在实际处理中，期初计提缴纳时计入"专项储备"，属于企业所有者权益范畴，而实际发生时成本化或费用化，一般不包含在现金流量表"支付的税费总额"中，属于有条件退回的费种，以矿山环境治理恢复基金为例，其会计处理如表 4-6 所示。这类政府收费期初缴纳计入企业权益中，与狭义税费计入损益以及资产类科目有所不同，故不包含在狭义总税负测度中；而根据矿山环境治理恢复基金实际使用以及返还状况分析，大部分企业保证金返还率低。同时在高经济效益与所需的环境治理成本间的选择中，企业往往会因为生态破坏等所带来的经济效益远高于环境恢复治理成本，而对环境破坏任之由之，放弃申请退还该类已向政府缴纳的费种。由此，该类由政府监管的费种逐渐演化为企业向政府缴纳的环境补偿费。

表 4-6 矿山环境治理恢复基金会计处理

时间段		会计处理	计算所得税时是否扣除
计提缴存时		借：制造费用 　　贷：专项储备——矿山环境治理恢复基金 借：其他货币资金 　　贷：银行存款	缴存时不扣除缴存额
治理时	发生不形成固定资产的费用	借：专项储备——矿山环境治理恢复基金 　　贷：银行存款	按照发生额扣除
	形成固定资产的；此处对在建工程形成固定资产处理不予讨论	借：固定资产 　　贷：银行存款 借：专项储备——矿山环境治理恢复基金 　　贷：累计折旧	按税法规定折旧扣除，形成可抵扣暂时性差异
治理验收合格时，地方主管部门返还相应数额		借：银行存款 　　贷：其他货币资金	—
矿业企业无力治理时，由当地主管部门代为治理		借：专项储备——矿山环境治理恢复基金 　　贷：银行存款	不扣除

注：矿山环境治理恢复保证金于 2017 年 4 月 20 日改革为矿山环境治理恢复基金，但会计处理具体细则尚未出台，因此本节中仍以矿山环境治理恢复保证金具体会计处理细则列示

第二，政府规定向含矿山开采、建筑施工、危险品生产等高危行业全面实行的安全费用制度以及向煤炭开采和洗选业所提取的维持简单再生产的维简费。这类费种与矿山环境治理恢复基金的会计处理相同，期初计提缴纳计入"专项储备"中，实际发生领取时成本化或费用化；与矿山环境治理恢复基金不同的是，该类费种企业在实际使用中较多，通常情况下，当月计提的安全生产费能够得到近足额的提取使用，返还率高。

两类政府代为监管的费种均反映在"专项储备"账户中，其中矿山环境治理恢复基金的计提方式又分为两种：一是按照采矿许可证年限按月计提缴纳；二是得到采矿许可证的期初缴纳大部分保证金，在规定年份内分期缴纳剩余保证金。同时第二类税费因返还率较高，期末余额较少，因此为了更为准确地表达政府代为监管的费种对企业实际税负水平的影响，采用反映该类税费期末尚未得到返还数额，即专项储备账户余额表示企业缴纳的总费额，得到广义的资源型企业总税负：

$$广义有效总税负=（支付的税费总额-收到的税费返还+当期应交税费期末余额$$
$$-上期应交税费期末余额+专项储备期末余额$$
$$+未计入专项储备的保证金期末余额）/当期营业收入$$

$$（4-8）$$

剔除政府补助的影响，得到企业广义净税负：

$$补贴率=\frac{政府补助}{当期营业收入} \qquad （4-9）$$

$$广义净税负=（税收返还/营业收入）+总税负-补贴率 \qquad （4-10）$$

该类费种在矿山环境治理恢复基金按月计提方式的影响下，采用长期平均有

效税负总额的计算方式降低了企业未得到返还的费额，故广义长期税负不予讨论分析，仍采用狭义长期总税负测度口径进行分析。

3）总税负测度口径的延伸

资源型企业日常生产经营的前提是企业向政府缴纳资源价款，经过审批企业获得采矿权，从而对资源进行开采利用。这一部分的资源价款通常以政府专项收入的形式体现，在企业中则表示为矿业权出让收益、矿业权占用费。因矿业权出让收益、矿业权占用费具体会计处理细则尚未出台，因此仍按照采（探）矿权价款、采（探）矿权使用费的处理分析：采（探）矿权价款会计处理与无形资产开发过程处理过程相似，首先计入"地质勘探开发成本"，形成成果的计入"地质成果"，未形成成果的则费用化，采（探）矿权使用费则按照发生额计入当期管理费用；采（探）矿权价款会计处理则与形成无形资产后期摊销过程相似，采矿权使用费与探矿权使用费会计处理相似计入管理费用科目。从税费定义角度看，资源价款也可视为政府固定性征收的费种；但从资源价款缴纳的实际意义来看，资源价款属于企业上游供应商收取的原材料款项。基于此，将资源价款列属为延伸费种，将企业每期发生的资源价款视为企业当期实际支付的费额。得到延伸口径的资源企业总税负如下：

$$\begin{aligned}
\text{延伸有效总税负} = （&\text{支付的税费总额} - \text{收到的税费返还} \\
&+ \text{当期应交税费期末余额} - \text{上期应交税费期末余额} \\
&+ \text{专项储备期末余额} + \text{采、探矿权本期增加额} \\
&+ \text{采、探矿权使用费本期发生额}）/\text{当期营业收入}
\end{aligned}$$

$$(4\text{-}11)$$

剔除政府补助的影响，得到企业延伸净税负：

$$\text{补贴率} = \frac{\text{政府补助}}{\text{当期营业收入}} \tag{4-12}$$

$$\text{延伸净税负} = \left(\frac{\text{税收返还}}{\text{营业收入}}\right) + \text{总税负} - \text{补贴率} \tag{4-13}$$

由于延伸总税负测度中矿山环境治理恢复基金计提方式的影响，延伸长期总税负亦不予以讨论分析，同样采用狭义长期总税负测度口径进行分析。

根据约束条件所定义的三种总税负测度口径：狭义总税负测度口径适用于"税+费"体制下所有的企业之间的横纵向对比；而根据企业经济效益与环境治理关系调节所延伸出的广义税负测度口径，对于以资源利用、生态破坏为生产构成要素的资源型企业之间更具有相对可比性，而延伸性总税负测度口径则仅适用于资源性企业之间的对比分析。

2. 分税种税负测度口径

根据资源型企业税费结构，将税费测度按照税种与费种进行分类列示。其中对税种税负测度口径的列示，主要以所得税和增值税争议较大的两税种进行单独讨论，而由于资源型企业费种较多，选取资源型企业代表性费种进行说明。

1）所得税税负测度口径

在所得税税负测度中，国内外学者对所得税税负测度分子分母所定义的口径差异明显，根据税务会计所得税计算过程推算出如表4-7所示的所得税税负测度口径。

表 4-7　中国税务会计规定的所得税计算流程

步骤	公式
（1）	所得税费用=当期所得税费用+递延所得税费用
（2）	当期应交所得税=应纳税所得额×t
（3）	应纳税所得额=会计利润±永久性差异±暂时性差异变动额
（4）	［应纳税（可抵扣）暂时性差异期末余额-应纳税（可抵扣）暂时性差异期初余额］×t=期末递延所得税负债（资产）-期初递延所得税负债（资产）
（5）	递延所得税费用=（期末递延所得税负债-期初递延所得税负债）-（期末递延所得税资产-期初递延所得税资产）
（6）：将（4）代入（5）	（应纳税暂时性差异变动额-可抵扣暂时性差异变动额）×t=递延所得税费用
（7）	净应纳税暂时性差异变动额=应纳税暂时性差异变动额-可抵扣暂时性差异变动额
（8）：将（7）代入（3）	应纳税所得额=会计利润-净应纳税暂时性差异变动额±永久性差异
（9）：将（5）（6）（7）（8）代入（2）	AETR=（所得税费用-递延所得税）/（税前利润-递延所得税/t[1]±永久性差异）
（10）	AETR1=（所得税费用-递延所得税）/（税前利润-递延所得税/t）
（11）	AETR2=（所得税费用-递延所得税）/（税前利润-递延所得税/t-股息红利-债券利息+罚款支出）

1）根据《中华人民共和国企业所得税法》，工业企业年度应纳税所得额不超过30万元，从业人数不超过100人，资产总额不超过 3 000 万元，为小微型企业，使用 20%的所得税税率。根据资源型企业年报数据的资产总额看，资源型上市公司资产总额大部分均超过 3 000 万元，为统一测度，故本章所得税名义税率均采用25%

注：（1）应纳税所得额中永久性差异主要分为以下几类：①税收与会计准则确认不允许税前扣除的费用（如罚款、非公益性捐赠等）；②税法规定的只能按照一定比例扣除的费用（如工会经费、业务招待费等）；③税法规定应计入应纳税所得而会计不确认的收入以及收入差额（如房产预售等）；④税法规定不征税收入（如环保专项补助、国债利息等）；⑤其他调整项

（2）t表示所得税税率

固定资产折旧以及投资收益在税法与会计处理之间的差异是税会差异产生的主要原因，固定资产折旧产生暂时性差异，投资收益则产生永久性差异。因此在

所得税税费差异的调整中，递延所得税主要调整暂时性差异；而永久性差异则主要通过投资收益进行调整。忽略永久性差异的影响，得到所得税有效税率AETR1；在对永久性差异的调整中，根据《中华人民共和国企业所得税法》，符合条件的居民企业之间的股息、红利等权益性投资收益为免税收入，属于永久性差异，因此需调减会计利润。同时考虑到资源型企业因其行业特殊性所产生的对生态污染的罚款影响，形成了所得税有效税率AETR2。

2）增值税税负测度口径

在增值税税负测度中，增值税数值的计算可根据城建税及教育费附加计算，确定企业当期实际缴纳的增值税税额。企业当期缴纳的增值税根据"销项税–进项税"表示，一般企业的生产经营中如制造业、炼铝工业等资源密集型企业，材料购进在营业成本中占比大，一般用营业成本近似作为增值税进项税额的计税基础，而部分行业如资源型企业、金融业等资金密集型以及技术密集型企业其营业成本构成主要源于人工费等，利用营业成本作为进项税计税基础不具有合理性。而根据城建税以及教育费附加以流转税作为计税基础的条例，城建税税率有7%、5%、1%三档，各地区不同，教育费附加中地方教育费附加为2%，中央教育费附加为3%，税率固定，故选用教育费附加作为增值税税负测度的分子口径计算值。

$$增值税（计算值）当期缴纳税额=\frac{教育费附加}{t^{①}}-消费税-营业税 \quad (4\text{-}14)$$

$$增值税税负=\frac{增值税计算值}{当期销售收入} \quad (4\text{-}15)$$

其中，t 表示教育费附加税率。

对于其他税种（消费税、营业税、城建税等）的计算，张举钢和周吉光（2011）采用"产品销售收入"作为计税依据，李国平和张海莹（2010）则采用"利润总额"作为计税依据。从税务会计的角度出发，企业主要税费中，如营业税、消费税的计税基础均为产品销售收入，而部分税费如印花税、城建税等则不以销售收入作为计税基础且计税基础多样化。为了与已有研究成果形成对比，沿用"营业收入"作为税负测度的计税基础，对于部分不以营业收入作为税基的税费，如城建税、资源税等，为了与其他税种进行比较，也采用"营业收入"作为税负测度口径的计税基础进行分析。

---

① 教育费附加税率的确定：其中公司若只披露教育费附加，未披露地方教育费附加，教育费附加税率视为5%；若地方与中央均披露，则将教育费附加列入计算公式，税率记为3%。若只披露地方教育费附加，则将地方税列入计算公式，税率记为2%。

$$A税种税负 = \frac{A税种年报披露数值}{当期营业收入} \qquad (4-16)$$

3. 分费种税负测度口径

表 4-8 是对资源型企业所缴纳的部分费种根据税法、各级地方政府以及地方主管部门法律法规的征收标准进行了基础分类。企业所缴纳的各项税费按照征收标准的规定，计税依据差别明显，且因各费种大部分源自地方性政府收费，各省依据当地实际情况制定了不同的征收标准，导致部分费种，如河道费、地方水利基金等名称、征收范围虽然相同，但其征收标准却不同。为了保持税费之间的可比性，本节在对费种的测度中，同样选择了"营业收入"作为分母测度口径。

表 4-8　资源型企业费种按征收标准分类

政府条例规定征收标准	费种
资源使用、开采、占用量	水资源费、水土保持补偿费、河道费、草原补偿费、水利基金
销售收入	矿产资源补偿费、河道费、价格调剂基金、文化事业建设费、水利基金、石油特别收益金
流转税	教育费附加、地方水利基金
其他	残疾人就业保障金

4.2.4　数据提取依据

有效税率要求在获取企业税费信息时，能够反映企业在某一会计期间实际缴纳的税费总额。而企业公开披露的税费信息又主要来源于企业的财务报表，资产负债表中"应交税费"反映企业资产负债表日这一特定时间点尚未支付的税金余额；利润表"营业税金及附加"[①]反映企业在该会计期间内实际缴纳的消费税、营业税等部分税费总额；现金流量表"支付的各项税费"是按收付实现制反映的企业当期实际缴纳的税费总额，包括上期应交未交以及本期预交的税费，无法明确税费所属的会计期间。根据税务会计修正权责发生制特点，在计税时对收入、费用的确认采用以权责发生制为主，对少部分收入（如房产预售款）、费用（管理费用）的确认采用收付实现制，基于税务会计核算原则，按照图 4-6 的方式获取数据，采用首先以利润表为准，其次以现金流量表为准，最后以资产负债表为准的基本顺序。

---

① 根据财会〔2016〕22 号文《增值税会计处理规定》，全面试行营业税改征增值税后，"营业税金及附加"科目名称调整为"税金及附加"。

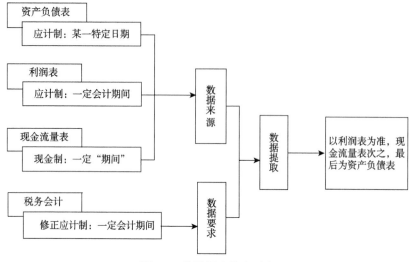

图 4-6　数据提取优先顺序

第5章　资源型企业税负现状

资源型企业作为中国税费体制下的典型代表，其税费缴纳在共性的基础上更具有一定的特殊性。本章首先从企业缴纳与政府征收两个层面整理出资源型企业税费种类并对其进行结构性划分，其次以该结构划分为基础，对资源型企业税费信息披露现状进行评述与分析。最后以资源型企业税负测度体系为基本测量标尺，对其税负水平进行国际上、行业间、区域间以及不同所有权性质之间的横向比较分析，以对资源型企业实际的税费现状形成较为清晰完整的认识。

5.1　资源型企业税费结构与种类

5.1.1　资源型企业税费结构

资源型企业以对矿产资源的开采、加工为主营业务，而矿产资源的开采加工势必会导致矿产生态系统负外部性的产生，因此在税费的征缴上，为补偿资源的不可再生性、环境的负外部性，对资源型企业征收的税费种类名目繁多。从企业税费缴纳的角度出发，可将资源型企业缴纳的税费分为税收支出和非税收支出两类，其中非税收支出主要为政府所征收的行政性事业收费、政府基金等，不包含罚没收入、国有资本经营收入等种类。同时按照资源型企业缴纳税费特殊性分类，又可将资源型企业所缴纳的税费分为两类，一类为企业日常经营产生的共性类税费，另一类为与矿产资源、环境破坏及治理恢复等有关的生态类税费。

本书所言资源型企业的生态类税费是指政府向开采利用矿产资源的纳税人征收的用于环境保护、资源合理开发利用、居民补偿等生态治理的税与费。生态类税费具有特定性和固定性。特定性体现于税费用途上，生态类税费多用于环境保护与治理、资源开发与利用、居民利益补偿与调节；固定性体现于生态类税费的征收具有明确的法律或政策依据，同税收相似，纳税（费）人、课税（费）对象、税（费）目、税（费）率等都须遵从相应规定。根据用途的不同，生态类税费又可分为环境类税费、资源类税费、居民补偿类税费。环境类税费是政府向纳税人征收的用于环境保护、治理与补偿的税与费，如环境税、水土保持补偿费等；资源类税费强调政府向特定主体——矿产资源开采者所征收的，主要以补偿矿产资源为目的的税与费以及一些专门用于矿产资源的管理等相关费用，如石油特别收益金、资源税等；居民补偿类税费是指纳税人因矿产资源以及其他资源的开采利用占用了居民权益以及对居民造成不良影响，政府所征收的最终将用于居民补偿的费，如草原安置补助费等。将资源型企业所缴纳的代表性税费种类结构用图 5-1 表示。

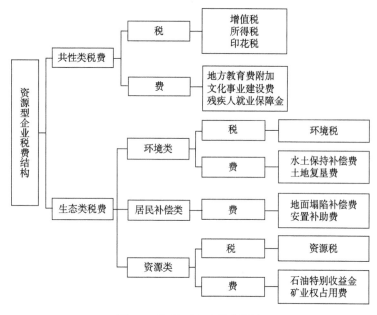

图 5-1　资源型企业税费结构

5.1.2　资源型企业税费种类

1. 资源型企业税费种类统计

根据资源型企业税费现金流向，对税费信息较为完整的收集整理途径无外乎两种，一是政府征收层面上的收集，二是企业缴纳层面上的收集，其中企业层面上的披露又可分为企业主动公开披露以及调研收集两种途径。基于此，分别从两个层面对资源型企业税费种类信息进行收集与整理。

在收集与整理过程中，不管是企业层面的收集还是政府层面的收集均采用了先试收集，调研确定收集内容、方向、目标等，后逐级铺展开，大面积进行收集、调研整理。

1）披露税费信息的政府部门繁多

税费信息统计整理分两个阶段进行。第一步，以四川省为代表，进行预统计分析，构建数据查询流程；第二步，进行全国性统计分析。

第一阶段，预统计分析。以四川省为例对各级政府部门"政务公开"和"财务公开"栏中"行政收费"中政府主动披露的收费信息进行整理，发现各级同类政府部门披露的税费信息不具有一致性，各级政府会根据当地实际情况增减收费，或调整收费征收标准。各级政府部门税费信息的不一致性直接导致查询数据量大，也是企业税费种类繁多的直接反映。

根据对四川省的预统计：四川省共有 18 个地级市、3 个自治州，各地级市、自治州的各地级政府部门均不同程度地披露了企业税费信息。例如，成都共有 60 多个市级政府部门，其中又有近 30 个市级政府职能部门披露了由各部门直接主管征收的相关税费种类，以成都市查询官网作为市级政府查询官网的平均水平，即四川省中仅市级政府就有 630（21×30）个政府职能部门官网需要查询。成都市又下辖 5 个县级市、4 个县、11 个区，各县区级政府部门繁多，每个区、县单位又需要查询几十个职能部门官网。以此类推，以区县为一级单位，加上各地市级政府，全国共有 2 889 个省、市、区、县级政府需查询，其中各级政府又衍生出几十余个政府职能部门，那么全国税费查询工作量为 2 889×n（n 表示各级地方政府职能部门官网的平均值）。因此为提高查询效率，以市级及以上政府部门网站为全国查询基础。

第二阶段，全国性统计分析。对全国 361 个省、市级行政区（不含香港、澳门、台湾）的政府部门网站披露的与资源型企业税费相关的资料进行整理，主要涉及国土资源网、人民政府网、国家发展和改革委员会、物价局、财政局等政府官网。查询标准内容见表 5-1。

表 5-1 税费查询表

城市	收费名称	征收范围	收费标准	收费依据	是否废止	废止时间	收费类型	备注
北京	土地闲置费	已经办理审批手续的非农业建设占用耕地，一年以上未动工建设的	按照省、自治区、直辖市规定	财税〔2014〕77号、《中华人民共和国土地管理法》	否	—	行政事业性收费	—
	……							
天津	……							

注：此处仅以北京市国土资源局披露的土地闲置费为例，其他税费以及其他省、市的税费在本表格中不予以详细列示

2）政府之间、企业之间、政府与企业之间税费种类名称不统一

在资源型企业税费收集整理过程中，发现各级政府对"费"的征收披露存在非常大的差异性。收费名称上，以河道管理费为例，各省市采用了不同的名称表示；收费属性上，各级政府之间差异明显，如遂宁市国土资源局与四川省国土资源局税费信息披露中的采矿权出让收益等费项，遂宁市地方政府列入了专项收费，四川省却列入了行政事业性收费；收费信息披露完整性上，地方政府披露的种类与省级部门披露种类差异亦是十分明显。

同理，在企业层面税费信息整理过程中，一方面各级地方政府所披露税费名称的不统一造成了企业税费信息的不统一，另一方面企业在主动披露税费信息时，采用简称、别称又导致企业间、政府间、政府与企业间税费名称的不统一，以及名称不同但实质相近的税费如水土保持补偿费、水土流失防治费的信息披露，加大了资源型企业税费信息的整理分类难度。

3）政府、企业税费信息时效性低

近几年随着国家一些政策文件的不断出台，停征、取消了不少收费项目，同时征收标准也在不断更新。而此时政府部门披露信息的低时效性也就凸显出来了。信息更新不及时，征收依据老旧甚至已删除废止，但官网上的信息披露却未及时更改，误导纳税企业的同时，亦给税费研究者带来不少困扰。企业层面上亦是如此，一些已经停征或者取消的税费，公司年报中却显示仍在征收，如山西省2013年就发布停征民兵训练基金，但在西山煤电公司2015年年报披露中民兵训练基金期初与期末余额却发生变动，表示该企业当年仍在缴纳民兵训练基金。可见企业披露的税费亦存在滞后性，而企业税费信息滞后性一方面是由各级政府对税费信息披露的低时效性所引起的，另一方面则是由企业对税费信息新条例的低关注度所引起的。

上述三点不仅是税费信息收集过程中的难点，更是资源型企业税负公允中税费信息披露不公允的直观反映。经政府与企业两个层面税费信息收集整理后，得到共217种税费信息数据，包含税、行政事业性收费、政府基金、经营服务性收费以及政府专项收入。同时按照资源型企业税费结构分类，又将资源型企业税费种类按表5-2进行分类列示。值得注意的是，表5-2反映的是经多种途径所收集到的税费种类，因为经营业务等特殊性，部分税费的缴纳仅存在于部分行业企业，并非所有企业均需缴纳。若企业所涉及的经营业务范围越广泛，则缴纳的税费种类亦越多。同时，区域间不同行政法规的存在，使得部分税费并不适用于全国所有省市，如新疆在2015年暂停征收矿山环境恢复治理保证金。根据各省市具体披露的税费种类进行归纳整理，得出我国资源型企业所需缴纳的所有税费种类如表5-2所示。其中由于各省市费种存在差异，故表5-2所示税费种类不代表各省份资源型企业均需缴纳税费种类。

表 5-2 税费种类

分类		所得税	增值税	消费税	营业税	城建税	城镇土地使用税	烟叶税	船舶吨税	印花税	房产税	车船税	关税	土地增值税	契税	耕地占用税
共性类税费		车船购置税	土地信息咨询、宗地图件绘制服务	土地出让金	铁路建设基金	国家电影事业发展专项资金	无线电频率占用费	农村集体土地流转交易服务	土地证书工本费	土地收益金	废弃电器电子产品处理基金	城市道路占道、挖掘费	耕地开垦费	新增建设用地有偿使用费	政府重点工程建设用地代办服务费	城市易地绿化补偿费
		地质成果资料费	河道采砂管理费	河道工程修建维护管理费	土地闲置费	国有土地使用权有偿使用费	借用铁路土地管理费	渔业资源增殖保护费	农药、兽药等注册登记费	农药、兽药等检验检测费	商标注册收费	图件编制资料复制费	城市房屋安全鉴定费	消防产品质量监督检验收费	登记办证测量费	防空地下室易地建设费
		土地档案查用咨询复查费	林权勘测费(含林权证书工本费)	药品注册费	医疗器械产品注册费	GMP[1]、GSP[2]认证费	银行业监管费	证券、期货业监管费	保险业监管费	地质资料查询利用收费标准(档案保护费)	土地市场交易服务(事业服务)收费	测绘标志维护补贴费	测绘成果成图资料收费	三资企业场地使用费(外商投资企业土地使用)	拨地定桩、放线服务费	建设用地地质灾害危险性评估费
		城市道路占用、挖掘修复费	规划设计室工作项目收费	国有土地使用权及房屋所有权登记费	专利收费	旅游证照费	土地测绘交易服务费(居住用地)	教育费附加	地方教育费附加	国家重大水利工程建设基金	城市公用事业附加	土地开发整理工程承包费	土地荒芜费	集体土地征用地拆迁服务	港口建设费	可再生能源发展基金
		高等级公路车辆通行附加费(海南)	水利建设基金	城市基础设施配套费	民航发展基金	文化事业建设费	旅游发展基金	土地开发整理项目规划设计服务费	残疾人就业保障金	散装水泥专项资金	地质环境及地质灾害危险性评估报告评审费	农网还贷资金	核电站乏燃料处理处置基金	新型墙体材料专项基金	白蚁防治费	防洪保安基金

续表

分类	所得税	增值税	消费税	营业税	城建税	城镇土地使用税	烟叶税	船舶吨税	印花税	房产税	车船税	关税	土地增值税	契税	耕地占用税
共性类税费	工程测量收费	菜地和精养鱼塘开发基金	饮用天然矿泉水生产检测费	坝区耕地质量补偿费	新农村发展基金	行政规费	新井建设基金	医疗调剂金	测量标志保护补贴费	大中型水库库区基金	城市房屋拆迁管理费	地（矿）交易服务收费	饮用天然矿泉水鉴定证书及检测费	非农业建设征收拨未利用土地管理费	建设用地批准证书工本费
	征地服务费	工商企业登记档案联网查询费	建筑施工安全技术服务费	建筑工程文明施工技术指导咨询服务费	城镇职工医保结算服务费	电子电器产品维修等级评定收费	生猪定点屠宰服务收费	土地价格评估费	医疗废物处置收费	公证服务收费	防雷技术服务收费	数字认证服务收费	征地包干费	土地使用权变更登记费	土地权属调查、地籍绘测
	土地使用权出让、转让、出租、抵押、继承登记费	土地复垦技术服务费	改变土地用途土地出让金	土地房屋抵押登记费	土地使用权出让文件编制绘测费	土地规划勘测队收费	国有土地使用权划拨土地管理费	查询土地登记有关资料查询费	出具有关土地权属、登记等书面证明的服务费	农业土地开发资金收入	外商投资企业土地使用费	非农用土地有偿使用费	土地使用权交易服务费	土地使用权抵押价格评估费	清产核资土地价格评估收费
	农村土地开发出让金	官引土地开发管理费	土地登记资料公开查询费	古拉本矿区土地租金	集体土地所有权首次登记、变更登记、注销登记	土地开垦区内未确定使用的国有土地从事生产审查费	农业重点开发建设资金	测绘生产费	测绘数字化产品收费	房产测绘费	测绘成果工本费	图件编绘资料复制费	无居民海岛使用金	建设用地代办手续费	建设项目用地预审前期工作咨询费

续表

分类	所得税	增值税	消费税	营业税	城建税	城镇土地使用税	烟叶税	船舶吨税	印花税	房产税	车船税	关税	土地增值税	契税	耕地占用税
共性类税费	饮用天然矿泉水生产评审费	专业技术职务任职资格评审收费	测量标志迁建费	测量标志有偿使用费	地质勘察报告评审（审批费）	基准地价评估收费费	地质成果资料工本费	国有建设用地使用权延续审核费	建设用地竣工验收费	地籍资料复印费、证明费	职业技能鉴定费	土地使用权招标、拍卖代理服务费	建设用地（含宅基地）使用权及房屋所有权变更登记、注销登记费	地质调查证书工本费	地质灾害危险性评估报告费
共性类税费（续）		集体建设用地使用权及房屋所有权首次登记、转移登记、变更登记	农村宅基地使用权及房屋所有权首次登记、转移登记	国有建设用地使用权首次登记、转移登记、变更登记	林权首次登记、变更登记、转移登记、注销登记[含地承包经营权和林木（森林）所有权]	地役权首次登记、变更登记、转移登记、注销登记	抵押权首次登记、变更登记、转移登记、注销登记	地质遗迹使用费	交易程序指南和项目登记服务	场地租赁费	耕地闲置费	企业改制国有土地资产处置地价款	用地（含宅基地）使用权及房屋所有权变更登记、注销登记费	水库移民扶持基金（含大中型水库移民后期扶持基金、大中型水库库区基金、三峡水库移民扶助基金）	
生态类税费——资源类税费（资源税）	工程勘察设计费（地质）	压覆矿产资源情况评估报告费	石油特别收益金	探矿权证工本费	乡镇煤矿维简费	矿权变更、延续登记	矿产资源储量报告评审费	采矿许可证年检费	采矿年检注册费	矿业权出让收益	矿业权占用费	煤矿在用设备安全检测收费		—	
生态类税费——环境类税费（环境税）		城镇垃圾处理费	森林植被恢复费	土地复垦费	水资源费	水土保持补偿费	草原植被恢复费	土地复垦保证金	临时用地管理费	水土流失防治费	排污权有偿使用费	绿化补偿费	恢复绿化补偿费	城市建筑垃圾处置费	污水处理费

续表

分类		所得税	增值税	消费税	营业税	城建税	城镇土地使用税	烟叶税	船舶吨税	印花税	房产税	车船税	关税	土地增值税	契税	耕地占用税
生态类税费	环境类税费	海洋废弃物倾倒费	海洋石油勘探开发超标污染费	废弃电器电子产品处理基金	挥发性有机物排污收费	地面塌陷补偿费	矿山环境治理恢复基金	船舶油污损害赔偿基金	—	—	—	—	—	—	—	—
	居民补偿类税费	征地补偿费	草原补偿费	草原安置补助费	临时使用草原补偿费	临时用地土地补偿费	耕地造地费	—	—	—	—	—	—	—	—	—

1) GMP（good manufacturing practices），即药品生产质量管理规范

2) GSP（good supply practice），即药品经营质量管理规范

注：（1）政府层面的查询信息主要以国土资源局披露的信息为主，人民政府网、国家发展和改革委员会等披露的信息为辅

（2）企业层面税费信息收集以2015年资源型上市企业披露的信息为主，企业税费调研问卷为辅

（3）税费信息收集截止时间为2017年6月30日

（4）上述表格内部分税费因各省各市包含范围不一样，对于两种或两种以上不同名称的税费可能存在交叉但又不完全相同的情况，税费仍按照各种类分别列示

2. 企业共有税费种类

根据企业年报中税费信息重要性披露原则，在对资源型企业共有以及生态类税费种类梳理中，主要选取了企业主动披露的对企业生产经营具有重要影响的税费种类进行分析。根据图5-1对资源型企业税费结构分类标准，对资源型上市公司披露的主要税费种类按表 5-3、表 5-4 列示。

表 5-3　中国资源型上市公司共性类税费

税费名称	用途	征收单位	征收标准
企业所得税	纳入财政预算	税务部门	实行比例税率， 企业应纳所得税额=当期应纳税所得额×适用税率
营业税	纳入财政预算	地方税务机关	提供应税劳务、转让无形资产、销售不动产， 应纳税额=计税营业额×适用税率
增值税	纳入财政预算	税务部门	销售货物或提供加工、修理修配劳务以及进口货物
关税	纳入财政预算	税务部门	目前中国对原油进出口不征收关税，对进口天然气征收20%的关税
城镇土地使用税	纳入财政预算	土地所在地地方税务机关	以实际占用的土地面积为计税标准，实行差别定额税率，工矿区每平方米 0.6~12 元
契税	纳入财政预算	地方税务机关	契税实行 3%~5% 的幅度比例税率，由征收机关参照土地使用权出售、房屋买卖的市场价格核定
土地增值税	纳入财政预算	房地产所在地主管税务机关	以转让房地产取得的收入，减除法定扣除项目金额后的增值额作为计税依据，并按照四级超率累进税率进行征收
耕地占用税	作为地方农业发展资金	地方税务机关	以实际占用的土地面积为计税标准，采用地区差别定额税率，每平方米 5~50 元
车辆购置税	纳入财政预算	车辆登记注册地国税机关	实行从价定率的办法计算应纳税额， 应纳税额=计税价格×税率
房产税	纳入财政预算	地方税务机关	以房屋为征税对象，按房屋的计税余值或租金收入为计税依据，向房产所有人征收
车船税	纳入财政预算	税务部门	以车船为课征对象，向车辆、船舶（以下简称车船）的所有人或者管理人征收
印花税	纳入财政预算	税务部门	以应纳税凭证所记载的金额、费用、收入额和凭证的件数为计税依据
城建税	用于城市和乡镇建设维护	地方税务机关	按"三税"（增值税、消费税、营业税）交纳金额的 1%~7% 计提上缴
教育费附加	专项用于地方教育投入	地方税务机关	按"三税"（增值税、消费税、营业税）交纳金额的 4% 计提上缴（其中地方教育基金 1%）

注：（1）营业税于 2016 年 5 月 1 日起全面取消，由于研究时点截至 2015 年，营业税仍在研究范围内

（2）2018 年 6 月 15 日，全国各省区市以及计划单列市国税局、地税局合并；2018 年 7 月 20 日，全国省市县乡四级新税务机构全部完成合并

资料来源：作者根据《中华人民共和国企业所得税法》《中华人民共和国税收征收管理法》《中华人民共和国增值税暂行条例》等法律法规整理

表 5-4　中国资源型上市公司生态类税费

税费种类	税费名称	用途	征收单位	征收标准
资源类	资源税	用于加强资源管理，调节资源级差收入	开采或生产地主管税务机关	从价定率，应纳税额=课税数量×单位税额
	石油特别收益金	预防财富向少数行业集中、调节行业之间的收入差距	财政部	征收比率按石油开采企业销售原油的月加权平均价格确定
	矿产资源补偿费	促进矿产资源的勘查与开发，合理利用与保护资源	地矿主管部门会同同级财政部门	按照矿产品销售收入的一定比例计征，2014年12月费率降为零（2015年年报中不披露）
	煤炭可持续发展基金	用于跨区域生态环境治理、支持资源型城市转型和重点接替产业发展、解决因采煤引起的社会问题	地方税务局	2014年11月停止征收（2015年年报中不披露）
	矿产资源权益金	收入应专项用于矿产资源勘查、保护和管理支出	探矿权、采矿权登记管理单位	按面积缴纳
	矿业权占用费	收入应专项用于矿产资源勘查、保护和管理支出	探矿权、采矿权登记管理单位	以矿业权评估机构评估价值为基础
环境类	矿山地质环境恢复治理基金	专款专用，专项用于矿山地质环境恢复治理工程支出及其他相关支出	国土资源部	分矿山类型（包括地下开采、露天开采、联合开采等）进行征收
	水土保持补偿费	专项用于水土流失预防和治理，主要用于被损坏水土保持设施和地貌植被恢复治理工程建设	水行政主管部门	就地缴库，纳入政府性基金预算管理，实行专款专用，年终结余结转下年使用
	森林植被恢复费	用于林业主管部门组织的植树造林、恢复森林植被，包括调查规划设计、整地、造林、抚育、护林防火、病虫害防治、资源管护等开支	县级以上林业主管部门	按占用征收林地建设项目性质实行不同征收标准
	水资源费	专项用于水资源的节约、保护和管理，也可以用于水资源的合理开发	县级以上地方水行政主管部门	按照取水审批权限负责征收，就地缴库
	排污费	污染防治与治理	环境保护行政主管部门	污染当量×单位税额
	土地复垦费（保证金）	专项用于土地复垦	各级国土资源主管部门	按挖损和塌陷破坏的土地，复垦后的使用需要分类征收
居民补偿类	草原补偿费	加强草原保护、管理、建设和合理利用，维护各族农牧民群众的切身利益	草原行政主管部门	该草原被征用前三年平均年产值的6~10倍
	地面塌陷补偿费	对塌陷地居民的民用地面塌陷补偿	国土管理部门、煤炭行业主管部门	逐月按产量计提

续表

税费种类	税费名称	用途	征收单位	征收标准
居民补偿类	安置补助费	安排因土地被征用而造成的多余劳动力的就业和不能就业人员的生活补助	草原行政主管部门	草原被征用前三年平均年产值的4~6倍，每公顷最高不得超过被征用前三年平均年产值的15倍

注：（1）矿产资源补偿费：根据财政部财税〔2014〕73号《财政部 国家税务总局关于调整原油、天然气资源税有关政策的通知》，原油和天然气的矿产资源补偿费费率降为零，因此在2015年年报中不披露。根据财政部财税〔2016〕53号《财政部 国家税务总局关于全面推进资源税改革的通知》，2016年7月将全部资源品目矿产资源补偿费费率降为零

（2）水土保持补偿费：2014年1月，财政部、国家发展和改革委员会、水利部和中国人民银行发布了财综〔2014〕8号《水土保持补偿费征收使用管理办法》，该办法自2014年5月1日起施行，规定在山区、丘陵区、风沙区以及水土保持规划确定的容易发生水土流失的其他区域开办生产建设项目或者从事其他生产建设活动，损坏水土保持设施、地貌植被、不能恢复原有水土保持功能的单位和个人，应当缴纳水土保持补偿费

（3）专项资金准予扣除的规定：根据《中华人民共和国企业所得税法实施条例》第四十五条规定：企业依照法律、行政法规有关规定提取的用于环境保护、生态恢复等方面的专项资金，准予扣除。上述专项资金提取后改变用途的，不得扣除

资料来源：作者根据《中华人民共和国矿产资源法》《中华人民共和国资源税暂行条例》《矿产资源补偿费征收管理规定》《水土保持补偿费征收使用管理办法》《中华人民共和国土地管理法》《矿山地质环境保护规定》《企业安全生产费用提取和使用管理办法》等资料整理

对上市公司年报中披露的其他费用的说明：

资源型上市公司缴纳的费用中除了表5-3所列税费外还包含其他两大类。第一类是社会保险及福利类，如基本养老、医疗保险费、住房公积金等。第二类是其他行政事业收费：如证照类收费、鉴定类收费（特殊工种许可证费、特殊工种年检培训费、工商管理费）等，鉴于资源型企业税费种类的多样性，本处仅对部分税费予以列示，其他税费不予以详细讨论。

3. 资源型企业生态类税费种类

中国资源型上市公司生态类税费如表5-4所示。其中税费种类包含了中国资源型企业4个子行业上市公司的所有主要税种，生态类税费种类的来源主要由作者根据资源型上市公司年报以及相关的法律法规中整理得到，对于少量不常见且覆盖率较低的税种，如"林木、青苗补偿费"，表5-4中不进行详细讨论分析。

5.2　资源型企业税费信息披露现状

5.2.1　资源型企业税费信息披露法规

中国资源型上市公司税费信息披露法规。从1993年的《公开发行股票公司信

息披露实施细则（试行）》开始，中国证监会、财政部、国家税务总局、国务院、上交所等机构陆续制定了各项税费信息披露的法规对中国上市公司税费信息披露行为进行规范，现有法规对上市公司信息披露的原则、基本规范以及财务报表基本格式进行了一定的要求，但是尚未进行细致的规范，现将中国现有规范整理如表 5-5 所示。

表5-5 中国企业税费信息披露共有法规

年份	颁布机构	法规名称
1993	中国证监会	《公开发行股票公司信息披露实施细则（试行）》
1999	中国证监会	《公开发行股票公司信息披露的内容与格式准则第二号〈年度报告的内容与格式〉》（1999 年修订稿）
2006	中国证监会	《公开发行证券的公司信息披露内容与格式准则第 9 号——首次公开发行股票并上市申请文件（2006 年修订）》
2006	中国财政部	《企业会计准则第 31 号——现金流量表》
2007	中国证监会	《上市公司信息披露管理办法》
2010	中国证监会	《公开发行证券的公司信息披露编报规则第 15 号——财务报告的一般规定》（2010 年修订）
2013	深交所	《深圳证券交易所上市公司信息披露工作考核办法》（2013 年修订）
2016	国务院	《中华人民共和国税收征收管理法实施细则》（2016 年修订）
2014	国家税务总局	《纳税信用管理办法（试行）》
2015	全国人民代表大会常务委员会第十二次会议	《中华人民共和国税收征收管理法》

中国资源型上市公司特有法规情况。资源型企业的税费信息披露适用表 5-5 中整理的中国上市公司信息披露法规，同时由于资源型上市公司需缴纳一些行业特殊税费，全国人民代表大会常务委员会、财政部、环境保护部（简称环保部，现为生态环境部）等机构针对资源型企业也有特殊的要求，它们先后对矿产资源各项税费的征收、缴纳做出规定，也对环境信息披露做出了要求，资源型企业的税费信息则包含在环境信息中，主要相关的法规整理如表 5-6 所示。

表5-6 中国资源型企业税费信息披露特有法规

年份	颁布机构	法规名称及规定	说明
1986	全国人民代表大会常务委员会	《中华人民共和国矿产资源法》，规定"国家实行探矿权、采矿权有偿取得的制度……开采矿产资源，必须按照国家有关规定缴纳资源税和资源补偿费"	对探矿权、采矿权、资源税、资源补偿费等费用的征收进行管理
2010	环保部	《上市公司环境信息披露指南（征求意见稿）》，规定"上市公司应当准确、及时、完整地向公众披露环境信息，不得有虚假记载、误导性陈述或者重大遗漏"	该指南中的环境信息包含与环境相关的税费信息
2011	财政部	《中华人民共和国资源税暂行条例》《中华人民共和国资源税暂行条例实施细则》	对资源税的缴纳进行监管

5.2.2　资源型企业税费信息披露情况

1. 税费信息披露方式

1）强制性披露和自愿性披露

按照上市公司披露税费信息的意愿，可以把上市公司税费信息披露分为强制性披露和自愿性披露。

强制性披露指上市公司按照中国现有的法规要求进行披露，包括会计政策、会计估计、前期差错、税项和财务报表附注中的强制披露要求。

自愿性披露指没有法规提出强制性的披露要求，企业为了更好地反映公司经营、纳税等情况，对税费信息进行自愿性披露，如公司享有的税费政策及公司处理方式等。

通过对年报的整理，可以发现，目前中国资源型企业税费信息强制性披露和自愿性披露两种方式都有，但是自愿性披露的数量较少，内容较简单。

2）以年报、招股说明书披露或发布单独的税费信息报表

按照信息披露的途径又可把上市公司税费信息披露的方式分为两种：以年度财务报告、招股说明书等较为分散的方式披露；发布单独的税费信息报表对税费信息进行集中披露。

中国资源型上市公司披露税费信息的方式均为发布分散的报告进行披露，还没有相关准则和法规要求上市公司发布统一的税费信息报告，在 63 家[①]样本公司中亦是如此，所有公司均采用年报及附注的方式进行披露。

2. 税费信息披露载体

中国资源型上市公司税费信息披露的载体有多种，常用载体可以归纳为公司纳税申报表、招股说明书、董事会报告、财务报表及附注以及专门信息披露网站。

信息披露载体中，公司的纳税申报表是公司向税务管理部门缴纳税费时使用的，纳税申报表包含了详细的税源、税率、计算过程等信息，但是由于纳税申报表并未向投资者等社会公众公开，税费信息使用者不能从中获取所需信息；招股说明书只在公司第一次上市时发布，由于公司上市频率较低，且上市公司只在上市年度发布，招股说明书数量较少，且内容类似公司年报；董事会报告、财务报表及附注是现行披露税费信息最多的载体，研究样本中的 63 家公司均采用此方式

---

① 63 家样本企业是指根据中国证监会 2015 年上市公司分类中所列示的煤炭开采和洗选业 27 家、石油和天然气开采业 4 家、黑色金属矿采选业 8 家、有色金属矿采选业 24 家。

进行披露；专门的信息披露网站数量较少，且披露时间不固定，披露内容没有规范，信息获取者从信息披露网站上提取信息成本较高。

3. 税费信息披露内容

通过整理资源型上市公司年报，按照税费信息的性质及其在年报中的分布将年报中税费信息披露内容归纳为 7 个类别，再将税费信息内容分类为 16 个细分项目，分别编号为 1~16。

按照公司年报中每个细分项目税费信息披露的详细程度分为"披露且有明细""只披露无明细""未披露"三个等级，对每个公司每个细分项目分别评等级，进行公司数量的统计。具体统计结果如表 5-7 所示。

表 5-7　公司年报各项税费信息披露统计

年报项目	类别	编号	披露内容	披露且有明细	只披露无明细	未披露
董事会报告	资产负债表	1	递延所得税资产、应交税费、递延所得税负债金额合计	0	63	0
	利润表	2	营业税金及附加、所得税费用金额合计	0	63	0
	现金流量表	3	收到的税收返还和支付的各项税费金额合计	0	63	0
财务报表及附注	公司基本信息	4	会计政策、会计估计和合并财务报表的编制方法：公司递延所得税资产和递延所得税负债的处理原则和方法	59	0	4
		5	会计政策、会计估计和合并财务报表的编制方法：公司所得税的处理原则和方法	8	0	55
		6	遵循企业会计准则的声明：公司享有的税费政策及公司处理方式	32	6	25
		7	税项名义税率	63	0	0
		8	企业税收优惠及对披露税目和税率的相关描述	27	0	36
	长期资产	9	递延所得税资产、递延所得税负债：已确认的递延所得税资产及负债、未确认的递延所得税资产及负债、未确认的可抵扣亏损将于以下年度到期的递延所得税资产及负债、未确认的可抵扣暂时性差异或可抵扣亏损、应纳税差异和可抵扣差异项目、未确认应纳税差异和可抵扣差异项目；各明细项目的可抵扣暂时性差异及递延所得税资产的期初金额和期末金额	63	0	0
	流动负债	10	应交税费：各明细项目的期初金额和期末金额	63	0	0
	损益项目	11	营业税金及附加：本期及上期各个税种的税率、累计金额及依据说明	63	0	0
		12	营业外收入：政府补助中的税费项目的本年金额及上年金额	59	0	4
		13	营业外支出：补缴税费、价格调节基金、生态恢复补偿金、经费返还、托管费、民兵管理费等项目明细和本年及上年金额	8	0	55
		14	管理费用：各项税、矿产资源补偿费、排污费、安全生产费、草场补偿费、绿化费、矿业权占用费等明细项目的本年及上年金额	58	0	5

续表

年报项目	类别	编号	披露内容	公司数量/个		
				披露且有明细	只披露无明细	未披露
财务报表及附注	损益项目	15	非经常性损益：所得税影响额、偶发性税收减免等项目的本期金额	61	0	2
		16	政府补助：税收返还、税收补助、采矿权价款返还、抵免税款返还、出让金返还、纳税奖励等项目本期及上期金额和政府补助的来源及依据明细	32	0	31

注：表中"披露且有明细"指公司在该明细项目中披露的对应信息包含详细的明细，各项费用包含具体的计提标准、计提基数及计提数额；"只披露无明细"指公司只在该明细项目中披露对应信息，但不包含定量的数额；"未披露"指公司在该明细项目中未披露对应信息

　　将以上公司年报各项税费信息披露统计表中的公司数量占所有样本公司的百分比计算后绘制成统计图，如图 5-2 所示。

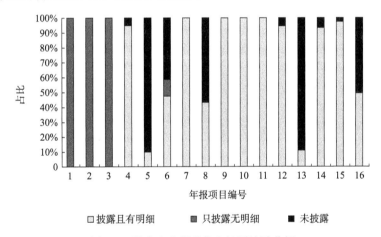

图 5-2　样本企业税费信息披露统计分析

　　对图 5-2 各个项目披露情况进行原因分析。

　　（1）图中 1~3 项目为董事会报告中财务报表的资产负债表、利润表、现金流量表，三个财务报表中均反映各个项目年末金额或本年金额合计，因此 1~3 项均无明细。

　　（2）图中第 6 项为公司遵循企业会计准则的声明，其中包含公司享有的税费政策及公司处理方式，样本公司在该项目下披露情况差别较大。对细分行业的煤炭开采和洗选业上市公司来说，该部分披露的税费信息包含公司提取和使用维简费、安全生产费的依据法规、提取标准和数额、本年使用情况及剩余费用等情况；对黑色金属矿采选业和有色金属矿采选业来说，该部分披露的税费信息主要包含公司探矿权使用费、采矿权使用费的缴纳依据和缴纳金额、是否按照法规执

行等情况。该项目有 32 家公司披露且有明细，有 25 家公司未披露，有 6 家公司虽然披露但是没有披露明细。

（3）披露最少的第 5 项是会计政策、会计估计和合并财务报表的编制方法中公司所得税的处理原则和方法，该项目披露较少可能是因为上市公司认为所得税处理是常规性项目，没有特别说明的必要。

（4）第 13 项披露内容为营业外支出中的补缴税费、价格调节基金、生态恢复补偿金、经费返还、托管费、民兵管理费等项目明细和本年及上年金额。样本公司中在该项目详细披露的公司数量与第 5 项一样，是最少的，可能是因为公司在当年没有发生与税费相关的营业外支出。

由年报各项税费信息披露统计表 5-7 和统计图 5-2 可知，上市公司在年报各个项目的税费信息披露情况不同。在董事会报告的资产负债表、利润表、现金流量表部分，公司按照要求只披露年末数或本年发生额；存在未披露情况较多的有第 5、6、8、13、16 项，其中第 6 项、第 8 项和第 16 项分别为公司享有的税费政策及公司处理方式、企业税收优惠及对披露税目和税率的相关描述、政府补助，这三项是目前法规没有强制要求披露的项目，是完善税费信息披露可以重点关注的项目；第 6 项为公司享有的税费政策及公司处理方式，该项中有 6 个公司只披露无明细，有 25 个公司未披露，在完善税费信息披露时也应该重点关注。

在年报各项税费信息披露统计表中第 16 项披露内容为税收返还、税收补助、采矿权价款返还、抵免税款返还、出让金返还、纳税奖励等项目本期及上期金额和政府补助的来源及依据明细，该项目中只有约一半的公司披露了项目明细；第 6 项中公司享有的税费政策及公司处理方式也只有约一半的公司披露了明细。除此之外，与公司社会效益相关的税费信息也披露得较少。

5.2.3 目前中国资源型上市公司税费信息披露存在的问题

资源型上市公司税费信息披露分散。当前税费信息披露的载体不统一，税费信息可以通过年报、招股说明书、信息披露网站等各个载体进行披露，导致信息使用者采集不方便。单独分析年报或者招股说明书时可以发现税费信息分布在年报或者招股说明书的不同位置，并且在年报中没有完全披露。中国资源型企业当前并未形成独立的税费信息披露报告，税费信息分散，不利于税费信息使用者的使用。

披露明细情况标准不一。按披露明细情况的分析来看，上市公司对有统一标准的强制性披露项目披露较详细，对于自愿性披露的项目披露情况不一。出现这种情况的原因是当前中国上市公司税费信息披露规范中缺乏统一的披露标准。

部分项目只披露时点指标,部分项目缺乏与上期的比较。表 5-7 中的第 11 项营业税金及附加中本期及上期各个税种的税率、累计金额及依据说明中披露了主要税费项目的明细,第 10 项应交税费中披露了所有应交税费的期初金额和期末金额,但是第 10 项中披露的只是时点指标,一些特殊的费用没有本年发生额。第 10 项应交税费中也没有本期与上期金额的比较以及变动和异常情况的说明。

税收返还的数量披露较少,缺乏实际税费负担水平的披露。由于资源型上市公司享有的税收优惠政策特殊性较强,税收返还金额对公司实际税负影响较大,该部分税费信息未完全披露,对信息使用者影响较大,不能满足信息使用者计算整体税负时的需要。

5.3 资源型企业税负水平的分析与比较

以 2015 年资源型上市公司税费为代表,根据资源型企业税负测度体系的构建,对资源型企业的税负现状进行测度分析。

5.3.1 国外主要资源型企业税负水平

为进一步分析中国资源型企业与国外资源型企业实际税负水平的差异,根据 2015 年全球矿业公司排名,选取主要矿业国中代表性企业如力拓、埃克森美孚、印度煤炭等 10 家代表性资源型企业进行国际比较。其中因国际企业除所得税外的其他税种不一,且代表性公司现金流量表中当期支付的税费多以所得税为主,故本章中主要以各公司的所得税税负为例进行分析对比。根据各公司年报披露数据的收集整理得出各公司税负水平,如表 5-8 所示。

表 5-8 国际代表性资源型企业税负

企业名称	所得税	支付的税费	其他税费
英国皇家壳牌(Shell)	27.06%	2.82%	应交税费 3.03%(销售税 0.95%,所得税 3.03%)
英国石油(BP)	25.22%	1.01%(所得税)	应交税费 3.12%,生产税 0.47%
埃克森美孚(Exxon Mobil)	25.34%	—	销售税 8.43%,其他应交税费 10.14%
必和必拓(BHP Billiton)	42.83%	9.80%(含特许权使用税)	其他税费 0.46%
力拓(Rio Tinto)	49.53%	5.15%	应交税费 1.23%

续表

企业名称	所得税	支付的税费	其他税费
雪佛龙（Chevron Corporation）	19.13%	3.58%（所得税）	联邦和其他税收收入0.83%、产品税5.66%、关税0.03%、工资税0.33%、生产税0.22%、其他应交税费0.86%
英美资源（Anglo American）	20.00%	2.91%（所得税）	应交税费2.49%
嘉能可（Glencore）	20.00%	0.51%（所得税）	应交所得税0.10%
淡水河谷（Vale）	33.99%	2.93%（所得税）	预扣税1.41%、其他应交税费20.44%
印度煤炭（Coal India Limited）	36.40%	—	采煤税1.53%、州销售税2.09%、中央销售税1.04%、清洁能源税4.40%、消费税0.51%、中央消费税4.04%、关税0.22%、其他应交税费0.55%、权利金8.13%

注：（1）所得税一栏数据来源于国际主要资源企业 2015 年利润表，为保持国际税负的可比性，国际比较中选择 AETR1 计算所得税。计算方式为：$AETR1 = (TE - DT)/(PTI - DT/t)$，其中，$t$ 表示各国企业所得税税率，TE 表示所得税费用，DT 表示递延所得税，PTI 表示税前利润总额

（2）支付的税费栏表示企业现金流量表披露的税费信息，其中部分企业现金流量表中税费表示为企业支付的所有税费，而部分企业仅表示为所得税。该栏数据计算方法为：支付的税费/营业总收入。表中支付的税费栏中含"（所得税）"字样表示该项比率仅表示"支付的所得税/营业收入总额"

（3）其他税费栏数据多来源于资产负债表以及部分利润表数据，计算方法为"支付的税费/营业总收入"

（4）英美资源、嘉能可公司因年度亏损，企业利润总额呈现负值，因此所得税税率用 2015 年英国公司所得税名义税率20%反映

资料来源：作者根据代表性企业 2015 年上市公司年报整理

根据国外代表性资源型企业与中国 63 家资源型上市公司所得税税负水平对比结果分析，代表性企业的平均所得税[①]税负水平 30% 与中国资源型企业所得税平均税负水平（AETR1）[②]23.21% 相比，中国资源型企业所得税税负处于较低水平，主要原因在于中国企业所得税具有较低的名义税率 25%，而如美国联邦税率 35%、印度税率 32% 等相对而言则处于较高水平。就总税负水平而言，国外现金流量表多以披露企业当期实际缴纳的所得税为主，对企业当期实际缴纳的税费总额反映不够全面，根据取得数据的几家资源型企业计算得到的总税负平均值 12.06%[③]远低于中国资源型企业狭义总税负水平 16.13%[④]，可见中国资源型企业税负水平在国际上处于较高位置。

---

① 国际代表性公司所得税税负水平为剔除亏损样本企业即剔除英美资源公司与嘉能可公司数据的剩余 8 家样本公司的平均值。

② 中国资源型企业所得税税负水平 $AETR1 = (\sum 所得税费用 - \sum 递延所得税)/(\sum 税前利润总额 - \sum(递延所得税/t))$。为与国际代表性企业具有可比性，在计算中国资源型企业所得税税负水平 AETR1 时，剔除亏损企业。

③ 表5-8 中 10 家代表性资源型企业 总税负水平 $= \sum 支付的税费总额/\sum 营业收入总额$。

④ 中国资源型企业狭义总税负水平计算详见表 5-13。

国外资源型企业税费征缴多以所得税、权利金、预扣税等为主，且政府对生态治理补偿的税费制度比较完整，相较于国外主要资源国家，中国资源型企业税费多以增值税、所得税、资源税为主，针对生态治理缴纳的税费体制不完善，多由地方政府自行规定缴纳，征收税费种类繁多且重复，实际作用于生态治理的占比更是微乎其微。

5.3.2 资源型企业税负水平分行业比较

1. 行业间比较

各行业间税费征收存在差异，包含矿业权占用费、矿山环境治理恢复保证金等在内的资源型企业特有的税费在非资源型企业间不缴纳，故为保持行业间税负水平的可比性，采用狭义总税负测度方法对行业间税负水平进行分析。对比中，为消除现金流量表支付的税费总额按照收付实现制所产生的不属于当期会计期间的影响，采用长期狭义有效总税负测度，数据来源于国泰安数据库中所有 A 股上市公司 2013 年 1 月 1 日至 2015 年 12 月 31 日的年报披露的税费信息。其中，样本企业构成如表 5-9 所示。

表 5-9 资源型企业与其他行业样本构成

样本行业名称	样本行业来源	样本量
金融业	货币金融服务，资本市场服务，保险业，其他金融业	67
水利、环境和公共设施管理业	水利管理业，生态保护和环境治理业，公共设施管理业	33
资源型企业	煤炭开采和洗选业，石油和天然气开采业，黑色金属矿采选业，有色金属矿采选业，非金属矿采选业，其他采矿业企业	63
房地产业	房地产业	130
电力、热力、燃气及水生产供应业	电力、热力生产和供应业，燃气生产和供应业，水的生产和供应业	97
住宿和餐饮业	住宿业，餐饮业	11
教育	教育	3
综合	综合	33
科学研究和技术服务业	研究和试验发展，专业技术服务业，科技推广和应用服务业	27
交通运输、仓储和邮政业	铁路运输业，水上运输业，道路运输业，航空运输业，管道运输业，装卸搬运和运输代理业，仓储业，邮政业	92
租赁和商务服务业	租赁业，商务服务业	41
信息传输、软件和信息技术服务业	电信、广播电视和卫星传输服务，互联网和相关服务，软件和信息技术服务业	208

续表

样本行业名称	样本行业来源	样本量
制造业	农副食品加工业，食品制造业，酒、饮料和精制茶制造业，烟草制品业，纺织业，纺织服装、服饰业，皮革、毛皮、羽毛及其制品和制鞋业，木材加工和木、竹、藤、棕、草制品业，家具制造业，造纸和纸制品业，印刷和记录媒介复制业，文教、工美、体育和娱乐用品制造业，石油加工、炼焦和核燃料加工业，化学原料和化学制品制造业，医药制造业，化学纤维制造业，橡胶和塑料制品业，非金属矿物制品业，黑色金属冶炼和压延加工业，有色金属冶炼和压延加工业，金属制品业，通用设备制造业，专用设备制造业，汽车制造业，铁路、船舶、航空航天和其他运输设备制造业，电气机械和器材制造业，计算机、通信和其他电子设备制造业，仪器仪表制造业，金属制品、机械和设备修理业，废弃资源综合利用业，其他制造业	1 925
文化、体育和娱乐业	新闻和出版业，广播、电视、电影和影视录音制作业，文化艺术业，体育，娱乐业	45
卫生和社会工作	卫生，社会工作	7
建筑业	房屋建筑业，土木工程建筑业，建筑安装业，建筑装饰和其他建筑业	90
批发和零售业	批发业，零售业	164
农、林、牧、渔业	农业，林业，畜牧业，渔业，农、林、牧、渔服务业	50

资料来源：样本行业名称以及样本行业分类根据中国证监会《上市公司行业指引分类（2012 年修订）》整理，样本量根据国泰安数据库所有上市企业披露所得

　　根据样本行业企业现金流量表、利润表中数据的提取，各行业税费负担水平的行业对比分析如表 5-10 所示。首先，从行业总体平均税费负担水平分析，除金融业以及水利、环境和公共设施管理业外，资源型企业税费负担水平高于其他行业平均水平；而从单个企业平均税费负担分析，资源型企业税负水平则仅次于金融业、房地产业。其次，从税收返还角度分析，资源型企业行业整体税收返还率较低，为最高税收返还行业制造业的四分之一左右，而从单个企业平均来看，资源型企业也仅高于建筑业、住宿和餐饮业，为最高税收返还行业租赁和商品服务业的八分之一左右。税负水平较低的批发和零售业、制造业却有较高的税收返还率，可见，资源型企业实际税负水平远高于其他行业企业，且得到的税收优惠较少，实际总税负水平高。

表 5-10　资源型企业与其他行业税负对比

行业	税费负担		税收返还	
	总体行业平均	单个企业平均	总体行业平均	单个企业平均
金融业	15.98%	16.23%	0.04%	0.24%
水利、环境和公共设施管理业	14.24%	10.31%	0.11%	0.42%
资源型企业	13.84%	13.44%	0.20%	0.18%
房地产业	13.03%	16.18%	0.05%	0.25%
电力、热力、燃气及水生产供应业	10.29%	8.43%	0.57%	0.44%

续表

行业	税费负担		税收返还	
	总体行业平均	单个企业平均	总体行业平均	单个企业平均
住宿和餐饮业	8.55%	9.63%	0.15%	0.08%
教育	8.43%	11.83%	0.01%	0.33%
综合	5.47%	7.96%	0.64%	0.51%
科学研究和技术服务业	5.27%	6.14%	0.30%	0.49%
交通运输、仓储和邮政业	4.85%	8.38%	0.22%	0.19%
租赁和商务服务业	4.61%	6.96%	0.33%	1.54%
信息传输、软件和信息技术服务业	4.49%	5.40%	0.46%	1.40%
制造业	3.95%	5.95%	0.88%	1.40%
文化、体育和娱乐业	3.93%	7.78%	0.80%	0.73%
卫生和社会工作	3.28%	3.94%	0.44%	0.62%
建筑业	3.17%	5.88%	0.09%	0.16%
批发和零售业	2.06%	3.85%	0.44%	1.33%
农、林、牧、渔业	0.74%	1.55%	0.49%	0.73%

注：（1）总体行业平均税费负担 $= \dfrac{\sum_i^n \text{支付的税费总额} - \sum_i^n \text{收到的税收返还}}{\sum_i^n \text{营业收入总额}}$。其中 i，n 表示分行业所有样本企业

（2）单个企业平均税费负担 $= \dfrac{\sum_i^n \dfrac{\text{支付的税费总额} - \text{收到的税收返还}}{\text{营业收入总额}}}{n}$

（3）总体行业平均税收返还 $= \dfrac{\sum_i^n \text{收到的税收返还}}{\sum_i^n \text{营业收入总额}}$

（4）单个企业平均税收返还 $= \dfrac{\sum_i^n \dfrac{\text{收到的税收返还}}{\text{营业收入总额}}}{n}$

资料来源：作者根据 2013 ~2015 年国泰安数据库数据计算所得

　　在资源型企业整体税负水平较高的背景下，国家进一步推动资源税改革，清费立税，旨在减少企业税费征缴种类，降低企业税费负担。而资源税改革能否有效降低资源型企业实际税负水平？在更低的税负水平下，企业为了经济效益的提高，对资源的过度开采所导致的环境负外部性又是否能够在减费降税的基础上找到一个补偿点？这一系列问题都需要在税制改革的过程中加以实践证明。但美中不足的是，国家一系列税费改革动态着重于对企业征收税费的合理性进行解释，而忽视了征缴的税费在用途特别是使用效果上的改革，对资源型企业而言，对资源开采所造成的包含环境、资源、居民等在内的生态破坏的税

费补偿机制的改革完善则显得尤为重要。

2. 行业内比较

1）资源型企业税费构成

以 2015 年资源型上市公司为例，根据税费最优提取顺序获得资源型企业税费数据，据此得到代表性资源型企业税费构成占比图。其中石油和天然气开采业"支付的税费总额"占所有样本企业支付的税费总额合计数的 88%，《中华人民共和国消费税暂行条例》中又规定对成品油销售实行从量计征消费税，而石油和天然气开采业中消费税税额占比 52%，其他资源型子行业企业中消费税缴纳量趋近于零。为消除石油和天然气开采业样本企业对资源型企业的影响，本章样本企业税费构成分析中将石油和天然气开采业企业与所有样本企业分开讨论。

根据样本资源型企业税费信息的披露，选取所有样本企业披露最完全的税种数据作为资源型企业主要税种，得到样本企业（除石油外）税费构成图 5-3 与石油天然气企业税费构成图 5-4。

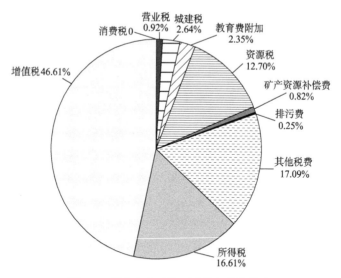

图 5-3　样本企业（除石油外）税费构成
（1）A 税收占比 = ∑A税种税费缴纳量/∑支付的税费总额

（2）B 公司增值税=B 公司教育费附加/教育费附加税率-B 公司营业税-B 公司消费税。其中教育费附加税率的确定：公司若只披露教育费附加，未披露地方教育费附加，教育费附加税率视为 5%；若地方与中央均披露，则仅将教育费附加列入计算公式，税率为 3%。若只披露地方教育费附加，则将地方列入计算公式，税率为 2%

（3）图中 0 的原始数值为 0.005%，表示样本企业（除石油外）的消费税税费构成比

（4）图中数值经过舍入修约，故数值之和不等于 100%

资料来源：作者根据 2015 年资源型企业样本企业年报披露数据整理

如图 5-3 所示，在样本企业（除石油外）税费构成中，增值税占比 46.61%最高，所得税 16.61%，资源税 12.70%次之；图 5-4 显示，石油和天然气开采业消费税占比 52.55%最高，增值税 22.88%，所得税 4.31%，城建税 5.18%，资源税 3.55%次之。从整个样本资源型企业分析，生态类税费中除资源税外，矿产资源补偿费、排污费对税费构成占比均比较小，远低于所得税、增值税等共性类税费；其他税费主要包含样本企业披露数额较低以及样本企业中尚未披露的税费数据，构成占比相对较高，受各种政府收费的影响较大。

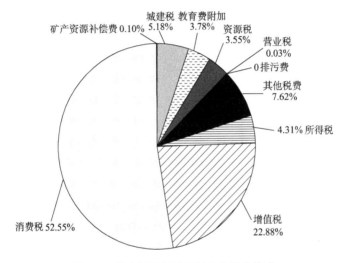

图 5-4 样本石油和天然气企业税费构成
（1）具体计算方式参见图 5-3 注释
（2）其中排污费占 0.001 5%，显示为 0
资料来源：作者根据 2015 年资源型企业样本企业年报披露数据整理

根据样本石油和天然气企业税费构成图，资源型企业税费主要构成为增值税、所得税等共性类税费与生态类税费中的资源税，其中石油和天然气开采业又由消费税占主导。共性类税费占比远高于生态类税费，成为影响资源型企业税负水平的主要因素；而生态类税费中除资源税占比相对其他生态类税费占比较高、影响相对较大外，其他生态类税费占比对资源型企业税费负担的影响均较小，与资源型企业对资源的攫取所产生的补偿要求不相对等，不足以满足生态治理的要求。

2）资源型企业分税种税负

因石油和天然气开采业高消费税占比对资源型企业产生的影响，因此在以样本企业代表资源型企业各子行业税种税负分析中，同样将石油和天然气开采业与其他样本企业分开讨论。分行业样本资源型企业 2015 年年报披露的所缴纳的各税种税负如表 5-11 所示。

表5-11 资源型企业各税种税负

行业	企业名称	共性类										环境类			资源类			居民补偿类	
		所得税 AETR2	增值税	消费税	营业税	城建税	教育费附加	城镇土地使用	印花税	房产税	其他税费	排污费	水资源费	其他税费	矿产资源补偿费	资源税	其他税费	草原补偿费	其他税费
煤炭开采和洗选业	大同煤业	25%	8.60%	0.00	0.02%	0.47%	0.43%	0.12%	0.02%	0.02%	—	—	0.11%	—	—	4.32%	价格调节基金 0.03%	—	—
	国投新集	25%	10.75%	0.00	0.02%	0.53%	0.53%	—	0.08%	0.16%	河道费 0.77%	—	—	水土保持补偿费 2.40%	—	1.45%	—	—	—
	恒源煤电	25%	6.94%	0.00	0.01%	0.55%	0.35%	0.05%	0.01%	0.05%	地方税费 2.483%	—	—	—	0.28%	1.12%	—	—	—
	金瑞矿业	25%	13.17%	0.00	0.01%	0.68%	0.66%	—	0.12%	0.03%	安全生产费用 0.06%	—	—	—	—	5.00%	—	—	—
	靖远煤电	13.36%	13.26%	—	0.08%	0.93%	0.67%	0.01%	0.01%	0.00	车船使用费 0.002%	—	0.02%	水土保持补偿费 0.391%	—	2.21%	价格调节基金 0.004%	—	—
	兰花科创	25%	6.73%	—	0.02%	0.45%	0.34%	0.00	—	0.01%	新农村发展基金 0.514%	0.21%	—	环境恢复治理保证金 0.074%	1.62%	4.16%	—	—	—
	潞安环能	25%	10.41%	0.00	0.02%	0.41%	0.52%	0.01%	0.03%	0.04%	文化事业建设费 0.007%	0.56%	0.24%	绿化费 0.092%	0.00	6.57%	可持续发展基金 0.122%	—	—
	露天煤业	16.33%	10.18%	—	0.03%	0.71%	0.51%	0.01%	0.01%	0.00	残疾人就业基金 0.014%; 铁路联防治安费 0.062%; 水利基金 0.09%	0.03%	—	—	—	7.19%	—	—	—

续表

行业	企业名称	所得税 AETR2	共性类									环境类			资源类			居民补偿类	
			增值税	消费税	营业税	城建税	教育费附加	城镇土地使用	印花税	房产税	其他税费	排污费	水资源费	其他税费	矿产资源补偿费	资源税	其他税费	草原补偿费	其他税费
煤炭开采和洗选业	煤气化	25%	5.60%	—	0.01%	0.27%	0.28%	0.09%	0.09%	0.39%	契税0.001%；残疾人就业基金0.095%		0.60%	林业建设基金0.006%	0.14%	6.42%	矿产资源开采税0.417%；可持续发展基金0.057%；采矿权使用费0.417%		—
	平煤股份	25%	9.41%	0.00	0.10%	0.63%	0.48%	0.05%	—	0.04%	—	—	—	—	—	1.47%	—	—	—
	陕西煤业	25%	7.75%	—	0.07%	0.40%	0.39%	0.01%	0.09%	0.02%	—	—	0.19%	绿化费0.042%；水土保持补偿费0.992%	—	2.80%	—	—	—
	西山煤电	36.95%	7.42%	—	0.02%	0.45%	0.37%	0.10%	0.09%	0.16%	残疾人就业基金0.12%；民兵训练基金0.01%	0.00	0.12%	绿化费0.009%；造育林费0.141%	—	2.88%	—	—	—
	新大洲	61.18%	6.49%	—	0.20%	0.16%	0.33%	0.01%	0.07%	0.26%	河道费0.01%	—	—	—	—	4.17%	林木、农地补偿款、资源整合补偿0.055%	—	—
	阳泉煤业	25%	4.35%	—	0.07%	0.25%	0.21%	0.11%	0.07%	—	河道费0.03%	—	—	—	—	2.95%	采矿权使用费0.044%	—	—
	伊泰B股	25.46%	7.75%	0.02%	0.08%	0.47%	0.39%	0.00	0.01%	0.00	关税0.1%；水利基金0.01%	—	—	生态恢复补偿金0.05%；绿化费0.33%	—	1.66%	—	—	—

续表

行业	企业名称	共性类										环境类			资源类			居民补偿类	
		所得税AETR2	增值税	消费税	营业税	城建税	教育费附加	城镇土地使用	印花税	房产税	其他税费	排污费	水资源费	其他税费	矿产资源补偿费	资源税	其他税费	草原补偿费	其他税费
煤炭开采和洗选业	永泰能源	25.30%	10.13%	0.00	0.20%	0.39%	0.52%	0.02%	—	0.02%	行政规费0.593%;契税0.1%	—	0.79%	—	0.04%	2.36%	—	—	—
	郑州煤电	0.73%	2.82%	0.00	0.20%	0.17%	0.15%	0.01%	0.00	0.02%	—	0.07%	—	—	0.00	0.43%	价格调节基金0.04%	—	—
	安源煤业	94.48%	4.22%	0.00	0.02%	0.24%	0.21%	0.03%	0.01%	0.01%	—	0.02%	—	绿化费0.006%;防洪保安基金0.018%	—	0.48%	—	—	—
	兖州煤业	42.16%	4.03%	—	0.08%	0.24%	0.19%	—	—	—	水利规费0.04%	—	—	—	—	0.60%	价格调节基金0.01%	—	—
	盘江股份	23.20%	10.56%	0.00	0.03%	0.53%	0.53%	0.23%	—	—	—	—	0.02%	—	—	3.18%	价格调节基金0.01%	—	—
	平庄能源	25%	11.46%	—	0.30%	0.79%	0.59%	—	—	—	医疗调剂金0.714%;水利基金0.32%	—	0.00	—	—	6.53%	煤炭价格调节基金0.194%	—	—
	中煤能源	25%	4.86%	—	0.16%	0.29%	0.25%	0.05%	—	—	关税0.1%	0.11%	0.13%	—	—	1.58%	—	—	—
	昊华能源	149.84%	5.52%	0.00	0.01%	0.36%	0.28%	0.23%	—	—	农工管理费0.074%;关税0.48%;水利基金0.01%	—	—	—	—	1.11%	—	—	—
	冀中能源	6.99%	7.50%	—	0.11%	0.41%	0.38%	0.01%	—	0.01%	—	—	—	—	0.00	1.18%	—	—	—

续表

行业	企业名称	所得税 AETR2	共性类									环境类			资源类			居民补偿类	
			增值税	消费税	营业税	城建税	教育费附加	城镇土地使用	印花税	房产税	其他税费	排污费	水资源费	其他税费	矿产资源补偿费	资源税	其他税费	草原补偿费	其他税费
煤炭开采和洗选业	大有能源	25%	8.43%	0.00	0.04%	0.51%	0.42%	0.10%	0.01%	0.06%	—	0.15%	—	绿化费0.274%；环境深度治理资金0.018%	0.08%	1.59%	—	—	—
	中国神华	29.94%	9.82%	—	0.21%	0.55%	0.50%	—	—	—	—	—	—	水土保持补偿费0.700%	0.19%	1.90%	—	—	—
	上海能源	64.40%	10.39%	—	0.10%	0.53%	0.52%	0.02%	0.06%	0.09%	耕地占用税0.556%	—	—	绿化费0.256%	—	0.92%	—	—	—
	行业均值	22.67%	7.61%	0.00	0.13%	0.43%	0.39%	0.03%	0.01%	0.05%	—	0.13%	0.20%	—	0.09%	1.97%	—	—	—
石油天然气开采业	广汇能源	24.79%	4.15%	0.00	0.32%	0.24%	0.22%	0.01%	—	0.00	车船税0.001%	0.21%	—	—	—	1.96%	—	—	—
	洲际油气	57.37%	0.03%	—	0.48%	0.03%	0.00	—	—	0.44%	出口收益税8.831%；关税13.75%	—	—	—	—	0.90%	矿产资源开采税0.895%	—	—
	中国石化	22.63%	3.71%	9.84%	—	0.90%	0.68%	—	—	—	—	—	—	—	0.01%	0.24%	—	—	—
	中国石油	33.35%	4.43%	8.65%	0.03%	0.93%	0.66%	—	—	—	—	—	—	—	—	1.08%	—	—	—
	行业均值	27.58%	4.04%	9.28%	0.03%	0.92%	0.67%	0.01%	—	0.09%	—	0.21%	0.00	—	0.01%	0.63%	—	—	—
有色金属矿采选业	驰宏锌锗	23.45%	4.02%	0.00	0.03%	0.24%	0.12%	0.00	0.01%	0.00	残疾人就业基金0.005%	0.01%	0.00	—	0.08%	0.14%	—	—	—

续表

行业	企业名称	所得税 AETR2	共性类									环境类			资源类			居民补偿类	
			增值税	消费税	营业税	城建税	教育费附加	城镇土地使用	印花税	房产税	其他税费	排污费	水资源费	其他税费	矿产资源补偿费	资源税	其他税费	草原补偿费	其他税费
有色金属矿采选业	赤峰黄金	24.57%	2.00%	0.00	—	0.09%	0.09%	0.00	0.01%	0.01%	车船税0.001%；水利基金0.01%	0.03%	—	环评费0.015%	0.79%	0.26%	—	—	—
	湖南黄金	21.63%	1.78%	—	0.05%	0.09%	0.09%	—	0.01%	—	关税0.03%；0.01%	0.23%	—	—	0.23%	0.01%	—	—	—
	建新矿业	17.58%	11.86%	—	0.06%	0.60%	0.59%	0.02%	0.01%	0.03%	契税0.01%；水利基金0.08%	—	—	环境治理基金0.145%	1.80%	0.40%	—	—	—
	金钼股份	25%	1.77%	—	0.03%	0.10%	0.09%	0.02%	—	0.00	关税0.05%	—	—	—	0.10%	0.14%	—	—	—
	炼石有色	23.37%	12.03%	—	—	0.60%	0.60%	—	0.05%	—	车船税0.002%；水利基金0.01%	3.00%	—	环境治理基金0.115%	3.00%	9.76%	—	—	—
	山东黄金	32.50%	0.07%	0.00	0.00	0.00	0.00	0.01%	0.00	0.00	—	—	0.00	—	0.02%	0.00	—	—	—
	盛达矿业	25.77%	15.97%	—	0.00	0.16%	0.80%	—	—	—	水利基金0.01%	—	0.00	—	0.66%	1.70%	—	—	—
	盛屯矿业	23.79%	1.12%	0.00	0.11%	0.04%	0.06%	—	0.02%	0.00	地方教育费附加0.005%	—	—	—	0.14%	0.14%	—	0.02%	—
	天山纺织	67.64%	9.78%	—	0.13%	0.69%	0.50%	0.00	0.02%	0.03%	—	0.09%	—	—	1.24%	0.02%	—	—	—
	西部黄金	21.27%	0.59%	0.00	0.00	0.04%	0.03%	0.00	0.04%	0.00	残疾人就业基金0.024%	0.24%	—	绿化费0.001%；水土保持补偿费0.031%	2.11%	0.00	—	—	—

续表

行业	企业名称	所得税 AETR2	增值税	消费税	营业税	共性类						环境类			资源类			居民补偿类	
						城建税	教育费附加	城镇土地使用	印花税	房产税	其他税费	排污费	水资源费	其他税费	矿产资源补偿费	资源税	其他税费	草原补偿费	其他补偿费
有色金属矿采选业	西部矿业	32.20%	1.07%	—	0.03%	0.04%	0.05%	—	—	—	—	0.01%	—	—	—	0.00	—	—	—
	银泰资源	20.86%	15.96%	—	0.02%	0.80%	0.80%	—	—	—	—	0.07%	0.03%	—	—	1.75%	—	—	—
	园城黄金	0.00	0.00	0.00	5.00%	0.35%	0.25%	0.09%	0.07%	0.18%	水利金 0.05%	—	—	—	—	0.00	—	—	—
	中金黄金	34.73%	0.30%	0.00	0.01%	0.02%	0.02%	0.01%	—	0.01%	耕地占用税 0.049%	0.04%	—	—	0.08%	0.23%	黄金生产发展基金 0.02%; 黄金地质探矿基金 0.004%	—	—
	中色股份	48.85%	0.07%	—	0.03%	0.04%	0.00	0.00	—	0.00	—	—	—	—	0.12%	0.28%	—	—	—
	紫金矿业	90.18%	0.76%	0.00	0.07%	0.06%	0.04%	—	—	—	—	—	—	—	—	0.88%	—	—	土地补偿费 0.232%
	ST华泽	25%	1.02%	—	0.00	0.07%	0.05%	0.01%	0.01%	—	水利基金 0.02%	—	—	—	—	0.18%	价格调节基金 0.01%	—	—
	兴业矿业	25%	10.12%	—	0.01%	0.12%	0.51%	—	—	—	水利基金 0.01%	—	—	—	1.35%	0.14%	—	—	—
	洛阳钼业	25%	3.59%	—	0.26%	0.33%	0.19%	—	—	—	—	—	—	—	—	3.83%	—	—	—
	广晟有色	25%	0.65%	—	0.01%	0.04%	0.03%	—	0.02%	0.00	—	—	—	—	—	0.52%	—	—	—
	中润资源	25%	0.00	0.00	3.84%	0.27%	0.19%	—	—	—	土地增值税 3.544%; 水利基金 0.02%	—	—	—	—	0.00	黄金税 0.676%	—	—

续表

行业	企业名称	共性类										环境类			资源类			居民补偿类	
		所得税 AETR2	增值税	消费税	营业税	城建税	教育费附加	城镇土地使用	印花税	房产税	其他税费	排污费	水资源费	其他税费	矿产资源补偿费	资源税	其他税费	草原补偿费	其他税费
有色金属矿采选业	西部资源	25%	0.00	0.13%	0.28%	0.20%	0.15%	0.14%	0.00	0.18%	—			防洪安保基金 0.06%	0.24%	0.50%	价格调节基金 0.001%	—	—
	荣华实业	44.05%	1.30%	—	—	-0.10%	0.07%	0.30%	-0.23%	8.30%	车船税 0.187%	0.95%	—	草原补偿费 6.00%	2.80%	6.63%	—	—	—
	行业均值	38.14%	1.11%	0.00	0.06%	0.07%	0.05%	0.30%	0.01%	0.01%	—	0.05%	0.00	—	0.13%	0.42%	—	—	—
黑色金属矿采选业	宏达矿业	25%	6.71%	0.00	0.01%	0.42%	0.34%	0.15%	0.02%	0.07%	水利基金 0.07%	—	—	绿化费 0.005%	2.17%	0.00	—	—	—
	金岭矿业	0.43%	6.98%	—	0.10%	0.49%	0.35%	0.16%	0.04%	0.03%	水利基金 0.07%	—	—	—	0.30%	0.03%	—	—	—
	攀钢钒钛	25%	3.58%	0.00	0.02%	0.23%	0.18%	0.18%	—	0.00	—	—	—	—	0.37%	3.16%	—	—	—
	西藏矿业	14.71%	4.22%	—	0.29%	0.32%	0.23%		0.01%	0.00	车船税 0.002%; 土地增值税 0.187%	0.08%	—	—	0.35%	0.60%	价格调节基金 0.01%; 矿产资源调整费 0.22%	0.74%	—
	海南矿业	8.28%	14.02%	0.00	0.05%	0.70%	0.70%	0.00	0.01%	0.00	—	—	—	—	3.07%	4.66%	—	—	—
	华联矿业	25%	8.05%	0.00	0.06%	0.40%	0.40%	0.06%	0.00	0.02%	车船税 0.002%	—	—	水资源补偿费（包含煤炭资源补偿费） 0.222%	0.06%	0.00	—	—	—

续表

行业	企业名称	所得税AETR2	共性类									环境类			资源类			居民补贴类	
			增值税	消费税	营业税	城建税	教育费附加	城镇土地使用	印花税	房产税	其他税费	排污费	水资源费	其他税费	矿产资源补偿费	资源税	其他税费	草原补偿费	其他税费
黑色金属矿采选业	山东地矿	38.64%	0.00	—	8.49%	2.12%	2.14%	3.09%	0.42%	0.63%	车船税0.08%；土地增值税0.45%；水利基金0.21%	—	—	—	1.71%	1.35%	价格调节基金5.38%	—	—
	创兴资源	25%	0.00	—	—	0.12%	0.12%	—	—	—	—	—	—	—	—	—	—	—	—
	行业均值	25%	4.66%	0.00	0.16%	0.32%	0.27%	0.20%	0.04%	0.01%	—	0.08%	0.00	—	0.62%	2.74%	—	—	—
资源型企业行业均值		26.41%	4.27%	8.60%	0.06%	0.81%	0.60%	0.03%	0.00	0.03%	—	0.10%	0.01%	—	0.02%	0.77%	—	—	—
除石油和天然气外行业均值		23.73%	5.39%	0.00	0.11%	0.31%	0.27%	0.03%	0.02%	0.01%	—	0.03%	0.19%	—	0.10%	1.47%	—	—	—

注：（1）表中各项数据来源：所得税AETR2根据税负测度公式计算，其他税费数据，除增值税通过教育费附加计算外，其他税费数据均以2015年年报披露数据为准，以营业收入总额来表示。其中，若利润表、资产负债表、现金流量表均披露该数据，则先以现金流量表数据为准，最后以资产负债表数据为准

（2）教育费附加中包含地方教育（中央）教育费附加

（3）表中为消除亏损企业对所得税AETR2计算的影响，对亏损企业所得税AETR2采用名义税率25%表示，其中露安环能、阳泉煤业、金钼股份、洛阳钼业、中铜资源、创兴资源根据当期所得税调整利润计算出的所得税AETR2为负值，也采用名义税率25%替代；为反映行业所得税平均水平，各行业所得税平均水平则为剔除亏损企业以及AETR2计算负值的企业行业平均水平

（4）表中为比较所得税税种税负的高低，对各行业所得税税负的高低，计算行业平均值。其中平煤股份、平庄能源、吴华能源、大有能源、金岭矿业、攀钢钒钛、海南矿业、创兴资源当期应交税费为负值，得到煤炭开采和洗选业所得税负率平均值为1.09%，除石油天然气税种的企业营业收入，即剔除企业所得税该税种的企业营业收入，A 税种税负的平均计算方法与上述一致，后同

（5）表中各项税种税负与其他税费的营业税附加计算方式为该税种税负加印花税与印花税年报披露数据，黑色金属矿洗选业为5.86%，资源型企业根据披露资源费数据样本以营业收入为基准计算，资源型企业行业均值之和除以该行业样本企业的营业收入之和，其他行业均值为

（6）中润资源公司增值税根据教育费附加计算得出印花税与印花税年报披露数据

（7）表中"0.00"表示数值取值过小，在两位小数内无法显示，"—"表示该企业年报数据中未披露该项数据

资料来源：根据2015年公司年报计算整理

　　根据资源型企业税费结构分类，提取部分代表性共性类税费以及生态类税费进行单列分析。其中，各分类下的其他税费除表中所列举的以外，还包含部分金额较小、无法显示在表格中的数据，如中国石油的石油特别收益金、煤气化的煤炭地方规费、露天煤业的耕地占用税等。从企业财务信息披露的角度直观反映出资源型企业税费种类繁多，且大部分税费均来源于政府收费，从侧面反映了资源型企业税费征收体制的混乱。同时，一些税费在名称上存在差异，如环境类税费中环保专项基金、环境保护费等不同名称的环境保护金，其征收实质在一定程度上却相契合，不同名称相同的税费征收实质，直接表现为各项税费的重复性征收，加重了资源型企业税费负担。而与较高的税费负担背道而驰的却是用于生态治理的生态类税费水平相对于共性类税费水平较低，生态类税费中直接作用于生态治理的部分又大打折扣。

　　根据表 5-11 整理出以样本企业为代表的资源型企业子行业按税费结构分类的税费负担，如表 5-12 与图 5-5 所示。

表 5-12　资源型企业子行业分税费结构税负水平

行业	共性类税费	生态类税费			
		环境类税费	资源类税费	居民补偿类税费	生态类税费总和
煤炭开采和洗选业	11.25%	1.31%	3.52%	0.00	4.83%
石油和天然气开采业	15.86%	0.00	0.64%	0.00	0.64%
有色金属矿采选业	2.15%	0.12%	1.19%	0.00	1.32%
黑色金属矿采选业	6.93%	0.48%	3.46%	0.04	3.99%
资源型企业行业均值	14.52%	0.16%	1.00%	0.00	1.16%
行业均值（除石油行业外）	8.14%	0.88%	2.74%	0.00	3.63%

注：（1）四类税负测度口径均以营业总收入为分母，其中所得税属于共性类税费，不再单独按所得税负测度
　　（2）共性类税费中因维简费以及安全生产费返还率较高，故此处不纳入分结构费负担的共性类税费负担的讨论中
　　（3）表中"0.00"表示数据取值较小，在两位小数内无法显示
　　（4）生态类税费总和根据未保留两位小数的原始数据计算得出

　　如图 5-5 所示，以样本企业代表的各子行业，各行业生态类税负均远低于共性类税负，其中尤以石油和天然气开采业为主，共性类税负高达 15.86%，生态类税费总和 0.64%却仅达共性类税负的小数部分；煤炭开采和洗选业次之，共性类税负 11.25%，生态类税负 4.83%；差距最小的则为有色金属矿采选业，共性类税负 2.15%，生态类税负 1.32%。结合资源型企业税费构成占比图，资源型企业行业平均共性类税负 14.52%，生态类税负 1.16%。这主要是石油和天然气开采业高共性类税负及低生态类税负对资源行业税负水平造成的影响。若抛开石油天然气企业的影响，除石油和天然气开采业外资源型企业共性类税负 8.14%，生态类税负 3.63%。从生态类税费细分项目资源类、环境类、居民补偿类税负分析中：受资源税的直接影响，资源类税负远高于环境类与居民补偿类税负，其中，居民补

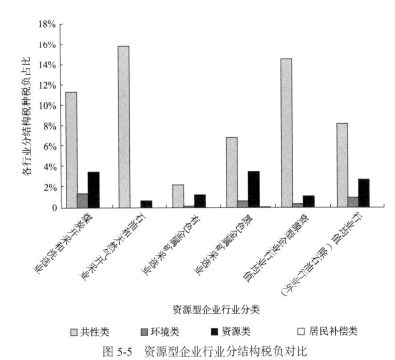

图 5-5　资源型企业行业分结构税负对比

煤炭开采和洗选业、石油和天然气开采业居民补偿类税费结构税负为 0；有色金属矿采选业居民补偿类费结构
税负为 0.002%；黑色金属矿采选业居民补偿类费结构税负为 0.04%；资源型企业行业均值居民补偿类税费结构
税负为 0.000 3%，行业均值（除石油行业外）居民补偿类税费结构税负为 0.002%

偿类税负受年报中税费信息披露的影响仅在少数企业年报中得到反映，直观反映出了资源型企业税费中对居民的生态类补偿额度低，居民所享受到的资源红利低。而在环境类与资源类税负对比分析中，资源类税负煤炭开采和选洗业 3.52%最高，黑色金属矿采选业 3.46%次之，石油和天然气开采业 0.64%最低，环境类税负在行业之间的变化趋势与资源类税负完全一致，煤炭开采和洗选业 1.31%最高，石油和天然气开采业 0.001%最低。可见，煤炭开采和洗选业中对资源、对环境的补偿税费均远高于其他子行业，生态类税负最重；相较煤炭开采和洗选业，有色金属以及黑色金属矿采选业生态类税负虽较低，但均达到共性类税负的二分之一水平，相对而言对资源环境的税费补偿处于行业较高水平。

　　结合资源型企业各税种税负表 5-11，共性类税费中又以所得税 26.41%、增值税 4.27%，消费税 8.60%影响最大，城建税 0.81%以及教育费附加 0.60%则是受高流转税负的影响，其他税费如营业税、印花税、城镇土地使用税对资源型企业税负影响水平较低；环境类税费中又主要以排污费 0.10%和水资源费 0.01%为主要影响税种，其中排污费作为环境保护税"平移"前身，2018 年 1 月 1 日正式征收环境保护税，排污费制度正式退出历史舞台。2018 年前排污费税负相较于其他共性类税费处于较低水平，远不足以弥补资源型企业造成的环境污染问题。而新的环境保护税以排污费的征收标准为税额下限，加重了企业税负，但其对环境污染的治理效果则需进一步考察分析。资源类税费中则主要以资源税 0.77%以及矿产资源补偿费 0.02%为主。2016 年 7 月 1 日我国全面推行了资源税改革，实行全面从价计征，矿产资源补偿费费率降为零。改革后的资源型企业生态类税费特别是资源类税负水平与改革设想清费立税、降低资源型企业税负、实现资源型企业税负公允是否具有一致性则需要进一步分析论证。

总的来说，在资源型企业税负中，共性类税负为影响资源型企业实际税负水平的主导因素，生态类税负中除有色金属和黑色金属矿采选业影响较大外，煤炭开采和洗选业特别是石油和天然气开采业影响程度最小。其中又以增值税、所得税、资源税为主要影响税种，其他生态类税费种类繁多，加重了资源型企业的实际税负，但总体而言对资源型企业总体税负水平影响程度较低。

3）资源型企业总税负

根据税负测度体系构建，对资源型企业三种总税负测度口径的分别测度，做出对所有样本资源型企业总税费负担水平的三种口径的详细列举（表 5-13）。

表 5-13　资源型企业总税收负担

行业	企业名称	补贴率	总税负			净税负		
			狭义总税负	广义总税负	延伸总税负	狭义净税负	广义净税负	延伸净税负
煤炭开采和洗选业	大同煤业	0.30%	18.27%	32.05%	32.05%	17.97%	31.75%	31.75%
	国投新集	0.34%	11.18%	17.32%	17.32%	10.85%	16.98%	16.98%
	恒源煤电	2.67%	13.71%	21.42%	21.42%	13.00%	20.71%	20.71%
	金瑞矿业	1.56%	25.73%	49.26%	49.26%	24.18%	47.71%	47.71%
	靖远煤电	0.12%	20.06%	30.80%	30.80%	19.95%	30.69%	30.69%
	兰花科创	0.54%	15.13%	28.61%	28.61%	14.59%	28.07%	28.07%
	潞安环能	0.09%	20.54%	42.84%	42.94%	20.48%	42.78%	42.88%
	露天煤业	0.04%	24.92%	25.31%	25.31%	24.88%	25.27%	25.27%
	煤气化	0.09%	17.35%	28.43%	31.29%	17.26%	28.34%	31.20%
	平煤股份	0.10%	13.32%	14.30%	14.30%	13.22%	14.20%	14.20%
	陕西煤业	0.40%	13.07%	13.91%	13.91%	12.73%	13.57%	13.57%
	西山煤电	0.19%	12.31%	16.73%	16.73%	12.12%	16.54%	16.54%
	新大洲	0.13%	15.18%	15.87%	15.87%	15.06%	15.75%	15.75%
	阳泉煤业	0.11%	11.52%	23.43%	23.43%	11.43%	23.33%	23.33%
	伊泰 B 股	0.23%	11.12%	11.29%	11.29%	10.90%	11.06%	11.06%
	永泰能源	0.08%	19.03%	19.75%	19.75%	18.95%	19.67%	19.67%
	郑州煤电	0.01%	4.65%	8.37%	8.37%	4.65%	8.36%	8.36%
	安源煤业	3.72%	6.30%	8.34%	8.34%	2.58%	4.62%	4.62%
	兖州煤业	0.27%	8.12%	9.71%	9.89%	8.86%	10.45%	10.62%
	盘江股份	0.38%	16.15%	19.37%	19.37%	15.76%	18.99%	18.99%

续表

行业	企业名称	补贴率	总税负			净税负		
			狭义总税负	广义总税负	延伸总税负	狭义净税负	广义净税负	延伸净税负
煤炭开采和洗选业	平庄能源	0.02%	20.01%	41.59%	64.35%	19.99%	41.58%	64.33%
	中煤能源	0.43%	9.89%	12.25%	12.31%	9.47%	11.82%	11.88%
	昊华能源	0.02%	8.69%	11.73%	92.65%	9.41%	12.46%	93.37%
	冀中能源	2.25%	13.86%	14.46%	14.46%	11.64%	12.24%	12.24%
	大有能源	0.01%	11.35%	23.79%	24.61%	11.35%	23.79%	24.60%
	中国神华	0.71%	20.66%	24.37%	24.38%	19.98%	23.69%	23.69%
	上海能源	0.04%	15.60%	19.35%	19.35%	15.55%	19.31%	19.31%
行业均值		0.52%	14.84%	18.72%	19.90%	14.50%	18.37%	19.56%
石油和天然气开采业	广汇能源	5.69%	12.05%	13.06%	14.45%	7.22%	8.23%	9.61%
	洲际油气	0.14%	35.04%	35.04%	35.04%	34.91%	34.91%	34.91%
	中国石化	0.25%	16.23%	16.26%	16.26%	16.15%	16.19%	16.19%
	中国石油	0.46%	18.34%	18.94%	18.94%	18.16%	18.76%	18.76%
行业均值		0.35%	17.20%	17.50%	17.50%	17.07%	17.37%	17.37%
有色金属矿采选业	驰宏锌锗	0.37%	6.30%	6.45%	7.85%	5.99%	6.14%	7.54%
	赤峰黄金	1.10%	9.43%	9.96%	9.96%	8.33%	8.87%	8.87%
	湖南黄金	0.51%	2.73%	3.71%	3.77%	2.21%	3.20%	3.25%
	建新矿业	0	29.34%	32.44%	32.44%	29.34%	32.44%	32.44%
	金钼股份	0.49%	5.08%	8.06%	8.06%	4.60%	7.58%	7.58%
	炼石有色	1.29%	34.97%	34.97%	34.97%	33.69%	33.69%	33.69%
	山东黄金	0.02%	1.61%	1.77%	1.77%	1.60%	1.76%	1.76%
	盛达矿业	0	39.29%	39.29%	39.29%	39.29%	39.29%	39.29%
	盛屯矿业	0.16%	2.98%	3.17%	3.72%	2.82%	3.01%	3.56%
	天山纺织	2.13%	0	0	0	0	0	0
	西部黄金	0.35%	1.74%	4.33%	8.79%	1.38%	3.97%	8.44%
	西部矿业	0.14%	1.27%	1.54%	1.66%	1.12%	1.40%	1.52%
	银泰资源	0.01%	32.79%	38.45%	38.45%	32.78%	38.44%	38.44%
	园城黄金	0	6.86%	6.86%	6.86%	6.86%	6.86%	6.86%
	中金黄金	0.11%	1.81%	1.88%	2.01%	1.71%	1.77%	1.91%
	中色股份	0.29%	1.88%	2.10%	2.10%	1.98%	2.20%	2.20%
	紫金矿业	0.25%	4.15%	4.47%	5.78%	3.91%	4.22%	5.54%
	ST 华泽	0.02%	0.80%	1.61%	1.61%	0.77%	1.59%	1.59%
	兴业矿业	0.06%	23.75%	24.13%	37.10%	23.69%	24.07%	37.04%
	洛阳钼业	1.08%	13.76%	16.51%	16.51%	12.69%	15.43%	15.43%
	广晟有色	0.91%	2.03%	2.26%	2.26%	1.25%	1.49%	1.49%
	中润资源	0	7.11%	7.12%	9.13%	7.93%	7.94%	9.95%
	西部资源	0.64%	6.02%	7.32%	7.32%	5.53%	6.83%	6.83%
	荣华实业	105.30%	9.64%	9.64%	9.64%	0	0	0
行业均值		0.23%	3.54%	3.98%	4.57%	3.36%	3.80%	4.38%

续表

行业	企业名称	补贴率	总税负			净税负		
			狭义总税负	广义总税负	延伸总税负	狭义净税负	广义净税负	延伸净税负
黑色金属矿采选业	宏达矿业	0.06%	13.14%	15.09%	15.28%	13.09%	15.03%	15.22%
	金岭矿业	1.03%	0	0	0.45%	0	0	0
	攀钢钒钛	0.35%	8.94%	10.12%	10.12%	8.60%	9.78%	9.78%
	西藏矿业	0.50%	8.42%	11.37%	11.37%	7.92%	10.87%	10.87%
	海南矿业	0.90%	28.80%	33.58%	33.58%	27.91%	32.68%	32.68%
	华联矿业	1.47%	10.87%	24.15%	26.92%	10.91%	24.19%	26.97%
	山东地矿	0.45%	37.96%	38.25%	38.25%	37.51%	37.81%	37.81%
	创新资源	28.51%	0	0	0	0	0	0
行业均值		0.42%	10.98%	12.85%	12.92%	10.61%	12.47%	12.55%
资源型企业行业均值		0.36%	16.13%	16.84%	17.01%	15.77%	16.48%	16.64%

　　注：（1）此处资源型企业狭义行业平均总税负与表 5-10 中各行业对比中有所差别，原因在于该行业总税负为 2015 年一年平均值，行业对比中为 3 年平均值

　　（2）总税负=（支付的各项税费－收到的税费返还）/营业总收入；补贴率=政府补助/营业总收入；净税负=总税负－补贴率

　　（3）天山纺织、金岭矿业、创新资源按照"支付的税费总额－收到的税费返还+应交税费期末余额－应交税费期初余额"计算当期缴纳实际税费总额为负，狭义总税费用 0 表示，广义总税负与延伸总税负存在同样的情况，也用 0 表示；荣华实业因当期政府补助为 105.30%，计算出狭义、广义、延伸净税负为负值，用 0 表示

　　（4）计算各行业的行业平均值时剔除了天山纺织、金岭矿业、创新资源、荣华实业

　　资料来源：作者根据资源型企业 2015 年年报数据整理

　　根据表 5-13 整理出以样本企业代表资源型企业子行业的行业间总税负水平，如表 5-14 以及图 5-6 所示。

表 5-14　采矿业总税收负担

行业	补贴率	总税负			净税负		
		狭义总税负	广义总税负	延伸总税负	狭义净税负	广义净税负	延伸净税负
煤炭开采和洗选业	0.52%	14.84%	18.72%	19.90%	14.50%	18.37%	19.56%
石油和天然气开采业	0.35%	17.20%	17.50%	17.50%	17.07%	17.37%	17.37%
有色金属矿采选业	0.23%	3.54%	3.98%	4.57%	3.36%	3.80%	4.38%
黑色金属矿采选业	0.42%	10.98%	12.85%	12.92%	10.61%	12.47%	12.55%
资源型企业行业均值	0.36%	16.13%	16.84%	17.01%	15.77%	16.48%	16.64%

　　注：生态类税负与共性类税负总和不等于总税负，原因在于按照重要性原则披露的各税种税费信息具有不完整性与不准确性，与现金流量表中所表示的"支付的税费总额"间存在明显差异

　　资料来源：作者根据样本企业 2015 年年报数据整理

　　由表 5-14 可知，从三个口径对资源型企业行业间的总税负分析中，资源型企业行业间税负水平差距均较大，其中石油和天然气开采业（17.20%，17.50%，

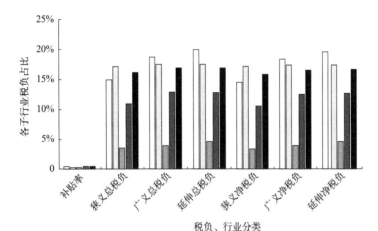

图 5-6　资源型企业总税负
资料来源：作者根据样本企业 2015 年年报数据整理

17.50%）[①]、煤炭开采和洗选业总税负（14.84%，18.72%，19.90%）较高，黑色金属矿采选业总税负（10.98%，12.85%，12.92%）次之，有色金属矿采选业总税负（3.54%，3.98%，4.57%）最低；补贴率最高的为煤炭开采和洗选业 0.52%，黑色金属矿采选业 0.42% 与之相近，最低为有色金属矿采选业 0.23%。补贴率的高低与税负水平高低相匹配，具有较高税费负担的企业所享受的补贴率也较高，表现出政府的税收优惠政策在资源型企业间得到了充分发挥。

　　图 5-6 直观反映了狭义、广义、延伸三种口径总税负的差异。与狭义总税负相比，广义总税负又主要受专项储备中矿山治理恢复基金的影响。除石油和天然气开采业差异较小，显示不明显外，煤炭开采和洗选业 3.88% 差异最为明显，黑色金属矿采选业 1.87% 次之。广义总税负与狭义总税负之间的差异直观反映出了矿山恢复治理效果，表明矿山环境治理恢复基金的返还率与狭义总税负和广义总税负之间的差额呈现出反向关系。可见，煤炭开采与洗选业、黑色金属矿采选业中矿山恢复治理效果远低于石油和天然气开采业以及有色金属矿采选业。企业以生态环境破坏作为经济效益获得的直接来源，以及政府层面对矿山恢复治理的监管不到位，直接导致了企业自愿实施治理的主观能动性较低，以及低水平的治理效果。延伸总税负中主要考虑了资源型企业当期缴纳的资源价款的影响，与广义总税负差距较小，广义与延伸总税负的差异对整个资源型企业行业的影响以煤炭开采和洗选业中 1.18% 的变化值为主，有色金属矿采选业 0.59% 次之。

---

　　① 三个数值依次为总税负中的狭义总税负、广义总税负、延伸总税负，其中石油和天然气开采业中广义总税负与延伸总税负数值一样，原因在于 2015 年石油和天然气开采业企业未发生矿业权占用费、矿业权出让收益。

结合表 5-11 各税种税负表，子行业中有色金属总税负水平最低，主要受最低增值税税负 1.11%影响，而黑色金属矿采选业的总税负水平较低，主要是受低所得税税负影响，总税负水平最高的为石油和天然气开采业（17.20%），主要是由于较高的消费税税负。可见，所得税、增值税等共性类税费是影响资源型企业税费负担的主要税种，包含资源税在内的生态类税费相较之于共性类税费而言，对资源型企业影响显著程度较小。虽然年报中对各项税费信息披露较少，在数据收集过程中存在一定的误差项，会对税负测度结果产生一定的抵减影响，但不可否认的是庞大繁杂的税费重复、累计征收势必加重资源型企业税费负担，而资源型企业低利润率、高税费负担水平直观表明资源型企业税负公允有待进一步提高。

图 5-7 中，资源型企业狭义总税费负担与税费净现金支出占比存在正相关关系，两个极端点为山东地矿公司（4.21%，37.96%）、创兴资源公司（43.88%，−3.25%）。山东地矿由于战略转型应交税费期末余额数值远高于当期支付的税费，当期现金流不充分，狭义短期总税负水平高。创兴资源当期支付的税费总额低于期末应交税费余额导致狭义短期总税负为负值，因矿业主业亏损，并购关联地产公司实现企业转型，故现金流出量大，与税负走向关系不明显。

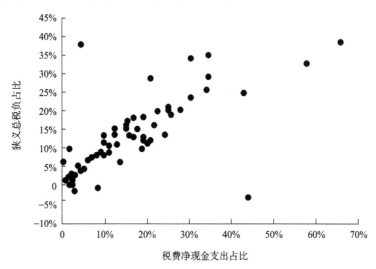

图 5-7　狭义总税负与税费现金净支出散点图
资料来源：作者根据资源型企业 2015 年年报数据整理

5.3.3　资源型企业税负水平分区域比较

表 5-15 与表 5-16 按地区列示了资源型企业分税种以及总税负情况。其中

东部 24 家，西部 23 家，中部 16 家。分地区总税负表 5-16 中，各区域的总税负水平之间差异较大。其中东部总税负分别为 16.47%、16.98%、17.13%，相比其他区域，东部区域狭义总税负最高，广义、延伸口径总税负次之；中部地区总税负分别为 12.72%、19.71%、19.80%，相比其他区域，中部地区广义、延伸总税负最高，狭义总税负次之；西部地区总税负分别为 9.29%、10.63%、11.26%，各项值均最低；与总税负高低走势相反的是西部地区补贴率 0.46%最高，中部 0.43%次之，东部 0.36%最低。东、西、中部补贴率与总税负呈反向趋势，主要受西部大开发中政府所给出的诸如所得税 15%的税收优惠政策以及地方政府的补贴等优惠的影响。

表 5-15　分地区资源型企业税种税负比较

区域	共性类	生态类			
		环境类	资源类	居民类	合计
东部	14.93%	0.08%	0.87%	0.00	0.96%
西部	6.98%	1.06%	2.42%	0.00	3.49%
中部	9.67%	2.13%	3.00%	0.00	5.12%

注：（1）公司地区以注册地为准，地区分类按照 1997 年全国人大八届五次会议划分
（2）表中"0.00"表示数据取值过小，在两位小数内无法显示
（3）生态类税负的合计项根据未保留两位小数的原始数据计算得出
资料来源：作者根据 2015 年资源型上市公司年报整理

表 5-16　分地区资源型企业总税负比较

区域	补贴率	总税负			净税负		
		狭义	广义	延伸	狭义	广义	延伸
东部	0.36%	16.47%	16.98%	17.13%	16.33%	16.84%	16.99%
西部	0.46%	9.29%	10.63%	11.26%	8.88%	10.22%	10.84%
中部	0.43%	12.72%	19.71%	19.80%	12.37%	19.36%	19.45%

资料来源：作者根据 2015 年资源型上市公司年报整理

结合分地区税种税负表 5-15，东、西、中部总税负差异又主要受共性类税负的影响，东部 14.93%最高，中部 9.67%次之，西部 6.98%最低，其中东部主要受中石油、中石化、洲际油气三家石油和天然气开采企业中高消费税的影响。而生态类税负中，生态类总税负最高为中部 5.12%，西部 3.49%次之，东部 0.96%最低，环境类税负、资源类税负与生态类总税负趋势一致，就其根本原因在于中西部拥有大量的矿产资源，而东部处于沿海地区，金融业相对发达，矿产资源相对短缺，故东部主要输出精加工、深加工的制成品，而中、西部则主要输出资源的初级加工品，直接开采资源，因此中西部的生态类税负较重；中部矿产资源占有量处于首位，直接导致受矿山治理恢复基金以及资源价款（矿产资源权益金与矿业权占用费的统称）

影响的中部地区广义税负以及延伸税负相对于狭义总税负的变化量（6.99%，7.08%）①远高于东部地区（0.51%，0.66%），生态类税负最重。

5.3.4 资源型企业税负水平分所有权性质比较

表 5-17 与表 5-18 按所有权性质列示了资源型企业税种税负以及总税负情况，地方国企 29 家，民营企业 22 家，中央国企 11 家，其中洲际油气属于境外机构不予讨论。总税负最高的为地方国企（16.30%，16.84%，17.00%），中央国企（14.80%，17.63%，17.80%）次之，民营企业（11.67%，12.54%，12.93%）最低。与之相反的是，总税负最低的民营企业拥有最高的政府补贴率 0.67%，中央国企补贴率（0.52%）次之，地方国企（0.35%）最低。补贴率差异源于各地方政府为了留住民营企业，吸引更多的投资者，纷纷出台的税收优惠政策以及财政补贴政策。同时政府的各项补贴政策对民营企业实际净税负水平也产生直接影响，民营企业实际净税负水平亦处于最低水平。

表 5-17　资源型企业分所有权性质税种税负比较

性质	共性类	生态类			
		环境类	资源类	居民类	合计
地方国企	15.23%	0.01%	0.66%	0.00	0.67%
民营企业	6.19%	0.28%	2.29%	0.00	2.57%
中央国企	15.61%	0.00	0.64%	0.00	0.64%

注：表中"0.00"表示数据取值过小，在两位小数内无法显示
资料来源：作者根据 2015 年资源型上市公司年报整理

表 5-18　资源型企业分所有权性质总税负比较

性质	补贴率	总税负			净税负		
		狭义	广义	延伸	狭义	广义	延伸
地方国企	0.35%	16.30%	16.84%	17.00%	16.17%	16.71%	16.88%
民营企业	0.67%	11.67%	12.54%	12.93%	11.10%	11.96%	12.33%
中央国企	0.52%	14.80%	17.63%	17.80%	14.32%	17.15%	17.30%

资料来源：作者根据 2015 年资源型上市公司年报整理

根据表 5-17，三种性质的资源型企业受共性类税负影响均较大，其中地方国企与中央国企之间差异不明显，而民营企业与国企之间差异显著。除共性类税负外，不同形式的生态类税费在不同性质的企业之间的表现与共性类税费相

---

① 总税负变化量中：广义总税负变化量=广义总税负-狭义总税负；延伸总税负变化量=延伸总税负-狭义总税负，也即是用（广义总税负变化量，延伸总税负变化量）表示。

似，均呈现出地方国企与中央国企差异不明显，民营企业与国企之间差异巨大，其中民营企业受生态类税负（2.57%）的影响最为明显，远高于中央国企（0.64%）与地方国企（0.67%）。民营企业矿山开采量大，在一定程度上过度开采矿山，使得企业经济效益得到提高，故按开采量、营业收入计提的生态类税负高；差异明显的各口径的总税负水平则间接反映出民营企业为了更高的经济效益而对矿山恢复治理的不重视，矿山环境治理恢复基金返还率低，导致了企业较高的广义、延伸总税负水平。

5.4 资源型企业税负水平评析

以资源型企业税负横向对比结果作为资源型企业税负水平现状分析的依据，得到如下结论。

（1）资源型企业税负不仅高于国外同行业，亦远高于国内其他行业。相较于国外同行业与国内不同行业，中国资源型企业税负水平高，主要体现在两点：一是税费种类繁多。国外资源型企业税费主要以所得税、权利金、销售税为主，其他生态类税费或有涉及，但种类较少、征收使用效果良好；而国内其他行业除共性类税费外，极少涉及资源类、居民补偿类税费的缴纳，且由于资源型企业的行业特殊性，对环境类税费的缴纳量远多于非资源型企业。二是税费缴纳量。从 2015 年资源型企业税费水平的国际与行业间对比，中国资源型企业狭义总税负 16.13%高于国际平均水平（12.06%），也高于除金融业、水利等少部分行业以外的其他行业。

（2）资源型企业共性类税副作用明显，生态类税费影响小。由样本企业数据分析，从资源型企业税费构成占比以及资源型企业分税种税负水平分析可见，资源型企业共性类税费税负水平高对资源型企业有绝对影响力，其中尤以所得税与增值税为主，石油和天然气开采业中又包含消费税；生态类税费中，煤炭开采和洗选业税负水平最高，但与共性类税费相比较来看，有色金属与黑色金属矿采选业生态类税费影响最大，影响税种中又以资源类税费影响为主。

（3）资源型企业内部税负水平差异明显。从单个样本公司到以样本公司代表行业整体的双层面分析对比中，资源型企业税负差距明显。从行业整体看，石油和天然气开采业狭义总税负（17.20%）水平最高，将矿山环境治理恢复基金与资源价款均计入税费总和中，煤炭开采与洗选业税负水平最高。

（4）资源型企业分区域、股权性质税负水平差异明显。从资源型企业东、西、中部的地域对比分析中得出：东部地区总税负水平最高，但生态类税负最低。西部地区总税负水平最低。而中部地区由于资源的集中，生态类税费负担水平最高。分区域所有权性质的比较中，地方国企与中央国企税负水平差距较小，民营企业总税负水平最低，但生态类税负最高。可见，资源型企业税负水平受地域与企业性质的影响亦较大，税负水平在不同区域与不同性质的企业间缺乏税负公允性。

中国资源型企业税负主要影响因素在于共性类税负水平之间的差异，而生态类税负影响较小，但生态类税费下属分类中的环境类、资源类与居民补偿类税费在行业之间差异明显。其中居民补偿类税费仅占非常小的比例，资源类与环境类税负对煤炭开采和洗选业、黑色金属矿采选业影响最大。而从企业对资源开发与利用的角度分析，生态类税费的使用又仅在非常小的程度上对生态治理产生作用。企业缴纳低水平的生态类税费与生态类税费在实际治理中的低利用率，表现为资源型企业生态类税负与资源开发的不对等，亦是资源型企业税负不公允的直接反映。

第6章 生态类税费与资源型企业生态治理效应

税负公允不仅体现于税负水平的高低，更在于税费的使用，即税费的利益调节效应。开征生态类税费的主要目的在于平衡企业经济利益与生态利益，倒逼企业履行生态治理义务，进行足额生态补偿。本章旨在通过生态类税负与企业生态治理效应的实证检验，探究当前中国资源型企业的生态类税费是否实现了征收与使用的公允；并以矿山环境治理恢复保证金为例，分析生态类税费使用效应不显著的内在原因。

6.1 资源型企业生态治理

开征生态类税费的主要目的在于约束企业污染物排放、激励企业履行生态治理责任，但实际上中国资源型企业税费政策的生态治理效应如何？图 6-1 展示了 2007~2014 年全国矿业税收与矿山环境恢复治理面积的变化趋势。可以看出，在整体上，矿山环境恢复治理面积随矿业税收增加（减少）而增加（减少）。但该趋势未将企业缴纳的各项行政性规费纳入考量，并且未单独考察生态类税费（环境类税费、资源类税费）的生态治理效应。因此本节采纳第五章测算的资源型企业税负水平，以煤炭上市公司为例①，研究生态类税

---

① 煤炭开采产生的生态问题较为典型，并且不同行业的主要生态治理目标、生态类税费与生态治理信息披露侧重点存在差异，为保证研究同质性，选取煤炭企业作为研究对象。在本章研究的四个矿产行业（煤炭开采与洗选业、石油和天然气开采业、黑色金属矿采选业、有色金属矿采选业）中，2014 年全国煤炭开采与洗选业的工业二氧化硫排放量、工业氮氧化物排放量、工业烟（粉）尘排放量、工业废水排放量、化学需氧量排放量、氨氮排放量、一般工业固体废物倾倒丢弃量均占四个行业总排放量（丢弃量）的 50%以上。同时，煤炭开采还会产生土地塌陷、环境破坏、矿区居民利益冲突等问题。具体参见中华人民共和国国家统计局. 环境统计数据 2014. http://www.stats.gov.cn/ztjc/ztsj/hjtjzl/，2016-08-31。

负对企业生态治理效应的影响。

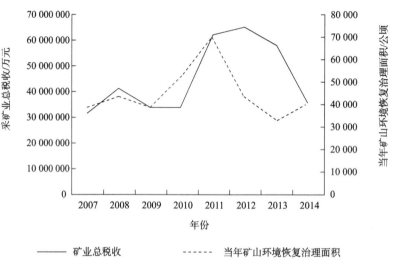

图 6-1　2007~2014 年全国矿业税收与矿山环境恢复治理面积的变化趋势

资料来源：根据 2008~2015 年《中国税务年鉴》、2008~2011 年《中国国土资源年鉴》、2012~2013 年《中国矿业年鉴》、2014~2015 年《中国环境统计年鉴》整理所得

6.1.1　资源型企业生态治理目标

　　环境治理与节能减排是矿产资源开采过程中的两大主要生态问题。煤炭开采的生态问题表现为对土地的破坏和对水、大气环境的污染[①]，因此煤炭企业的环境治理目标主要分为土地复垦与植被恢复，节能减排目标主要分为二氧化硫（SO_2）、氮氧化物（NO_x）减排、化学需氧量（chemical oxygen demand，COD）减排、烟粉尘减排、能源节约、资源节约。根据对企业和生态的影响程度，将以上目标划分为如图 6-2 所示。

　　根据图 6-2，生态治理目标对煤炭企业发展的影响程度按照时间范围分为短期影响、中期影响、长期影响，对生态的影响程度按照"资源—环境—居民"的次序逐级加大。煤炭企业的初级生态治理目标为能源节约、资源节约与减排，中级生态治理目标为土地复垦与植被恢复，高级生态治理目标为居民补偿与红利共享。减排、资源与能源的节约是企业短期即可实现的目标，但能源节约归根结底是对自然资源的节约，二氧化硫、氮氧化物、化学需氧量、烟粉尘的减排是为了

---

　　① 据国家统计局统计，2013 年煤炭开采和洗选业废水排放量为 14.3 亿吨，占全国总工业废水排放量的 6.8%；每年煤炭开采产生的瓦斯为 70 亿~90 亿立方米，约占全球瓦斯总量的 1/3。具体参见：穹顶之下煤炭之殇——我国煤炭生产消费与环保的影响研究. http://www.czlzst.com/tjdxfgxw1552.asp，2015-03-06.

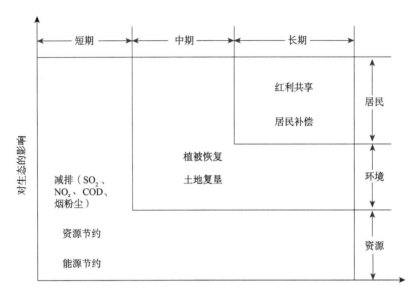

图 6-2　煤炭企业生态治理目标层级

减少对大气环境的影响，因此三者属于生态治理目标。土地复垦与植被恢复是对矿山环境的治理与生态系统基本功能的修复，土地复垦是植被恢复的基础；但二者企业短期内无法实现，往往需要伴随矿山开采进行阶段性治理，因此属于中级生态治理目标。矿区居民是资源使用与环境破坏的直接利益相关者，矿区居民利益是矿产资源开发中人与自然矛盾的集中体现，企业对矿区居民的生态责任应当分为居民补偿与红利共享两个层次，居民补偿是因征用矿区居民土地所进行的补偿，在税前扣除；红利共享体现矿区居民对资源开发所享有的权利，在税后扣除，二者贯穿矿山开采整个期间，并且影响企业的长期发展，因此属于高级生态治理目标。

　　为探究煤炭企业生态治理效应，通过手工查阅 2007~2015 年煤炭开采与洗选业上市公司社会责任报告、可持续发展报告、环境责任书，结合公司官网信息披露与《矿山生态环境保护与恢复治理技术规范（试行）》[1]，首先将煤炭企业生态治理目标划分为具体目标，以便观测企业的生态治理效应。具体目标如表 6-1 所示。

---

① 中华人民共和国环境保护部. 关于发布《矿山生态环境保护与恢复治理技术规范（试行）》等两项国家环境保护标准的公告. http://www.mee.gov.cn/gkml/hbb/bgg/201307/t20130729_256494.htm，2013-07-23.

表 6-1 煤炭企业生态治理具体目标

第一层级	第二层级	第三层级	具体目标
初级	能源节约	综合能耗	能源消费总量、能源节约量、万元产值综合能耗、原煤生产综合能耗、原煤生产节能、洗选煤能耗、产品单耗节能量、技术节能量
		节电	吨煤电耗、节电量
	资源节约	节煤	采区回收率、井区矿采区回采率、露天采矿区回采率、煤炭入洗率、标煤节约量、锅炉燃煤减少量
		节水	（原煤生产）节水量、节水比例、工业产值取水量
	减排	SO_2 减排	SO_2 排放量、SO_2 减排量、SO_2 排放密度、SO_2 排放强度
		NO_x 减排	NO_x 排放量、NO_x 减排量、NO_x 排放密度、NO_x 排放强度
		CO_2 减排	CO_2 排放量、CO_2 减排量、CO_2 排放密度、CO_2 排放强度
		烟粉尘减排	烟粉尘排放量、烟粉尘减排量、烟粉尘排放密度、烟粉尘排放强度
		废水排放	COD 排放量、COD 减排量、COD 排放密度、COD 排放强度、氨氮排放量、氨氮减排量、氨氮排放密度、氨氮排放强度、水处理量、废水产生量、废水排放量、污水治理量、污水回用量、矿井水产生量、矿井水回用量（率）、矿井水处理量、矿井水利用量（率）、矿井水排放量、矿井水综合利用率
		固体废物排放	工业固体废物产生量、工业固体废物处置量、工业固体废物利用量、工业固体废物综合利用率、煤矸石排放量、煤矸石处理量、煤矸石利用量、煤矸石综合利用率、固体废物利用率
中级	土地复垦	总复垦	生态恢复治理面积、复垦治理面积
		排土场复垦	排土场覆土面积、覆土量
		露天采场复垦	露天采场覆土面积、覆土量
		尾矿库复垦	
		沉陷区恢复	塌陷区治理面积
		矸石场恢复	矸石山治理面积、矸石山绿化面积
	植被恢复	矿区绿化	新增绿地面积、绿化覆盖率、绿色植被量
高级	居民补偿	搬迁补偿	搬迁费用
	红利共享	—	

资料来源：根据 2007~2015 年煤炭开采与洗选业上市公司社会责任报告、可持续发展报告、环境责任书、《矿山生态环境保护与恢复治理技术规范（试行）》整理

6.1.2 资源型企业生态类税费的生态治理效应

1. 模型构建

1）被解释变量

由于 2007~2015 年煤炭开采和洗选业上市公司中没有企业披露红利分享，仅 1 家企业披露居民补偿相关数据，因此选择能源节约、减排、土地复垦、植被恢

复作为生态治理效应指标。出于数据可获得性，将万元综合能耗作为能源节约的替代变量，采区回采率作为土地复垦的替代变量，新增绿地面积作为植被恢复的替代变量。在减排指标选取中，根据煤炭开采对大气、水、土地的污染情况，分别选取 SO_2 排放量、COD 排放量、煤矸石排放量作为替代变量。

2）解释变量

解释变量为公司税负水平（tax rate，TR）。本章将依次考察公司总税负、生态类税负（ecological TR）、环境类税负（environmental TR）、资源类税负（resource TR）的生态治理效应，并选取矿山环境治理恢复保证金（bond）和资源税（royalty）等主要单项税费为代表，进一步探究环境类税费与资源类税费政策对企业生态治理的影响。

3）控制变量

本章以公司规模为主要控制变量。

具体指标说明与计算如表 6-2 所示。

表 6-2　变量说明表

变量类型	变量名称	变量说明
被解释变量	energy	能源节约=万元综合能耗
	coal	资源节约=采区回采率
	emission	废气排放（SO_2）：SO_2 排放量； 废水排放（COD）：COD 排放量； 固体废物排放（refuses）：煤矸石综合利用率
	reclamation	矿山治理=矿山治理面积/矿山环境治理恢复保证金
	vegetation	植被恢复=新增绿地面积
解释变量	ecological TR	生态类税负
	environmental TR	环境类税负
	resource TR	资源类税负
	emission fee	排污费/营业收入
	bond	矿山环境治理恢复保证金/营业收入
	royalty	（资源税+矿产资源补偿费）/营业收入
	resource tax	资源税/营业收入
	rights	采、探矿权价款本期增加/营业收入
控制变量	size	企业规模=ln（总资产）

2. 样本选择与数据来源

本章样本来源为 2007~2015 年的资源型上市公司（见第 5 章）。通过手工翻阅煤炭开采和洗选业上市公司社会责任报告、可持续发展报告、环境责任报告，提取生态治理效应数据，共得到 243 个"公司-年"数据；通过手工提取资源型上市公司 2015 年年报中相关数据，得到税负数据。但由于生态治理效应信息披露不规范、企业间披露差异与年度披露差异大，原始样本量过小，无法达到回归条件，因此在不同的生态治理效应中以该治理目标的有效披露（集团总数据而非个别公司数据）为前提，采用 Bootstrap 法，将样本量扩大为 100 个观测值。

3. 描述性统计

变量描述性统计结果如表 6-3 所示。2007~2015 年中国煤炭开采和洗选业上市公司的生态类税负差异明显。样本的 ecological TR 均值为 5.84%，其中，最小值为 0.58%，最大值为 201.94%[①]；environmental TR 均值为 2.17%，部分企业未披露环境类税费信息，而 environmental TR 最大值为 129.22%。resource TR 均值为 3.67%，并在（0.28%，82.03%）的范围内分布。

表 6-3 变量描述性统计结果

变量	样本量	均值	标准差	最小值	最大值
ecological TR	147	0.058 4	0.179 2	0.005 8	2.019 4
environmental TR	147	0.021 7	0.107 5	0.000 0	1.292 2
resource TR	147	0.036 7	0.091 6	0.002 8	0.820 3
royalty	133	0.017 0	0.040 4	0.000 5	0.457 9
resource tax	146	0.012 7	0.030 9	0.000 1	0.350 2
rights	125	0.017 3	0.077 2	0.000 0	0.809 1
emission fee	59	0.002 0	0.005 7	0.000 0	0.043 7
bond	102	0.027 3	0.123 1	0.000 0	1.237 4
energy	27	1.353 0	1.733 2	0.060 0	8.580 0
coal	20	0.892 8	0.042 4	0.811 7	0.940 0
SO$_2$	27	23 572.170 0	49 811.250 0	805.680 0	191 000.000 0
COD	28	325.164 6	346.294 2	0.000 0	1 079.000 0
refuses	37	0.844 8	0.151 4	0.340 0	1.000 0
reclamation	18	12.803 3	1.149 9	9.725 1	14.667 7
vegetation	17	13.544 1	1.785 0	11.519 9	17.037 3
size	147	23.738 5	23.578 8	1.131 3	20.913 9

资源类税费的主要税费中，样本公司 resource tax 均值为 1.27%，royalty 均值为 1.70%，并与 resource tax 披露企业相比减少了 13 家，原因在于 2014 年 12 月煤炭资源税改革后矿产资源补偿费的取消。与资源税费相比，环境类税费中的主要税费披

[①] 税负超过 100% 的原因在于生态类税费的计算口径中，部分税费由于数据可获取性，采用的是期末余额而非本期变动额来衡量（具体见第 5 章）。

露观测量较少。作为遏制企业污染的主要税费，2007~2015 年仅 59 个观测值披露了排污费（emission fee）。emission fee 均值为 0.20%，bond 均值为 2.73%。

生态治理效应方面，由于缺乏统一的生态治理信息披露标准，企业间披露差异巨大。在第一层级的生态治理目标中，样本企业的 energy 均值为 135.30%，标准差为 173.32%，企业间差异较大；coal 均值为 89.28%，说明样本企业的采区回采率普遍较高。reclamation、vegetation 样本量较少，说明煤炭开采和洗选公司矿山生态治理的披露意识较为缺乏。

4. 回归结果分析

1）能源节约效应

2007~2015 年所有 27 家煤炭开采和洗选业上市公司、243 个"公司-年"样本中，同时披露生态类税费、环境类税费、资源类税费、万元综合能耗的观测值有27 个，将样本量扩大至 200 个后进行回归，得到如表 6-4 所示的回归结果。

表 6-4　税费与 energy 回归结果

变量	energy（1）	energy（2）	energy（3）
ecological TR	−27.366 2 （−1.17）	—	—
resource TR	—	−28.035 5* （−1.68）	—
environmental TR	—	—	−61.556 9 （−1.19）
size	−0.133 6 （−0.39）	−0.071 9 （−0.20）	−0.265 1 （−0.63）
_cons	5.478 3 （0.62）	3.778 9 （0.41）	8.352 0 （0.77）
N	200	200	200
Adj. R^2	0.025 7	0.004 2	−0.025 0

*表示 0.1 的显著性水平

注："（）"中为 z 值，即标准分数

由表 6-4 可得，ecological TR、resource TR、environmental TR 与 energy 均呈负相关，但仅有 resource TR 与 energy 的负相关关系显著（$p < 0.1$），说明生态类税费与环境类税费对公司的能源节约效应没有显著影响，资源类税费的征收有助于企业降低综合能耗，节约能源。

2）资源节约效应

促进公司进行资源节约的主要税费为资源类税费，其中，资源税（包含已经取消的矿产资源补偿费）是中国最主要的资源类税费，矿业权价款（包括探矿权价款与采矿权价款）是矿产资源的经济价值体现。因此该部分主要分析资源类税费及资源税、矿业权价款对公司资源节约效应的影响。2007~2015 年所有 27 家煤炭开采和洗选业上市公司、243 个"公司-年"样本中，同时披露生态类税费、环境类税费、资源类税费、资源税（矿产资源补偿费）、采区回采率的观测值有 20 个，同时披露矿业权价款本期增加与采区回采率的观测值为 18 个，将样本量扩大至 200 个后进行回归，得到如表 6-5 所示的回归结果。

表 6-5　税费与 coal 回归结果

变量	coal（1）	coal（2）	coal（3）	coal（4）	coal（5）	coal（6）
ecological TR	−2.718 0*** (−2.86)	—	—	—	—	—
resource TR	—	−2.751 6*** (−3.42)	—	—	—	—
environmental TR	—	—	11.035 6 (1.48)	—	—	—
royalty	—	—	—	3.964 1 (1.57)	—	—
resource tax	—	—	—	—	3.860 1 (0.70)	—
rights	—	—	—	—	—	−3.733 6*** (−2.72)
size	−0.013 8** (−2.44)	−0.015 8*** (−3.45)	−0.028 0*** (−3.71)	−0.024 2*** (−2.89)	−0.025 3*** (−3.45)	−0.019 3*** (−3.58)
_cons	1.294 4*** (9.24)	1.340 5*** (11.54)	1.577 5*** (8.89)	1.468 8*** (7.63)	1.511 2*** (8.64)	1.404 5*** (9.82)
N	200	200	200	200	200	200
Adj. R^2	0.668 6	0.711 5	0.338 9	0.300 8	0.346 3	0.688 5

、*分别表示 0.05、0.01 的显著性水平

注："（）"中为 z 值

根据表 6-5，ecological TR 与 coal 在 0.01 的水平上呈负相关，相关系数为−2.718 0，说明生态类税负越高，企业的采区回采率反而越低，生态类税负水平的提高不利于企业进行资源节约。将生态类税负分为资源类税负与环境类税负，与 coal 分别进行回归发现，resource TR 与 coal 呈负相关，相关系数为−2.751 6（$p < 0.01$），environmental TR 与 coal 的负相关关系在统计上不显著，说明资源类税负是影响采区回采率的主要因素。为进一步探究资源类税费中具体影响采区回采率的关键税费，选取 royalty（资源税与矿产资源补偿费）、resource tax（资源税）、rights（矿业权价款）分别与 coal 回归发现，royalty、resource tax 与 coal 均为正相关，但统计上不显著，而 rights 与 coal 的相关系数为−3.733 6（$p <$

0.01）。说明影响采区回采率的主要税费为矿业权价款，而矿业权价款的增加会导致采区回采率降低。

　　3）减排效应

　　（1）废气减排效应。约束企业排污量的税费主要为环境类税费，其中排污费是当前中国最主要的限制企业向外部环境排放污染物的税费。2007~2015年所有 27 家煤炭开采和洗选业上市公司、243 个"公司-年"样本中，同时披露生态类税费、环境类税费、资源类税费、SO_2 排放量的观测量为 27 个，同时披露排污费与 SO_2 排放量的样本量为 16 个，通过 Bootstrap 法将样本量扩大到 200 个后的回归结果如表 6-6 所示。

表 6-6　税费与 SO_2 回归结果

变量	SO_2（1）	SO_2（2）	SO_2（3）	SO_2（4）
ecological TR	−359 795.300 0 （−0.78）	—	—	—
resource TR	—	−1 299 460.000 0 （−1.53）	—	—
environmental TR	—	—	1 544 501.000 0** （2.15）	—
emission fee	—	—	—	−2 963 452.000 0* （−1.71）
size	25 641.340 0*** （3.02）	29 231.750 0*** （2.89）	34 936.480 0*** （2.80）	3 329.574 0*** （8.03）
_cons	−607 010.000 0*** （−2.99）	−684 542.800 0 （−2.88）	−860 786.200 0*** （−2.77）	−73 043.570 0*** （−7.08）
N	200	200	200	200
Adj. R^2	0.376 8	0.447 1	0.429 3	0.672 8

*、**、***分别表示 0.1、0.05、0.01 的显著性水平

注："（ ）"中为 z 值

　　根据表 6-6，ecological TR、resource TR 对 SO_2 并无显著影响，environmental TR 与 SO_2 呈正相关，相关系数为 1 544 501.000 0，并在 $p < 0.05$ 的水平上显著，说明环境类税负的提高会导致企业排放更多的 SO_2。但 emission fee 与 SO_2 呈负相关，相关系数为 −2 963 452.000 0（$p < 0.1$），说明排污费的征收有利于 SO_2 的减排。有可能环境类税负中其他税费抵消甚至扭转了 emission fee 对 SO_2 减排的正向作用。

　　（2）污水减排效应。2007~2015 年所有 27 家煤炭开采和洗选业上市公司、243 个"公司-年"样本中，同时披露生态类税费、环境类税费、资源类税费、COD 排放量的观测量为 28 个，同时披露排污费和 COD 排放量的观测量为

19个。通过Bootstrap法将样本量扩大到200个后的回归结果如表6-7所示。由表6-7可知，只有environmental TR与COD在统计上显著（$p<0.1$），相关系数为10 466.090 0，说明环境类税负的增加会导致企业COD排放量的增加，企业废水治理效应降低。

表6-7　税费与COD回归结果

变量	COD（1）	COD（2）	COD（3）	COD（4）
ecological TR	3 149.64 （0.76）	—	—	—
resource TR	—	−1 497.730 0 （−0.27）	—	—
environmental TR	—	—	10 466.090 0* （2.76）	—
emission fee	—	—	—	95 883.870 0 （0.90）
size	212.808 7*** （4.18）	203.835 7*** （4.07）	262.740 5*** （3.93）	309.940 3*** （4.84）
_cons	−4 957.135 0 （−3.89）	−4 631.194 0*** （−3.90）	−6 197.460 0*** （−3.69）	−7 316.770 0*** （−4.57）
N	200	200	200	200
Adj. R^2	0.424 0	0.413 4	0.467 5	0.597 3

*、***分别表示0.1、0.001的显著性水平

注："（）"中为z值

（3）固体废物减排效应。2007~2015年所有27家煤炭开采和洗选业上市公司、243个"公司-年"样本中，同时披露生态类税费、环境类税费、资源类税费、煤矸石利用率的观测量为34个，同时披露排污费和煤矸石利用率的观测量为16个。通过Bootstrap法将样本量扩大到200个后的回归结果如表6-8所示。回归结果显示，ecological TR、resource TR、environmental TR与refuses呈正相关，emission fee与refuses呈负相关，但均在统计上不显著。由此可见，企业的生态类税负、资源类税负、环境类税负与排污费负担水平的高低与企业固体废物的利用率无显著影响。

表6-8　税费与refuses回归结果

变量	refuses（1）	refuses（2）	refuses（3）	refuses（3）
ecological TR	1.852 0 （1.53）	—	—	—
resource TR	—	1.477 5 （1.20）	—	—
environmental TR	—	—	3.844 1 （1.36）	—

续表

变量	refuses（1）	refuses（2）	refuses（3）	refuses（3）
emission fee	—	—	—	−31.226 4 （−0.46）
size	0.087 4*** （5.30）	0.079 2*** （5.20）	0.101 4*** （4.51）	0.092 2* （1.89）
_cons	−1.358 9*** （−3.23）	−1.132 9*** （−2.94）	−1.678 8*** （−2.90）	−1.442 8 （−0.96）
N	200	200	200	200
Adj. R^2	0.213 8	0.182 1	0.214 0	0.279 7

*、***分别表示 0.1、0.001 的显著性水平

注："（）"中为 z 值

4）土地复垦效应

在 2007~2015 年所有 27 家煤炭开采和洗选业上市公司、243 个"公司–年"样本中，同时披露生态类税费、环境类税费、资源类税费与矿山治理面积的仅有 18 个观测量，同时披露了矿山环境治理恢复保证金与矿山治理面积的有 12 个。采用 Bootstrap 法，将样本量扩大为 200 个观测值，回归结果如表 6-9 所示。ecological TR、resource TR、environmental TR、bond 与 reclamation 均为负相关，但在统计上均不显著。说明生态类税负、资源类税负、环境类税负、矿山治理恢复保证金负担水平对企业的土地复垦效应并无显著影响。

表 6-9　税费与 reclamation 回归结果

变量	reclamation（1）	reclamation（2）	reclamation（3）	reclamation（4）
ecological TR	−20.459 5 （−1.13）	—	—	—
resource TR	—	−33.409 9 （−1.36）	—	—
environmental TR	—	—	−11.636 4 （−0.61）	—
bond	—	—	—	−4.878 3 （−0.11）
size	−0.267 4 （−1.10）	−0.257 6 （−1.10）	−0.222 9 （−0.84）	−0.097 3 （−0.13）
_cons	20.067 7*** （3.18）	19.965 2*** （3.30）	18.289 4*** （2.87）	15.105 9 （0.82）
N	200	200	200	200
Adj. R^2	0.102 8	0.149 6	−0.063 8	−0.218 2

***表示 0.001 的显著性水平

注："（）"中为 z 值

5）植被恢复效应

在 2007~2015 年所有 27 家煤炭开采和洗选业上市公司、243 个"公司–年"样本中，同时披露生态类税费、环境类税费、资源类税费与新增绿地面积的仅有 17个观测量，同时披露了矿山环境治理恢复保证金与矿山治理面积的有 12 个。采用Bootstrap 法，将样本量扩大为 200 个观测值，回归结果如表 6-10 所示。

表 6-10　税费与 vegetation 回归结果

变量	vegetation（1）	vegetation（2）	vegetation（3）
ecological TR	−5.988 3 （−0.31）	—	—
resource TR	—	−35.974 9 （−1.16）	—
environmental TR	—	—	38.265 4* （1.73）
size	1.019 2* （1.86）	1.007 8*** （2.76）	1.337 7*** （2.76）
_cons	−11.201 6*** （−0.83）	−10.365 7 （−1.16）	−19.982 2* （−1.69）
N	200	200	200
Adj. R^2	0.501 5	0.588 7	0.557 5

*、***分别表示 0.1、0.001 的显著性水平

注："（ ）"中为 z 值

根据表 6-10，ecological TR、resource TR 与 vegetation 负相关，但在统计上不显著，environmental TR 与 vegetation 正相关，相关系数为 38.265 4（$p < 0.1$），说明环境类税负对企业的植被恢复效应具有显著的正向影响，即环境类税负越高，企业的植被恢复面积越大，植被恢复效应越好。

5. 煤炭企业税费与生态治理效应总结

表 6-11 为生态类税负与生态治理效应替代变量的回归结果总结。通过实证检验发现，中国煤炭企业现阶段整体的生态类税负水平不仅对企业的生态治理效应（能源节约效应、减排效应、土地复垦效应、植被恢复效应）无显著影响，反而会降低企业的资源节约效应，不利于煤炭企业的长期、可持续发展。将生态类税负分为资源类税负和环境类税负的实证结果显示，资源类税费仅对能源节约效应具有促进作用，与企业的减排效应、土地复垦效应、植被恢复效应并无显著相关关系，甚至会遏制企业的资源节约效应，并且资源节约效应受到限制的主要原因在于矿业权价款负担水平；而环境类税费仅能够激励企业进行植被恢复，对能源节约效应、资源节约效应、土地复垦效应的提高没有显著作用。尽管排污费对废

气排放具有遏制作用，但与其他环境类税费加总之后的环境类税负反而加重了企业的废气排放量和污水排放量。

表 6-11　税费与生态治理效应总结

解释变量	能源节约效应	资源节约效应	减排效应			土地复垦效应	植被恢复效应
	energy	coal	SO$_2$	COD	refuses	reclamation	vegetation
ecological TR	—	（－）	—	—	—	—	—
resource TR	（－）	（－）	—	—	—	—	—
environmental TR	—	—	+	+	—	—	+
royalty	—	—	—	—	—	—	—
resource tax	—	—	—	—	—	—	—
rights	—	—	—	—	—	—	—
emission fee	—	（－）	（－）	—	—	—	—
bond	—	—	—	—	—	—	—

注："+"表示变量之间显著正相关，"（－）"表示变量之间显著负相关

由此可见，目前中国资源型企业的生态类税费既在整体上无法激励企业进行有效生态治理，主要税费（排污费、资源税、矿山环境治理恢复保证金）的生态治理效应也不明显。生态类税费存在结构与水平上的不合理。

6.2　矿山环境治理恢复保证金的生态治理效应

中国资源型企业生态类税费的生态治理效应与政策预期存在一定差距。矿山环境治理恢复保证金作为生态类税费的典型[1]，自 2006 年建立时起，就成为中国矿山治理最重要的制度保障。但截至 2014 年底，全国范围内"因矿产资源开发引起地面塌陷等矿山地质灾害 26 365 处，土地资源毁损面积约 303 万公顷，采矿产生的固体废物累计积存量约 450 亿吨，成为矿区及其周边区域水土环境的重要污染源。采矿活动平均每年抽排地下水约 60 亿吨，对区域地下水系统产生不同程度的影响和破坏"[2]，矿山环境问题依然严峻，并威胁到矿区居民的生活健康。因此，为进一步分析资源型企业税费生态治理效应不理想的内在原因，基于当前经

---

① 《矿产资源权益金制度改革方案》中将矿山环境治理恢复保证金调整为矿山环境治理恢复基金，但二者实质并未改变，均为监督企业履行矿山环境治理义务的一种财政手段。具体参见国务院. 国务院关于印发矿产资源权益金制度改革方案的通知（国发〔2017〕29 号）. http://www.gov.cn/zhengce/content/2017-04/20/content_5187619.htm，2017-04-20。

② 王琼杰. 我国用于矿山地质环境治理的资金已超 900 亿元. http://www.zgkyb.com/yw/20151021_22591.htm，2015-10-21。

济形势与行业现状，本节对中国矿山环境治理恢复保证金制度从理论和实践层面进行分析，探究矿山环境治理恢复保证金在运行中存在的具体问题及生态治理效应不理想的内在原因。

6.2.1　矿山环境治理恢复保证金的制度演进

以 1986 年《中华人民共和国矿产资源法》为始点，中国矿山环境治理恢复保证金制度大致经历了从法律保障、区域试点到全面建立三个阶段，形成了"法律保障—中央统筹—地方监管—企业执行"的较为完善的体系，矿山治理问题得到了中央层面的高度重视。自矿山环境治理恢复保证金制度建立以来，中央不断出台各项政策，旨在细化中国矿山环境治理恢复保证金运行体系，从宏观层面为矿山环境恢复治理工作提供制度保障。

1986 年，《中华人民共和国矿产资源法》中提出对矿产资源开采、勘查的环境保护要求[1]。1994 年发布的《中华人民共和国矿产资源法实施细则》中将环境保护列入探矿权人、采矿权人义务，明确了矿产资源开发者、使用者对环境负有保护、恢复和治理责任。探矿权人、采矿权人需防止水土流失、实行土地复垦、保护生态环境并遵守相关法律法规要求，矿山关闭后完成土地复垦和环境保护工作，或缴清相关费用[2]。

1999 年，宁夏、黑龙江等地区陆续启动矿山环境治理保证金试点工作[3]。但此时并未使用"矿山环境治理恢复保证金"这一概念，而是将其称为"矿山闭坑保证金"，并且只适用于小型矿山，通过缴纳矿山闭坑保证金，促进企业对矿山环境进行保护、治理和修复。2003 年，《中国的矿产资源政策》白皮书中首次正式提出了建立矿山环境保护和土地复垦履约保证金制度，为中国矿山环境治理恢复保证金制度的建立奠定了基础[4]。

2006 年，中国矿山环境治理恢复保证金制度正式建立。财政部、国土资源部、环保总局联合印发《财政部、国土资源部、环保总局关于逐步建立矿山环境治理和生态恢复责任机制的指导意见》，要求从 2006 年起，全国范围内逐步建立

---

① 中华人民共和国全国人民代表大会常务委员会. 中华人民共和国矿产资源法（修正）（中华人民共和国主席令第七十四号）. http://www.gov.cn/ziliao/flfg/2005-09/25/content_69906.htm，2005-09-25.

② 中华人民共和国国务院. 中华人民共和国矿产资源法实施细则（1994 年 3 月 26 日国务院令第 152 号）. http://www.mnr.gov.cn/zt/zh/xzzfgs/yj/fg/201702/t20170206_2029862.html，2017-02-06.

③ 中华人民共和国宁夏回族自治区地质矿产局. 宁夏回族自治区小型矿山闭坑保证金管理办法（试行）（自治区地质矿产厅宁地发〔1999〕34 号）. http://www.xzgtt.gov.cn/zwgk/flfg_4659/dflflfg/201008/t20100812_737518.htm，2005-04-12；中华人民共和国黑龙江省国土资源局. 黑龙江省小型矿山闭坑抵押金管理办法（黑地发〔1999〕40 号）. 1999.

④ 中国的矿产资源政策. http://www.gov.cn/test/2005-07/01/content_11689.htm，2005-07-01.

矿山环境治理和生态恢复责任机制，资源型企业按照矿产品销售收入的一定比例预提矿山环境治理恢复保证金，专项用于矿山环境治理和生态恢复[①]。自此，中国各地区依据自身实际情况陆续建立矿山环境治理恢复保证金制度。2009 年，国土资源部发布《矿山地质环境保护规定》，对矿山地质问题进行了明确界定[②]，并对资源型企业在申请采矿权、缴存矿山环境治理恢复保证金、验收中的矿山地质环境恢复治理提出具体要求[③]。

2013 年，《矿山生态环境保护与恢复治理技术规范（试行）》明确了矿山恢复治理的概念，将其界定为"对矿产资源勘探和采选过程中的各类生态破坏和环境污染采取人工促进措施，依靠生态系统的自我调节能力与自组织能力，逐步恢复与重建其生态功能"[④]；并进一步提出了探矿、排土场、露天采场、尾矿库、矿区专用道路、矿山工业场地、沉陷区、矸石场、矿山污染场地等的生态恢复和治理技术要求[⑤]。

然而在矿山环境治理恢复保证金具体会计处理方面，中国各级政府均未明确出台政策进行规定。2009 年 2 月，《中国证券监督管理委员会对〈关于辖区煤炭行业上市公司有关财务核算问题的请示函〉的复函》（以下简称《复函》，会计部函〔2009〕46 号）中规定，企业提取的矿山环境治理恢复保证金，"用途属于固定资产弃置费用的部分，应按照弃置费用核算；不属于固定资产弃置费用的，应按照煤炭安全生产费进行会计处理"[⑥]。但同年 6 月发布的《企业会计准则解释第 3 号》中将矿山环境治理恢复保证金按照安全生产费进行相同处理，"属于费用性支出的，直接冲减专项储备……形成固定资产的，应当通过'在建工程'科目归集所发生的支出，待安全项目完工达到预定可使用状态时确认为固定资产；同时，按照形成固定资产的成本冲减专项储备，并确认相同金额的累计折旧。该固定资产在以后期间不再计提折旧"[⑦]。二者就用途属于固定资产弃置费用的矿山环境治理恢复保证金的会计处理存在冲突。

---

① 中华人民共和国财政部，国土资源部，环保总局. 关于逐步建立矿山环境治理和生态恢复责任机制的指导意见（财建〔2006〕215 号）. http://zfs.mee.gov.cn/hjjj/gjfbdjjzcx/stbczc/201507/t20150715_306697.shtml，2006-02-10.

② 根据《矿山地质保护规定》，矿山地质问题指"因矿产资源勘查开采等活动造成矿区地面塌陷、地裂缝、崩塌、滑坡，含水层破坏，地形地貌景观破坏等"。

③ 中华人民共和国国土资源部. 矿山地质环境保护规定（中华人民共和国国土资源部令第 44 号）. 2009.

④ 与环境保护的不同之处在于，矿山生态环境恢复治理属于事后修复，而矿山生态环境保护属于事前控制。根据《矿山生态环境保护与恢复治理技术规范（试行）》，矿山生态环境保护是指"采取必要的预防和保护措施，避免或减轻矿产资源勘探和采选造成的生态破坏和环境污染"。

⑤ 中华人民共和国环境保护部. 矿山生态环境保护与恢复治理技术规范（试行）. http://kjs.mee.gov.cn/hjbhbz/bzwb/other/qt/201307/t20130729_256496.htm，2013-07-09.

⑥ 中华人民共和国证券监督管理委员会. 中国证券监督管理委员会对《关于辖区煤炭行业上市公司有关财务核算问题的请示函》的复函（会计部函〔2009〕46 号）. 2009.

⑦ 中华人民共和国财政部. 财政部关于印发企业会计准则解释第 3 号的通知（财会〔2009〕8 号）. 2009.

6.2.2 矿山环境治理恢复保证金运行中存在的问题

中国矿山环境治理恢复保证金制度在实施中逐渐暴露出其运作不规范导致的各种问题。矿山环境治理恢复保证金制度实质与形式不统一，徒有形而无实，并未有效改善矿山生态环境，反而加重企业负担、增加政府监管难度。这些问题于当前经济下行、矿业低迷形势下集中爆发，严重影响中国矿业发展与环境治理。矿山环境治理恢复保证金运作不规范主要体现于名称用途不统一、费用关系混乱、返还模式落后、提取标准过低、会计处理不明晰，具体表现如下。

各地矿山环境治理恢复保证金名称不一、用途各异、用途与名称不统一、地方政策不统一。由于中国矿山环境治理恢复保证金具体实施办法由地方制定，各地矿山环境治理恢复保证金在政策上存在不一致。就名称而言，共有矿山环境恢复治理保证金（山西等）、矿山地质环境治理保证金（内蒙古等）、矿山地质环境治理恢复保证金（陕西等）、矿山环境治理恢复保证金（河南等）、矿山环境治理和生态恢复保证金（江西等）、矿山地质环境恢复治理保证金（云南等）、矿山生态环境恢复治理保证金（北京等）、矿山地质灾害和地质环境治理恢复保证金（贵州等）、矿山生态环境恢复治理备用金（吉林等）、矿山地质环境恢复治理备用金（湖北等）10 种名称。这些名称主要分为"矿山环境治理"类和"矿山地质环境治理"类，其区别在于前者包含后者，矿山环境范围更大，不仅指矿山地质环境，还包括矿山的大气环境、水环境等。因此在用途上，"矿山环境治理"类保证金的使用应当不仅限于矿山地质环境的治理。但通过查阅各地矿山环境治理恢复保证金实施办法、管理办法发现，不论是何种类型的矿山环境治理恢复保证金，其使用重点都在于治理恢复矿山地质环境（如河北、青海等）。此外，有些地区矿山环境治理恢复保证金用途规定并不明确细致（如安徽、江西等），导致在具体提取使用时地方政府、企业不知如何处理。

矿山环境治理恢复保证金与土地复垦费用关系混乱，企业矿山治理负担繁重。目前中国一些地区存在矿山环境治理恢复保证金、土地复垦保证金、土地复垦费并收的乱象，为当地资源型企业带来沉重负担。在费用关系上，矿山环境恢复治理本就包含土地复垦，矿山环境治理恢复保证金和土地复垦相关费用不应当重复征收。《土地复垦条例实施办法》中也明确表示若已缴纳的矿山环境治理恢复保证金中包含土地复垦费用，企业无须另行缴纳土地复垦费用[①]。但通过实地调研发现，由于缺少更为细致的政策解释，企业进行土地复垦时所需资金仍无法从矿山环境治理恢复保证金中支取，需额外缴纳土地复垦费用。由于资源型企业

---

① 中华人民共和国国土资源部. 土地复垦条例实施办法（中华人民共和国国土资源部令第 56 号令）.

需要缴纳矿山环境治理恢复保证金、土地复垦保证金和土地复垦费,为一项义务缴纳三项支出,本就举步维艰的资源型企业更是陷入生存危机。

矿山环境治理恢复保证金"先治理、后返还"的模式导致企业资金压力大、生态欠账多、政府监管难。在矿山开采期间,由于矿山环境治理恢复保证金在矿山环境恢复治理义务完成后才给予返还,企业预存的矿山环境治理恢复保证金在开采期间沉淀,企业无法提取使用。这一模式在企业效益良好的情况下,不会产生严重问题;但在矿业下行的整体形势下,企业利润微薄甚至出现亏损,现金流短缺时还需要用额外资金进行矿山治理,导致企业资金紧张、财务压力进一步加重,企业只能将有限的资金优先投入矿山开采,拖欠矿山环境治理恢复保证金。根据《2015中国矿产资源报告》,截至2014年底,全国矿山环境治理恢复保证金欠账率达 45.7%。这一返还模式既影响了企业矿产品开采效率,又降低了矿山环境恢复治理效果(中华人民共和国国土资源部,2015)。

矿山环境治理恢复保证金标准过低,部分企业逃避矿山治理责任,政府治理负担加重。当前中国正处于转型期,经济由高速增长转为新常态、矿业步入"寒冬期"、矿山治理成本提高,要求矿山环境治理恢复保证金标准做出相应改变,符合现实情况。然而实际上,大多数地区矿山环境治理恢复保证金政策自出台之日起就从未进行调整,矿山环境治理恢复保证金在当前表现为标准过低,导致矿山环境治理恢复保证金无法发挥监督作用,企业失去矿山治理动力。由于矿山环境治理恢复保证金预存金额远低于实际矿山治理成本,有些企业在矿山开采完毕后,宁愿放弃缴纳的矿山环境治理恢复保证金,也不愿履行矿山治理义务。这些废弃矿山的环境治理只能移交由政府负责,导致政府治理范围进一步扩展,工作负担加重、财政支出增多。

矿山环境治理恢复保证金会计处理不明晰,成为部分企业盈余管理工具。目前中国仍未对矿山环境治理恢复保证金出台相应会计政策,导致企业矿山环境治理恢复保证金的会计处理存在差异。这一差异主要体现于使用时的核算,是应当依照《企业会计准则解释第 3 号》规定,全部按照安全生产费核算;还是根据《复函》的解答,在对矿山环境治理恢复保证金的使用上分用途,属于固定资产弃置费用的按照弃置费用核算,其他按安全生产费核算。目前大多数企业均按照前者,即不论用途,全部比照安全生产费处理。会计处理上的不一致影响企业间财务信息可比性。此外,由于在提取时计入"专项储备"科目,信息披露方面缺乏明确规定,矿山环境治理恢复保证金成为部分企业"资金池",在收益较好的年份多存些,收益较差的年份多用些,达到平滑收益的目的。这一行为严重影响企业报表的真实性、可靠性,存在误导信息使用者、使其做出错误决策的风险。

地方规定不完善,政策滞后,影响企业具体执行。以山西省为例,山西省政府于2013年下发《关于印发进一步促进全省煤炭经济转变发展方式实现可持续增

长措施的通知》（晋政发〔2013〕26 号），规定从 2013 年 8 月 1 日起至 2013 年
12 月 31 日止，暂停提取煤炭企业矿山环境治理恢复保证金[1]。根据《山西省财政
厅关于继续暂停矿山环境恢复治理保证金和煤矿转产发展资金的通知》（晋财煤
〔2014〕17 号），自 2014 年 1 月 1 日起至国家煤炭资源税改革方案正式公布实施
之日（2014 年 10 月 10 日，作者注）止，山西省继续暂停收取矿山环境恢复治理
保证金[2]。2019 年 1 月 8 日，山西省决定取消该省矿山环境恢复治理保证金制度，
建立矿山环境治理恢复基金[3]。山西省辖区内企业均继续暂停计提矿山环境恢复
治理保证金。

6.2.3　矿山环境治理恢复保证金制度困境原因分析

根据以上分析，造成中国矿山环境治理恢复保证金制度流于形式的一个重要
原因在于征收比例过低，无法激励企业有效进行矿山环境恢复治理，然而提高征
收比例又会加重企业负担，影响企业生存，导致矿山环境治理恢复保证金制度陷
入困境。因此本节构建基于非完全理性包含中央政府、地方政府、企业和公众的
演化对策模型，旨在分析矿山环境治理恢复保证金制度困境的深层次原因。

1. 理论基础

诸多环境治理研究从对策论角度研究矿山环境治理恢复保证金制度提供借
鉴，主要可总结为两个方面：中央政府对地方政府的监督问题研究和地方政府与
企业的合谋问题研究。徐大伟等（2013）基于防范与合谋的视角直接对保证金制
度实施过程中公众、企业和政府的对策行为进行分析，提出公众的参与度提高可
有效解决政府与企业的合谋问题。但其结论主要建立在对策方完全理性的基础
上，且主要集中于公众参与对保证金实施效果的改善，保证金征收比例这一重要
因素并未纳入其分析范围。巴雷特（Barrett，1994）基于完全理性假设构建了不
完全市场下的政府环境决策的非合作对策模型，发现过强的标准会使减排的边际
成本大于边际环境损害。因此，过高的征收标准会加大政府与企业的合谋力度，

① 中华人民共和国山西省人民政府. 关于印发进一步促进全省煤炭经济转变发展方式实现可持续增长措施的
通知（晋政发〔2013〕26 号）. http://www.shanxi.gov.cn/sxszfxxgk/sxsrmzfzcbm/sxszfbgt/flfg_7203/szfgfxwj_7205/
201307/t20130725_145439.shtml，2013-07-25.
② 中华人民共和国山西省财政厅. 山西省财政厅关于 2016 年继续暂停提取矿山环境恢复治理保证金和煤矿转产发展
资金的通知（晋财煤〔2015〕17 号）. http://czt.shanxi.gov.cn/html/article/info/4028b38e5505649f01552db8edeb052c.html，
2015-12-29.
③ 中华人民共和国山西省人民政府. 山西省人民政府关于印发山西省矿山环境治理恢复基金管理办法的通知.
http://zrzyt.shanxi.gov.cn/mobile/zwgk/zcfg/201908/p020190821621641897762.pdf，2019-01-08.

影响徐大伟等（2013）所构建模型的混合策略纳什均衡解。

中国地方官员的考核以经济绩效为主，迫使地方官员围绕经济增长开展激烈竞争（周黎安，2007）。地方政府与企业在对策的过程中有各自利益诉求，主导对策的对策方不同，产生的对策均衡解也不同。当企业面临较大的环境治理压力时，为提高自身利润，企业有动力去游说地方政府放松对矿山环境治理恢复保证金制度执行的监管，此时企业就通过寻租成为对策的主导方。默里迪纳等（Moledina et al.，2003）运用动态对策模型分析企业"寻租"行为对环境产生的影响程度。钱和罗兰德（Qian and Roland，1998）指出地方政府同样会主动产生"寻租"行为，以获取经济利益及政治利益；吴等（Wu et al.，2017）具体研究了政府激励对企业低碳政策的实施产生的实际影响，研究发现只有企业真正在意政府的激励政策时，低碳政策才能达到目标的效果，低碳政策的效果决定于政府的激励意愿。

2. 模型构建

本书所构建的基于非完全理性的两阶段演化对策模型主要分为两个部分，首先是中央政府和地方政府针对保证金收取比例的演化对策模型，其次是地方政府和企业针对是否合作进行环境治理的演化对策分析。本书借鉴苏亨德拉（Suhendra，2013）的方法：公众通过从企业处获取环境补偿的方式影响后一部分对策的均衡结果。因此，该两阶段演化对策模型会涉及中央政府、地方政府、公众和企业四个对策方。

1）保证金收取比例模型

第一，对策方及策略。对策的一方为中央政府，中央政府可以选择征收较高的单位矿山治理保证金，也可以选择征收较低的单位矿山治理保证金，其策略集记为{较高，较低}；对策的另一方为地方政府，地方政府可以选择不与地方企业合谋，也可以选择与地方企业合谋的方式不执行保证金制度，其策略集记为{不合谋，合谋}。

第二，基本假设及符号设定。假设地方政府与企业的合谋问题会使地方的环境质量下降，进而对全国整体环境质量造成不利影响；保证金的占用会对企业的经济效应产生影响，间接影响地方政府和中央政府的经济效应；地方政府如果不与企业合谋，在承担环境直接治理成本的同时，会承担保证金占用企业现金流所产生的间接成本。符号设定：G_1 为中央政府总的收益水平；G_2 为地方政府总的收益水平；C_1 为地方政府非合谋直接成本；C_2 为地方政府非合谋间接成本；I 为地方政府非合谋间接收益；C_3 为地方政府合谋间接成本；F_1 为较高的单位矿山治理保证金时中央政府对地方政府的合谋处罚力度；F_2 为较低的单位矿山治理保证金时中央政府对地方政府的合谋处罚力度（$F_1 > F_2$）；a_1 为地方政府经济收益或损失到中央政府的传导比例（0，1）；a_2 为地方政府环境收益或损失到中央政府的传导比例（0，1）；B_1 为较高的单位矿山治理保证金造成的地方政府经济损失；B_2 为较低的单位矿山治理保证金造成的地方政府经济损失（$B_1 > B_2$）。

第三，收益矩阵。基于上述假定，地方政府与中央政府非对称重复对策的 2×2 收益矩阵如表 6-12 所示。

表 6-12　地方政府与中央政府对策的收益矩阵

地方政府	中央政府			
	较高		较低	
不合谋	$G_2 - C_1 - C_2 - B_1 + I$	$G_1 - a_1 B_1 - a_1 C_2 + a_2 I$	$G_2 - C_1 - C_2 - B_2 + I$	$G_1 - a_1 B_2 - a_1 C_2 + a_2 I$
合谋	$G_2 - F_1 - C_3 - B_1$	$G_1 - a_1 B_1 + F_1 - a_2 C_3$	$G_2 - F_2 - C_3 - B_2$	$G_1 - a_1 B_2 + F_2 - a_2 C_3$

第四，演化对策分析。由于地方政府与中央政府信息不对称问题的存在，双方无法基于完全理性选择策略，只能在重复对策的过程中不断地试错、调整策略以使自身的收益得到改善，最终达到一种双方都无法进一步改善的动态均衡。考虑到对策双方的有限理性，本书在泰勒（Taylor，1979）的理论基础上以复制动态机制分析双方的演化对策结果。

设地方政府选择不合谋的比例为 x，选择合谋的比例为 $1-x$；中央政府选择较高单位矿山治理保证金的比例为 y，选择较低单位矿山治理保证金的比例为 $1-y$；

对地方政府而言，不合谋的期望收益为

$$E_1 = y(G_2 - C_1 - C_2 - B_1 + I) + (1-y)(G_2 - C_1 - C_2 - B_2 + I) \quad （6-1）$$

对地方政府而言，合谋的期望收益为

$$E_2 = y(G_2 - F_1 - C_3 - B_1) + (1-y)(G_2 - F_2 - C_3 - B_2) \quad （6-2）$$

地方政府的平均收益为

$$E_{12} = xE_1 + (1-x)E_2 \quad （6-3）$$

因此地方政府决策的动态方程为

$$\frac{dx}{dt} = x(E_1 - E_{12}) = x(1-x)(yF_1 - yF_2 - C_1 - C_2 + F_2 + C_3 + I) \quad （6-4）$$

对中央政府而言，选择较高单位矿山治理保证金的期望收益为

$$E_3 = x(G_1 - a_1 B_1 - a_1 C_2 + a_2 I) + (1-x)(G_1 - a_1 B_1 + F_1 - a_2 C_3) \quad （6-5）$$

对中央政府而言，选择较低单位矿山治理保证金的期望收益为

$$E_4 = x(G_1 - a_1 B_2 - a_1 C_2 + a_2 I) + (1-x)(G_1 - a_1 B_2 + F_2 - a_2 C_3) \quad （6-6）$$

中央政府的平均收益为

$$E_{34} = yE_3 + (1-y)E_4 \quad （6-7）$$

因此中央政府决策的动态方程为

$$\frac{\mathrm{d}y}{\mathrm{d}t} = y(E_3 - E_{34}) = y(1-y)(a_1B_2 - a_1B_1 + F_1 - F_2 - xF_1 + xF_2) \tag{6-8}$$

联立中央政府与地方政府的复制动态方程得到

$$\begin{cases} \dfrac{\mathrm{d}x}{\mathrm{d}t} = x(1-x)(yF_1 - yF_2 - C_1 - C_2 + F_2 + C_3 + I) \\[2mm] \dfrac{\mathrm{d}y}{\mathrm{d}t} = y(1-y)(a_1B_2 - a_1B_1 + F_1 - F_2 - xF_1 + xF_2) \end{cases} \tag{6-9}$$

上述方程对应的雅可比行列式为

$$J = \begin{bmatrix} (1-2x)(yF_1 - yF_2 - C_1 - C_2 + F_2 + C_3 + I) & (F_1 - F_2)(1-x)x \\ (F_1 - F_2)y(y-1) & (1-2y)(a_1B_2 - a_1B_1 + F_1 - F_2 - xF_1 + xF_2) \end{bmatrix} \tag{6-10}$$

矩阵 J 对应的行列式的值 $\det J$ 与迹 $\operatorname{tr} J$ 分别为

$$\det J = (1-2x)(yF_1 - yF_2 - C_1 - C_2 + F_2 + C_3 + I)(1-2y) \tag{6-11}$$
$$(a_1B_2 - a_1B_1 + F_1 - F_2 - xF_1 + xF_2) - (F_1 - F_2)^2 y(y-1)(1-x)x$$

$$\operatorname{tr} J = (1-2x)(yF_1 - yF_2 - C_1 - C_2 + F_2 + C_3 + I) \tag{6-12}$$
$$+ (1-2y)(a_1B_2 - a_1B_1 + F_1 - F_2 - xF_1 + xF_2)$$

令复制动态方程的联立方程为 0，可得到复制动态方程的 5 个均衡点，如表 6-13 所示。

表 6-13　保证金收取比例模型复制动态方程均衡点

名称	坐标
A	$(0,0)$
B	$(0,1)$
C	$(1,0)$
D	$(1,1)$
E	$\left(1 + \dfrac{a_1(B_2 - B_1)}{F_1 - F_2}, \dfrac{C_1 + C_2 - F_2 - C_3 - I}{F_1 - F_2}\right)$

注：E 点仅在 $F_1 - F_2 - a_1(B_1 - B_2) > 0$，$F_2 < C_1 + C_2 - C_3 - I < F_1$ 时是均衡点

将上述五个均衡点代入 $\det J$ 与 $\operatorname{tr} J$ 的表达式得到表 6-14。

表 6-14　保证金收取比例模型行列式与迹表达式

均衡点	$\det J$	$\operatorname{tr} J$
A	$(F_2 - C_1 - C_2 + C_3 + I)(a_1B_2 - a_1B_1 + F_1 - F_2)$	$F_1 - C_1 - C_2 + C_3 + I + a_1B_2 - a_1B_1$
B	$-(F_1 - C_1 - C_2 + C_3 + I)(a_1B_2 - a_1B_1 + F_1 - F_2)$	$F_2 - C_1 - C_2 + C_3 + I - a_1B_2 + a_1B_1$
C	$-(F_2 - C_1 - C_2 + C_3 + I)(a_1B_2 - a_1B_1)$	$-(F_2 - C_1 - C_2 + C_3 + I - a_1B_2 + a_1B_1)$
D	$(F_1 - C_1 - C_2 + C_3 + I)(a_1B_2 - a_1B_1)$	$-(F_1 - C_1 - C_2 + C_3 + I + a_1B_2 - a_1B_1)$

均衡点	$\det\boldsymbol{J}$	$\mathrm{tr}\boldsymbol{J}$
E	$\dfrac{\left(a_1B_2-a_1B_1\right)\left(a_1B_2-a_1B_1+F_1-F_2\right)}{\left(F_2-C_1-C_2+C_3+I\right)\left(F_1-C_1-C_2+C_3+I\right)}{\left(F_1-F_2\right)^2}$	0

根据演化对策理论，系统的演化均衡点同时满足 $\det\boldsymbol{J}>0$ 与 $\mathrm{tr}\boldsymbol{J}<0$，下面对存在演化稳定策略的情形进行具体分析。

情形 1：$F_1-F_2-a_1\left(B_1-B_2\right)>0$，$C_1+C_2-C_3-I<F_2$

情形 1 下各均衡点性质如表 6-15 所示。$F_1-F_2-a_1\left(B_1-B_2\right)$ 衡量在地方政府选择合谋的条件下，中央政府选择征收较高单位矿山治理保证金相对于征收较低单位矿山治理保证金所能带来的额外收益。$C_1+C_2-C_3-I-F_2$ 衡量在中央政府选择较低的单位矿山治理保证金的条件下，地方政府选择合谋相对于不合谋所能带来的额外收益。情形 1 下，$C_1+C_2-C_3-I-F_2<0$，又因为 $F_1>F_2$，所以不合谋是地方政府的纯策略纳什均衡解；在地方政府选择不合谋后，中央政府会通过学习了解到地方政府这一行为而做出征收较低单位矿山治理保证金的决策。因此，情形 1 对应的演化稳定策略为{不合谋，较低}。

表 6-15　情形 1 下各均衡点性质

均衡点	$\det\boldsymbol{J}$	$\mathrm{tr}\boldsymbol{J}$	性质
A	>0	不定	鞍点
B	<0	>0	不稳定
C	>0	<0	ESS
D	<0	不定	鞍点

注：ESS，evolutionarily stable strategy，即进化稳定策略

情形 2：$F_1-F_2-a_1\left(B_1-B_2\right)>0$，$F_2<C_1+C_2-C_3-I<F_1$

情形 2 下各均衡点性质如表 6-16 所示，该情形下不存在演化稳定策略。

表 6-16　情形 2 下各均衡点性质

均衡点	$\det\boldsymbol{J}$	$\mathrm{tr}\boldsymbol{J}$	性质
A	<0	不定	鞍点
B	<0	不定	鞍点
C	<0	不定	鞍点
D	<0	不定	鞍点
E	>0	0	中心点

情形 3：$F_1-F_2-a_1\left(B_1-B_2\right)>0$，$F_1<C_1+C_2-C_3-I$

情形 3 下各均衡点性质如表 6-17 所示，该情形下不存在演化稳定策略。

表 6-17　情形 3 下各均衡点性质

均衡点	det$J$	tr$J$	性质
A	<0	<0	不稳定
B	>0	不定	鞍点
C	<0	不定	鞍点
D	>0	>0	不稳定

情形 4：$F_1 - F_2 - a_1(B_1 - B_2) < 0$，$C_1 + C_2 - C_3 - I < F_2$

情形 4 下各均衡点性质如表 6-18 所示。类似于情形 1，$C_1 + C_2 - C_3 - I - F_2 < 0$，又因为 $F_1 > F_2$，所以不合谋是地方政府的纯策略纳什均衡解；在地方政府选择不合谋后，中央政府会通过学习了解到地方政府这一行为而做出征收较低单位矿山治理保证金的决策，且该决策与 $F_1 - F_2 - a_1(B_1 - B_2)$ 的正负没有直接关系。因此，情形 4 对应的演化稳定策略为{不合谋，较低}。

表 6-18　情形 4 下各均衡点性质

均衡点	det$J$	tr$J$	性质
A	<0	不定	鞍点
B	>0	>0	不稳定
C	>0	<0	ESS
D	<0	不定	鞍点

情形 5：$F_1 - F_2 - a_1(B_1 - B_2) < 0$，$F_2 < C_1 + C_2 - C_3 - I < F_1$

情形 5 下各均衡点性质如表 6-19 所示，该情形下不存在演化稳定策略。

表 6-19　情形 5 下各均衡点性质

均衡点	det$J$	tr$J$	性质
A	>0	不定	鞍点
B	>0	不定	鞍点
C	<0	不定	鞍点
D	<0	不定	鞍点

情形 6：$F_1 - F_2 - a_1(B_1 - B_2) < 0$，$F_1 < C_1 + C_2 - C_3 - I$

情形 6 下各均衡点性质如表 6-20 所示。因为 $C_1 + C_2 - C_3 - I - F_1 > 0$，且 $F_1 > F_2$，所以 $C_1 + C_2 - C_3 - I - F_2 > 0$，所以合谋是地方政府的纯策略纳什均衡解；在地方政府选择合谋后，中央政府征收较高单位矿山治理保证金相对于征收较低单位矿山治理保证金所能带来的额外收益小于 0，中央政府会选择较低的单位矿山治理保证金。因此，情形 6 对应的演化稳定策略为{合谋，较低}。

表 6-20 情形 6 下各均衡点性质

均衡点	det$J$	tr$J$	性质
A	>0	<0	ESS
B	<0	不定	鞍点
C	<0	不定	鞍点
D	>0	>0	不稳定

在第 1 种、第 4 种和第 6 种情形下，中央政府与地方政府的演化对策过程会存在演化稳定策略，并且在这三种情形下，中央政府的演化稳定策略均为征收较低的单位矿山治理保证金。为进一步分析矿山治理保证金制度的实施是否陷入困局，本书在保证金收取比例模型的基础上进一步构建地方政府与企业间的环境治理分工治理模型。

2）环境治理分工治理模型

第一，对策方及策略。假设对策的一方为地方政府，地方政府可以选择单独进行区域内的环境治理，也可以选择与企业共同进行区域内的环境治理，其策略集记为{单独治理，合作治理}；对策的另一方为企业，企业可以选择单独进行区域内的环境治理，也可以选择与地方政府共同进行区域内的环境治理，其策略集记为{单独治理，合作治理}。

第二，基本假设及符号设定。

假设 1：企业每年产生的利润取决于企业年初具有的现金，且两者间为线性关系；

假设 2：$t=0$ 时刻，地方政府和地方企业做出决策，以后期间不对决策进行更改；

假设 3：企业因环境污染问题需要对区域内的民众进行补偿，补偿费用与区域内被污染面积成正比；

假设 4：地方政府与企业共同治理时，各承担治理费用的一半；

假设 5：矿山治理保证金在全部矿山治理完成后一次性返还给企业；

假设 6：企业治理费用和补偿费用占每期现金流的比例固定，在每期期初一次性支付；

假设 7：企业 $t=0$ 时刻的现金无法完成对矿山的全部治理。

符号设定：c_1 为企业单独治理矿山单位成本；c_2 为政府单独治理矿山单位成本；c_3 为企业与政府合作治理矿山单位成本；c_4 为每期单位矿山污染对民众的补偿；m 为矿山治理总量；T_1 为企业单独治理矿山总时间；T_2 为政府单独治理矿山

总时间；T_3 为企业与政府合作治理矿山总时间；$T = \max\{T_1, T_2, T_3\}$；$\pi_i$ 为第 i 期企业利润总额；f_i 为第 i 期期初企业可用现金；t 为地方政府的税收比例；B 为单位矿山治理保证金；f_0 为 0 时刻企业初始现金（$f_0 \leqslant \max\{mc_1, mc_2, mc_3\}$）；$g$ 为年现金流自然增长系数（等价于企业固定增长率股利支付模型中的股利增长率）；s 为企业治理费用和补偿费用占现金流的固定比例。

第三，收益矩阵。

情形 1：企业与地方政府均不治理

$$\begin{cases} \pi_{c_{11}} = Ta + b\left[\left(\dfrac{1-g^T}{1-g} \times (f_0 - Bm - c_4 m)\right) - \left(\dfrac{T-g^{T-1}}{1-g} - \dfrac{1-g^{T-1}}{(1-g)^2}\right)c_4 m\right] \\[4mm] \pi_{g_{11}} = tTa + tb\left[\left(\dfrac{1-g^T}{1-g} \times (f_0 - Bm - c_4 m)\right) - \left(\dfrac{T-g^{T-1}}{1-g} - \dfrac{1-g^{T-1}}{(1-g)^2}\right)c_4 m\right] \end{cases}$$

$$(6\text{-}13)$$

情形 2：企业治理而地方政府不治理

$$\pi_{c_{21}} = Ta + b\sum_{i=1}^{T_1}\left[g^{i-1}(1-s)^i(f_0 - Bm)\right]$$
$$+ b\sum_{i=T_1+1}^{T} g^{i-(T_1+1)}\left[g^{T_1}(1-s)^{T_1}(f_0 - Bm) + Bm\right] \tag{6-14}$$

$$\pi_{g_{21}} = tTa + tb\sum_{i=1}^{T_1}\left[g^{i-1}(1-s)^i(f_0 - Bm)\right]$$
$$+ tb\sum_{i=T_1+1}^{T} g^{i-(T_1+1)}\left[g^{T_1}(1-s)^{T_1}(f_0 - Bm) + Bm\right] \tag{6-15}$$

情形 3：地方政府治理而企业不治理

$$\pi_{c_{12}} = Ta + b\left[\left(\dfrac{1-g^{T_2}}{1-g} \times (f_0 - Bm - c_4 m)\right) - \sum_{i=1}^{T_2}\dfrac{1-g^{i-1}}{1-g}\left(1 - \dfrac{i-1}{T_2}\right)c_4 m\right]$$
$$+ b\left[\left(g^{T_2} \times (f_0 - Bm - c_4 m)\right) - \left(\dfrac{g - g^{T_2+1}}{(1-g)^2 T_2} - \dfrac{1}{1-g}\right)c_4 m - \dfrac{g - g^{T_2}}{1-g}\right]\dfrac{1-g^{T-T_2}}{1-g}$$

$$(6\text{-}16)$$

$$\pi_{g_{12}} = tTa + tb\left[\left(\dfrac{1-g^{T_2}}{1-g} \times (f_0 - Bm - c_4 m)\right) - \sum_{i=1}^{T_2}\dfrac{1-g^{i-1}}{1-g}\left(1 - \dfrac{i-1}{T_2}\right)c_4 m\right]$$
$$+ tb\left[\left(g^{T_2} \times (f_0 - Bm - c_4 m)\right) - \left(\dfrac{g - g^{T_2+1}}{(1-g)T_2^2} - \dfrac{1}{1-g}\right)c_4 m - \dfrac{g - g^{T_2}}{1-g}\right]\dfrac{1-g^{T-T_2}}{1-g} - mc_2$$

$$(6\text{-}17)$$

情形 4：地方政府与企业共同治理

$$\pi_{c_{22}} = Ta + b\sum_{i=1}^{T_3}\left[g^{i-1}\left(1-s\right)^i\left(f_0 - B\times m\right)\right]$$
$$+ b\sum_{i=T_3+1}^{T} g^{i-(T_3+1)}\left[g^{T_3}\left(1-s\right)^{T_3}\left(f_0 - Bm\right) + Bm\right] \qquad (6\text{-}18)$$

$$\pi_{g_{22}} = tTa + tb\sum_{i=1}^{T_3}\left[g^{i-1}\left(1-s\right)^i\left(f_0 - Bm\right)\right]$$
$$+ tb\sum_{i=T_3+1}^{T} g^{i-(T_3+1)}\left[g^{T_3}\left(1-s\right)^{T_3}\left(f_0 - Bm\right) + Bm\right] - 0.5mc_2 \qquad (6\text{-}19)$$

地方政府与企业对称重复对策的 2×2 收益矩阵如表 6-21 所示。

表 6-21　地方政府与企业对策的收益矩阵

企业	地方政府			
	不治理		治理	
不治理	$\pi_{c_{11}}$	$\pi_{g_{11}}$	$\pi_{c_{12}}$	$\pi_{g_{12}}$
治理	$\pi_{c_{21}}$	$\pi_{g_{21}}$	$\pi_{c_{22}}$	$\pi_{g_{22}}$

3. 对策结果分析

矿山环境治理恢复保证金所希望达到的理想效果是地方政府和企业共同参与到区域环境的治理工作中，对应的决策集为{治理，治理}。{治理，治理}成为上述地方政府与企业对策纳什均衡解，需满足如下条件：

$$\text{s.t.}\begin{cases} \pi_{g_{22}} > \pi_{g_{21}} \\ \pi_{c_{22}} > \pi_{c_{12}} \end{cases} \qquad (6\text{-}20)$$

$\pi_{g_{22}} > \pi_{g_{21}}$ 等价于 $\pi_{g_{22}} - \pi_{g_{21}} > 0$，即

$$\sum_{i=1}^{T_3}\left[g^{i-1}\left(1-s\right)^i\left(f_0 - Bm\right)\right] + \sum_{i=T_3+1}^{T} g^{i-(T_3+1)}\left[g^{T_3}\left(1-s\right)^{T_3}\left(f_0 - Bm\right) + Bm\right] - 0.5mc_2$$
$$- \sum_{i=1}^{T_1}\left[g^{i-1}\left(1-s\right)^i\left(f_0 - Bm\right)\right] - \sum_{i=T_1+1}^{T} g^{i-(T_1+1)}\left[g^{T_1}\left(1-s\right)^{T_1}\left(f_0 - Bm\right) + Bm\right] > 0$$

$$(6\text{-}21)$$

情形1：$T_1 = T_3$

$$\pi_{g_{22}} - \pi_{g_{21}} = 0 \qquad (6\text{-}22)$$

情形2：$T_1 < T_3$

$$\pi_{g_{22}} - \pi_{g_{21}} > 0 \qquad (6\text{-}23)$$

等价于

情形2.1：

$$\left(\frac{g^{T-T_1} - g^{T-T_3}}{1-g} - \frac{g^{T_3} - g^{T}}{1-g}(1-s)^{T_3} + \frac{g^{T_1} - g^{T}}{1-g}(1-s)^{T_1} - \frac{g^{T_1}\left(1 - g^{T_3 - T_1}(1-s)^{T_3 - T_1}\right)}{1 - g(1-s)}(1-s)^{T_1+1} \right) > 0$$

$$B > \frac{0.5mc_2 - f_0\left(\frac{g^{T_3} - g^{T}}{1-g}(1-s)^{T_3} - \frac{g^{T_1} - g^{T}}{1-g}(1-s)^{T_1} + \frac{g^{T_1}\left(1 - g^{T_3 - T_1}(1-s)^{T_3 - T_1}\right)}{1 - g(1-s)}(1-s)^{T_1+1} \right)}{m\left(\frac{g^{T-T_1} - g^{T-T_3}}{1-g} - \frac{g^{T_3} - g^{T}}{1-g}(1-s)^{T_3} + \frac{g^{T_1} - g^{T}}{1-g}(1-s)^{T_1} - \frac{g^{T_1}\left(1 - g^{T_3 - T_1}(1-s)^{T_3 - T_1}\right)}{1 - g(1-s)}(1-s)^{T_1+1} \right)}$$

$$\tag{6-24}$$

情形2.2：

$$\left(\frac{g^{T-T_1} - g^{T-T_3}}{1-g} - \frac{g^{T_3} - g^{T}}{1-g}(1-s)^{T_3} + \frac{g^{T_1} - g^{T}}{1-g}(1-s)^{T_1} - \frac{g^{T_1}\left(1 - g^{T_3 - T_1}(1-s)^{T_3 - T_1}\right)}{1 - g(1-s)}(1-s)^{T_1+1} \right) < 0$$

$$B < \frac{0.5mc_2 - f_0\left(\frac{g^{T_3} - g^{T}}{1-g}(1-s)^{T_3} - \frac{g^{T_1} - g^{T}}{1-g}(1-s)^{T_1} + \frac{g^{T_1}\left(1 - g^{T_3 - T_1}(1-s)^{T_3 - T_1}\right)}{1 - g(1-s)}(1-s)^{T_1+1} \right)}{m\left(\frac{g^{T-T_1} - g^{T-T_3}}{1-g} - \frac{g^{T_3} - g^{T}}{1-g}(1-s)^{T_3} + \frac{g^{T_1} - g^{T}}{1-g}(1-s)^{T_1} - \frac{g^{T_1}\left(1 - g^{T_3 - T_1}(1-s)^{T_3 - T_1}\right)}{1 - g(1-s)}(1-s)^{T_1+1} \right)}$$

$$\tag{6-25}$$

情形3：$T_1 > T_3$

$$\pi_{g_{22}} - \pi_{g_{21}} > 0 \tag{6-26}$$

等价于

情形3.1：

$$\left(\frac{g^{T-T_1} - g^{T-T_3}}{1-g} - \frac{g^{T_3} - g^{T}}{1-g}(1-s)^{T_3} + \frac{g^{T_1} - g^{T}}{1-g}(1-s)^{T_1} + \frac{g^{T_1}\left(1 - g^{T_3 - T_1}(1-s)^{T_3 - T_1}\right)}{1 - g(1-s)}(1-s)^{T_1+1} \right) > 0$$

$$B > \cfrac{0.5mc_2 - f_0\left(\cfrac{g^{T_3} - g^T}{1-g}(1-s)^{T_3} - \cfrac{g^{T_1} - g^T}{1-g}(1-s)^{T_1} - \cfrac{g^{T_1}\left(1 - g^{T_3 - T_1}(1-s)^{T_3 - T_1}\right)}{1 - g(1-s)}(1-s)^{T_1+1}\right)}{m\left(\cfrac{g^{T-T_1} - g^{T-T_3}}{1-g} - \cfrac{g^{T_3} - g^T}{1-g}(1-s)^{T_3} + \cfrac{g^{T_1} - g^T}{1-g}(1-s)^{T_1} + \cfrac{g^{T_1}\left(1 - g^{T_3 - T_1}(1-s)^{T_3 - T_1}\right)}{1 - g(1-s)}(1-s)^{T_1+1}\right)}$$

$$（6\text{-}27）$$

情形3.2：

$$\left(\cfrac{g^{T-T_1} - g^{T-T_3}}{1-g} - \cfrac{g^{T_3} - g^T}{1-g}(1-s)^{T_3} + \cfrac{g^{T_1} - g^T}{1-g}(1-s)^{T_1} + \cfrac{g^{T_1}\left(1 - g^{T_3 - T_1}(1-s)^{T_3 - T_1}\right)}{1 - g(1-s)}(1-s)^{T_1+1}\right) < 0$$

$$B < \cfrac{0.5mc_2 - f_0\left(\cfrac{g^{T_3} - g^T}{1-g}(1-s)^{T_3} - \cfrac{g^{T_1} - g^T}{1-g}(1-s)^{T_1} - \cfrac{g^{T_1}\left(1 - g^{T_3 - T_1}(1-s)^{T_3 - T_1}\right)}{1 - g(1-s)}(1-s)^{T_1+1}\right)}{m\left(\cfrac{g^{T-T_1} - g^{T-T_3}}{1-g} - \cfrac{g^{T_3} - g^T}{1-g}(1-s)^{T_3} + \cfrac{g^{T_1} - g^T}{1-g}(1-s)^{T_1} + \cfrac{g^{T_1}\left(1 - g^{T_3 - T_1}(1-s)^{T_3 - T_1}\right)}{1 - g(1-s)}(1-s)^{T_1+1}\right)}$$

$$（6\text{-}28）$$

余明桂等（2010）在研究地方政府财政补贴的有效性时发现：地方政府对企业的财政补贴有一定的促进作用。同时，政府相较于企业在污染治理方面有更多的先行优势，包括资源整合能力与行政审批手续的便利性。因此，在现实情况中，T_1、T_2、T_3 之间的关系满足式（6-29）：

$$T = T_1 > T_2 > T_3 \qquad （6\text{-}29）$$

所以，仅需对情形 3 进行数值模拟。将 T_1、T_2、T_3 之间的关系式代入情形 3 的具体表达式后，情形 3 的表达式可简化为如下形式：

情形3.1：
$$\left(\cfrac{1 - g^{T_1 - T_3}}{1-g} - \cfrac{g^{T_3} - g^{T_1}}{1-g}(1-s)^{T_3} + \cfrac{g^{T_1}\left(1 - g^{T_3 - T_1}(1-s)^{T_3 - T_1}\right)}{1 - g(1-s)}(1-s)^{T_1+1}\right) > 0$$

$$\cfrac{Bm}{f_0} > \cfrac{\cfrac{0.5mc_2}{f_0} - \left(\cfrac{g^{T_3} - g^{T_1}}{1-g}(1-s)^{T_3} - \cfrac{g^{T_1}\left(1 - g^{T_3 - T_1}(1-s)^{T_3 - T_1}\right)}{1 - g(1-s)}(1-s)^{T_1+1}\right)}{\left(\cfrac{1 - g^{T_1 - T_3}}{1-g} - \cfrac{g^{T_3} - g^{T_1}}{1-g}(1-s)^{T_3} + \cfrac{g^{T_1}\left(1 - g^{T_3 - T_1}(1-s)^{T_3 - T_1}\right)}{1 - g(1-s)}(1-s)^{T_1+1}\right)}$$

$$（6\text{-}30）$$

$\dfrac{Bm}{f_0}$ 衡量在 $t-0$ 时刻，企业所缴纳的总的矿山治理保证金占其初始可用现金流的比例。

情形3.2：$\left(\dfrac{1-g^{T_1-T_3}}{1-g} - \dfrac{g^{T_3}-g^{T_1}}{1-g}(1-s)^{T_3} + \dfrac{g^{T_1}\left(1-g^{T_3-T_1}(1-s)^{T_3-T_1}\right)}{1-g(1-s)}(1-s)^{T_1+1} \right) < 0$

$$\frac{Bm}{f_0} < \frac{\dfrac{0.5mc_2}{f_0} - \left(\dfrac{g^{T_3}-g^{T_1}}{1-g}(1-s)^{T_3} - \dfrac{g^{T_1}\left(1-g^{T_3-T_1}(1-s)^{T_3-T_1}\right)}{1-g(1-s)}(1-s)^{T_1+1} \right)}{\left(\dfrac{1-g^{T_1-T_3}}{1-g} - \dfrac{g^{T_3}-g^{T_1}}{1-g}(1-s)^{T_3} + \dfrac{g^{T_1}\left(1-g^{T_3-T_1}(1-s)^{T_3-T_1}\right)}{1-g(1-s)}(1-s)^{T_1+1} \right)} \quad (6\text{-}31)$$

4. 数值模拟结果分析

为分析式（6-30）和式（6-31）右端表达式取值的具体范围，需对表达式中所含变量：m、c_2、f_0、g、s、T_1、T_3 的不同取值情况进行综合分析。由于 $f_0 \leq \max\{mc_1, mc_2, mc_3\}$，为简化分析，将 $\dfrac{mc_2}{f_0}$ 看作一个整体，其范围为 $[1, +\infty)$。矿山环境的恢复治理包括其表层的植被恢复，因此其治理期限的下限由植被的生长速度决定。适合矿区恢复的刺梅、榆树等树种的生长周期在 20~30 年，所以式（6-29）中 T 的范围取覆盖植被生长周期的最小值，确定为 $[20, +\infty)$。T、T_3 的大小与 m、c_2、f_0、g、s 均相关，因此本书在分析不等式右端表达式取值的具体范围时，在考虑 T_3 所有可能的取值的前提下，以 $T_1 - T_3$ 的差值作为自变量，以此做到对每一种可能出现的情形进行分析。

本书通过逐步改变变量取值的方法，针对 $\dfrac{mc_2}{f_0}$、g、s、T_1、T_3 中任意变量改变对取值产生的影响进行分析，具体分析步骤如下：

第一步：g 的变动对取值的影响。

方法：令 $T_3 = 20$，$s = 0.05$，$\dfrac{mc_2}{f_0} = 1$。

从图6-3可以看出，在其余变量保持不变的情况下，随着 g 的增长，企业所缴纳的总保证金占企业初始现金流的比例呈下降趋势。毛新述等（2012）通过比较 10 种权益资本成本测度模型，发现中国上市公司的平均资本成本在 10% 左右。因此，在下一步分析时，将 g 固定为 $g = 0.1$。

第二步：s的变动对取值的影响。

方法：令 $T_3 = 20$ ，$g=0.1$ ，$\dfrac{mc_2}{f_0} = 1$ 。

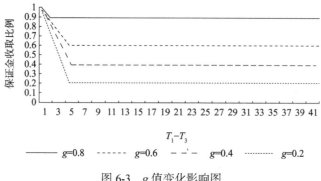

图 6-3　g 值变化影响图

从图6-4可以看出，在其余变量保持不变的情况下，随着 s 的增长，企业所缴纳的总保证金占企业初始现金流的比例未发生明显改变，只有当 s 增加至 0.9 以上时，企业所缴纳的总保证金占企业初始现金流的比例会在 T_1 显著大于 T_3 的情况下急剧降低。根据 2015 年资源型上市公司年报数据计算，2015 年矿山环境治理恢复保证金占经营现金流净额的平均比例为 17.98%，在下一步分析时，将 s 固定为 $s=0.179\,8$。

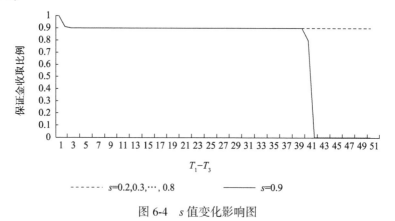

图 6-4　s 值变化影响图

第三步：T_3 的变动对取值的影响。

方法：令 $g=0.1$ ，$s=0.179\,8$ ，$\dfrac{mc_2}{f_0} = 1$ 。

从图 6-5 可以看出，在其余变量保持不变的情况下，随着 T_3 的增长，企业所缴纳的总保证金占企业初始现金流的比例未发生明显改变。考虑 T_3 的极端值发现

只有当 T_3 取值 1 或 2 时，企业所缴纳的总保证金占企业初始现金流的比例会在 T_1 显著大于 T_3 的情况下有所降低。由于 T_3 取值 1 或 2 显著小于覆盖植被生长周期，在下一步分析时，将 T_3 固定为 $T_3 = 20$。

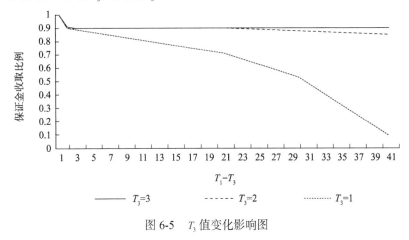

图 6-5　T_3 值变化影响图

第四步：$\dfrac{mc_2}{f_0}$ 的变动对取值的影响。

方法：令 $g=0.1$，$s=0.1798$，$T_3 = 20$。

根据图 6-6，当 $\dfrac{mc_2}{f_0}$ 开始增加时，企业所缴纳的总的保证金占企业初始现金流的比例会大于 1，与现实情况不符，仅当 $\dfrac{mc_2}{f_0}=1$ 时，企业所缴纳的总的保证金占企业初始现金流的比例会在（0，1）的范围内，并且随着 $T_1 - T_3$ 差值的增大稳定于 0.8。

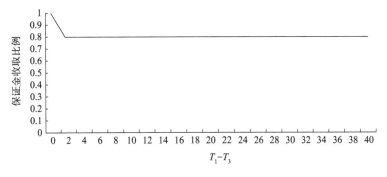

图 6-6　$\dfrac{mc_2}{f_0}$ 值变化影响图

　　由以上分析可以看出，当 m、c_2、f_0、g、s、T_1、T_3 取值与现实情况相吻合时，企业缴纳的矿山环境治理恢复保证金占企业初始现金流的比例将稳定在80%。然而，2015年资源型上市公司的这一比例仅为17.98%，远低于80%的理论比例。这一结论和中央政府与地方政府在演化对策过程中，中央政府的演化稳定策略均为征收较低的单位矿山环境治理恢复保证金相矛盾。因此，中国的矿山环境治理恢复保证金制度在具体的实施上面临一个难题：一方面中央政府无法提高保证金的征收比例，另一方面现行较低的保证金征收比例又无法起到保证金制度本身的激励效果。

第7章 资源型企业生态信息披露有效性

税负公允需要建立在生态信息披露有效性的基础上。生态信息披露有效性是信息规范性、决策有用性和治理有效性的内在统一。基于可持续发展、利益相关者理论和自愿性披露等理论建立生态信息披露有效性评价指标，评价当前生态信息披露有效性水平，并探究生态信息披露有效性的影响因素。

7.1 生态信息披露有效性评价理论与方法

7.1.1 生态信息披露有效性内涵与相关理论

1. 生态信息披露有效性内涵

生态信息披露是生态责任得到履行的前提。有效的生态信息，应当有助于信息使用者据以判断企业实际履行环境责任的情况。因此，企业所披露生态信息对真实环保效果的反映程度，直接决定了信息的有效性水平。本书将生态信息有效性分为信息规范性、决策有用性和治理有效性三个层级进行说明。

第一，信息规范性是保障信息有效性的基础与前提。本书从传统的会计信息质量要求出发，结合生态信息自身特性与使用者实际需求，除了基本的相关性、可比性、可理解性等要求，还总结出合规性、准确性以及时间性三方面的内容。其中合规性主要指企业披露的生态信息应当符合国家的政策法规，这也是信息披露的基本要求；准确性方面，企业在信息表达上可以选择定性或者定量两类方式，一般来讲，定性信息由于易受用词、语境等因素的影响，意思表达往往不及定量信息客观准确，同时后者也更有利于企业间信息的横向可比性，本章认为定量信息越多的生态信息有效性越高；时间性方面，生态污染与保护都属于长期过程，企业披露的生态信息除了描述现状，还应当回顾历史以反映变化趋势，更需要展望未来传递环保决心，因此时间覆盖范围越广的生态信息具备更高有效性。

第二，决策有用性是生态信息披露的初级目标。投资者与债权人等经济利益相关方是利用企业生态信息进行决策的主要人群。这部分人通常较为看重公司治理背景，以及企业已发生或即将发生的环保类支出和经济效益，用以判断企业发展潜力、评估市场价值与未来风险。对这类决策性信息需求的满足，能够在一定程度上提升生态信息整体的有效性水平。

第三，治理有效性是生态信息披露的最终目的，同时也是社会公众、政府管理者等生态利益相关方的关注焦点。该部分信息主要通过直接的环境数据与相关经济数据体现，以便直观反映企业造成的生态污染与达到的环保效果。相关信息的披露情况是企业生态信息披露能否达到预期效果的决定性因素。

本书所说的生态信息披露有效性，是指综合考虑了信息规范性、决策有用性以及治理有效性三层级要求的情况下，企业所披露信息对生态改善的真实效用水平。

2. 生态信息披露的相关理论

1）可持续发展理论

可持续发展的概念最早由世界自然保护联盟（International Union for Conservation of Nature，IUCN）于 1980 年提出，该组织将发展定义为"通过改变生物圈并利用人力、财力、生物及非生物资源来满足人类需求并提高生活质量"的方式，而可持续的发展则需要对社会、生态、经济因素、生物与非生物基础、长短期利益进行综合性的考虑[①]。它将对生物资源的保护作为可持续发展的先决条件，同时指出人类对生物圈的利用应当"既为当代人提供最大可持续利益，又保持满足后代需求与期望的潜力"。1987 年，联合国世界环境与发展委员会（World Commission on Environment and Development，WCED）在其报告《我们共同的未来》（*Our Common Future*）中正式定义了可持续发展——"既满足当代人需求，又不损害后代人满足其需求的能力"[②]。该报告从经济、环境及社会三方面对可持续发展进行了详细阐释，提出将环境问题放在经济和社会的大背景下考虑的基本思路，开启了全球环境保护工作的新篇章。1992 年在里约热内卢举

---

① IUCN. World conservation strategy. Living resource conservation for sustainable development. https://www.iucn.org/content/world-conservation-strategy-living-resource-conservation-sustainable-development，1980.

② Report of the World Commission on Environment and Development：Our Common Future. http://www.un-documents.net/wced-ocf.htm，1987.

办的联合国环境与发展大会，也将可持续发展作为指导思想。大会通过的"Agenda 21"①，被认为是关于可持续发展的首份全球行动计划，其中详细阐述了有关环境保护、资源管理等方面的目标及途径；同时通过发表《里约环境与发展宣言》（*Rio Declaration on Environment and Development*）②，进一步明确了各国的权利与义务。这次大会正式标志着可持续发展从理论探索走向了实践应用。之后经过各国领导人在南非可持续发展世界首脑会议以及巴西可持续发展大会中的不断深入交流合作，世界主要国家已经就可持续发展问题形成了多项承诺，体现出全社会对可持续发展的重视与追求。

但是也有少数学者指出，可持续发展理论作为宏观系统层面的概念，并不适合应用到企业层面。贝宾顿（Bebbington，2001）、米尔恩和格雷（Milne and Gray，2013）认为企业若为了迎合政治需求而围绕可持续性理念展开论述，必然会在一定程度上忽略发展。另外考虑到可持续性至少要在生态系统层面才能发挥作用，企业根本无法对社会可持续性做出贡献（Gray，2010）。尽管如此，仍然有许多学者认可企业层面的可持续发展，将其与企业社会责任紧密联系起来（Marrewijk，2003），并有越来越多的企业付诸行动。

通过可持续发展的概念演进历程可以看出，随着人类经济发展方式不断改进提升，经济与环境、社会的联系越来越紧密，而处于三点交汇处的企业组织，必须担负起必要责任。在此背景下，企业目标不再局限于单纯的经济增长，而是拓展至生态环境与社会生活的方方面面，社会责任的履行成为企业长期发展的前提条件。企业的履行程度，也将直接影响当地生态环境、人民生活质量以及地区长远发展潜力。而从更深层面来看，可持续发展的产生原因及理论核心还是环境问题。企业所披露的生态信息，是政府管理部门与社会公众了解企业环保工作、监督企业环境行为的直接途径与重要手段；信息披露的有效性，将关乎一国环保政策的制定方向以及政府环保工作的管理效率。唯有将可持续发展理念作为生态信息披露的指导思想，综合考虑环境行为与经济、社会之间的相互影响，才能将环保工作引向正确道路。

2）利益相关者理论

企业作为社会生活的重要参与者，与各方机构、组织都有着密切联系，利益相关者理论正是在这种背景下产生的。安索夫（Ansoff，1965）在定义企业目标时最先使用了"利益相关者理论"一词，认为企业在经营过程中不应单方面关注股东利益，而是应当对互相矛盾的各利益相关方需求进行平衡协调。目前受到最

---

① United Nations. Agenda 21. UN Conference on Environment and Development，1992.

② United Nations. Rio Declaration on Environment and Development. UN Conference on Environment and Development，1992.

广泛认可的定义是弗里曼（Freeman）于 1984 年给出的：能够对企业目标的实现施加影响或受到企业行为影响的所有组织或个人（Freeman，1984）。该定义将影响施加方和接收方都包含进了利益相关者的范畴，极大扩充了它的内涵，从而形成既包括公司股东、债权人、供应商等商业伙伴，又包括政府机构、社区民众、公益组织等外部团体的大概念。

在利益相关者理论背景下，资源型企业的设立实则是所有生态共同体联合达成的契约关系，它在消耗社会资源的同时，只有尽可能多地考虑并满足各主要利益相关方需求，才能够长期稳定地发展下去。但是，利益相关者并不都拥有有效途径及时了解自身权益是否受到企业侵害，特别是对于较长时间才能显现实质性伤害且难以修复的环境影响。生态信息披露则为上述问题提供了有效的解决方案：投资者和债权人需要通过生态信息了解企业环保技术发展水平，以分析其潜在的环境相关运营成本及经济效益；社会公众需要利用生态信息审视生存环境是否受到企业损害；政府部门则通过对企业日常生产排放行为的监督，以及对环境数据的综合分析、评判，从宏观层面平衡经济发展与环境保护间的相互关系。

另外，企业通过信息披露满足利益相关者需求、应对更多监管压力的同时，为了有更多的正面信息可以传递给外界，也会主动采取措施降低环境影响、提升环保贡献，这又反过来促使企业规范自身环保行为。由此可见，生态信息披露实际上为企业提供了一种与利益相关者的互利共赢机制，它既是企业在履行社会责任的过程中应尽的职责，也是其向利益相关者传递信息、树立环保形象的有效手段，更是企业实现自我提升的潜在动力。为了获取利益相关者对企业行为的理解与支持，有理由在企业生态信息披露体系构建中充分考虑利益相关者的影响，以提高最终披露的有效性。

当然，在践行利益相关者理论的过程中，除了对理念的认可，利益相关者的识别工作同样会对企业运营产生重要影响。米切尔等（Mitchell et al.，1997）最早从公司管理角度出发，采用影响力、合法性和紧迫性三个维度来评判利益相关者的重要程度，并由此将相关者划分为休眠型、随意型、需求型等类别。拉弗伦尼尔等（Lafreniere et al.，2013）则提出对利益相关者的识别可以更多站在其自我认知的视角，从而帮助企业更好地履行社会责任。可见不同的考虑立场，直接反映了企业履行社会责任的根本目的差异，并将影响最终履行效果。

综上所述，企业生态信息的披露应当全面考虑各主要利益相关方的权利与信息需求。而利益相关者的识别工作，本质上则需要围绕披露目的进行。本书将生态改善效果确立为企业生态信息披露的最终目的，并以此为导向，以利益相关者理论为出发点，最终识别出政府部门、投资者、债权人及普通民众共四类主要的生态信息使用者，并基于各自的信息使用需求，用于后文信息披露体系的框架构建。

3）自愿披露理论

企业披露社会责任信息的作用在于让信息使用者能够基于更全面深入的企业状况进行投资决策，然而部分学者在 20 世纪 70 年代却发现外部信息使用者并未对社会责任信息表现出太大需求（Buzby and Falk，1979）。为了解释该现象，英格拉姆和弗雷泽（Ingram and Frazier，1980）首次对企业的环境绩效与环境披露进行了相关关系研究，从中发现企业管理层在信息披露时带有的灵活性是投资者不信赖企业社会责任信息的主要原因。在此基础上，维里克查尔（Verrecchia，1983）通过分析披露成本对经理层披露行为的影响，发现公司管理者为了避免过多信息可能造成的使用者理解混乱的现象，往往只会选择部分信息进行披露，由此正式提出"自愿披露理论"。克拉克森等（Clarkson et al.，2008）通过研究美国五大重污染行业近两百家企业环境表现与生态信息披露水平之间的关系，同样发现企业在披露过程中存在着灵活性，且环境表现越好的企业出于"环境溢价"考虑，越愿意披露更多的生态信息。

由此可见，企业在信息披露中普遍存在灵活选择性，特别是对于没有太多强制性规范要求的社会责任信息；而可持续发展理论和利益相关者理论，又表明了社会公众及政府管理者对企业生态信息的高度关注。在两方面原因的共同作用下，生态信息披露逐渐沦为企业树立虚假社会形象的常用手段，定性、正面的规范性信息受到企业青睐，而其他以定量为主、不宜操纵的决策、环境治理类信息则被回避。这一常态最终导致披露制度与现实环保效果的南辕北辙。企业在信息披露过程中存在的趋利避害心理及其引发的主观操纵行为，从侧面体现出完善信息披露体系在环境监管中的重要约束性作用，其是对政策制定者的警示。

4）合法性理论与社会政治理论

不同于自愿披露理论从企业内部视角对其披露动机的阐述，合法性理论从外部压力角度给出了另一种解释。该理论基于利益相关者理论，认为企业进行生态信息披露的动机，主要来自监管部门、新闻媒体以及公众舆论等利益相关方的合法性压力。企业往往希望借助信息披露来得到社会对其环境表现的认可，这种披露既包括为树立良好企业形象的主动性披露，又包括在危机事件发生后为扭转社会负面评价而产生的被动性披露（沈洪涛和冯杰，2012）。前一种目的与自愿披露理论相一致；而后一种则主要通过社会政治理论得到进一步论证，认为环境表现差的企业，更易受到来自社会和政策方面的监管压力，从而被迫披露更多信息以求扭转各方对其的负面评价，这在帕滕（Patten，2002）等学者关于企业环境表现与生态信息披露水平之间负相关关系的实证结论中均得到了验证。

总的来说，虽然社会政治理论与自愿披露理论就企业实际环境表现与信息披露水平的相关关系提供了截然相反的解释，但它们均透露出企业对所披露生态信息的主观选择性，为此需要进一步加强对企业生态信息披露的相关制度建设。

7.1.2　生态信息披露有效性的评价方法比较

生态信息有助于反映企业经营活动中自然资源的消耗情况以及对生态环境产生的各种影响，同时能让人们了解到企业如何对此进行管理，其是保障自然环境不受企业行为破坏的重要工具，在世界范围内都得到了广泛关注。国外学者对生态信息披露有效性的研究相对完善，在提出多种有效生态信息评价方法的基础上，已经开始运用各种方法进一步探究生态信息质量的影响因素，一方面为政府管理企业环境行为提供了重要参考，另一方面也有助于企业从社会上寻求对其经营行为的认可与支持（Rosa et al.，2012）。

目前评价生态信息披露质量的方法主要有语义分析法、内容分析法以及赋值法。

1. 语义分析法

语义分析的概念最早由心理学家奥斯古德（Osgood，1961）提出，旨在根据人的联觉和联想来研究事物或概念在各个被评价维度上的强度，最初被广泛应用于心理学领域。随着其他领域学者对该方法的改进，语义分析法逐步渗入对文学、法规等领域文章的研究中。该方法在管理学研究中的应用，主要是考虑到公司管理层日益倾向在各类报告中不断增加描述性用语，从而利用修辞、语调等作为管理对外形象及获得资源的手段（Merkl-Davies and Brennan，2007；Yuthas et al.，2002）。研究步骤一般是在识别、选取文章所含特征词语的基础上，设计出合理的语义指标，再利用词频统计方法对文本内容进行挖掘性分析。国外学者在管理研究领域中对语义分析法的应用较早，如赵等（Cho et al.，2010）利用 DICTION 软件从积极性和确定性两方面评估公司披露信息，发现环境表现较差的企业更倾向发布用词积极、表述模糊的报告。中国的相关研究在近几年才兴起，谢德仁和林乐（2015）运用语义分析法研究中国上市公司年度业绩说明会的文本来验证管理层语调的可信度；张秀敏等（2016）则结合语义分析法，提出从企业所披露生态信息的确定性、语气强度及乐观性三个维度探析语义操纵行为的方法。

语义分析法在文本研究中的有效性高度依赖于特征词的准确选取，而中文作为几千年人情社会发展的产物，广泛存在着同词异义、一语多用的现象，往往需要联系上下文语境才能充分理解其含义。因此简单利用计算机软件抓取功能等方法进行特征词词频统计的方式，极可能造成语义理解偏差从而影响研究结果的可靠性。

2. 内容分析法

卡尼（Carney，1972）将内容分析法定义为一种通过客观系统地识别报告典型特征进行推断的技术。该方法自提出以来被广泛应用于报告分析研究中。不同于语义分析法过分着眼于特征词的弊端，内容分析法能从更为全面的角度对文章进行分析。该方法大致的分析步骤如下：①根据学术文献、专业机构指南或相关法规政策，确定评价指标；②运用内容分析法逐段、逐句量化企业报告中涉及生态信息的内容；③对上述结果合理分配权重进行最终评分，从而为静态评价、横向比较以及纵向趋势分析提供依据。

布赫尔和弗里曼（Buhr and Freedman，2001）在研究文化、制度因素对美、加两国生态信息披露影响中基于内容分析法将披露内容分类为制度、成本、排放、管理和其他类五大板块及若干明细板块，对两国企业的年报及环境报告内容进行计数量化分析，并将该结果作为相关性分析的基础数据。布兰科等（Branco et al.，2008）采用内容分析法中的逐句分析技术，选取环境法规、污染排放、环境保护、可持续性、能源消耗等 11 项指标，探讨葡萄牙废弃物混合燃烧危机中本国企业生态信息披露水平的变化情况。罗莎等（Rosa et al.，2012）在研究巴西企业生态信息披露潜在影响因素的过程中将生态信息分为环境管理、环境表现、法规财务三大类并分别赋予权重，对生态信息质量进行了分析评价。

内容评价法进行可靠评价的核心在于合理选取评价指标。有学者指出前人研究中对信息质量衡量标准选取过于单一的问题。克拉克森等（Clarkson et al.，2013）认为应当将生态信息分为硬性指标和软性指标，硬性指一般能通过统计数据表现出来的客观性信息，软性则是凭企业自身感受判断出来的信息，并由此来衡量企业所披露生态信息的质量。以此为基础，普拉姆利等（Plumlee et al.，2015）在探究企业自愿性生态信息披露质量与公司价值的相互关系时，以全球报告倡议组织出版的《可持续发展报告指南》评价框架为基础，同样使用了硬性软性标准，另外还新增了积极程度这一角度，从客观性、积极性等不同维度进行了实证分析。

3. 赋值法

内容分析法最初的应用，主要通过报告内容的篇幅占比来评价披露表现。这种完全依赖于数量信息的方式，极易受到报告披露字体大小、行间距等排版因素的干扰，可靠性欠佳。同时，由于缺乏统一、规范的生态信息披露框架，企业年报及社会责任报告中对生态信息的披露内容也呈现多元化特征，在信息价值、合理性方面差异较大，难以直接进行比较分析。鉴于部分研究者对信息披露质量方面的评价需求，赋值法开始进入相关研究视野。从本质上看，赋值法其实是对内容分析法的补充与延伸，可以说是广义的内容分析法。它仍然需要以合理有效的生态信息披露框架为基础，但是它对每项指标的打分维度进行了扩充，从而达到评价方法从数量向质量的实质性转变。

最简单的赋值法采用"0~1"赋值形式，即在企业披露了某项生态信息时赋值1分，未披露则为0分，如克拉克森等（Clarkson et al., 2008）、布拉默和帕伍林（Brammer and Pavelin, 2008）在研究中均有用到此法。但是，这种"0~1"赋值仅能体现相关信息的披露与否，过于简化披露情况，导致对披露信息的研究简单停留在表面的存在性探讨阶段，信息的披露程度、实质性作用等情况无法得到体现，从而无法真实反映信息的使用价值。更多学者倾向采用多级赋值的方法。该方法最早的践行者是威斯曼（Wiseman, 1982），他从经济因素、法律诉讼、缓解污染后果和其他四个方面对生态信息进行分类，形成了总计18项指标，按照各自的披露情况逐项打分并汇总。威斯曼的评价体系在很长一段时间内得到众多学者的广泛认可，并被运用到对企业生态信息披露的各项研究中。然而随着越来越多的企业开始披露生态信息，人们发现单纯从是否披露角度来进行的评价已无法体现企业间的披露差异，于是开始探求对信息质量更深入的分析。曾等（Zeng et al., 2012）认为非货币性信息涵盖范围广泛，进一步将其划分为普通信息和具体信息，前者赋值1分，后者赋值2分，而对货币型信息赋值3分，并以此为基础探讨中国企业自愿生态信息披露的影响因素。阿兹等（Aerts et al., 2008）则主要关注信息的准确性程度，而非局限于货币性这一个维度，对模糊性描述赋值1分，明确性描述赋值2分，数字性描述赋值3分。这种将信息属性纳入评分标准的方法，有助于引导企业从对披露篇幅的单一化追求，逐渐转向对信息实际使用价值的关注。但是另一方面，也有学者指出该方法在客观性上的不足。鲁普利等（Rupley et al., 2012）为了提高评价结果的客观性，对每一项指标又按照法律遵守层面、污染预防层面、产品管理层面以及可持续发展层面分别进行打分。沈洪涛等（2010）则从显著性、量化性、时间性三个维度分别赋值，用以评价企业的生态信息披露质量。

上述赋值法的研究均采用的是直接汇总的方式，但也有学者指出，不同内容的生态信息对信息使用者的重要性程度并不相同，因而通过对各类信息赋予不同权重的加权汇总方法，更能真实反映企业生态信息的有效性水平。如王建明（2008）在研究企业生态信息披露与外部监管压力的相关性时，除了从货币性角度出发，分别将非货币性信息和货币性信息赋值为 1 分、2 分，还结合了对各披露指标的整体权重分配，由此确定企业的生态信息披露指数。

4. 评价方法评述

鉴于目前对生态信息披露的多种评价方式，有学者着手比较各自评价结果的一致性。斯塔登和胡克斯（van Staden and Hooks，2007）在研究新西兰 32 家企业环境响应能力与其环境报告披露行为的关系时，分别从披露质量和披露数量两方面进行了实证研究，得出的结论基本一致。受此启发，二人于 2011 年（Hooks and van Staden，2011）对样本企业的报告进行了更深入研究，分别采用句数、页数、页数占比 3 种侧重披露数量的内容分析法，以及 1 种侧重披露质量的方法，即根据各种应有生态信息的披露程度、信息性质等因素对报告打分，比较两类评价方法得出的企业生态信息质量水平，最后发现不同程度的内容分析法所产生结果的高度一致性，以及质量评价法与生态信息句数的高度相关性。然而，约瑟夫和泰普林（Joseph and Taplin，2011）分别采用基于篇幅与基于质量两种方法对马来西亚企业可持续性报告打分，但当他们将结果与企业规模、地理位置、所获荣誉等潜在影响因素进行相关性分析时，却发现基于信息质量的评价方法对相关因素的解释性更强，并解释其结论可能受到国家发展水平、行业性质等多方面的影响。由此可见，并没有绝对适用于所有企业生态信息评价的方式，进行有效评价时必须结合具体实际。

结合中国现状，对环境问题的关注起步较晚，相关信息披露制度明显落后，国内研究者对企业生态信息披露的深入探讨尚较欠缺，此种现象并不利于中国企业的绿色转型。相较之下，赋值法在国外生态信息质量研究中已渐显优势，并侧面推进该国建立起较完善的生态信息披露体系。另外，考虑到当前中国资源型企业面临的特殊经营压力以及政府部门对生态信息详细披露要求的欠缺，企业通过语义用词、增加冗杂篇幅等途径进行环境类报告调整的动机以及空间均处于高位，极大影响了语义分析法和内容分析法的评价可靠性。鉴于此，本书认为赋值法最适用于对中国企业生态信息披露有效性的评价分析以及体系的建立，并将其运用在后文研究中。

7.1.3　生态信息披露有效性评价体系比较

1. 国外主要生态信息披露体系

全球报告倡议组织 2000 年发布的第一版《可持续发展报告指南》，旨在通过建立模块化、相互关联的统一披露框架，协助企业发布包含所有关键领域的可持续报告。该指南涉及环境、经济、社会多角度，并分别下设了各自的核心指标和附加指标。通过与地球宪章（The Earth Charter）、国际标准化组织（International Organization for Standardization，ISO）、联合国全球契约（United Nations Global Compact，UNGC）等众多国际组织的交流合作，全球报告倡议组织历经多个版本，目前已经形成包含通用类、经济类、环境类、社会类四大披露板块共计 36 个明细项的《全球报告倡议组织标准（GRI Standards）》[1]。该披露体系在学术研究中得到众多学者认可。克里克森等（Clarkson et al.，2008）在研究企业环境表现与生态信息披露的相互关系时，就基于《GRI 可持续发展报告指南》[2]的披露体系，同时参考专家意见，构建出一个包含 95 项指标的生态信息披露评分体系。罗卡和瑟西（Roca and Searcy，2012）则利用 GRI 指南研究加拿大主要行业的可持续发展报告披露现状。普拉姆利等（Plumlee et al.，2015）在探究自愿生态信息披露质量对公司价值的影响时，则在参照《GRI 可持续发展报告指南》的基础上，新增信息软硬类型及积极性程度两个维度，以求获取更为可观的披露水平数据。

日本的生态信息披露工作目前已走在世界前列，其成功离不开国家不断更新细化的环境会计及报告指南的指导作用。作为环境主管部门的日本环境省通过《环境会计指南（2002 年）》定义了环境会计概念，同时介绍了相关核算及披露方式，对日本企业实践起到极大引导作用。2005 年，考虑到企业及其他组织在环境会计上的不断发展，环境省进一步提出更加详细、精确的计量核算方式，并专门指出生态信息披露的重要作用[3]。在日本举国发展环境会计的大背景下，《环境报告指南》于 2003 年应运而生[4]，旨在鼓励日本企业通过发布环境报告的方式向社会传达相关生态信息。2007 年的《环境报告指南》[5]在回顾 2003 年《环境报告指南》对国内外企业实践指导作用的基础上，发现报告名称及形式过于繁多等问题，提出应统一报告名称，并开始鼓励企业定期发布报告；同时在报告内容中新增了社会背景因素。2012 年发布的《环境报告指南》[6]，则更为突出反映了环境与商业之间的紧密联系。

---

① 2016 年 10 月 19 日由全球报告倡议组织发布，自 2018 年 7 月 1 日起正式实施，https://www.globalreporting.org/standards/gri-standards-download-center/.

② 2002 年由全球报告倡议组织发布，https://www.globalreporting.org/Pages/default.aspx.

③ Ministry of the Environment, Government of Japan. 2005.

④ Ministry of the Environment, Government of Japan. 2003.

⑤ Ministry of the Environment, Government of Japan. 2007.

⑥ Ministry of the Environment, Government of Japan. 2012.

2. 中国生态信息披露体系

中国在理论与实践中对企业环境问题的关注相对发达国家晚很多，直到 20 世纪 90 年代葛家澍和李若山（1992）在国内首次引入西方的绿色会计理论，才开启了中国学者对企业生态信息相关问题的研究探讨，也为之后出台的一系列环境法规提供了理论指导。2002 年颁布的《中华人民共和国清洁生产促进法》，首次对被列入污染严重名单的企业实施有关污染物排放情况的强制性披露要求，激发了国内研究者与政策制定者对生态信息披露体系的构建探索。

2006 年的《企业环境行为评价技术指南》，是由南京大学在国家环保总局政策法规司和世界银行的指导下开发研制的，旨在为中国各地环保部门综合评价企业环境行为提供技术指导，不具有任何强制性。2010 年，环保部为规范中国 A 股上市公司的生态信息披露，根据《环境信息公开办法（试行）》[①]以及《关于进一步严格上市环保核查管理制度加强上市公司环保核查后督查工作的通知》[②]规定，制定并颁布了《上市公司环境信息披露指南》（征求意见稿）[③]，但该意见稿尚未形成后续的正式文件。2011 年，环保部加紧制度改革步伐发布了《企业环境报告书编制导则》[④]，并正式将其列入国家环境保护标准系列文件中，对中国企业生态信息披露体系的构建工作具有里程碑意义。

3. 披露体系综合比较

不同生态信息披露体系所表现出的评价目的和构建原理均有一定差异，这是由各国不同的环保工作发展背景及水平导致的，也表明不同研究者对企业应披露的生态信息内容及形式还存在分歧。鉴于此，本章接下来将从构建原理、指标构成等方面对上述披露体系进行深入剖析，见表 7-1。

---

① 国家环保总局. 环境信息公开办法（试行）. http://www.mee.gov.cn/gkml/zj/jl/200910/t20091022_171845.htm，2007-04-11.

② 中华人民共和国环境保护部. 关于进一步严格上市环保核查管理制度加强上市公司环保核查后督查工作的通知. http://www.mee.gov.cn/gkml/hbb/bwj/201007/t20100713_192031.htm，2010-07-08.

③中华人民共和国中央人民政府. 环境保护部就上市公司环境信息披露指南征求意见. http://www.gov.cn/gzdt/2010-09/14/content_1702292.htm，2010-09-14.

④ 中华人民共和国环境保护部. 企业环境报告书编制导则（公告〔2011〕第 51 号）. http://www.mee.gov.cn/gkml/hbb/bgg/201107/t20110706_214484.htm，2011-07-06.

表 7-1　5 种主要生态信息披露体系综合比较

体系名称	构建原理	质量要求	指标内容	指标数量
《全球报告倡议组织标准（GRI Standards）》	以可持续发展为核心；注重对经济、环境、社会的综合披露	准确性、均衡性、明确性、可比性、可靠性、及时性	1. 通用指标：环保综合背景、管理体制；2. 专门指标：原料、能源、水资源、生物多样性、排放、污染物处理、环境履约情况、供应商环境表现评估	216
《环境报告指南》	基于环境、社会、经济的"三重底线"核心思想；在不损害环境报告有效性的前提下，利用自然环境履行社会责任；以信息使用者需求为导向	相关性、真实性、可比性、可理解性、可验证性、及时性	环保概况、环境管理体系运作方式、企业环境影响及措施、经济社会因素、其他披露信息	318
《企业环境行为评价技术指南》	根据库存环境法规制度，判断企业环保合规性	—	污染排放、环境管理、社会影响	21
《上市公司环境信息披露指南（征求意见稿）》	有利于债权人、投资者、社会公众和政府管理部门了解企业环境保护情况	—	1. 应当披露：环评、"三同时"执行程度、排污费缴纳，污染物排放总体情况等；2. 鼓励披露：环保理念、目标、环境管理组织结构、环保公益项目，详细排放数据等	37
《企业环境报告书编制导则》	在参考《环境报告指南》的基础上进行一定简化	相关性、综合性、准确性、可比性、通俗性、及时性	高层致辞、报告编制说明、环境管理、环保目标、环保措施与绩效、利益相关者管理	93

　　《全球报告倡议组织标准（GRI Standards）》是以可持续发展为核心理念及目标构建起来的体系，注重企业对自身经济、环境和社会三方面信息的综合披露。该标准尽可能全面地涵盖了企业的所有重大话题、正负面影响及相应管理体制，旨在为报告使用者提供全面、平衡、公正的企业全景图。它针对企业的信息披露提出了内容和质量两方面的要求，内容上需要以利益相关者为主体、立足可持续性发展大背景、兼顾重要性及完整性原则，同时信息质量需满足准确性、均衡性、明确性、可比性、可靠性、及时性这六项特征。从指标构成来看，它既涉及环保综合背景、管理体制两类通用指标，又包含原料、能源、水资源、生物多样性、排放、污染物处理、环境履约情况、供应商环境表现评估等八类专门指标，总计拥有 216 项明细指标，覆盖范围较广，对企业产生的实际环保效果也体现得较为充分。

　　日本《环境报告指南》所提出的生态信息披露体系，同样是基于环境、社会、经济的"三重底线"核心思想构建起来的。它认为环境、经济与社会的共同和谐发展本质上是一项政治要求，将关乎人类后代能否与全球环境和谐共处。社会急需一种有效机制，帮助经济实体识别出能够为环境友好型商业带来经济效益的商务实践。由此可见，企业生态信息披露在创造环境与经济良性循环中所起的决定性作用。基于上述认识，《环境报告指南》提出了"在不损害环境报告有效性的前提下、利用自然环境履行社会责任"的生态信息披露原则。同时，为突出环境与商业之间的密切联系，《环境报告指南》在指标体系中重点体现了利益相关方对企业运营发展的重要性，最终确立了以环境报告使用者的需求为导向的生态信息披露框架，并将信息相关性、真实性、可比性、可理解性、可验证性、及时性作为评判信息质量的核心标准，形成了包含环保概况、环境管理体系运作方式、企业环境影响及措施、经济社会因素、其他披露信息共五类信息 318 项明细指标的披露体系。

《企业环境行为评价技术指南》的披露体系建立的目的在于通过指导各地区环保部门开展企业环境行为评价，提高环保部门的管理水平。该体系针对各项指标都提出了企业应达到的标准。主要评价过程是根据信息系统库存的环境类法规及环境标准，对企业的污染排放、环境管理、社会影响等方面进行分析判别，并将各单项评价结果计入评价指标表；由此得到的综合评价结果将通过对应级别的颜色得到反映。该体系所包含的指标仅有 21 项，相对容易从政府部门环境审核报告、审批文件等资料中获得数据。

《上市公司环境信息披露指南（征求意见稿）》的制定，主要是为了规范上市公司的生态信息披露行为，协助提升环保水平。该体系立足于协助企业投资者和债权人、社会大众以及政府机构了解企业环保状况，同时将信息要求区分为应当披露和鼓励披露两大类，共计包含 37 项明细指标，对环境管理及环境影响均有涉及。从环境管理方面，应当披露的信息主要关注企业对国家法律法规标准的执行情况，如环评、"三同时"执行程度、排污费缴纳等；同时鼓励企业披露环保理念、目标、环境管理组织结构以及相关环保公益项目等情况。从环境影响方面，要求企业披露的信息主要包括污染物排放及处置等的总体情况；而关于企业资源的消耗情况以及更为细节的排放情况，则以鼓励为主。

《企业环境报告书编制导则》是国内披露体系的重要转折点。它将过去概括较为笼统的披露框架，引向详细、实用的指标构建方向。它所采用的指标主要是在大量参考日本环境省《环境报告指南》的基础上进行了一定简化，并遵循了相关性、综合性、准确性、可比性、通俗性、及时性六大原则。该标准的制定一方面是为了进一步完善企业环境管理体制，提高环境管理水平，树立企业绿色形象；另一方面则有助于规范企业生态信息公开行为，完善企业与各主要利益相关方之间的信息沟通机制，敦促企业履行社会责任。

按照描述性语言、实物量信息、货币量信息三类对上述 5 种披露体系的指标属性进行了统计分析，如图 7-1 所示。结果发现各体系的指标多以描述性语言为主，同时兼顾了实物量指标，而货币量指标在各体系中的占比均很少。其中《环境报告指南》体系最为翔实，这可能得益于日本全国完善的环境监测体系以及企业先进的监控理念与技术水平；《全球报告倡议组织标准（GRI Standards）》次之；而中国的披露框架在各方面都远落后于前两者。

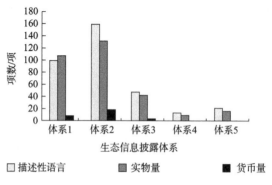

图 7-1　5 种主要生态信息披露体系指标构成情况

总而言之，《全球报告倡议组织标准（GRI Standards）》与《环境报告指南》均是以环境、经济、社会"三重底线"理论为出发点，将生态问题立足于经济、社会的大背景下，所要求的指标内容详细、数量众多，基本满足了信息规范性、决策有用性及治理有效性三层级目的。《企业环境行为评价技术指南》及《上市公司环境信息披露指南（征求意见稿）》则主要考虑企业在污染物排放处置、环境违规、排污费缴纳等日常经营中的合规情况，不过二者出发点有所不同，前者是以政府管理的视角，侧重信息规范性；而后者以上市公司利益相关者的角度提出披露要求，具备一定决策有用性。《企业环境报告书编制导则》虽然提出了较为详细的披露体系，但它主要是将生态信息作为宣传企业形象的载体，重点关注了企业为改善环境、履行社会责任所做的贡献，对负面信息有所忽略，同样不能客观体现企业对生态环境的实际改善效果。

5 种披露体系均从理论和实践层面对企业生态信息披露工作进行了有益探索，其中，《全球报告倡议组织标准（GRI Standards）》及《环境报告指南》更是对很多发达国家企业可持续发展报告或环境报告的编制工作起到了关键指导、规范作用。但是，结合当前中国环保工作的发展现状以及资源型企业特有环境特点，发现上述体系仍存在如下不足之处。

国内信息披露主要侧重规范性需求，对最高层级的治理有效性关注不足。生态改善既是要求企业披露环境信息的初衷，也是应当达到的最终目的。但经过对中国 3 种代表性披露体系的深入研究，却发现其普遍以政府合法性监管需求或经济利益相关方的决策需求为导向，缺乏详细的资源使用与生态污染相关指标。这种情况可能会使披露信息对企业行为的负面环境效应体现不充分，严重影响环境信息的客观性。

定性信息占比较大，信息可比度不高。环境保护是一项持续改进的过程，政府管理部门需要对企业披露的环境信息进行分析、统计与判定，用以制定政策并监督企业执行情况；社会公众需要根据企业自身的指标变化以及不同企业间的指标对比，来了解企业环保的相对优劣势及发展趋势。无论横向还是纵向的信息对比，都要基于指标统一的量化数据才能有效进行。同时，鉴于中文表述方式多种多样，针对同一件客观事实进行不同的语言组织，带给接收者的直观感受就可能千差万别，这将给予企业极大的语义操纵空间。而从前述披露体系来看，定量指标在体系中占比基本在 50%以下，显然不利于中国企业环境信息的有效披露。

指标可获得性考虑不足。虽然在理论上，出于生态共同体应有的知情权，可以要求企业披露所有可能对生态环境造成影响的信息，但现实的披露情况却会受到技术水平、人员、资金等众多因素影响。以日本的《环境报告指南》体系为例，里面列示了大量指标，如物料守恒信息、冷温水排放温差、上下游供应商环保能动性等较为细微的项目，这些指标获取必须以先进环境监测体系作为支撑；这对环境监测工作尚处于初步设计阶段的中国来说，要求显得有些过高，因此在实际参考中需要有所取舍。

缺少行业特有指标。前述指南给出的均是适用于所有行业的通用性体系，指标覆盖范围广但不够专，未能考虑特殊行业特有的环境影响类型。以本章重点研究对象——矿业为例，不可再生资源耗用与矿山环境破坏情况就是业内需重点关注的环境信息。中国政府也对资源型企业的绿色运营提出了一系列政策要求和技术规范，其中包括选矿尾矿综合利用率、选矿水重复利用率、各种达标率等众多指标。只有将这类特有指标考虑其中，才能对中国资源型企业生态信息披露的有效性进行更全面的评价。

7.2 生态信息披露有效性评价体系的构建

中国资源型企业在长期的经营发展中，对当地生态环境和民众生活都造成了较大负面影响，环境表现普遍较差，而国家政策法规对企业生态信息的披露又缺乏全面、具体的要求，这极易导致企业在披露时出现避重就轻、选择性公布正面环保信息、粉饰模糊关键信息等现象，不利于矿产行业的生态信息收集、政策制定工作，极大阻碍了行业的健康发展。科学、全面、细致的行业生态信息披露体系的建立，正是解决上述不利现象的有效途径。

7.2.1 评价体系构建原理

在对信息披露相关理论分析探讨的基础上,本书构建起以"一目标、三相关、三层级"为核心原则的资源型企业生态信息披露理论框架,即生态信息披露体系是以平衡企业社会、经济、政治三方面主要利益相关者权益为前提,以生态环境的改善为最终目标,综合考虑信息规范性、决策有用性与治理有效性三层级信息要求,反映环境、社会、经济之间协调共生关系的指标体系。

本体系主要基于两点构建原则:①人与自然的和谐发展;②人与人的和谐发展。首先从人与自然的角度来看。经济发展的目的在于提高人们的生活质量,而发展中对生态环境的破坏行径,最终还需要人类自己去承担后果。由此可见环境保护之必要性。但是,本书提倡的环境保护并不等于完全抵制对自然资源的消耗利用,因为这无法满足人类生存和发展的需要。考虑到生态圈自身所具有的自我更新与净化能力,本书认为,只要人类对自然界的利用与影响不超出环境承载能力,不影响各利益相关方以及后代满足各自需求的能力,都是可以被接受的。因此,本体系的指标构建并非以企业的零消耗、零排放为目的,而是期望通过定量化的指标让信息使用者直观感受到企业活动对其生存环境的影响程度以及改善成效,同时利用企业生态信息进行横向与纵向的对比分析,从而形成客观评价与有效监督。

从人与人的角度来看,企业根本上代表的是股东利益,矿区居民则是企业活动的主要受害方。资源型企业的生产经营对矿区居民的生活质量造成一定的负面影响。这一现象的本质,其实是相关利益团体间的调节,是强势利益主体对弱势方的生态掠夺,正是这种掠夺,打破了自然赋予人类的资源平等,不断加剧着不平等现象(程宏伟等,2012)。本书认为,要解决上述问题,首先需要合理处理如今企业与利益相关者之间的信息不对称情况,这也是相关信息披露体系的关键作用。从利益相关者理论出发,无论是投资人、债权人等内部相关方,还是矿区居民这类企业环境行为的直接受害者,抑或是社会大众等间接受害者,以及政府部门等企业环境行为的监管方,都有权了解企业的真实生态信息,从而寻求在与企业对话中的相对平等地位。企业有责任通过信息披露满足利益相关者信息需求,为人与人之间和谐、公平发展创造有利条件。

7.2.2 评价指标体系构建

1. 体系构建思路

从上述原理出发,通过借鉴《全球报告倡议组织标准(GRI Standards)》及

《环境报告指南》，以利益相关者理论、自愿信息披露理论、合法性理论和社会政治理论为导向，同时结合中国生态信息披露法规及《矿山生态环境保护与恢复治理方案（规划）编制规范（试行）》[①]等矿业环境保护标准，本书建立起一套适用于中国资源型企业的生态信息披露体系。该体系以生态改善效果为最终导向，遵循环境、社会、经济"三重底线"指导思想，综合考虑政府部门、企业投资者、债权人以及普通民众等主要利益相关方，基于合规性、准确性、时间性三方面原则，以企业经营活动流程为主线，从环保背景、资源使用、生态污染、环保提升工作四大环节入手，采取定性语言、实物量指标、货币量指标相结合的信息表述方式，旨在构建能够为生态信息使用者提供企业真实、有效生态信息的披露体系。体系设计思路如图 7-2 所示。

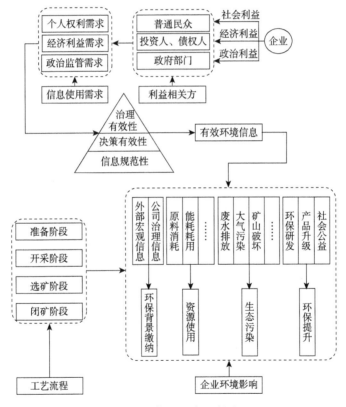

图 7-2　体系设计思路图

---

① 中华人民共和国环境保护部. 矿山生态环境保护与恢复治理方案（规划）编制规范（试行）. http://www.mee.gov.cn/ywgz/fgbz/bz/bzwb/other/qt/201307/t20130729_256495.shtml，2013-07-29.

2. 评价方法

通过对不同评价方法的分析探讨，本书认为，在中国矿业当前盈利空间严重不足、生态问题备受关注的双重压力背景下，抛开语义操纵及篇幅假象的赋值法，更能客观反映企业生态信息披露的实际有效性。为了更全面反映披露生态信息的质量，本章选择采取多级赋值与加权汇总相结合的评分模式。其中针对各单项指标，从全面性和时间性两个方面进行综合打分。全面性方面，若企业披露该项信息则赋值 1 分，未披露则赋值 0 分；时间性方面，则主要关注信息的纵向延续性，对反映现状的信息赋值 0 分，历史绝对值信息或相对变化信息赋值 1 分，未来目标信息同样赋值 1 分。

在权重确定方面，考虑到中国资源型企业发布的环境类报告总体并不多，研究样本整体偏少，因此本章采取层次分析法进行赋权。该方法能够在多目标、多层级的模型基础上，通过两两比较各指标间的相对重要性，最终确定出较为精确的权重数据。

1）建立评价层次模型

本章将企业披露的生态信息分为环保背景、资源使用、生态污染以及环保提升四大板块，并划分出四级指标体系，共计145项指标。具体体系如表7-2所示。

表 7-2　中国资源型企业生态信息披露有效性评价体系

一级指标	二级指标	三级指标	四级指标
环保背景	外部宏观生态信息	政策	报告编制依据
			企业遵循的环境法规、标准
		背景	面临的环保局势
			企业的宏观局势应对措施
	内部微观管理信息	管理制度	环境使命、愿景、目标、战略等
			环保机构设置
			环境管理系统
			员工环保知识培训教育工作
			与利益相关者的沟通机制
		管理效果	企业年度环保投入
			法定环保资金投入（如排污费、矿山环境治理恢复保证金等）
			环保工作主要考核指标
			重大环境事件的情况说明
			因环境问题受到的行政处罚
			因环境问题缴纳的罚金
			环保认证及荣誉情况
			环评、"三同时"执行情况

续表

一级指标	二级指标	三级指标	四级指标
环保背景	内部微观管理信息	管理效果	清洁生产审核工作
			环境报告接受第三方审核
			主要环保项目及其运行情况
			主要环保设施的资金投入
			环境数据监测点建立情况
			环保工作的整体环境效益
			设施运行受到第三方监督的情况
资源使用	原料消耗	消耗情况	消耗总量
			单位消耗量
			按可再生性划分的消耗量及占比
		利用效率	采矿回采率
			采矿贫化率
			选矿尾矿综合利用率
			煤炭洗选情况
		原料节约情况	资源利用政策
			资源节约措施
			实际资源节约量
			资源节约措施的财务投入与收效
	能源耗用	消耗情况	消耗总量
			单位消耗量
			按可再生性划分的消耗量及占比
			按能源性质（如电力、热能、冷能、蒸汽）划分的能源耗用量
		节能情况	能源耗用政策
			节能措施
			能耗节约量
			节能措施的财务投入与收效
	水资源消耗	消耗情况	消耗总量
			单位消耗量
			取水水源地情况（如是否为生态保护区、生态价值、企业影响）
			按水源（如地表水、地下水、雨水、污水、市政供水等）划分的用水量及占比
		水资源节约情况	水资源使用政策
			节水措施
			水资源节约量
			节水措施的财务投入与收效
	绿色采购	采购制度	绿色采购政策
			进行了环境影响评估的供应商情况
			重要供应商的环境影响评价
		采购情况	绿色采购的类型

续表

一级指标	二级指标	三级指标	四级指标
资源使用	绿色采购	采购情况	绿色采购的数量
			绿色采购额
			绿色采购带来的环境效益
生态污染	废水排放	排放情况	废水产生总量
			废水综合利用情况
			COD排放量、浓度及政策标准对比
			氨氮等其他特征污染物排放量、浓度及政策标准对比
			按排放去向划分的排放量及占比
			受影响的水体情况（如位置、面积、影响、水质级别等）
			工业废水排放达标率
			生活污水处理率
			地表水环境质量达标率
		减排情况	废水排放政策
			废水减排措施
			废水减排量
			污水回收利用措施的财务投入与收效
	气体排放	温室气体排放	温室气体排放情况
			GHG（greenhouse gas，温室气体）排放强度
		其他废气排放	ODS（ozone-depleting substance，消耗臭氧层物质）排放情况
			SO_2排放情况
			氮氧化物等其他重要废气排放情况
			烟尘排放情况
			工业废气排放达标率
			作业环境粉尘合格率
			环境空气质量达标率
		减排情况	气体排放政策
			大气治理措施
			温室气体减排量
			其他废气减排量
			大气治理措施的财务投入与收效
	固体废物产出	产生情况	固体废物产生总量
			按毒性划分的产生量及占比
			按物质种类划分的产生量及占比
		处理、处置情况	固体废物处理政策
			固体废物利用措施
			按处置方式划分的处置量及占比
			固体废物综合利用措施的财务投入与收效
			选矿金属回收率
			固体废物综合利用情况

续表

一级指标	二级指标	三级指标	四级指标
生态污染	固体废物产出	处理、处置情况	固体废物安全处置率
			危险废物无害化处理率
	矿山环境变化与治理	地质影响	水平变形（毫米/米）
			附加倾斜（毫米/米）
			下沉/米
			沉陷后潜水位埋深/米
			生产力降低
			开采沉陷土地损毁程度级别
		矿山环境保护与治理行为	绿化措施
			绿化措施的环境绩效
			绿化措施的经济投入与效益
			矸石山治理措施
			矸石山治理措施的环境效益
			矸石山治理措施的经济投入与效益
			水土保持措施
			水土保持措施的环境效益
			水土保持措施的经济投入与效益
			土地复垦措施
			土地复垦措施的环境效益
			土地复垦措施的经济投入与效益
			矿山损毁土地恢复率
			其他保护与恢复措施
			其他保护与恢复措施的环境效益
			其他保护与恢复措施的经济投入与效益
			矿山保护资金总投入
	其他生态影响	重大泄漏事件	泄漏的地点、物质类型
			泄漏事件的环境影响
			泄漏应对措施
		噪声危害	噪声管理政策
			厂界噪声声压级
			声环境质量达标率
			噪声控制措施
		振动危害	振动管理政策
			厂界环境振级
			振动控制措施
		生物多样性影响	生物多样性管理政策
			影响的地理范围
			影响的类型（污染、减少物种、栖息地变化等）及程度（年度变化量）

续表

一级指标	二级指标	三级指标	四级指标
生态污染	其他生态影响	生物多样性影响	受影响生物的数量、变化量
			生物多样性保护措施
环保提升	环保研发	环保研发政策	—
		环保研发的项目类型	—
		已取得及预期的环保效益	—
		环保研发资金投入	—
	产品升级改造	绿色产品的概况	—
		绿色产品生产量	—
		绿色产品销售额	—
		绿色产品的环境效益	—
	社会贡献	环保社区教育、捐赠等公益活动类型	—
		环保公益活动的环境效益	—
		环保公益活动的资金投入	—

资料来源：本框架是在综合参考多套生态信息披露体系及中国矿产行业特有政策法规的基础上，经过作者重新归纳补充所得出。具体参考资料：①《全球报告倡议组织标准 GRI Standards（2016）》，全球报告倡议组织发布；②《环境报告指南（2012 年）》，日本环境省发布；③《企业环境行为评价技术指南》，南京大学开发研制；④《生态信息公开办法（试行）》，原国家环保总局发布；⑤《上海证券交易所上市公司环境信息披露指引》，上交所发布；⑥《环境保护部就上市公司环境信息披露指南征求意见》，中华人民共和国中央人民政府发布；⑦《企业环境报告书编制导则》，原环境保护部发布；⑧《矿山生态环境保护与恢复治理技术规范（试行）》，原环境保护部发布；⑨《矿山环境监察指南（试行）》，原环境保护部发布；⑩《矿山生态环境保护与恢复治理方案（规划）编制规范（试行）》，原环境保护部发布

2）构造判断矩阵并确定权重

本章采用 1~9 及其倒数作为标度来定义相对重要性，并在可行的情况下将各指标的量化性程度作为主要判断依据。考虑到信息可比性在横向业绩比较、纵向趋势判断以及明确标准建立中的重要地位，定量信息相较定性信息会更为有效。进一步地，定量信息又分为实物量信息和货币量信息，前者是对企业环境影响的直接反映，但对于信息阅读者的直观性不足；后者通过将环境影响及环保效果货币化，更有助于信息使用者进一步量化感受企业行为的正负面影响程度。因此，本章将货币量信息确认为最有效的信息表述方式。在此基础上，按照定性信息、实物量信息、货币量信息相对比重为 1：2：3 的中心思想，来进行权重的确定。

以三级指标中的废水减排情况指标为例，本章确定出的比较判断矩阵如下：

$$A = \begin{bmatrix} 1 & 1 & 1/2 & 1/3 \\ 1 & 1 & 1/2 & 1/3 \\ 2 & 2 & 1 & 2/3 \\ 3 & 3 & 3/2 & 1 \end{bmatrix}$$

然后，通过将矩阵进行归一化处理后的各行元素相加，再除以矩阵阶数 n，即可得到权重向量：$W_i = \dfrac{1}{n} \sum_{j=1}^{n} \dfrac{a_{ij}}{\sum_{k=1}^{n} a_{kj}}$，$i$，$j$=1，2，3，…

3）一致性检验

为避免在重要性判断中主观因素可能对权重计算造成的潜在影响，本章运用 Yaahp 软件对所有比较判断矩阵进行一致性检验，结果显示均通过了检验，由此判断所得权数较为合理。

通过层次分析法加权汇总各指标得分，即可得出最终分数。但是，考虑到以 1 为总权数的赋权方式使得各报告有效性分值均偏小，不便观察描述，因此将各分值均放大 100 倍处理，以便于后续观测分析。

7.3　生态信息披露有效性评价

7.3.1　生态信息披露现状

1. 方法验证

本书提出的以生态改善为最终目标的企业生态信息披露有效性评价思想，与当前受到较多关注的"漂绿"[①]概念有一定相似处，都是为了反映企业所披露生态信息的真实效用。该词最早出现于 1986 年，由韦斯特费尔德（Westerveld）在批判某酒店"拯救毛巾"活动虚假宣传时提出[②]，之后逐渐被应用于新闻报告、学术研究、政策法规等领域中。《南方周末》在 2009 年首次将"漂绿"概念引入中国，并总结了公然欺骗、故意隐瞒、空头支票、政策干扰、适得其反等十项漂

---

① "漂绿"（greenwashing）是由"绿色"（green）和"漂白"（whitewash）两个词合成而来。Oxford English Dictionary（2012 年）将漂绿定义为：组织为了展示对环境负责的公共形象而宣传虚假信息。

② Motavalli J. A history of greenwashing：how dirty towels impacted the green movement. https://www.aol.com/2011/02/12/the-history-of-greenwashing-how-dirty-towels-impacted-the-green/，2011-02-12.

绿表现[①]。以其发布的历年"中国漂绿榜"为基础，本章对上榜资源型企业进行了有效性评分，结果如表 7-3 所示。

表 7-3　历年中国漂绿企业环境信息有效性评分

年份	上榜资源型企业	有效性得分
2010	紫金矿业	19.32
	中国石油	24.01
	中国石化	19.08
2011	中国石化	25.66
2012	中国神华	26.42
	中国石化	12.09
	中煤能源	22.70
2013	中国神华	33.41
	中国石油	23.09
2014	中国石油	27.98
2015	中国石油	29.69
	海螺水泥	11.05

资料来源：根据 2010~2015 年"中国漂绿榜"名单及本章评分整理所得

　　根据表 7-3，历年进入"中国漂绿榜"的资源型企业，其生态信息有效性分数基本在 30 分以下，2015 年甚至出现 11.05 的低分，远不足理想总分值的 1/3，生态信息有效性水平普遍偏低，二者有互相印证之效。但是，本章针对环境类独立报告的评分方式，旨在揭示企业所披露信息的自身规范性、对决策者的有用性以及对生态治理的有效性，"中国漂绿榜"则针对企业所有形式对外信息、以信息真实性作为最终考察目标。前者是企业生态信息披露的基本要求，而后者是在前者基础上的进一步深入考核。两种标准目的以及信息范畴的不同，难免造成评价结果的差异。但上榜企业有效性得分偏低的事实，仍能在一定程度上验证本书所设计评价体系的合理性，同时还说明该种体系对于深化企业环保言行一致的重要性，兼具了理论与现实意义。

2. 样本选取

　　根据中国证监会《2016 年 3 季度上市公司行业分类结果》[②]，选取 2007~2015 年度采矿业、制造业中涉及矿山开采与经营行为的所有 A 股上市企

---

① 南方周末. 将中国式"漂绿"监督到底 中国第一份公司漂绿标准发布. http://www.infzm.com/topic/2011plb.shtml.

② 中国证监会. 2016 年 3 季度上市公司行业分类结果. http://www.csrc.gov.cn/pub/newsite/scb/ssgshyfljg/201611/t20161110_305709.html，2016-11-10.

业作为研究样本；对于在 A 股、B 股同时上市或以转债方式上市的公司，只考虑 A 股上市部分。在获得 106 家上市公司数据的基础上，剔除部分企业在样本期间未上市或停止上市的年份，使用混合横截面数据把不同年份的横截面数据混合起来以扩大样本、增加估计精度，最终获得共计 848 个观测值。样本观测值在中国证监会行业分类及 2007[①]~2015 各年度的分布情况如表 7-4 所示。

表 7-4　2007~2015 年样本观测值的行业及年度分布

行业名称	2007 年	2008 年	2009 年	2010 年	2011 年	2012 年	2013 年	2014 年	2015 年	合计
黑色金属矿采选业	4	4	4	4	4	4	4	5	5	38
煤炭开采和洗选业	23	24	24	27	27	27	27	27	27	233
石油和天然气开采业	4	4	4	4	4	4	4	4	4	36
有色金属矿采选业	19	21	21	21	21	22	23	23	24	195
非金属矿物制品业	12	14	14	15	16	18	19	19	21	148
化学原料及化学制品制造业	6	6	6	6	7	7	7	7	7	59
黑色金属冶炼及压延加工业	5	5	5	5	5	5	5	5	5	45
石油加工、炼焦及核燃料加工业	6	6	6	6	7	7	7	8	8	61
有色金属冶炼及压延加工业	3	3	3	4	4	4	4	4	4	33
总计	82	87	87	92	95	98	100	102	105	848

资料来源：研究所涉及的社会责任报告、可持续发展报告以及环境报告，主要从巨潮资讯网、企业可持续发展报告资源中心网站以及企业官方网站获得，所有环境数据均通过手工搜集

3. 报告发布情况

从网上查询了所有 A 股矿业上市公司 2007~2015 年度的社会责任报告、可持续发展报告以及环境报告等独立报告，同时从报告内容中手工获取每份报告接受第三方审验的情况并进行了统计。自深交所 2006 年首次发布《深圳证券交易所上市公司社会责任指引》起，中国资源型企业通过社会责任报告等方式公开披露生态信息的比例基本呈现逐年上升趋势。图 7-3 表明了 2007~2015 年中国资源型企业环境信息披露趋势，其中 2008 年及 2011 年披露比例涨幅较大，这分别得益于深交所《深圳证券交易所上市公司社会责任指引》以及中国环保部《上市公司环境信息披露指南（征求意见稿）》的颁布对未披露企业的促进鞭

---

① 由于中国在 2006 年才由深交所首次发布有关社会责任报告的《深圳证券交易所上市公司社会责任指引》，大部分上市企业于 2007 年才开始逐步执行披露。因此，本章样本选取时点从 2007 年开始。

策作用。但是，从披露趋势图中可以看到，目前中国资源型企业整体的信息披露比例仍不到一半，且披露比例的上升趋势自2012年开始放缓并趋于平稳。这反映出2015年颁布的《中华人民共和国环境保护法》，并未能促进更多资源型企业关注生态信息的披露问题。

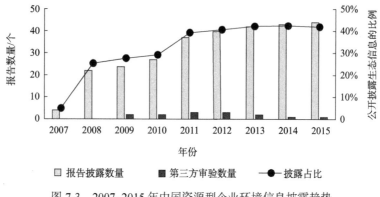

图7-3　2007~2015年中国资源型企业环境信息披露趋势

生态信息的披露目的主要在于满足环境利益相关方对企业的环保诉求，信息内容的真实有效性至关重要，外部第三方机构的审验工作无疑有助于提高信息可信度，增强有效性。但是从本章统计结果来看，当前中国资源型企业的报告审验工作依然非常落后，审验数量最多的时候也只有3家，且近年来还在不断减少。

虽然在实行社会责任报告的最初几年，中国资源型企业的披露比例经历了一段快速增长的时期，但是总体披露水平依然不高，且近年来趋于平稳；同时缺少外部独立机构审验工作对信息可靠性的合理保证。此种现象从侧面表明资源型企业生态信息的宏观有效性依然不足。

7.3.2　生态信息披露有效性综合评分

1. 有效性综合得分的描述性统计

企业披露的生态信息应当能够基本反映行业整体生态保护状况。表7-5显示了中国自2007年全面实施矿山环境治理恢复保证金制度以来的矿山环境治理情况。从破坏面积来看，随着矿业行业的不断发展，被占用损坏的土地面积不断扩大，采矿行为对矿山环境的破坏愈发严重；从保证金缴存与返还情况来看，虽然返还率在2010~2012年有所上升，但总体较低，且其中一部分原因在于个别地区暂停提取保证金，说明企业对矿山环境治理义务的实际履行情况较差。

表 7-5　矿山环境治理恢复情况

年份	矿业开采累计占用损坏土地/公顷	矿山环境恢复治理			保证金/万元		
		当年治理恢复面积/公顷	累计治理恢复面积/公顷	本年矿山环境治理恢复投入资金/万元	保证金缴存数/万元	保证金返还数/万元	返还率
2007	1 657 928	38 291	—	405 890	—	—	—
2008	1 739 152	43 747	—	440 865	—	—	—
2009	2 509 225	39 637	210 095	1 174 805	—	—	—
2010	2 484 184	52 463	435 399	1 182 251	7 664	9	0.12%
2011	2 659 851	71 406	523 354	969 858	1 306	14	1.07%
2012	2 812 735	43 608	530 569	1 225 542	162	15	9.18%
2013	52 528 322	33 251	—	1 429 040	190	25	13.15%
2014	2 618 159	40 778	—	1 308 151	—	—	—

资料来源：作者根据 2008~2011 年《中国国土资源年鉴》、2012~2013 年《中国矿业年鉴》、2014~2015 年《中国环境统计年鉴》整理得到

通过将当年已治理恢复面积除以累计占用损坏土地面积得到的矿山环境治理效率数据，再结合企业生态信息披露比例趋势线，绘制了图 7-4。根据图中趋势可以看出，企业披露数量占比与实际治理效率间并未体现出变化上的一致性，说明当前企业所披露的生态信息没能真实反映生态改善效果，信息有效性水平不高。

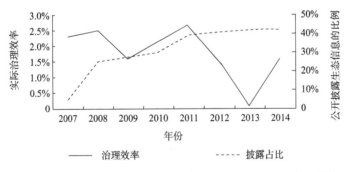

图 7-4　2007~2014 年中国矿山治理效率与环境信息披露数量趋势

接下来运用构建的生态信息有效性评价框架。图 7-5 中对所有观测样本进行了单独评分，发现虽然中国资源型上市公司有过环境类报告发布比例快速上升的阶段，在披露数量方面有所改善，但是报告整体的平均质量却并没有提高，仍处于上下波动中，基本维持在 12~15 分，这也与中国长期较低的矿山环境治理效率相契合。

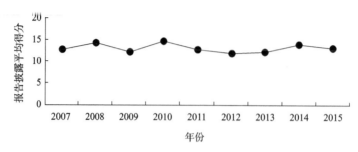

图 7-5　2007~2015 年中国资源型企业环境信息披露平均有效性趋势

不含未发布环境类报告的情况

另外，通过比较图 7-6 中 2008 年及 2015 年的得分数据，还发现各分数段的企业数量均有了较大增长，这主要是近年来外部环保压力的加剧，迫使更多企业选择披露生态信息，其中 1~10 分段的数量增幅最大，另外还新增了 41~50 分段企业。但是，大多数的报告得分仍集中在低分数段，总体分布构成并未发生根本转变，反映出当前中国大多数资源型企业依然保持着尽量不披露或模糊披露的心态。

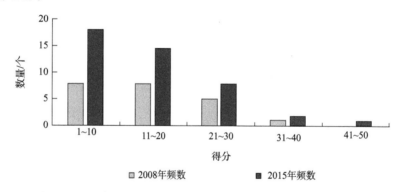

图 7-6　2008 年及 2015 年中国资源型企业环境类报告得分分布情况

（1）不含未发布环境类报告的情况

（2）由于中国有关部门 2006 年才开始鼓励企业披露社会责任报告，2007 年实际履行的企业数量较少，相应数据难以反映分布情况，故在此采用 2008 年的数据进行分析

虽然资源型企业整体的生态信息披露水平趋势不明显，但个体的披露水平可能因行业性质、企业所处地域的不同而有所区别，故接下来通过描述性统计[①]分别从行业及地域两个角度对样本进行比较分析。

1）行业角度

本章的研究是基于中国所有涉及矿山经营的上市企业进行的，由于业务构

---

① 为综合反映整体情况，该部分描述性统计包含 2007~2015 年已上市而未发布环境类报告的企业样本。

成的不同，样本企业在中国证监会发布的行业分类中被归为采矿业或者制造业，相应的监管条件也会有所差异。将样本拆分为采矿业与制造业分开观察时，由表 7-6 可以看到采矿业的信息有效性得分平均值高于制造业，值域范围与标准差也大于后者，说明采矿业分类中的资源型企业整体的生态信息披露水平优于制造业，但是各企业间的有效性差异也更为显著。从时间趋势来看，采矿业有效性得分的最大值在 2007~2011 年提高较快，而制造业则一直在上下波动中，说明在中国开始鼓励企业披露社会责任报告的最初几年，采矿业企业的表现相对制造业更为积极。造成此种现象的主要原因可能在于外界普遍认为采矿业相较于制造业对环境的影响更严重，因而往往将前者作为更重要的监督对象，这无疑给采矿业上市公司带去更大压力，激发出更强披露动机。而由于信息披露中模仿行为的存在（沈洪涛和苏亮德，2012），随着带头企业披露生态信息水平的提高，也会相应带动其他企业披露更有效的信息，从而使行业的平均水平有所改善。

表 7-6　生态信息披露有效性的描述性统计（按行业划分）

年份	采矿业				制造业			
	观测值	值域	均值	标准差	观测值	值域	均值	标准差
2007	50	[0, 21.10]	0.71	3.56	32	[0, 12.74]	0.52	2.34
2008	53	[0, 35.04]	4.30	8.23	34	[0, 25.25]	2.54	6.46
2009	53	[0, 31.61]	4.95	8.95	34	[0, 11.67]	1.06	2.60
2010	56	[0, 40.12]	5.70	9.70	36	[0, 17.52]	2.17	4.56
2011	56	[0, 47.20]	6.83	11.02	39	[0, 23.80]	2.63	5.73
2012	57	[0, 45.14]	6.43	10.38	41	[0, 25.42]	2.97	6.22
2013	58	[0, 36.51]	6.89	9.79	42	[0, 19.20]	2.98	5.53
2014	59	[0, 45.37]	8.03	11.37	43	[0, 21.68]	3.12	6.17
2015	60	[0, 45.77]	7.60	10.71	45	[0, 20.99]	3.06	6.00

2）地域角度

地域方面，将研究样本按照企业注册地划分为西部、中部和东部予以分析。首先对样本数据进行秩和检验，以判断不同地区企业的有效性差异。表 7-7 的结果显示，三组数据在两两比较中均存在显著性差异，说明了地域因素在企业生态信息披露中起到重大影响。本节进而通过描述性统计方法对各组间存在的差异点进行深入分析。

表 7-7　不同地域的企业生态信息披露有效性秩和检验显著性水平

地域	西部	中部	东部
西部	—	0.030	0.000
中部	0.030	—	0.000
东部	0.000	0.000	—

由表 7-8 可以看出，东部地区的生态信息披露有效性均值最高，且基本呈逐年上升趋势；中部地区次之，有效性均值自 2010 年后大致持平；西部地区有效性均值最低，不过保持了波动上升的趋势。再从中国地域发展情况来看，早期的开放政策造就了相对最发达的东部地区，中部次发达，而西部欠发达。这种经济水平的高低分化，直接影响了政府政策制定与人民生活方面的关注重点，率先发展起来的地区无疑有更多时间与精力去考虑生态环境等更高层次的追求，而这种追求会在个人、企业、政府等方方面面都体现出来，最终导致不同地域资源型企业生态信息披露有效性的差距。但另外也应注意到，西部与中部、东部地区的披露水平差异近几年正在快速缩小，特别是西部地区的分数最大值，已经超过中部地区，均值也在不断靠近。

表 7-8　生态信息披露有效性的描述性统计（按地域划分）

地区	年份	观测值	值域	均值	标准差
西部地区	2007	30	[0，3.97]	0.13	0.72
	2008	31	[0，11.12]	0.89	2.82
	2009	31	[0，13.13]	1.13	3.04
	2010	32	[0，16.47]	1.31	3.92
	2011	32	[0，23.80]	2.43	5.12
	2012	32	[0，23.09]	2.42	5.01
	2013	34	[0，14.13]	2.69	4.52
	2014	34	[0，45.37]	3.91	9.06
	2015	36	[0，33.70]	3.38	7.13
中部地区	2007	28	[0，12.74]	0.45	2.41
	2008	29	[0，25.25]	3.84	7.38
	2009	29	[0，31.48]	2.77	6.55
	2010	32	[0，40.12]	4.66	9.44
	2011	34	[0，40.93]	4.52	9.09
	2012	35	[0，31.26]	4.84	8.77
	2013	35	[0，24.45]	4.26	6.92
	2014	36	[0，24.81]	4.28	7.33
	2015	36	[0，21.12]	3.77	5.99
东部地区	2007	24	[0，21.10]	1.47	5.08
	2008	27	[0，35.04]	6.50	10.28

续表

地区	年份	观测值	值域	均值	标准差
东部地区	2009	27	[0, 31.61]	6.79	10.27
	2010	28	[0, 29.25]	7.37	9.39
	2011	29	[0, 47.20]	8.74	12.21
	2012	31	[0, 45.14]	7.77	11.57
	2013	31	[0, 36.51]	9.17	11.62
	2014	32	[0, 43.15]	10.03	11.82
	2015	33	[0, 45.77]	10.18	12.32

2. 生态信息内容构成情况

为针对性地反映生态信息有效性水平，该部分数据剔除了 2007~2015 年未发布任何环境类报告的企业，最终样本企业数量 51 家。

1）总体趋势分析

为了尽可能全面地覆盖资源型企业生产经营全过程，本章设计的一级指标体系主要分为环保背景、资源使用、生态污染和环保提升四大类。如图 7-7 所示，从一级指标的构成来看，总体上中国资源型企业对生产输出端的环境影响信息披露相对较为充分，平均分数维持在 7~8 分。这主要得益于目前政府部门对企业废物排放方面的重点监督，但是鉴于官方并未明确规定应当披露的污染物类别，大部分企业都会选择披露自身排放达标或减排成果明显的数据，而回避排放表现差的方面，这与自愿披露理论的核心思想相一致。

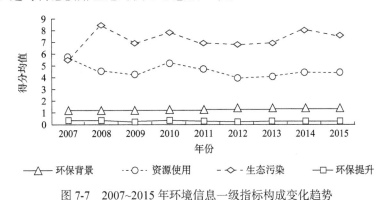

图 7-7　2007~2015 年环境信息一级指标构成变化趋势

生态破坏的另一途径，是对自然资源的消耗。资源型企业运营的根基，正是对矿产资源的使用，因此将这部分信息包括在生产投入部分的指标中。该项指标的得分虽然一直位列第二位，但从 2007 年至 2015 年整体呈现下降的趋势。因此，企业披露的资源耗用信息成为外界监督企业合理性的重要依据，相应信息的披露不足将严重影响最终有效性水平。

2）描述性统计分析

为进一步探究样本企业对各类别指标的披露倾向性，本章以一级指标为基础进行了描述性统计。统计中将各项一级指标的总权重都看作 1，即在不考虑一级权重的情况下重新计算各项分数，按照内容种类分别予以分析，其中各类别理论满分为100。表 7-9 的结果显示，环保背景类信息的最大分值与均值都远高于其他三类，说明样本企业对自身环保背景的信息披露相对最充分。该类信息主要由定性指标构成，一般涉及宏观政策、公司治理等方面的情况，向信息使用者传递的意思更多是对管理层想法的反映，主观性较大，因此常被公司用作宣传环保形象的手段，这可能也是吸引企业较多披露该种信息的关键原因。

表 7-9　生态信息内容构成的描述性统计

年份	环保背景				资源使用			
	观测值	值域	均值	标准差	观测值	值域	均值	标准差
2007	51	[0，63.37]	2.02	9.84	51	[0，22.32]	1.25	4.59
2008	51	[0，51.39]	11.17	15.81	51	[0，37.62]	5.39	9.64
2009	51	[0，58.17]	11.88	16.44	51	[0，41.30]	5.52	9.69
2010	51	[0，57.99]	15.19	17.89	51	[0，45.26]	7.78	11.04
2011	51	[0，59.52]	21.84	18.63	51	[0，52.33]	9.66	13.29
2012	51	[0，62.67]	23.77	18.73	51	[0，43.71]	8.45	12.05
2013	51	[0，68.96]	25.34	19.19	51	[0，42.60]	9.24	11.98
2014	51	[0，65.48]	27.06	19.46	51	[0，50.04]	10.36	12.36
2015	51	[0，60.31]	24.98	17.72	51	[0，58.27]	10.61	12.72
年份	生态污染				环保提升			
	观测值	值域	均值	标准差	观测值	值域	均值	标准差
2007	51	[0，14.27]	0.77	3.00	51	[0，12.50]	0.43	1.96
2008	51	[0，37.11]	6.54	9.95	51	[0，23.81]	1.94	5.09
2009	51	[0，34.44]	5.84	9.06	51	[0，19.05]	1.98	5.21
2010	51	[0，37.90]	7.51	9 66	51	[0，33.93]	2.84	6.19
2011	51	[0，50.98]	8.85	11.17	51	[0，31.55]	3.90	6.83
2012	51	[0，49.09]	9.61	10.76	51	[0，22.02]	3.00	4.71
2013	51	[0，32.89]	10.21	9.32	51	[0，30.36]	3.43	6.08
2014	51	[0，46.72]	12.23	11.27	51	[0，22.02]	4.06	6.03
2015	51	[0，38.20]	11.73	9.94	51	[0，30.95]	3.57	7.04

然后是资源使用与生态污染类的信息，样本企业对二者的披露程度大致相当，平均分值都远低于环保背景类信息，同时前者的历年最大分值普遍高于后者。该现象表明，中国资源型企业总体上对生态直接相关信息的披露程度并不高，这可能是此类信息中包含的较多定量指标影响了企业对所披露生态信息语义的可操纵性，其直观性也加大了外部监管压力，因此更多企业倾向于少披露。但不可否认，行业中仍存在少量领先企业，他们对这类直接生态信息的披露程度远远高于其他企业，这一方面使其自身在环保方面脱颖而出，获得社会更广泛认可；另一方面也为其他企业起到标杆作用，有助于行业整体披露程度的提高。

无论从最大分值还是均值来看，样本企业对环保提升类信息的披露程度都是最低的。这类信息主要反映企业为生态保护所做的超额贡献，属于正面信息，因此一般情况下企业发生了相关活动都会倾向进行披露。然而相对较低的分值说明，当前中国资源型企业的环保工作仍以合法性目的为主，额外社会贡献普遍偏低。

3）明细项趋势分析

接下来对产出阶段的生态信息予以细分，如图 7-8 所示。研究发现样本企业整体对废水及废气的排放信息最为关注，虽然存在较大部分企业自2008年首次披露环境类报告后对该方面信息有所懈怠，但 2014~2015 年相关情况有所好转。相反地，有关矿山环境变化与治理的信息披露水平一直较低，在2015年甚至出现小幅下降，整体趋势与近年来矿山环境的破坏情况较为一致。矿山作为矿产行业经营行为的重要影响对象，相关生态信息若不能被全面、及时地传达出来，将严重损害利益相关者的切身利益。

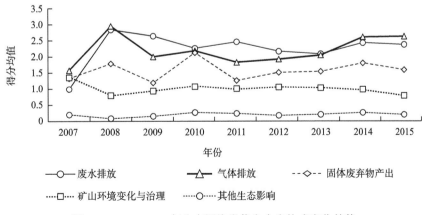

图 7-8　2007~2015 年生态污染类信息内容构成变化趋势

样本企业生态信息披露有效性偏低的原因，主要在于对资源使用及生态污染类直接生态信息的披露不足。这可能是由于在缺乏明确披露框架要求的情况下，大多数企业为避免高客观性与直观性信息所带来的外界更加严苛的环境监管，只选择性披露能够提升环保形象的正面信息，而忽略其他相对负面的信息。另外，生态污染信息中企业对矿山环境变化与治理情况较少披露，也是造成目前行业整体生态信息披露有效性不足的一大因素。

7.3.3　生态信息披露有效性的影响因素

1. 外部环境

1）地域背景

依据生态信息披露有效性综合分数按地域划分的描述性统计结果，中国西部、中部与东部地区存在着显著差异。不同地域在资源储量、经济发展、公众意识、官员思想等方方面面都有所不同。资源越稀缺而经济越发达的地区其政府管理水平、公众道德素质往往更高，从而深入影响各地环保工作的开展进程。鉴于中国由西向东逐渐降低的地势因素长期影响着各地区的社会发展进程，将按照西部、中部、东部三种类型来对研究样本（未包括港澳台地区）进行分类。西部地区主要涵盖四川、重庆、贵州、云南、西藏、陕西、甘肃、青海、宁夏、新疆、广西、内蒙古，中部地区为黑龙江、吉林、山西、安徽、江西、河南、湖北、湖南，东部则包括北京、天津、河北、辽宁、上海、江苏、浙江、福建、山东、广东、海南。同时对西部地区赋值为1，中部为2，东部为3。

假设1：越发达的地区资源型上市公司披露的生态信息有效性越高。

2）监管压力

根据合法性理论，来自政府管理部门的监管压力，是企业披露生态信息的重要动力（沈洪涛和苏亮德，2012）。在中国，大部分企业发布社会责任报告的初始动机，正是《深圳证券交易所上市公司社会责任指引》以及《上海证券交易所上市公司环境信息披露指引》的出台。随着《环境信息公开办法（试行）》等一系列法律法规对地方政府生态信息披露要求的提高，地方政府逐渐成为企业生态信息的重要使用者，也相应对其披露的全面性、规范性起到了关键约束与促进作用。本书认为，政府对生态信息的公开程度，将从监管压力角度直接影响当地企业所披露生态信息的有效性。考虑到此类压力涉及环保审核、评价与惩处等多方面，本章选取中国公众环境研究中心（Institute of Public and Environmental Affairs，IPE）与美国自然资源保护委员会（The Natural Resources Defense Council，NRDC）合作开发的污染源监管信息公开指数（pollution source regulatory information disclosure index，PITI）[1]来反映不同城市样本企业所面临的监管压力强度。该指数以中国 100 多个城市作为评价对象，覆盖了全国主要环保重点地区。评价标准包含环境监管信息、互动回应、企业排放数据、环境影响评价信息四个板块共计 9 个子项目。针对每一评估项目，指标从信息公开的系统性、及时性、完整性以及用户友好性四方面进行了综合评分，最后加总得到各城市的环境监管指数。其中除了 2008 年、2011 年及 2012 年披露的独立年份指数可以直接引用，其他年份数据均根据前后时间段数据汇总平均得出。

假设 2：外部监管压力与资源型上市公司的生态信息披露有效性正相关。

2. 公司特征

1）管理层态度

有效的生态信息披露离不开公司管理层的积极管理。对于资源型企业，从开采到制造加工的工业流程往往占据了管理者大部分时间，从而极可能导致无暇过多顾及生态环境的保护工作，以致相关人力、财力的投入均无法达到监管要求。而企业内部专门环保机构的设置，在一定程度上保证企业从人员投入、资源分配到绩效考核、战略制定均能考虑环保因素，有效促进其生态信息的披露水平。本章将内部环保机构的设置与否，作为企业环境管理态度的反映指标，采用虚拟变量形式，若设置有相关机构则为 1，否则为 0。

假设 3：管理层态度与资源型上市公司的生态信息披露有效性正相关。

2）环境绩效

自愿披露理论认为，企业在信息披露过程中往往存在趋利避害心理，希望向信息使用者更多地展示自身优势与环境贡献，而回避不足之处。一些学者如 Clarkson 等（2008）、陈璇和淳伟德（2015）等通过研究发现企业生态信息披露与环境绩效之间的正相关关系；Patten（2002）、吕峻（2012）等另一派则得出了相反的结论，认为环境绩效差的企业为了缓解外界对公司的担忧，相对会选择披露更多生态信息。截然相反的研究结论可能受到国家背景、行业特性等多种宏观因素的影响，但基本都表明了二者间相互关系的存在。本书认为，现阶段由于中国资源型企业大多地处偏远，无论是生态污染还是保护工作情况都无法被及时传达给社会大众，企业与政府、民众间存在严重的信息不对称现象。在外界不了解污染企业具体危害的情况下，舆论批判与政府惩罚方面无法对企业经营造成过多影响，企业因此也不会产生通过更有效生态信息披露扭转局势的动力。相反

---

[1]突破·起点——2013-2014 年度 120 城市 PITI 报告. http://www.ipe.org.cn/reports/report_1762.html，2014-06-18.

地，环境绩效好的企业则会为了让自身的环保优势传达给外界，选择披露更多生态信息。

企业环境绩效的体现方式多种多样，对相关研究的客观性与准确性均会造成影响。从当前来看，美国相关评价体系的建立最为完善，其环保部通过定期要求企业填报《有毒物质排放清单》所整合公布的有毒物质排放（toxics release inventory，TRI）指数，已经被国外学者大量应用于环境绩效评价中，得到较广泛认可。而考虑到中国目前还没有类似 TRI 的企业污染物排放数据库，中国学者一般采用环保认证、环境违规处罚等可视化指标进行评价。本书认为，中国政府部门掌握的企业环境数据相对其他机构更加全面，其对企业实施奖惩的情况，依然有助于间接反映企业的环境绩效。因此，在综合考虑中国政府部门奖惩执行途径的基础上，本章从正面信息与负面信息两个维度，选取了如下指标来评价企业的环境绩效[①]（表 7-10）：①是否通过 ISO14001 环境管理体系认证；②是否被授予"环境友好型企业""节能减排先进单位"等荣誉；③是否发生过重大生态污染或其他违规事件。最后经过加总各项指标得分，得到各样本企业的环境绩效分数。相关环境绩效数据由作者从公司社会责任报告、新浪财经、生态环境部网站、中国证监会网站等渠道手工获取。

表 7-10 环境绩效评价指标

评价维度	指标名称	打分方式
正面绩效	ISO14001 认证或荣誉称号	若通过认证或取得环保荣誉称号则为 1 分，未通过为 0 分
负面绩效	重大生态污染、违规事件	若当年发生重大生态污染事件则为-2 分，报告期前三年发生重大污染则为-1 分；若当年发生一般环境违规情况则为-1 分；未发生为 0 分

假设 4：环境绩效与资源型上市公司的生态信息披露有效性正相关。

3）控股股东性质

企业控股股东的意愿直接影响着组织的运作方向及经营理念。国有控股企业理应具备贯彻国家方针的发展理念，承担社会责任，促进市场健康发展。随着中国政府对环境问题的愈加重视，国务院国有资产监督管理委员会（以下简称国务院国资委）相继发布《关于中央企业履行社会责任的指导意见》以及《中央企业节能减排监督管理暂行办法》等系列文件，国有企业肩负的环保责任越来越重。另外，由于国有企业在政策、资金方面相较于民营企业获得了更多资源，相应会引起社会公众的更多关注，所面临的环境保护与信息披露压力也会越大。毕茜等

① 鉴于中华人民共和国环境保护部于 2014 年 10 月 23 日发布的《关于改革调整上市环保核查工作制度的通知》中，明确指出自通知发布之日起停止受理及开展上市环保核查，这一变化涉及了本章的研究样本区间。因此，本章在对企业环境绩效的评价中不再将"环保核查"列为评价指标。

（2012）在研究中国重污染行业上市公司对信息披露制度的遵守情况时，就发现国有企业股东能在一定程度上增强政府制度对企业生态信息披露表现的促进作用。冯波和李强（2015）关于企业股权性质与生态信息披露质量的相关性研究，也证实国有企业的生态信息披露质量较民营企业更高。国有控股特性对企业生态信息的促进作用可见一斑。

在处理企业控股股东性质的数据时，采用虚拟变量的方法，若企业属于国有控股则该指标取值为 1，若非国有控股则取值为 0。

假设 5：国有资源型上市公司披露的生态信息有效性相对更高。

4）政治关联

企业政治关联通常指企业与政府之间存在的显性、隐性联系，它可能对企业的融资、补贴优惠、经营绩效等方方面面产生影响。田利辉和张伟（2013）将政治关联对企业的作用机制划分为社会负担效应、产权保护效应以及政治偏袒效应三类。社会负担效应主要发生在国有企业中，认为政府会通过选派企业的高层管理者来影响上市公司行为，这与国有股东性质对企业的影响机制相类似，产权保护效应则主要针对民营企业。不同于社会负担效应、产权保护效应对企业的影响，政治偏袒效应认为，政治关联会降低对特定企业的监管效果。

目前中国学者就中国企业政治关联对生态信息披露水平的影响方向结论不一。负面影响方面，孔慧阁和唐伟（2016）通过对纺织业、有色金属业、专用设备业 A 股上市公司的样本研究，认为具有政治关联的企业在履行环境责任不到位的情况下会利用政治关联寻找减少处罚的机会，不利于企业进行有效的环境信息披露。但是更多学者认为二者之间是正相关关系。冯波和李强（2015）提出高政治关联的企业为了维护与政府间的关系往往倾向于迎合政府政策，并通过实证发现政治关联对民营企业的生态信息披露质量实际有促进作用。姚圣和梁昊天（2016）以中国民营重污染上市公司为例，同样发现政治关联能够有效提高生态信息披露质量。本书认为造成上述不同相关关系的根源，实则在于与企业有着直接关系的地方政府对待环保工作的态度。近年来随着国家环保政策由上至下愈发趋严以及对矿业行业的重点关注，地方政府面临的环保压力不断加大，与此同时，企业履行社会责任的理念不断改善，能力不断提升，新型的政商关系正在不断构建，因此政治关联在企业生态信息披露方面的作用机制可能更多以正向促进的形式体现。

学术界对政治关联的定量方式通常采用虚拟变量，存在政治关联的企业取值为 1，不存在的取值为 0。另一种相对复杂的方法，是依据企业存在政治关联人员的级别高低，赋予不同的分值。此方法需要靠人工对所有样本观测值的高管简历进行判断打分，打分主观性较大并不适用于数据量过大的情况。因此，本章研究中选择采用0~1赋值法进行企业政治关联情况的评判。

假设6：高管人员存在政治关联的资源型上市公司披露的生态信息有效性相对更高。

5）企业规模

许多研究都发现，企业规模与其生态信息披露水平存在正相关关系。较早的如帕滕（Patten，1992）针对美国埃克森美孚公司、迪根和戈登（Deegan and Gordon，1996）针对澳大利亚企业、布拉默和帕伍林（Brammer and Pavelin，2006）针对英国企业的调查分析，都认为企业规模对生态信息披露具有促进作用。桥西和高（Joshi and Gao，2009）通过对跨国公司网站中披露的生态信息进行分析，同样验证了上述结论。一方面，基于合法性理论，大规模公司会受到更多外界关注，其在自身经营规模稳定发展的情况下，会倾向于通过环境保护等途径来提升企业形象，获取更高地位（Reverte，2009）。另一方面，有关资源消耗、污染物排放等生态信息的准确获得，还取决于企业各种监控设备的建设投入，大规模企业往往更有能力为此提供必要的财力物力，从而披露出更有效的生态信息。

借鉴中外学者的普遍研究方法，采用公司期末总资产的自然对数，来代表样本企业的规模信息。

假设7：企业规模与资源型上市公司的生态信息披露有效性正相关。

6）营利能力

企业可能在财力物力充足的情况下，才会考虑进一步提升外界形象。他们会希望借助多方面的信息披露，来向市场传达自身良好的经营情况，吸引更多投资者关注（Lang and Lundholm，1993）。若实证结果表明公司营利能力对中国资源型企业的生态信息披露有效性存在显著影响，则可能改变当前不断通过外部压力迫使企业履行环保责任的现状，为政府部门通过减税等途径提高资源型企业利润、激发其环保动机提供理论依据。

中国学者在相关研究中，主要采用总资产收益率（return on assets，ROA）（沈洪涛和冯杰，2012）或者净资产收益率（return on equity，ROE）（王建明，2008；武恒光和王守海，2016）来衡量企业的营利能力。本书认为，净资产收益率只能反映股东投入资金部分的营利能力，但在此需要探讨的是公司整体营利能力对生态信息披露有效性的影响，因此包含股东与债权人两方面资金利润率的ROA更适合于本书研究。

假设8：营利能力与资源型上市公司的生态信息披露有效性正相关。

7）负债水平

根据代理理论，企业资本结构中债务占比越高，股东与债权人之间的潜在利益冲突就会越大，而公司管理者为了回应以债权人为首的外界经济相关方对企业的质疑，往往会主动披露更多信息以维护企业财务形象、获取信任，这其中也可能包括生态信息。对负债水平与生态信息披露有效性的相关性研究，类似于营利能力，有助于从根本上指明改善中国资源型企业生态信息披露的途径。

假设 9：负债水平与资源型上市公司的生态信息披露有效性正相关。

研究的相关变量及其界定方式见表 7-11。

表 7-11　研究变量及其界定

变量类型	维度	变量名称	变量符号	变量定义
被解释变量	生态信息有效性	生态信息有效性得分	EID	—
解释变量	外部环境	地域背景	REG	公司注册地在西部为 1 分，中部为 2 分，东部为 3 分（若为集团公司，则以母公司注册地为准）
		监管压力	PITI	中国公众环境研究中心官方网站公布的各主要城市污染源监管信息公开指数
	企业行为	管理层态度	ATT	设置了专门环保部门为 1 分，否则为 0 分
		环境绩效	EPI	通过 ISO14001 认证或获得环保荣誉称号为 1 分；当年发生重大生态污染事件则-2 分，报告期前三年发生重大污染则-1 分，当年发生一般环境违规情况则-1 分；其余情况为 0 分
	公司特征	控股股东性质	STATE	控股股东是国有性质为 1 分，否则为 0 分
		政治关联	GOV	高级管理人员中有人曾经或现在有政治背景为 1 分，否则为 0 分
		企业规模	SIZE	企业期末总资产的自然对数
	财务状况	营利能力	ROA	总资产收益率
		负债水平	LEV	资产负债率

3. 解释变量统计结果

虽然本章就生态信息披露有效性评价筛选出 848 个观测值，但由于部分企业未披露具体情况以及解释变量的不可获得性，最终进行相关分析与回归分析的样本量共计为 456 个。从表 7-12 的统计结果中可以看出，PITI 均值虽然略高于中位数，但 3/4 分位数仍不足 50，表明中国资源型企业当前面临的环境监管压力整体偏低，且离散程度较大，各地政府的环保执法能力参差不齐。环境绩效方面，大多数企业表现较好，不存在官方披露的重大生态污染或违规事件。

营利能力方面，较小的均值及 3/4 分位数均显示出资源型企业整体偏低的营利能力，这可能与近年来中国政府调整能源结构所导致的传统能源价格下降存在较大关系。企业规模与负债水平方面，观测样本的均值与中位数基本相当，且离散程度较小，较为稳定。

表 7-12 连续型变量的描述性统计

变量	N	均值	极小值	极大值	中位数	1/4 分位数	3/4 分位数	标准差
PITI	456	37.83	8.40	83.30	36.43	24.80	48.60	16.45
EPI	456	0.16	−4.00	1.00	0.00	0.00	0.00	0.53
SIZE	456	22.58	18.16	28.51	22.46	21.07	23.72	1.99
ROA	456	0.05	−0.30	0.63	0.04	0.02	0.08	0.09
LEV	456	0.55	0.05	2.13	0.54	0.40	0.67	0.24

变量中较多指标采用了虚拟变量等非连续型变量，本章根据特征比例在表 7-13 对其进行描述。从区域背景看，中国矿业上市公司主要分布在西部地区，当地丰富的矿产资源是对企业的首要吸引因素，但是西部矿区偏远的地理位置同时又容易导致政府监管、政策执行等约束力的缺失，这也是造成各地企业生态信息披露有效性显著差异的重大因素。而从公司披露的机构设置来看，大多数样本公司并未设置专门的环保部门，说明中国资源型企业整体对环保工作的重视程度依然不足。另外，矿业作为中国经济建设和社会发展的重要支柱产业，行业中仍以国有企业占据主导地位，行业整体的政治关联比例在 27% 左右，预示着国企背景与政治关联的特殊性都可能在一定程度上影响企业的生态信息披露行为。

表 7-13 其他变量的描述性统计

变量1	变量2	N	百分比
REG	西部	173	37.9%
	中部	133	29.2%
	东部	150	32.9%
ATT	有环保部门	86	18.9%
	无环保部门	370	81.1%
STATE	国有控股	326	71.5%
	非国有控股	130	28.5%
GOV	高管存在政治关联	125	27.4%
	高管无政治关联	331	72.6%

4. 相关性分析

1）相关系数分析

根据表 7-14 中的相关系数矩阵，可以看到从皮尔森（Pearson）以及斯皮尔曼（Spearman）相关系数的角度，各解释变量对中国资源型企业生态信息披露有效性的显著性程度基本一致。

表 7-14　变量的相关系数矩阵

变量	EID	REG	PITI	ATT	EPI	STATE	GOV	SIZE	ROA	LEV
EID	1	0.269***	0.328***	0.627***	0.384***	0.340***	0.237***	0.700***	0.007	−0.086*
REG	0.238***	1	0.552***	0.062	0.145***	0.072	0.218***	0.234***	0.026	−0.123***
PITI	0.278***	0.545***	1	0.136***	0.191***	−0.038	0.147***	0.306***	0.135***	−0.150***
ATT	0.627***	0.060	0.123***	1	0.339***	0.304***	0.156***	0.509***	0.010	−0.131***
EPI	0.547***	0.133***	0.197***	0.384***	1	0.135***	0.074	0.320***	0.086*	−0.133***
STATE	0.410***	0.076	−0.047	0.304***	0.191***	1	−0.200***	0.391***	−0.085*	−0.085*
GOV	0.131***	0.215***	0.140***	0.156***	0.079*	−0.200***	1	0.198***	−0.014	0.098**
SIZE	0.696***	0.146***	0.220***	0.446***	0.389***	0.397***	0.108**	1	0.108**	−0.199***
ROA	0.078*	0.085*	0.085*	0.050	0.158***	−0.037	0.005	0.183***	1	−0.446***
LEV	−0.087*	−0.082*	−0.150***	−0.137***	−0.141***	0.002	0.062	−0.044	−0.367***	1

***、**、*分别表示在 0.01、0.05、0.10 的水平上显著相关

注：表格右上部分为 Pearson 相关系数，左下部分为 Spearman 相关系数

外部环境方面，地域背景及监管压力都与 EID 呈正相关，并在 0.01 的水平上显著相关，表明企业生态信息披露水平会受到较大的外部环境影响，且监管压力越大，企业越倾向于披露有效性更高的生态信息，这与合法性理论的解释相一致。企业行为方面，主要围绕公司管理层态度及环境绩效进行分析，二者均与 EID 呈显著正相关。环保部门的设置，反映的是整个企业对环保工作的重视，决定了环保在企业中的战略定位，也是激励企业披露生态信息的内生动力。另外本书还发现，环境绩效好的企业披露的生态信息更有效，这验证了自愿披露理论在研究中的适用性，即在缺乏明确披露法规制度的情况下，未发生污染事故、获得环保荣誉的企业更愿意向外界发布生态信息，传递利好消息。公司特征方面，无论是国有控股还是政治关联背景，都能对资源型企业的生态信息披露有效性产生显著的正向促进作用，与原假设一致。这一方面说明国家或地方政府因素的间接介入，可以从企业管理层面给公司以引导，从内部敦促企业的环保合法性，从而产生更有效的生态信息披露；另一方面也表明政治关联在企业生态信息披露行为中更多是产生了社会负担与产权保护效应，这可能得益于当前国家对生态保护的高度重视与坚定决心在一定程度上遏制了政企管理人员的违规心理。企业规模在一定程度上反映了公司开展环保工作

的能力水平，大规模企业往往能投入更多人力、物力到环境监测与保护上，SIZE 与 EID 的显著正相关关系是对此的有利验证。财务方面，从 Pearson 相关系数结果来看，ROA 与 EID 无显著关系，说明营利能力对样本企业的生态信息披露有效性无重大影响；而 LEV 与 EID 在 0.1 的水平上显著相关，则表明企业披露行为会在一定程度上受到债权人影响。

该部分相关分析只是对因变量与各自变量间相关关系的初步探究，本章接下来将在共线性诊断后，通过建立回归模型对样本企业生态信息披露有效性的影响因素进行更深入探讨。

2）共线性检验

从表 7-15 来看，最小的容忍度为 SIZE 的 0.560，远大于 0.1；而最大的方差膨胀因子 1.785 则远小于 10，可见研究中涉及的解释变量间均不存在显著的多重共线性，可以进行下一步回归分析。

表 7-15　多重共线性检验

变量	共线性检验	
	容忍度	方差膨胀因子
REG	0.645	1.550
PITI	0.623	1.604
ATT	0.672	1.489
EPI	0.839	1.191
STATE	0.699	1.430
GOV	0.799	1.251
SIZE	0.560	1.785
ROA	0.770	1.298
LEV	0.746	1.341

5. 回归分析

根据前述相关分析，为反映中国矿业上市公司生态信息披露有效性的影响因素及程度，构建了如下模型：

$$EID = \alpha + \beta_1 REG + \beta_2 PITI + \beta_3 ATT + \beta_4 EPI + \beta_5 STATE \\ + \beta_6 GOV + \beta_7 SIZE + \beta_8 ROA + \beta_9 LEV + \varepsilon \quad (7\text{-}1)$$

其中，α 为常数项；$\beta_1 \sim \beta_9$ 为各解释变量的回归系数。

使用 SPSS 软件对变量进行多元线性回归，结果如表 7-16 和表 7-17 所示。从表 7-17 的回归结果看，PITI、ATT、EPI、SIZE 的系数均在 0.01 的水平上显著，

STATE、GOV 在 0.05 水平上显著，REG、LEV 在 0.10 水平上显著，且变量的系数符号均与预期一致，因此验证了假设 1（地域背景）、假设 2（监管压力）、假设 3（管理层态度）、假设 4（环境绩效）、假设 5（控股股东性质）、假设 6（政治关联）、假设 7（企业规模）以及假设 9（负债水平）。

表 7-16　回归模型摘要

模型	R	R^2	调整后 R^2	估计标准误差	变更统计资料				
					R^2 变更	F 值变更	df_1	df_2	显著性变更
1	0.795	0.633	0.625	4.901	0.633	85.290	9	446	0.000

表 7-17　回归系数及其显著性程度

变量	非标准化系数		标准化系数	T	显著性
	B	标准误	Beta		
常数	−40.651	3.302	—	−12.310	0.000
REG	0.608	0.340	0.064	1.787	0.075
PITI	0.051	0.018	0.105	2.893	0.004
ATT	6.810	0.716	0.333	9.514	0.000
EPI	1.528	0.470	0.102	3.249	0.001
STATE	1.366	0.608	0.077	2.246	0.025
GOV	1.316	0.575	0.073	2.286	0.023
SIZE	1.696	0.154	0.422	10.999	0.000
ROA	−2.630	2.893	−0.030	−0.909	0.364
LEV	2.141	1.094	0.065	1.958	0.051

参照回归模型摘要表，回归方程 p 值为 0.000，即模型在 0.01 的水平上通过了显著性检验。调整后的 R^2 为 0.625，说明本章提出的回归模型对中国矿业上市公司生态信息披露有效性的解释度达到 62.5%，模型拟合度较好。再结合对变量间多重共线性情况的分析，最终得出下列回归方程：

$$EID = -40.651 + 0.608 \times REG + 0.051 \times PITI + 6.81 \times ATT$$
$$+ 1.528 \times EPI + 1.366 \times STATE + 1.316 \times GOV \qquad (7\text{-}2)$$
$$+ 1.696 \times SIZE - 2.63 \times ROA + 2.141 \times LEV$$

6. 实证结果与讨论

根据上述回归分析可以得出如下结论。

1）外部环境

外部环境方面，地域背景虽然能够影响资源型企业的生态信息披露有效性，但仅在 0.1 的水平上显著，说明近年来区位因素所造成的各地政府及民众对于资源型企业的监管、约束差异并不特别明显。结合按地域划分进行的有效性评分描述性统计结果，可以看到在实行社会责任报告披露制度的初期，由于中西部经济发展远远落后于东部发达地区，政府与民众的日常关注重点尚未转移到环境保护上，并未对当地资源型企业产生强烈环保诉求，因此非发达地区矿业上市公司的生态信息披露有效性远低于发达地区。但随着全国经济发展以及生态环境的快速恶化，特别是中西部地区相对于东部地区承受了企业更为严重的污染后果，外界对前者的关注度不断提高，从而迫使这部分企业进行了更有效的生态信息披露。

该分类中的另一变量——监管压力，采用的 PITI 指数主要根据地方环保部门的官方生态信息公示情况得到，是对地方监管压力较为全面的概括。监管压力与生态信息披露有效性在 0.01 水平上的显著正相关关系，表明政府监管对提高中国资源型企业生态信息披露水平的重要作用，也反映出被动因素在企业环境披露行为中占有较大比重。

2）企业行为

企业行为是从内部角度对公司生态信息披露水平的解释。从管理层态度看，若公司给予环保工作一定的重视，其披露的生态信息质量普遍更高，这主要得益于相应人力、物力、财力的投入。

同时，环境绩效好的企业也会倾向于披露更有效生态信息，原因在于这类企业的实际环境数据普遍已通过监管方检验标准，是能够体现其环保优势的积极数据。按照信号传递理论，相关数据的披露能够向信息使用者传达出企业健康发展的积极信号，有助于树立企业环保形象，从而吸引更多投资者关注。该结果也与自愿披露理论一致，即企业在信息披露的过程中往往会趋利避害，环境绩效越好的企业才会披露更多有助于传达积极信号的生态信息。

3）公司特征

除上述主观内部因素，企业本身特征属性也会对其生态信息的披露产生影响。回归结果显示，控股股东性质及政治关联变量都在 0.05 的水平上显著。前面的研究结果已经表明政府机构对企业环保行为的重大约束作用，国有控股股东的部分作用机理与其相似，政府往往会通过国有企业来贯彻治国方针、推行政策法规，或通过鼓励国有企业率先执行某项政策以起到试点、带领作用，因此国有企业经营行为一般都会符合政府预期。另外，由于国有企业的特殊性通常能帮助其在自然资源的取得上拥有较大优势, 大量的资源储备与有利的经营优势无疑会引发外界更多关注, 同时被认为需要承担更多社会责任, 因此面临着更大外部压力, 从而需要披露更有效的生态信息来应对。

再看高管层的政治关联背景, 如果说国有控股股东主要是对企业经营愿景与使命的约束, 那么企业高管层则更多的是负责对战略目标的实际执行工作。无论是从社会负担效应还是产权保护效应出发, 存在政治关联的高管都会尽力让企业行为迎合政府部门的政策需求, 以获得政策优惠、避免不当掠夺。因此在党中央大力提倡环境保护的背景下, 有政治关联的高管会选择披露更有效的生态信息, 用以向官方表明公司支持的立场。

企业规模是公司属性的另一指标, 回归结果显示它在 0.01 的水平上与披露有效性显著相关。一方面, 大规模企业在横向发展开始受限的情况下, 会产生对社会形象等更高层次的追求动机, 寻求纵向深入发展; 另一方面, 大规模企业雄厚的资金背景, 更有助于其升级环保设备, 环境指标的改善则能激励企业进行更多披露。综上可知, 企业控股股东、政治关联以及规模等特征, 都是中国资源型企业生态信息披露有效性的重要影响因素。

4）财务状况

本章针对公司财务状况选择了总资产收益率与资产负债率两项指标, 以分别反映营利能力和负债水平。从实证结果来看, 样本公司的营利能力与生态信息披露的有效性并没有显著关系, 因此假设 8 不成立, 即企业生态信息披露行为较少受到自身盈利状况的影响。这一方面可能是相对较好的利润并不代表企业环境治理效率与环境绩效的提升, 因此企业反而会选择性回避大部分不利信息, 从而导致披露有效性的不足; 另一方面也说明企业披露动力更多源于管理层、政府等方面施加的压力, 而非本身主观能动性。另外回归分析还显示, 负债水平在 0.1 的水平上与生态信息有效性呈现了显著正相关关系, 表明了债权人对企业环境披露行为的较大影响, 同时侧面印证利益相关方诉求是企业生态信息披露的原动力。

7. 稳健性检验

为了检验相关实证结论的稳健性, 对部分解释变量进行了替换, 重新进行回归分析。其中外部环境方面, 参照企业生态信息披露有效性的地域分布情况, 结合地区生态资源分布与经济发展形势, 采用虚拟变量的形式, 重新将东部定义为发达地区, 取值 1; 而中、西部为非发达地区, 取值 0。同时, 考虑到外部监管压力对企业环境披露行为的影响可能存在的滞后效应, 使用滞后一年的 PITI 数据替换原有指标。公司特征方面，国有股东对企业的影响力可能因持股比例的不同而有所差异，因此以股权结构中的国有股比例（STATE_PCT）代替控股股东性质（STATE）。另外，对于企业规模及营利能力两项变量，分别选取了期末总资产（ASSET）与净资产收益率进行替换。回归结果如表 7-18 和表 7-19 所示。

表 7-18　回归模型摘要（稳健性检验）

模型	R	R^2	调整后 R^2	估计标准误差	变更统计资料				
					R^2 变更	F 值变更	df$_1$	df$_2$	显著性变更
1	0.753	0.567	0.556	5.427	0.567	55.513	9	382	0.000

表 7-19　回归系数及其显著性程度（稳健性检验）

变量	非标准化系数		标准化系数	T	显著性
	B	标准误	Beta		
（常数）	−3.839	1.093	—	−3.511	0.001
REG	1.336	0.744	0.077	1.796	0.073
PITI	0.063	0.022	0.123	2.890	0.004
ATT	7.640	0.830	0.384	9.202	0.000
EPI	2.024	0.530	0.138	3.818	0.000
STATE_PCT	7.418	1.349	0.229	5.499	0.000
GOV	1.417	0.692	0.079	2.047	0.041
ASSET	0.000	0.000	0.151	3.548	0.000
ROE	−0.169	0.427	−0.013	−0.395	0.693
LEV	1.676	1.151	0.051	1.456	0.146

表 7-18 和表 7-19 的结果显示，模型中主要解释变量的显著性及影响方向没有发生重大变化。有关外部环境、企业行为以及公司特征的各项变量依然在 0.01、0.05 或 0.10 的水平上与生态信息有效性显著相关，回归模型通过稳健性检验。

第8章　资源型企业的生态成本

生态成本是资源型企业税负公允的约束条件。通过逐步提升生态要求的严格程度测算三个口径的生态成本，明确资源型企业的即期生态成本、递延生态成本和完全生态成本水平。企业承担不同口径的生态成本将导致其营利能力相对变动，税负调节平衡生态成本与企业营利能力，在践行生态责任中实现企业可持续发展。

8.1　生态成本的理论冲突与种类划分

8.1.1　生态成本理论中的冲突与矛盾

在生态成本的理论构建中存在两大对策，即经济与伦理的对策和法制与产权的对策。

1. 经济与伦理矛盾

从中国先秦道、儒学的义利之争，到经济伦理中亚当·斯密《道德情操论》与《国富论》道、利的截然的两分性，经济实践始终面临经济与生态利益的取舍问题。生态成本核算是实现生态环境有效保护改善、自然资源合理开发利用的基础，实质上是一种生态中心主义的行为体现，与人类中心主义（anthropocentric）存在着无法消解的内生紧张关系。

最早追溯至 1972 年，经济合作与发展组织通过决议提出污染者付费原则（polluter pays principle，PPP），该原则作为庇古税理论的一种应用，能有效解决外部成本的问题。而后自 20 世纪 90 年代起，经济领域逐步引入生态补偿概念，试图以修复和重建受损生态系统来补偿生态损失（Cuperus et al.，1996），在此基础上，生态服务功能付费（Noordwijk et al.，2005）、污染付费原则（Glazyrina et al.，2006；Luppi et al.，2012；Zhu and Zhao，2015）又获得进一步发展，明确了生态成本向生态使用方或实施损害方追踪的导向，逐步成为生态与经济的连接点。此外，西罗斯（Ciroth，2009）设计出系谱矩阵（pedigree matrix）来管理成本数据质量，并且将成本数据质量作为生态效率计量的关键问题。加斯蒂诺和托古尔多（Gastineau and Taugourdeau，2014）引入货币补偿工具来补充环境补偿，研究以最小成本实现最优的补偿，给出了公平和成本效率之间的最佳平衡。以上发展形成了资源从"无价"向"有价"的思想转变，通过生态成本影响企业行为决策，以经济手段促使其降低污染实现生态和谐，缓解经济与伦理的冲突。

2. 法制与产权调和

生态补偿通过修复和重建受损生态系统来补偿生态价值损失（Cuperus et al.，1996），本质上就是利用经济手段来保护生态环境，成为一种提升自然资源管理效率的经济刺激机制，主要体现两种基本经济学理论观点。一是基于外部性（马歇尔《经济学原理》第一版，1890 年出版）的庇古理论，认为外部性影响必须通过政府干预来解决，企业缺乏动力去改善生态或实施生态成本内部化（Druckman et al.，2008），必须借助外力进行推动，如公民执法（美国联邦环境法）可能会降低社会成本（Langpap，2007），或提高公众环保意识和完善环境立法来优化产业结构等（de Bruijn and Hofman，2000）。但政府的干预矫正标准（如环境资源税、环境污染税或排污收费、环境保护补贴、押金退款制度等）难以科学合理确定。二是基于产权的科斯理论，认为如果产权足够明晰，就可以通过市场交易（自愿协商制度、污染者与受污染者的合并、排污权交易制度等）消除外部性，使资源的配置达到帕累托最优。

8.1.2　生态成本作用演进机制

从代际公平角度看，每代人都是生态受益者，而生态足迹、城市可持续性和危险污染物出口问题都与生态恶化的扩展空间维度有关，因而负外部性的影响在时间和空间上具有广泛的物理维度（Bithas，2011）。企业产生的负外部性效应中，无须企业自身承担的经济与社会责任形成了企业的外部成本。由此，生态成本依据企业是否承担可归为外部成本和内部成本。外部成本是一种造成生态降级的虚拟成本，不同于内部成本需要在企业管理中计量报告，也不会影响利润水平，因此企业缺乏自觉维护生态的内在动力。但通过追踪外部成本使其内部化

（internalization of externalities）并进入企业成本核算体系中，便会影响到企业报表的利润底线，这时企业寻求利润最大化不再与恢复生态相矛盾，反而形成驱动力去设法降低成本，从而履行环境责任（徐瑜青等，2002）。

基于成本支出与利润的对立关系，企业缺乏进行生态治理的内在动力，除非环保投入能够带来相应甚至更多的经济或其他形式利益。这本质是企业盈利与生态保护之间的对策过程，研究者们试图寻找生态成本与经济绩效的关系，希望将企业对生态治理的投入化被动为主动。基于不同的研究背景和样本选择差异，长期以来关于生态保护对经济绩效是正面影响还是负面影响的争论持续不断且未有定论（Russo and Fouts，1997；Mcwilliam and Siegel，2000）。

21 世纪前的研究中大多数调查生态成本的文献是描述性和规范性的（Burritt，2004），之后涌现出一批学者为生态成本发展提供经验证据。伯内特和汉森（Burnett and Hansen，2008）以数据包络分析（data envelopment analysis，DEA）得出企业能够通过成本管理实现生态效率，在降低污染的同时提高相关效率。冯等（Feng et al.，2016）对中国五个代表省市制造业的调查证实了环境管理体系（environment management system，EMS）对财务绩效的正向促进作用，其中市场因素中的转换成本（switching cost，SC）会削弱、而竞争强度（competitive intensity，CI）会增强该促进作用。亨利和乔尼奥特（Henri and Journeault，2010）曾对加拿大制造企业进行大样本问卷调查，通过结构方程模型得出生态控制作为管理控制系统（management control system，MCS）的一个特殊部分，能够显著提升环境绩效，但与以往研究中认为管理控制系统能够直接促进经济绩效的结果不同，生态控制并不能够直接影响经济绩效，而是在特定的环境下通过其他绩效水平或组织行为来间接影响企业经济绩效。

亨利等（Henri et al.，2014）又采用路径分析，以生态控制中具体的生态成本追踪（ecological cost tracking，TEC）行为证实了这种影响，并指出环境绩效的中介作用程度根据动机进行调整，这种调节作用对商业导向动机的公司更强，而对可持续导向动机的公司更弱，利用收益递减理论可以描述实现生态和经济绩效中的紧张局势，即生态保护动机决定环境绩效的改善是否会达到最小边际经济回报点。此外，开展生态成本追踪与环保活动也暗含着人力、技术和财务资源的成本，因此虽然生态影响的减少可能有助于提高经济绩效，但额外的成本抵消了这个提高，使得结果表现为生态成本追踪对经济绩效影响不显著。

在战略成本管理（strategic cost management，SCM）背景下，生态成本追踪作为执行性成本管理的一个重要工具，能够通过降低成本帮助企业调整短期策略中的资源及相关成本结构，这时对经济绩效直接有着正向显著的影响。结构性成本管理中的实施环境主动性（implementation of environmental initiatives）能够通过价值链的流程再造帮助企业调整长期策略中的资源及相关成本结构（Henri et al.，2016）。

但并非所有研究均支持生态治理促进经济绩效，一些实证研究给出了生态与绩效有时并不可兼得的依据。冈萨雷斯贝尼托 J 和冈萨雷斯贝尼托 Ó（González-Benito J and González-Benito Ó，2005）对西班牙 186 家跨行业企业（其中化工业 63 家，电子电气设备行业 96 家，家具行业 27 家）研究发现环境管理实践会对经济绩效（主要是 ROA）产生消极影响，但同时也可以带来一些竞争机会。瓦格纳等（Wagner et al.，2002）对欧洲四国（德国、意大利、荷兰、英国）37 家造纸企业开展研究，建立联立方程发现环境绩效对已动用资本回报率（return on capital employed，ROCE）有显著消极影响。用环境绩效指标代表不同企业的环境战略导向，发现环境绩效输出指标（二氧化硫、氮氧化物等末端治理的排放指标）与财务绩效是显著负相关的，而投入类指标（能源、水资源投入等整体预防指标）则没有显著关系（Wagner，2005）。

现有研究中生态成本在生态治理与企业利益间的作用机制如图 8-1 所示。

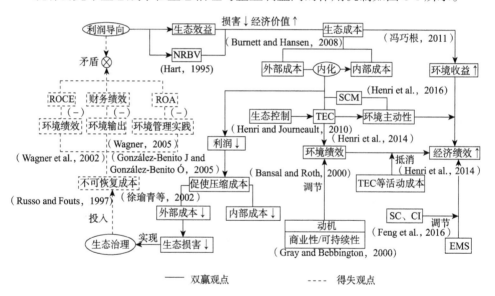

图 8-1　生态成本作用机制

NRBV：natural resource-based view，企业自然资源基础观。它认为企业能否在经营活动中实现环境友好（预防污染、生产管理、可持续发展）是其战略与竞争优势的基础

但生态成本追踪是否能实现可持续发展？从其外部成本内部化角度，内化是否越多越好？外部性问题是环境生态经济学的核心，但要实现可持续发展并不意味着零外部性，除了环境问题外，可持续发展也涉及经济和社会问题，只有不符合可持续发展的外部影响才需要内部化（van den Bergh，2010）。外部

性内部化的基础是其价值必须以货币形式明确，而负外部性的直接价值（基于市场价格）和间接价值（基于假设市场中所表达的偏好）评价都是以新古典经济学的理性经济人偏好为基础（Papandreou，2003；Birol et al.，2010）。比萨斯（Bithas，2011）认为在外部成本极大的现实下，内部化并不能实现可持续发展，只有在未来环境权利神圣不可侵犯时，外部成本内部化采取非常特殊的形式才能保证可持续发展。

8.1.3　资源型企业生态成本与种类划分

学界对生态成本内容没有统一的范围。有学者提出生态成本是生产经营造成的自然资产恶化（或称为不良生态后果）有关的成本（周红，2009；华晓龙，2016）。周志芳和欧静（2016）认为生态成本是为获取生态效益而付出的各种耗费。顾晓薇等（2013）将生态成本理解为矿山开采中所消耗和浪费的资源及净化生态经营排放的废弃物所需的成本，并利用生态足迹方法计算生态成本金额。在这种理解中生态成本的范围扩大到资源成本和生态服务价值。随着对生态成本研究的不断深入，崔玮等（2016）的 DEA 模型中的生态成本指为抑制非期望产出而牺牲的期望产出及治理污染的投入。张雅杰等（2016）在实证研究中认为经济发展的生态成本是消耗的资源和污染的环境价值。也有学者界定生态成本为生产经营损害的生态服务价值（张呈祥等，2017）。这些理解又进一步将生态成本的概念扩大到包含污染治理费用和生态损害的机会成本。本书认为生态成本是预防或解决对生态的污染与各类功能的破坏所需的全部成本或费用（包括可见部分与潜在部分）。

会计领域更倾向使用"环境成本"一词，并围绕该主题进行了广泛研究。早期研究中学者将环境成本分为两类，一类是因国家使用经济手段保护环境而产生的支出，另一类是企业为达到环保标准所发生的费用（肖序和毛洪涛，2000；李贻玲，2008）。李连华和丁庭选（2000）将环境成本归为预防、治理、环保研发、规划建设、环境评估、环境罚款、排污费及环境许可证摊销共计八类费用。生态成本是环境成本在人与自然关系升华中的延伸，在内涵上更丰富，在外延上更广泛。

基于以上对生态成本相关文献的梳理，本书认为资源型企业的生态成本不仅是企业实际支出的与生态保护直接相关的费用，还应包含开采资源而消费或损失的资源价值，以及破坏的生态价值。企业实际发生的与生态相关的费用在当前会计核算体系中可以直接货币化计入成本费用，而因生产经营消费和损耗的资源价值及破坏的生态价值中，虽然一部分可直接进入会计核算体系，但多数尚未由企业承担，这部分生态成本没有纳入企业当前的会计核算体系，导致企业应当承担的生态成本高于其发生的生态保护支出。如果仅从企业的角度来看待生态成本，结果是忽略由生产经营造成的还未由企业承担的生态损失。而若从外部利益相关者，如矿区居民的角度，则更多地看到资源型企业对生态环境的破坏而忽略企业为此付出的努力。因此充分考虑两个不同视角，将生态成本分为内部成本和外部成本。内部生态成本是企业实际为生态发生的支出，外部生态成本则指资源开采造成的代际问题、对生态价值的损害以及污染治理的投入。

根据成本动因，将内部生态成本划分为生态类税费、其他环保支出和生态类罚款。生态类税费是政府向开采利用资源的纳税人征收的用于环境保护、资源合理开发利用、居民补偿等生态治理的税与费；其他环保支出，是为了达到政府制定的各项生态标准而进行环保活动的费用；生态类罚款是由于企业没有达到政府要求其承担的生态责任指标而额外支付的费用。当前资源型企业为达到生态方面的标准进行了环保技术研发、增加环保设备等环保活动，这些活动是企业的环保支出。若这些环保支出不足以将生产经营造成的生态损害降低到标准之下，则会被环保部门处以罚款，产生额外的生态成本。

现行会计准则制度环境下，内部生态成本多数已经作为成本费用在计算利润总额时扣除，另有一部分在计算所得税的应纳税所得额时加计扣除和不允许扣除。由此内部生态成本在计算利润总额与应纳税所得额时会产生差异。引起这种差异的内部生态成本主要是其他环保支出和生态类罚款造成的。

外部生态成本可以划分成资源耗减成本和生态降级成本。自然资源是资源型企业的重要营业基础，因此资源型企业应当承担所开采的自然资源成本。李志学和张倩（2012）认为矿产资源具有价值导致对自然资源的消耗具有资源耗减成本。而在当前，资源型企业仅仅支付资源税、资源补偿费和采矿权探矿权价款等资源类税费。企业与资源相关的这部分税费支出是国家保护生态的经济手段，体现自然资源的有偿使用和经济调控，远远低于企业真实的资源耗减。因此企业应当承担的资源耗减成本，除已经发生的资源类税费外，还存在尚未承担的部分，资源耗减成本高于其缴纳的资源类税费。

生态降级成本可以从污水、废气及固体废物排放和过度开发与利用资源方面确定环境的降级因子对降级成本进行界定（朱海玲和石超，2009），这种理解是对生态降级成本范围的扩大化。本书将生态降级成本狭义化。生态降级成本是当前治理的投入和生态损失。"三废"的排放水平与当前企业的防治投入息息相关，企业防治投入越多，其排放的污染就越少。而污染损失则是当前防治水平下排放污染导致的生态服务价值的降低。基于以上理解，生态降级成本可进一步细分为实际治理成本和生态退化成本。

实际治理成本是企业为预防和减少污染排放投入的成本，以及在开采资源过程中进行绿化和植被保护等生态保护活动产生的支出。这部分成本最重要的特点是：企业因生产经营对生态有负面效应而被政府及其部门强制要求缴纳，由财政统一支配用于生态治理和保护。资源型企业的这部分费用表现为缴纳排污费、水土保持补偿费等的形式。

生态退化成本是指在目前治理水平下生产和消费过程中所排放的污染物造成的生态价值的减损。当前测度生态退化成本普遍采用的方法是治理成本法和污染损失法（王金南等，2009）。治理成本法基于如果所有污染都得到治理则当年不发生环境退化的假设，将治理全部排放的污染物的支出看作生态退化的经济价值，将虚拟治理成本当作粗略的生态退化成本。《中国绿色国民经济核算研究报告 2004（公众版）》中将采用污染损失法核算的结果作为环境退化成本[①]。资源型企业与其他重污染行业一样会产生"三废"，因而排放污染物会对环境造成损害。虽然国家通过排放许可规定和征收排污费等形式限制企业的污染物排放，但并不代表企业缴纳这些环境类税费后就不需要承担生态退化的成本。生产经营排放污染造成的生态服务价值的损失是资源型企业应当承担的生态退化成本。

各类生态成本的关系可以表示为图 8-2。

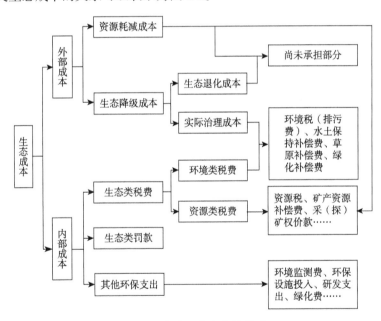

图 8-2 各类生态成本的关系

根据财政部、国家税务总局《关于全面推进资源税改革的通知》（财税〔2016〕53 号）的相关规定，从 2016 年 7 月 1 日起，矿产资源补偿费的费率为 0，即不再征收补偿费，而是改收资源税。本章的具体测算数据为资源型企业 2011~2015 年的数据，其中还含有矿产资源补偿费，因此在测度方法中仍然纳入了矿产资源补偿费

根据图 8-2，当前中国的生态成本结构复杂，存在内外部成本交叉的情况。例

---

① 国家环境保护总局，国家统计局. 中国绿色国民经济核算研究报告 2004（公众版）. http://gcs.mee.gov.cn/zhxx/200609/P020060908545859361774.pdf，2006-09-07.

如，环境税、水土保持补偿费、资源税等生态类税费，一方面作为资源型企业已经按照要求缴纳的税费，直接计入当期的成本费用。另一方面，资源类税费中有一部分是对自然资源耗减价值的一种体现，属于资源耗减成本的一部分，而环境类税费则是进行生态污染防治的费用，体现了当前资源型企业对生态污染防治的水平，是实际防治成本的一部分。因此在进行生态成本测度时，需要精确划分每类生态成本的测算界限，以避免生态成本中的某些部分被重复计算从而导致结果不可靠。

8.2　生态成本测度体系构建

8.2.1　外部成本内部化问题

从生态成本关系（图 8-2）可知，资源型企业的内部生态成本与外部生态成本存在着紧密的联系。一方面外部生态成本是资源型企业的生产经营活动造成的，应当由企业支付。这部分被支付的成本在会计核算中反映，即转化为可计量的内部成本；另一方面，资源型企业当前的内部生态成本中，生态类税费是企业缴纳用于生态治理和资源补偿的成本，本质上是对其经济活动造成的生态损失的一种支付，是目前已经内部化的外部生态成本。

按照"谁污染谁治理"的原则来看，资源型企业的所有生态成本都应当内化为可以进入会计核算体系的要素，一方面明确每个企业应当承担的生态保护责任，另一方面也有利于企业准确计量生态成本。基于以上原因，外部生态成本内部化是解决当前生态成本测度和明确企业生态责任的关键所在。

张海莹（2012）指出煤炭开采中存在严重的代际负外部性和生态环境负外部性，将这些负外部成本内部化具有重要意义。王立彦（2015）基于会计配比原则提出企业的外部环境成本终将转化形成内部环境成本，但两者在转化过程中存在"转化时间差"和"转化数量差"。此项研究明确了企业内外部成本之间的关联性，对生态成本的核算具有指导作用。外部生态成本终将转化为内部成本，因此当期没有进行承担的成本实际上将在未来某些期间转化为可计量的内部成本，形成未来期间的内部生态成本。

根据图 8-3，可以发现当期企业应当承担的生态成本为内部生态成本的非转化部分与外部生态成本之和。以时点 A 的生态成本为例，当期的生态成本为"时点 A 内部生态成本-时点 A 外部成本内化+时点 A 外部生态成本"。但是外部成本的内部化具有滞后性，即当期经济活动形成的外部生态成本需经过未来一段时间后才能转化成内部生态成本，并且企业当前尚未完全承担外部生态成本，造成外部成本内部化的数量差。

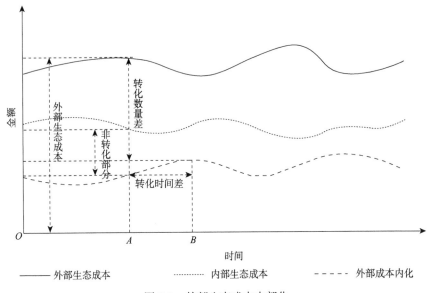

图 8-3　外部生态成本内部化

外部成本内部化主要通过生态类税费的缴纳实现，共两条路径，分别为"资源耗减成本→资源类税费"和"实际治理成本→环境税费"。资源型企业的主营业务是矿产资源的开采和销售，意味着其经济活动必然伴随大量矿产资源的消费和损耗，产生资源的使用成本。在当前制度环境下，这部分成本内化表现为资源型企业缴纳的资源类税费。就生态降级成本而言，实际防治成本是由财政部门统一支配资金进行生态防治，这部分资金源于企业缴纳的环境类税费。而在这样的实际防治成本投入下，仍然会产生生态降级成本，其原因在于企业没有承担足够的成本，另一方面是生态类税费使用效率的低下。

外部生态成本内部化会产生转化时间差和转化数量差。就转化时间差而言，经济活动是连续不断地发生，因此其外部生态成本的发生也是连续的。而内部化缴纳的生态类税费一般是一次性缴纳的。本书假设同属一个经营期间的外部成本均在未来某个时间点完全转化。在图 8-3 中时点 A 所属期间的外部生态成本在时点 B 时内化，由此形成了时点 A、B 之间的转化时间差。由于制度原因，转化数量差也存在，在考虑转化数量差时，没有考虑货币的时间价值。由于货币时间价值的存在，外部成本内部化时点存在差异，若考虑时间价值，则内化后的成本点会比图中的点更低。

在实务工作中，资源类税费一般在当期开采资源时计提，年末汇算清缴；环境类税费也多根据当期的污染排放等经济活动对生态的实际影响来计算缴纳。因此外部成本内化的转化时间差一般较短。为简化计算，本书忽略外部成本内化的转化时间差，直接以当期外部成本内化量作为当期外部生态成本的内部化数额。

8.2.2 生态成本测度公式

基于以上对生态成本内容和外部成本内部化的分析，发现不同的生态成本作用的范围不同。为了更好地分析各类生态成本的作用，本书将生态成本的测算分为三个口径。

1. 解决当期问题的生态成本——即期生态成本

资源型企业开采资源，不仅消费矿产资源，也对生态环境造成污染和损害。为了尽量降低生产经营对生态环境的影响，需要投入资金对当期影响进行治理，并对已发生的损害进行补偿。本书测算的生态成本第一个口径就是当期企业支出的生态成本，属于小口径。在这个口径范围内的生态成本是资源型企业用于对当期产生的影响进行治理和补偿的生态成本，本书将其称为即期生态成本。

即期生态成本主要是内部生态成本，包括生态类税费、其他环保支出和生态类罚款。生态类税费一部分被征收专项用于生态治理或者对已开采资源和矿区居民的补偿，另一部分则是征收后用于行政管理而非直接用于生态治理，因此在计算即期生态成本时，本书只计算直接用于生态和矿区居民补偿的税费，排除非生态补偿类的税费，避免高估企业发生的生态成本。

除了生态类税费外，这一口径的生态成本还应当包括企业的其他环保支出和罚款。企业的其他环保支出是指除生态类税费以外，为达到规定的生态环境标准而产生的支出。企业没有支付足够的环保支出导致未达标或者发生其他环境违法事件，则会承受管理部门的罚款。因此即期生态成本可界定为生态类税费、其他环保支出和生态类罚款之和，用公式可表示为

$$EC_1 = ET + EE + EF \tag{8-1}$$

其中，EC_1 为即期生态成本；ET 为生态类税费；EE 为资源型企业的其他环保支出；EF 为生态类罚款。

2. 解决历史问题的生态成本——递延生态成本

即期生态成本（EC_1）回答了在当前社会环境下资源型企业实际产生的生态成本是多少。实际上资源型企业产生的即期生态成本只是解决当期产生的生态问

题的一种暂时性弥补，资源型企业支付 EC_1 则可以进行正常的生产经营。虽然其生产经营可能全部达到生态环境标准，但是依然存在污染排放，必然对生态造成污染，当污染达到一定程度就造成了生态污染和其服务价值的破坏。

资源型企业在制度允许的标准下排放污染物，短时间不会造成生态价值的损失，长期的污染排放和资源开采将导致生态污染，从而丧失生态服务价值。这些生态问题是长期生产经营活动产生的结果，属于资源型企业的历史遗留问题。解决这类历史问题以及这些问题造成的机会成本应当由资源型企业根据其作用大小承担责任，即资源型企业需要支付解决历史问题的生态成本，称为递延生态成本，也是本书测度生态成本的中口径。

生产经营造成生态污染和生态服务价值损失的成本为生态降级成本。虽然资源型企业缴纳了生态类税费，但是生态环境功能的减弱证明这些生态类税费的治理明显没有达到理想的效果，企业的经营活动实质上造成了服务价值的丧失和生态污染。

企业生产经营造成生态退化有两个方面的原因：一方面是企业缴纳的生态类税费没有完全用于生态治理，即政府使用资金的效率问题；另一方面是生态类税费不足以完全达到治理的效果，即企业未完全承担生态责任。假设生态类税费的资金使用效率为百分之百，即企业缴纳的税费全部用于生态治理和保护，在这种理想条件下，发生的生态降级成本就是资源型企业尚未承担的生态降级成本。

生态降级成本包括实际防治支出和生态退化成本，实际防治支出是治理污染实际发生的支出，企业以生态类税费的形式支付这部分成本，在即期生态成本（EC_1）中已经计算，因此在计算递延生态成本时，只需测度生态退化成本即可。

递延生态成本界定为在即期生态成本的基础上，加入生态退化成本。用公式可以表示为

$$EC_2 = EC_1 + DC \tag{8-2}$$

其中，EC_2 为递延生态成本；DC 为生态退化成本。

3. 解决未来问题的生态成本——完全生态成本

矿产资源的形成是一个极其漫长的过程，属于非再生资源，这类资源在短时间内一旦被消耗，其总量就减少。随着资源型企业对矿产资源的开采能力越来越强，当代资源消费水平也进一步提升。由于资源不可再生，当前对资源的消费都会导致未来对资源的消费降低，从而导致未来的收益降低。资源耗减成本就是当代消费资源造成的矿产资源减少以及对未来矿产资源收益的透支。

本书建立第三个口径的生态成本，即完全生态成本，用公式表示为

$$EC_3 = EC_2 + RD \tag{8-3}$$

其中，EC$_3$为完全生态成本；RD 为资源耗减成本。

生态成本的三个测度口径可以表示为图 8-4。

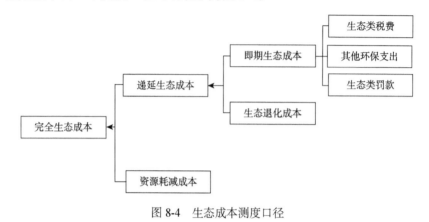

图 8-4　生态成本测度口径

8.3　生态成本测度

8.3.1　即期生态成本

1. 生态类税费

在生态成本的小口径中，税费是非常重要的一部分。但是并非所有的生态类税费都是生态成本。因为政府征收生态类税费，一部分用于生态治理与补偿，另一部分税费则作为政府的管理支出。管理支出主要是支持政府部门的运转，与生态无关，不属于生态成本。

本书将生态类税费的功能分为对资源、环境和矿区居民的补偿以及无生态补偿功能的税费四类。对资源、环境和矿区居民的补偿属于生态补偿，具有生态补偿功能的生态类税费应当纳入生态成本核算体系，而用于管理的无生态补偿功能的税费，不应计入生态成本。表 8-1 按照生态类税费的用途分为四类，以确定其是否应当计入生态成本。非生态补偿类的生态类税费主要用于行政管理和公共基础设施的修缮保护，没有直接对企业生产经营导致的生态污染、破坏进行治理和补偿，不作为企业的生态成本。本书将对资源、环境和矿区居民的补偿作为生态成本中的生态类税费进行计算。本章将水资源费归类为对生态的补偿而非对资源的补偿。因为资源型企业的主营业务对象为矿产资源，而水资源并非矿产资源，且很多行业都缴纳水资源费，用于水资源的有效利用。生态类税费与即期生态成本的关系可用图 8-5 表示。

表 8-1　生态类税费功能分类表

生态成本类别	税费名称	用途
对资源的补偿	资源税	组织收入、调控经济、促进资源节约集约利用和生态环境保护[1]
	矿产资源补偿费[2]	矿产资源勘查[3]
	采（探）矿权价款	矿产资源勘查、保护和管理支出[4]
	采（探）矿权使用费	开支对探矿权、采矿权使用进行审批、登记的管理和业务费用[5]
对环境的补偿	环境税	保护和改善环境，减少污染物排放[6]
	水土保持补偿费	专项用于水土流失预防和治理，主要用于被损坏水土保持设施和地貌植被恢复治理工程建设[7]
	植被恢复费	恢复草原、森林植被[8]
	排污费	重点污染源防治；区域性污染防治；污染防治新技术、新工艺的开发、示范和应用；国务院规定的其他污染防治项目[9]
	绿化补偿费	园林绿化建设[10]
	育林基金	森林资源的培育、保护和管理[11]
	可持续发展基金	主要用于企业无法解决的区域生态环境治理、资源型城市和重点接替产业发展、因采煤引起的其他社会性问题[12]
	土地复垦保证金	用于土地复垦[13]
	水资源费	水资源的节约、保护和管理，也可以用于水资源的合理开发[14]
对矿区居民的补偿	安置补助费	安排因土地被征用而造成的多余劳动力的就业和不能就业人员的生活补助[15]
	土地补偿费（含临时使用的补偿）	因使用土地需对矿区居民支付的补偿[16]
	青苗补偿费	地上附着物及青苗补偿费归地上附着物及青苗的所有者所有[17]
非生态补偿类	石油特别收益金	妥善处理各方面利益关系，推进石油价格形成机制改革，加强国家调控[18]
	石油（天然气）勘查、开采登记费	登记管理业务的开支[19]
	煤矿转产发展资金	用于转产发展项目[20]

1）财政部、国家税务总局《关于全面推进资源税改革的通知》（财税〔2016〕53 号）第一条第三款阐述资源税改革的主要目标："通过全面实施清费立税、从价计征改革，理顺资源税费关系，建立规范公平、调控合理、征管高效的资源税制度，有效发挥其组织收入、调控经济、促进资源节约集约利用和生态环境保护的作用。"

2）根据财政部、税务总局《关于全面推进资源税改革的通知》（财税〔2016〕53 号）的相关规定，从 2016 年 7 月 1 日起，矿产资源补偿费的费率降为零，即不再征收补偿费，而是改收资源税。由于本章的具体测算数据为资源型企业 2011~2015 年的数据，其中还含有矿产资源补偿费，因此在测度方法中仍然纳入了矿产资源补偿费

3）《矿产资源补偿费征收管理规定》第十一条规定："矿产资源补偿费纳入国家预算，实行专项管理，主要用于矿产资源勘查……"

4）《探矿权采矿权使用费和价款管理办法》第九条规定："探矿权采矿权使用费和价款收入应专项用于矿产资源勘查、保护和管理支出，由国务院地质矿产主管部门和省级地质矿产主管部门提出使用计划，报同级财政部门审批后，拨付使用。"

5）《探矿权采矿权使用费和价款管理办法》第十条规定："探矿权、采矿权使用费中可以开支对探矿权、采矿权使用进行审批、登记的管理和业务费用……"

6）《中华人民共和国环境保护税法》第一条："为了保护和改善环境，减少污染物排放，推进生态文明建设，制定本法。"

7）《水土保持补偿费征收使用管理办法》第十九条规定："水土保持补偿专项用于水土流失预防和治理，主要用于被损坏水土保持设施和地貌植被恢复治理工程建设。"

8）《中华人民共和国草原法》第三十九条规定："……草原植被恢复费专款专用，由草原行政主管部门按照规定用于恢复草原植被，任何单位和个人不得截留、挪用……"《森林植被恢复费征收使用管理暂行办法》第十二条规定："森林植被恢复费实行专款专用，专项用于林业主管部门组织的植树造林、恢复森林植被，包括调查规划设计、整地、造林、抚育、护林防火、病虫害防治、资源管护等开支，不得平调、截留或挪作他用。"

9）《排污费征收使用管理条例》第十八条规定："排污费必须纳入财政预算，列入环境保护专项资金进行管理，主要用于下列项目的拨款补助或者贷款贴息：（一）重点污染源防治；（二）区域性污染防治；（三）污染防治新技术、新工艺的开发、示范和应用；（四）国务院规定的其他污染防治项目……"

10）《北京市绿化补偿费缴纳办法》第五条规定："区、县城市绿化管理部门收取的绿化补偿费，由市园林局统一上缴市财政，列入城市绿化专项资金，专款专用……"

11）《育林基金征收使用管理办法》第十一条规定："育林基金专项用于森林资源的培育、保护和管理。使用范围包括：种苗培育、造林、森林抚育、森林病虫害预防和救治、森林防火和扑救、森林资源监测、林业技术推广、林区道路维护以及相关基础设施建设和设备购置等。任何单位和个人不得截留或挪作他用。"

12）《关于在山西省开展煤炭工业可持续发展政策措施试点的意见》第六条第三款："……将现行征收的山西能源基地建设基金调整为煤炭可持续发展基金，对各类煤矿按动用（消耗）资源储量、区分不同煤种征收，主要用于企业无法解决的区域生态环境治理、资源型城市和重点接替产业发展、因采煤引起的其他社会性问题……"

13）《土地复垦条例》第十八条规定："……土地复垦义务人缴纳的土地复垦费专项用于土地复垦。任何单位和个人不得截留、挤占、挪用。"

14）《水资源费征收使用管理办法》第二十一条规定："水资源费专项用于水资源的节约、保护和管理，也可以用于水资源的合理开发。任何单位和个人不得平调、截留或挪作他用。使用范围包括：（一）水资源调查评价、规划、分配及相关标准制定；（二）取水许可的监督实施和水资源调度；（三）江河湖库及水源地保护和管理；（四）水资源管理信息系统建设和水资源信息采集与发布；（五）节约用水的政策法规、标准体系建设以及科研、新技术和产品开发推广；（六）节水示范项目和推广应用试点工程的拨款补助和贷款贴息；（七）水资源应急事件处置工作补助；（八）节约、保护水资源的宣传和奖励；（九）水资源的合理开发。"

15）《中华人民共和国土地管理法》第四十七条规定："征收土地的，按照被征收土地的原用途给予补偿。"

16）《中华人民共和国草原法》第三十九条规定："因建设征收、征用集体所有的草原的，应当依照《中华人民共和国土地管理法》的规定给予补偿；因建设使用国家所有的草原的，应当依照国务院有关规定对草原承包经营者给予补偿……"

17）《中华人民共和国土地管理法实施条例》第二十六条规定："土地补偿费归农村集体经济组织所有；地上附着物及青苗补偿费归地上附着物及青苗的所有者所有……"

18）《国务院关于开征石油特别收益金的决定》："为妥善处理各方面利益关系，推进石油价格形成机制改革，加强国家调控，促进国民经济持续健康协调发展，国务院决定对石油开采企业销售国产原油因油价上涨获得的超额收入征收石油特别收益金。"

19）《矿产资源勘查、采矿登记收费标准及其使用范围的暂行规定》第五条规定："……主要用于登记管理业务的开支……"

20）《山西省煤矿转产发展资金提取使用管理办法》第九条规定："转产发展资金的使用范围：1.发展循环经济的科研和设备支出。2.发展第三产业的投资支出。3.破产企业的职工安置支出。4.煤矿转岗失业工人转产就业支出。5.自谋职业、自主创业转岗失业人员的创业补助支出。6.职工技能培训支出。7.接续资源的勘察、受让支出。8.迁移易地相关支出。9.发展资源延伸产业支出。10.其他社会保障支出。11.其他直接与接续发展相关的支出。"

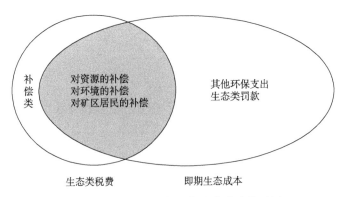

图 8-5　生态类税费与即期生态成本关系图

按照用途对生态类税费的分类，有助于厘清生态类税费对生态环境起作用的生态类税费，从而更准确地计量企业实际发生的生态成本。按照以上分类对样本企业的税费类生态成本进行测度。

属于税费类生态成本的生态类税费种类繁多，而每个样本企业年报披露的税费数据不尽相同，因此本章在测度税费类生态成本时，选取其中被披露次数较多（≥3家样本企业披露，或者有≥3 年数据）的税费，包括资源税、矿产资源补偿费、采（探）矿权价款、采（探）矿权使用费、排污费、水土保持补偿费、绿化补偿费和水资源费总共八个税类，以其总额作为税费类生态成本。其他计入生态成本的税费由于金额较小且出现次数少，对结果的影响较小，因而在实际测度时不考虑。

2. 其他环保支出

其他环保支出主要指资源型企业产生的预防费用，包括环境监测、环境保护科学研究、环境保护宣传教育等方面的费用。本章通过整理公司年报和社会责任报告，其中披露的环保支出信息包括排污费、污染治理、环保投入、研发支出、水土保持、矿产资源补偿费、矿产资源使用费、土地复垦费和塌陷补偿费等名目，其中排污费、塌陷补偿费、土地复垦费和矿产资源使用费等属于税费类生态成本的核算范围，而在税费类生态成本的核算中，这些税费企业披露不充分，未纳入数据统计范畴。其他环保支出在理论上属于即期生态成本，但是企业在披露这部分数据时存在对同一个名词界定不同的问题，导致数据没有可比性，且这部分数据比重较小，本章在用 2011~2015 年样本企业数据进行实际测算时不计入此部分成本。

3. 生态类罚款

生态类罚款是企业未达到环保标准而受到的行政处罚。根据即期生态成本的测度式（8-1），当期资源型企业承担的生态成本为生态类税费、其他环保支出和生态类罚款三类金额之和。由于其他环保支出数据所占比重较小，生态类罚款属于偶发性生态成本。为简化计算，本书以生态类税费总额作为即期生态成本，如式（8-4）所示。

$$EC_1 \approx ET \tag{8-4}$$

其中，EC_1 表示即期生态成本；ET 表示具有生态治理和补偿功能的税费总额。根据式（8-4）可计算得到即期生态成本（表8-2）。

表8-2　即期生态成本　　　　　单位：万元

行业	企业	2011 年	2012 年	2013 年	2014 年	2015 年
煤炭开采和洗选业	大同煤业	224 322	22 589	18 636	38 389	50 231
	国投新集	3 068	3 804	3 980	7 193	24 783
	恒源煤电	2 801	9 436	6 873	4 871	5 544
	金瑞矿业	1 296	1 171	1 112	986	7 593
	靖远煤电	781	6 829	6 720	6 283	7 284
	兰花科创	10 129	3 036	2 932	5 039	37 624
	潞安环能	42 246	39 482	30 780	32 426	101 365
	露天煤业	19 122	19 526	19 795	21 692	40 346
	煤气化	5 833	3 890	7 939	5 273	15 710
	平煤股份	28 164	28 147	27 013	24 547	18 271
	陕西煤业	—	—	64 486	64 441	137 172
	西山煤电	28 085	27 851	25 941	25 028	77 031
	新大洲 A	2 401	1 122	984	1 484	3 823
	阳泉煤业	41 376	44 078	22 534	37 336	91 179
	伊泰 B 股	13 706	27 181	23 506	25 109	43 224
	永泰能源	3 874	11 338	9 179	12 474	35 415
	郑州煤电	4 855	8 950	9 818	7 685	31 119
	安源煤业	1 106	5 904	5 254	4 439	12 517
	兖州煤业	182 125	129 477	36 984	35 116	89 673
	盘江股份	15 214	16 744	10 907	9 361	14 947
	平庄能源	3 500	3 236	3 178	4 629	17 197
	中煤能源	351 895	106 315	838 373	98 883	107 617
	昊华能源	6 176	7 923	7 857	6 925	11 917
	冀中能源	25 221	25 393	24 230	17 995	15 779
	大有能源	16 237	12 628	13 334	10 429	66 059
	中国神华	94 800	101 800	103 000	132 600	494 300
	上海能源	8 896	6 799	6 370	4 112	10 371
	行业均值	43 740	25 948	49 323	23 879	58 077
石油和天然气开采业	广汇能源	1 031	2 534	3 342	10 037	17 126
	洲际油气	—	—	—	68 783	2 257
	中国石化	318 500	761 000	732 900	724 500	506 600

续表

行业	企业	2011 年	2012 年	2013 年	2014 年	2015 年
石油和天然气开采业	中国石油	1 978 400	2 807 900	2 840 900	2 630 500	1 858 400
	行业均值	765 977	1 190 478	1 192 381	858 455	596 096
有色金属矿采选业	驰宏锌锗	380	363	13 291	3 316	34 868
	赤峰黄金	—	1 667	1 612	2 741	2 197
	湖南黄金	3 919	19 750	2 508	2 158	4 648
	建新矿业	—	—	1 328	1 576	160
	金钼股份	4 853	4 708	4 349	4 026	6 062
	炼石有色	—	1 043	1 392	1 334	2 178
	山东黄金	—	—	—	—	5 279
	盛达矿业	4 156	4 377	1 949	1 501	1 404
	盛屯矿业	208	158	528	1 589	5 697
	天山纺织	—	—	745	763	1 662
	西部黄金	—	—	—	2 536	5 165
	西部矿业	8 363	6 021	4 681	4 850	7 223
	银泰资源	—	—	3 420	3 804	1 360
	园城黄金	—	—	2	—	—
	中金黄金	16 490	3 860	13 162	10 566	19 136
	中色股份	4 844	5 831	4 871	5 644	11 086
	紫金矿业	46 456	55 567	45 005	131 176	181 652
	ST 华泽	—	—	—	—	190
	兴业矿业	66	2 064	1 739	6 127	15 817
	洛阳钼业	—	21 042	20 413	21 360	20 583
	广晟有色	331	1 623	2 063	916	4 911
	中润资源	7	2	—	1 892	2 791
	西部资源	1 007	2 234	5 114	3 103	3 723
	荣华实业	872	2 964	636	678	8 369
	行业均值	6 568	7 840	6 440	10 079	15 050
黑色金属矿采选业	宏达矿业	64	—	80	555	1 130
	金岭矿业	425	265	370	480	268
	攀钢钒钛	19 316	30 956	51 718	53 618	40 233
	西藏矿业	420	880	855	605	940
	海南矿业	—	—	—	9 273	8 115
	华联矿业	—	258	268	195	1 103
	山东地矿	—	356	686	810	671
	创兴资源	681	582	462	199	—
	行业均值	4 181	5 549	7 777	8 217	7 494
资源型企业行业均值		84 009	100 758	104 066	82 134	77 351

2011~2015 年各行业的即期生态成本在营业总收入中占比维持在一个比较平稳的水平，如图 8-6 所示，资源型企业承担生态成本在营业总收入中所占比重分别为 1.51%、1.57%、1.61%、1.74%、6.02%。有色金属矿采选业的即期生态成本占营业总收入的比重较高。石油天然气的生态成本占营业总收入的比重低，这是由于石油和天然气开采业的营业总收入较高。煤炭开采和洗选业和有色金属矿采选业的即期生态成本在 2015 年明显上升。

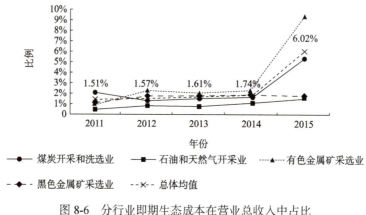

图 8-6 分行业即期生态成本在营业总收入中占比

8.3.2 递延生态成本

递延生态成本由即期生态成本和生态退化成本构成，即期生态成本已在前文进行测算，此处主要测度生态退化成本。

1. 生态退化成本的测算方法

生态退化成本测度角度可分宏观视角和微观视角。

生态退化成本计算的宏观视角。现有研究中进行生态退化成本的计算方法主要有污染损失法、治理成本法（王金南等，2009）。计算生态退化成本主要从宏观角度，对中国或某一地区整体的生态退化成本进行核算，主要参考的数据是《中国环境经济核算研究报告 2004》（谭建新和金明玉，2008；李娟伟和任保平，2011）。

生态退化成本计算的微观视角。企业层面生态退化成本的测算借助对宏观数据结果的处理。程宏伟等（2012）用生态退化成本占 GDP 的比例来估算企业层面生态退化成本占营业总收入的比重，从而计算出单个企业的生态退化成本。但是这种估算方法没有排除生活污染的影响，并且由于《中国环境经济核算研究报告》的数据没有连续公布，无法计算出多年的数据。李娟伟和任保平（2011）采用 PPI（producer price index，工业品出厂价格指数）推算各类污染导致的单位生态退化成本，解决数据公布不连续的问题。

本书将宏观视角的生态退化成本数据微观化，将治理成本法和污染损失法的测算结果分别作为生态退化成本的最低值和合理值，生态退化成本最低值是指企业在经营活动发生时生态价值减损与实际治理成本的差额，而合理值是在当前技术条件下企业应支付的数额。将生态退化成本的最低值与合理值分别与即期生态成本相加，得到递延生态成本最低值和合理值。

生态退化成本结构如图 8-7 所示。a 为资源型企业生产活动发生的时点，b 为生产活动后的任意时点。资源型企业的经营活动在时点 a 发生，对生态造成的价值减损为最低递延成本。在时点 a 的即期生态成本是对价值减损的部分补偿，表现为生态类税费。此时价值减损与即期生态成本的差额为生态退化成本最低值。由于资源型企业没在时点 a 足额补偿造成生态价值减损加大，此时的价值减损为合理递延生态成本。在时点 b 的价值减损与即期生态成本的差额就是生态退化成本合理值。

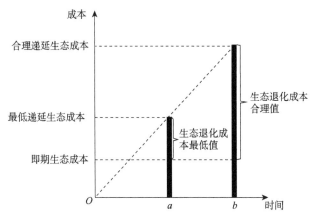

图 8-7　生态退化成本结构

由于企业在生态信息的形式和内容的披露上都尚未统一，并且多数企业公布的生态信息零散、口径不统一、内容不完整，因此直接获取企业生态退化成本难以实现。基于以上原因，在程宏伟等（2012）估算方法的基础上，改进生态退化成本的计算方法，确定生态退化成本的底线水平和合理水平。生态退化成本的底线水平是运用治理成本法计算的结果，反映资源型企业至少应承担的生态退化成本；生态退化成本的合理水平是采用污染损失法计算的结果，企业的生态退化成本达到这个水平才能使生态合理恢复。由于按照治理成本法和污染损失法计算出的结果不同，本书将两类结果分别作为生态退化成本的最低值和合理值。本书在李娟伟和任保平（2011）方法的基础上建立推算方法，根据已有数据（王金南等，2009）推算各年的生态退化成本最低值和合理值。由于生态退化成本受到物价变动和污染物排放量的影响，不能用总额进行推算，必须根据已知的数据计算出水污染、大气污染和固体废物污染的单位最低生态退化成本和单位合理生态退化成本，推算 2011~2015 年的单位成本值，再根据当年的污染量计算各年生态退化成本的最低值和合理值。

本书探究的生态退化成本主要是资源型企业生产经营活动造成的污染，因此本书计算生态退化成本的过程中，只需要研究工业污染。本节的主要目的是计算出样本企业的生态退化成本，由于各企业生态信息披露不全，本书采用"以宏观推微观"的计算思路，直接以生态退化成本的宏观比率作为微观的企业生态退化成本率，即

$$r_{VGC_{mt}} = r_{VGC_t} \qquad (8\text{-}5)$$

$$r_{EDC_{mt}} = r_{EDC_t} \qquad (8\text{-}6)$$

其中，$r_{VGC_{mt}}$、$r_{EDC_{mt}}$ 分别表示企业的最低生态退化成本率和合理生态退化成本率，$r_{VGC_{mt}} = \dfrac{VGC_{mt}}{OR_{mt}}$，$r_{EDC_{mt}} = \dfrac{EDC_{mt}}{OR_{mt}}$。$r_{VGC_t}$、$r_{EDC_t}$ 分别为宏观的工业污染的最低生态退化成本率和合理生态退化成本率。m 表示样本企业，t 表示成本期间，即会计年度。基于以上的计算思路、已有研究和可获取数据，本书生态退化成本的计算步骤与参数含义如表 8-3 所示。

表 8-3　生态退化成本计算步骤

步骤	计算方法	计算公式	字母含义
1	根据《中国环境经济核算研究报告 2004》的数据资料，分别计算 2004 年工业"三废"的单位最低生态退化成本和单位合理生态退化成本	$PVGC_1 = \dfrac{VGC_1}{WD}$ $PVGC_2 = \dfrac{VGC_2}{EE}$ $PVGC_3 = \dfrac{VGC_3}{SWE}$ $PEDC_1 = \dfrac{EDC_1}{WD}$ $PEDC_2 = \dfrac{EDC_2}{EE}$ $PEDC_3 = \dfrac{EDC_3}{SWE}$ $PEAL = \dfrac{EAL}{EA}$	PVGC：单位最低生态退化成本；PEDC：单位合理生态退化成本；PEAL：单位环境事故损失；VGC：最低生态退化成本；EDC：合理生态退化成本；WD、EE、SWE 分别表示废水、废气和固体废物排放量；EA 为环境事故数；数字 1、2、3 分别表示水环境、大气环境、固体废物；EAL：环境事故损失
2	根据步骤 1 计算出的单位成本推算 2011~2015 年的单位成本	$PVGC_{i(t+1)} = PVGC_{i(t)} \times PPI_{t+1}$ $PEDC_{i(t+1)} = PEDC_{it} \times PPI_{t+1}$ $PEAL_{i(t+1)} = PEAL_{it} \times PPI_{t+1}$ $ELC_{t+1} = ELC_t \times PPI_{t+1}$	i：1、2、3 分别表示水环境、大气环境和固体废物；t：年，PPI：工业品出厂价格指数；ELC：生态损失成本[1]

续表

步骤	计算方法	计算公式	字母含义
3	根据步骤 2 的各项单位成本分别计算 2011~2015 年工业污染的生态退化成本最低值和合理值	$VGC_{1t} = PVGC_{1t} \times WD_t$ $VGC_{2t} = PVGC_{2t} \times EE_t$ $VGC_{3t} = PVGC_{3t} \times SWE_t$ $EDC_{1t} = PEDC_{1t} \times WD_t$ $EDC_{2t} = PEDC_{2t} \times EE_t$ $EDC_{3t} = PEDC_{3t} \times SWE_t$ $EAL_t = PEAL \times EA_t$ $VGC_t = \sum_{i=1}^{3} VGC_t$ $EDC_t = \sum_{i=1}^{3} EDC_t + EAL_t + ELC_t$	WD_t、EE_t、SWE_t 分别表示第 t 年的工业废水、废气、固体废物的排放量
4	分别计算各年生态退化成本的最低值和合理值在工业销售产值中的比重	$r_{VGC_t} = \dfrac{VGC_t}{SVI_t}$ $r_{EDC_t} = \dfrac{EDC_t}{SVI_t}$	SVI：当年的工业销售产值
5	分别计算得到各企业的最低生态退化成本和合理生态退化成本	$VGC_{mt} = r_{VGC_t} \times OR_{mt}$ $EDC_{mt} = r_{EDC_t} \times OR_{mt}$	OR：企业的营业总收入；m：样本企业

1）本章认为生态损失成本作为机会成本，与排放量的关系相对较小，因此直接以 PPI 计算 2011~2015 年的生态损失成本

本书生态退化成本计算公式的特点在于：

（1）区分工业污染和生活污染。计算过程中的数据均为工业污染成本，排除了生活污染治理成本对结果的影响。

（2）以工业销售产值替换 GDP。由于本节的主要目的在于计算资源型企业的生态退化成本，在计算过程中排除生活和其他非工业活动的影响会使结果更准确。因此在计算成本率时，以工业销售产值为分母，其比率更符合企业成本率的计算方式。

通过以上方式，本书对 2011~2015 年最低生态退化成本、合理生态退化成本的测算结果及最低生态退化成本率和合理生态退化成本率如表 8-4 所示，表中的最低生态退化成本率和合理生态退化成本率也是本书计算资源型企业生态退化成本的数据。无论是生态退化成本的最低值还是合理值都呈现逐渐降低的趋势，说明生态保护已经引起国家和社会的重视，政府进行的相关环保工作有成效，全国的生态损失逐年降低，对生态环境的损害程度减小。

表 8-4　宏观生态退化成本

年份	2011	2012	2013	2014	2015
最低生态退化成本/亿元	2 445.35	2 273.11	2 142.85	2 110.05	1 820.61
最低生态退化成本率	0.30%	0.25%	0.21%	0.19%	0.16%

续表

年份	2011	2012	2013	2014	2015
合理生态退化成本/亿元	8 280.88	7 910.91	7 598.83	7 500.17	6 701.62
合理生态退化成本率	1.00%	0.87%	0.75%	0.69%	0.61%

资料来源：根据 2012~2016 年《中国环境统计年鉴》《中国环境年鉴》，以及《环境统计公报 2015》、国家统计局网站等数据计算所得

2. 递延生态成本测算结果

从表 8-5 可以看出，无论是生态退化成本的最低值还是合理值，多数企业在 2011~2015 年总体上呈下降趋势，说明企业因未承担生态破坏责任而获取的额外利益越来越小。那么中等口径的生态成本究竟是多少？根据式（8-1）和式（8-2）可知，递延生态成本与即期生态成本的差距在于生态退化成本，而前文已经算出生态退化成本的两个值，即生态退化成本的最低值与合理值。因此根据以上数据，计算得到递延生态成本表 8-6。

表 8-5 生态退化成本　　　　　　　　　　　单位：万元

行业	企业名称	2011 年		2012 年		2013 年		2014 年		2015 年	
		最低值	合理值	最低值	合理值	最低值	合理值	最低值	合理值	最低值	合理值
煤炭开采和洗选业	大同煤业	4 259	14 423	4 317	15 025	2 279	8 083	1 676	5 958	1 176	4 327
	国投新集	2 380	8 058	2 212	7 697	1 642	5 823	1 268	4 506	788	2 901
	恒源煤电	2 455	8 315	2 283	7 947	1 711	6 068	1 245	4 426	654	2 408
	金瑞矿业	125	422	128	446	120	425	82	293	54	199
	靖远煤电	304	1 030	1 013	3 526	783	2 776	638	2 269	436	1 607
	兰花科创	2 247	7 611	1 899	6 609	1 383	4 903	1 008	3 582	753	2 771
	潞安环能	6 625	22 434	5 013	17 447	4 036	14 312	3 097	11 008	1 840	6 772
	露天煤业	1 921	6 505	1 716	5 974	1 308	4 637	1 208	4 295	921	3 391
	煤气化	1 116	3 781	828	2 880	438	1 555	333	1 184	273	1 005
	平煤股份	7 405	25 077	5 539	19 277	4 026	14 276	3 114	11 069	2 052	7 553
	陕西煤业	—	—	—	—	9 085	32 216	7 950	28 258	5 361	19 735
	西山煤电	8 972	30 383	7 802	27 154	6 201	21 990	4 712	16 749	3 077	11 326
	新大洲 A	321	1 086	264	919	217	768	184	654	151	557
	阳泉煤业	14 983	50 738	17 868	62 186	5 501	19 507	4 003	14 230	2 781	10 237
	伊泰 B 股	5 144	17 420	8 111	28 228	5 269	18 683	4 906	17 438	3 226	11 877
	永泰能源	609	2 062	1 928	6 711	2 069	7 337	1 529	5 433	1 778	6 546
	郑州煤电	4 604	15 592	5 032	17 511	4 320	15 318	3 766	13 387	1 978	7 281
	安源煤业	447	1 515	4 191	14 587	3 665	12 997	2 058	7 315	844	3 106
	兖州煤业	14 406	48 786	14 909	51 888	12 345	43 776	12 349	43 896	11 380	41 889

续表

行业	企业名称	2011 年		2012 年		2013 年		2014 年		2015 年	
		最低值	合理值	最低值	合理值	最低值	合理值	最低值	合理值	最低值	合理值
煤炭开采和洗选业	盘江股份	2 205	7 468	1 969	6 854	1 216	4 311	1 000	3 554	671	2 470
	平庄能源	1 165	3 945	897	3 122	630	2 235	494	1 754	337	1 241
	中煤能源	26 253	88 904	21 810	75 902	17 303	61 360	13 652	48 525	9 774	35 978
	昊华能源	2 053	6 953	1 732	6 029	1 529	5 422	1 325	4 711	1 084	3 989
	冀中能源	11 098	37 582	7 514	26 149	5 430	19 257	3 527	12 537	2 067	7 610
	大有能源	2 807	9 506	3 198	11 129	2 347	8 323	1 445	5 137	763	2 807
	中国神华	61 502	208 270	62 527	217 607	59 656	211 547	47 981	170 550	29 200	107 484
	上海能源	2 978	10 084	2 429	8 454	1 779	6 307	1 227	4 362	818	3 011
	行业均值	7 246	24 537	7 197	25 048	5 788	20 526	4 658	16 558	3 120	11 484
石油和天然气开采业	广汇能源	1 347	4 563	928	3 230	1 010	3 582	1 298	4 613	796	2 929
	洲际油气	388	1 313	423	1 471	345	1 225	268	953	208	765
	中国石化	740 189	2 506 565	696 088	2 422 535	605 459	2 147 035	545 946	1 940 568	332 927	1 225 495
	中国石油	591 944	2 004 548	548 490	1 908 864	474 671	1 683 246	441 051	1 567 720	284 535	1 047 363
	行业均值	333 467	1 129 247	311 482	1 084 025	270 372	958 772	247 141	878 463	154 616	569 138
有色金属矿采选业	驰宏锌锗	1 865	6 317	3 031	10 548	3 800	13 475	3 651	12 977	2 987	10 995
	赤峰黄金	14	49	143	499	122	434	165	585	262	966
	湖南黄金	1 206	4 083	1 182	4 112	1 076	3 817	1 097	3 901	955	3 516
	建新矿业	4	14	4	16	141	499	191	678	180	662
	金钼股份	2 166	7 336	2 142	7 455	1 811	6 423	1 647	5 855	1 575	5 799
	炼石有色	216	732	53	184	48	169	47	167	26	94
	山东黄金	11 643	39 429	12 549	43 675	9 705	34 414	8 847	31 447	6 361	23 414
	盛达矿业	278	942	231	802	177	628	143	509	136	500
	盛屯矿业	100	339	342	1 191	428	1 519	647	2 299	1 099	4 044
	天山纺织	89	301	64	224	120	424	108	384	84	310
	西部黄金	—	—	—	—	—	—	208	738	167	616
	西部矿业	6 284	21 281	4 954	17 242	5 312	18 838	4 684	16 651	4 414	16 248
	银泰资源	72	243	64	223	125	443	140	499	121	444
	园城黄金	16	54	26	89	3	9	9	32	3	10
	中金黄金	9 791	33 155	9 007	31 348	6 409	22 729	6 482	23 040	6 112	22 498
	中色股份	2 959	10 020	3 624	12 613	3 756	13 318	3 521	12 514	3 233	11 902
	紫金矿业	11 746	39 778	12 096	42 098	10 462	37 101	11 352	40 351	12 253	45 103
	ST 华泽	11	37	6	22	927	3 286	1 555	5 527	1 403	5 165
	兴业矿业	113	382	221	769	174	616	224	796	137	504

续表

行业	企业名称	2011年		2012年		2013年		2014年		2015年	
		最低值	合理值	最低值	合理值	最低值	合理值	最低值	合理值	最低值	合理值
有色金属矿采选业	洛阳钼业	—	—	1 427	4 966	1 164	4 127	1 287	4 575	692	2 548
	广晟有色	656	2 223	595	2 070	336	1 193	506	1 800	565	2 081
	中润资源	392	1 328	267	931	191	676	69	245	229	842
	西部资源	92	312	147	511	89	315	89	318	242	891
	荣华实业	93	315	76	266	44	157	42	148	13	48
	行业均值	2 264	7 667	2 272	7 907	2 018	7 157	1 946	6 918	1 802	6 633
黑色金属矿采选业	宏达矿业	186	631	141	490	144	512	134	476	79	290
	金岭矿业	527	1 785	329	1 146	344	1 220	297	1 057	130	477
	攀钢钒钛	15 526	52 577	3 898	1 367	3 280	11 630	3 242	11 522	1 883	6 931
	西藏矿业	164	557	128	444	151	536	99	353	150	553
	海南矿业	—	—	—	—	—	—	342	1 214	173	638
	华联矿业	205	693	334	1 162	211	747	157	557	60	219
	山东地矿	26	87	75	260	86	305	61	218	366	1 347
	创兴资源	50	171	26	91	21	74	10	35	3	11
	行业均值	2 384	8 072	704	2 451	605	2 146	543	1 929	355	1 308
资源型企业 行业均值		26 928	91 188	24 837	86 439	21 122	74 901	18 498	65 752	11 886	43 751

表8-6 递延生态成本 单位: 万元

行业	企业名称	2011年		2012年		2013年		2014年		2015年	
		最低值	合理值	最低值	合理值	最低值	合理值	最低值	合理值	最低值	合理值
煤炭开采和洗选业	大同煤业	228 581	238 745	26 906	37 614	20 915	26 719	40 065	44 347	51 406	54 558
	国投新集	5 448	11 127	6 016	11 501	5 622	9 803	8 461	11 700	25 571	27 684
	恒源煤电	5 256	11 116	11 720	17 383	8 584	12 941	6 116	9 296	6 198	7 951
	金瑞矿业	1 420	1 718	1 299	1 617	1 231	1 537	1 068	1 279	7 647	7 792
	靖远煤电	1 085	1 811	7 842	10 355	7 503	9 496	6 921	8 552	7 721	8 891
	兰花科创	12 377	17 740	4 935	9 645	4 315	7 835	6 047	8 621	38 377	40 395
	潞安环能	48 871	64 680	44 495	56 929	34 816	45 092	35 523	43 434	103 204	108 136
	露天煤业	21 043	25 627	21 243	25 500	21 103	24 432	22 900	25 986	41 267	43 737

续表

行业	企业名称	2011 年		2012 年		2013 年		2014 年		2015 年	
		最低值	合理值	最低值	合理值	最低值	合理值	最低值	合理值	最低值	合理值
煤炭开采和洗选业	煤气化	6 949	9 613	4 717	6 770	8 377	9 493	5 606	6 456	15 983	16 714
	平煤股份	35 569	53 241	33 686	47 424	31 039	41 289	27 661	35 616	20 323	25 824
	陕西煤业	—	—	—	—	73 571	96 702	72 391	92 699	142 533	156 907
	西山煤电	37 058	58 468	35 654	55 005	32 142	47 931	29 740	41 777	80 108	88 357
	新大洲A	2 721	3 486	1 386	2 041	1 200	1 752	1 668	2 138	3 974	4 380
	阳泉煤业	56 359	92 114	61 947	106 264	28 035	42 041	41 340	51 567	93 960	101 416
	伊泰B股	18 850	31 126	35 292	55 409	28 775	42 189	30 015	42 547	46 451	55 101
	永泰能源	4 483	5 936	13 267	18 050	11 248	16 516	14 003	17 908	37 194	41 961
	郑州煤电	9 460	20 448	13 981	26 461	14 137	25 136	11 451	21 072	33 098	38 401
	安源煤业	1 553	2 621	10 095	20 491	8 919	18 251	6 497	11 753	13 361	15 623
	兖州煤业	196 532	230 911	144 386	181 365	49 329	80 760	47 465	79 012	101 053	131 561
	盘江股份	17 419	22 681	18 713	23 597	12 123	15 218	10 361	12 915	15 618	17 417
	平庄能源	4 665	7 445	4 133	6 358	3 808	5 413	5 122	6 383	17 534	18 437
	中煤能源	378 148	440 798	128 125	182 217	855 677	899 733	112 535	147 408	117 391	143 595
	昊华能源	8 229	13 129	9 656	13 952	9 386	13 280	8 251	11 636	13 001	15 906
	冀中能源	36 319	62 803	32 907	51 542	29 661	43 487	21 522	30 532	17 846	23 389
	大有能源	19 044	25 743	15 825	23 757	15 681	21 657	11 874	15 566	66 822	68 866
	中国神华	156 302	303 070	164 327	319 407	162 656	314 547	180 581	303 150	523 500	601 784
	上海能源	11 874	18 980	9 228	15 253	8 149	12 677	5 339	8 473	11 189	13 382
	行业均值	50 985	68 276	33 145	50 996	55 111	69 849	28 538	40 438	61 197	69 562
石油和天然气开采业	广汇能源	2 379	5 594	3 462	5 764	4 353	6 924	11 334	14 649	17 922	20 055
	洲际油气	388	1 313	423	1 471	345	1 225	69 051	69 736	2 465	3 022
	中国石化	1 058 689	2 825 065	1 457 088	3 183 535	1 338 359	2 879 935	1 270 446	2 665 068	839 527	1 732 095

续表

行业	企业名称	2011 年		2012 年		2013 年		2014 年		2015 年	
		最低值	合理值	最低值	合理值	最低值	合理值	最低值	合理值	最低值	合理值
石油和天然气开采业	中国石油	2 570 344	3 982 948	3 356 390	4 716 764	3 315 571	4 524 146	3 071 551	4 198 220	2 142 935	2 905 763
	行业均值	1 099 444	1 895 224	1 501 960	2 274 503	1 462 752	2 151 153	1 105 596	1 736 918	750 712	1 165 234
有色金属矿采选业	驰宏锌锗	2 246	6 698	3 394	10 911	17 091	26 766	6 967	16 293	37 855	45 863
	赤峰黄金	14	49	1 811	2 166	1 735	2 046	2 906	3 326	2 460	3 163
	湖南黄金	5 125	8 002	20 932	23 862	3 584	6 325	3 256	6 059	5 603	8 164
	建新矿业	4	14	4	16	1 469	1 827	1 766	2 254	340	822
	金钼股份	7 020	12 189	6 850	12 163	6 160	10 772	5 673	9 881	7 637	11 861
	炼石有色	216	732	1 096	1 227	1 440	1 561	1 381	1 501	2 203	2 272
	山东黄金	11 643	39 429	12 549	43 675	9 705	34 414	8 847	31 447	11 640	28 693
	盛达矿业	4 434	5 098	4 607	5 179	2 126	2 577	1 645	2 010	1 540	1 904
	盛屯矿业	308	547	500	1 348	956	2 047	2 235	3 888	6 795	9 741
	天山纺织	89	301	64	224	864	1 169	871	1 147	1 746	1 972
	西部黄金	—	—	—	—	—	—	2 743	3 274	5 332	5 781
	西部矿业	14 647	29 644	10 975	23 263	9 993	23 519	9 535	21 501	11 637	23 471
	银泰资源	72	243	64	223	3 544	3 862	3 944	4 303	1 481	1 804
	园城黄金	16	54	26	89	5	11	9	32	3	10
	中金黄金	26 281	49 645	12 867	35 208	19 572	35 891	17 048	33 606	25 248	41 635
	中色股份	7 803	14 864	9 456	18 445	8 626	18 188	9 165	18 158	14 319	22 988
	紫金矿业	58 203	86 234	67 663	97 664	55 467	82 106	142 528	171 527	193 905	226 755
	ST 华泽	11	37	6	22	927	3 286	1 555	5 527	1 593	5 355
	兴业矿业	178	448	2 285	2 833	1 913	2 355	6 351	6 924	15 953	16 320
	洛阳钼业	—	—	22 469	26 008	21 577	24 540	22 647	25 935	21 275	23 130
	广晟有色	987	2 554	2 218	3 693	2 399	3 256	1 422	2 716	5 476	6 991

续表

行业	企业名称	2011 年		2012 年		2013 年		2014 年		2015 年	
		最低值	合理值	最低值	合理值	最低值	合理值	最低值	合理值	最低值	合理值
有色金属矿采选业	中润资源	399	1 335	269	933	191	676	1 961	2 137	3 020	3 633
	西部资源	1 099	1 319	2 381	2 745	5 203	5 430	3 193	3 421	3 965	4 614
	荣华实业	965	1 187	3 040	3 230	680	792	720	826	8 382	8 416
	行业均值	8 832	14 235	10 111	15 746	8 459	13 597	12 025	16 997	16 852	21 684
黑色金属矿采选业	宏达矿业	250	695	141	490	225	593	689	1 031	1 209	1 421
	金岭矿业	952	2 210	594	1 410	714	1 590	777	1 537	397	745
	攀钢钒钛	34 842	71 893	34 854	44 522	54 998	63 348	56 860	65 141	42 116	47 163
	西藏矿业	584	977	1 007	1 323	1 006	1 391	704	958	1 090	1 493
	海南矿业	—	—	—	—	—	—	9 615	10 487	889	8 753
	华联矿业	205	693	592	1 421	479	1 015	351	752	1 162	1 322
	山东地矿	26	87	430	616	772	991	872	1 028	1 037	2 018
	创兴资源	732	852	608	673	483	536	209	234	3	11
	行业均值	6 565	12 253	6 254	8 001	8 382	9 923	8 760	10 146	7 850	8 803
资源型企业行业均值		87 064	151 324	98 382	159 984	104 599	158 378	87 640	134 895	80 951	112 816

表 8-6 中，递延生态成本的最低值为按照最低生态退化成本计算的结果，合理值是按照合理生态退化成本计算的结果。前者划定了企业不能明显获取额外利益的底线，而后者反映了当前生态治理水平下较为合理的递延生态成本。

通过计算，递延生态成本的最低值在 2011~2015 年的均值分别是 1.81%、1.82%、1.82%、1.93% 和 6.18%。资源型企业承担的生态成本至少要达到这个程度，才能勉强弥补对生态造成的破坏，因此将生态成本提升至该水平作为企业近期的目标。

而合理的递延生态成本占营业总收入的比重在 2011~2015 年分别为 2.51%、2.44%、2.36%、2.43% 和 6.62%，与最低递延生态成本相比相对上升，但上升幅度不大。从国家生态治理规划角度，合理的递延生态成本可作为资源型企业承担生态成本的中期目标。

分行业递延生态成本最低值和合理值在营业总收入中占比分别如图 8-8 和图 8-9 所示。加入生态退化成本后企业的总体生态成本在营业总收入中所占的比重增加，但递延生态成本在营业总收入的占比与即期生态成本占比的趋势和走向几乎一致。

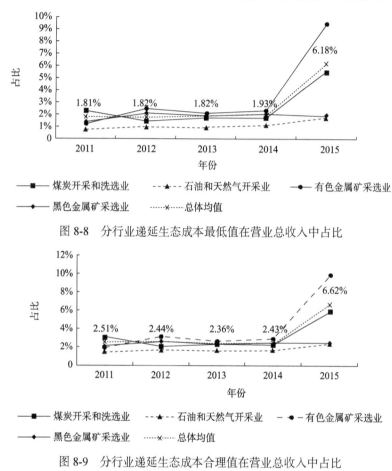

图 8-8 分行业递延生态成本最低值在营业总收入中占比

图 8-9 分行业递延生态成本合理值在营业总收入中占比

8.3.3 完全生态成本

完全生态成本是资源型企业生产经营应承担的全部生态成本，为递延生态成本和资源耗减成本之和。完全生态成本考虑了当代资源型企业生产经营造成的代际问题。通过测算已得到递延生态成本，此处主要测度资源耗减成本。

1. 资源耗减成本测算方法概述

当前测度资源耗减成本的路径主要有净现值法、净价格法、净租金法、可持续价格法、替代成本法、使用者成本法等，但是使用者成本法在研究和实践中应用最为广泛，这是由于相对于其他方法而言，使用者成本法存在明显的优势。本书在此对资源耗减成本的各种测度方法进行了整理和评价，见表 8-7。

表 8-7　资源耗减成本测算方法

测算方法	理论假设	测算公式	字母含义	评述
净现值法	—	$DC_t = V_1 - V_2$ $V_1 = \sum_{t=1}^{n} \frac{R_t}{(1+r)^t}$ $V_2 = \sum_{t=2}^{n} \frac{R_t}{(1+r)^t}$	其中，t 为当期，DC_t 表示当期的资源耗减成本，R_t 表示第 t 年的资源净收入，r 为折现率	需确定未来期间的资源净收入，信息不确定性大
净价格法	霍特林法则：在完全竞争的市场环境中资源存量不变的假设下，资源产品净价的递增率应该等于社会贴现率，资源在地下和开采出来就没有偏好	$\dfrac{P_{t+1}-\overline{C}}{P_t-\overline{C}} = r$ $DC_t = r\left(P_t - \overline{C}\right)$	其中，P 表示资源价格，t 表示当期，r 为社会贴现率，DC_t 为当期单位资源的耗减成本	在实际中边际成本往往大于平均成本，式中以平均成本作为减数，没考虑资本正常回报，高估资源损耗成本
净租金法	—	$\dfrac{P_{t+1}-TC}{P_t-TC} = r$ $DC_t = r\left(P_t - TC\right)M$	其中，TC 为开采资源的边际成本，M 表示开采量，其他字母的含义同表中"净价格法"	结合实际用边际成本替换平均成本，但还没区分真实收入与资源损耗，将资源价值近似作为资源耗减成本
可持续价格法	—	—	—	需要考虑未来资源耗尽后可替代资源的选择和估计，增加分析难度和偏差
替代成本法	—	—	—	
使用者成本法	将资源净收益分为可持续部分和不可持续部分，将可持续部分用于不断的投资之中，而将收入的不可持续部分作为使用者成本	$DC = R - X$ $V_X = \dfrac{X}{r}$ $V_R = \dfrac{R}{r}\left[1 - \dfrac{1}{(1+r)^t}\right]$ 令 $V_R = V_X$ $DC = \dfrac{R}{(1+r)^t}$	R 为当期资源净收入，t 为资源的尚可开采年限，r 可以是社会贴现率、商业银行的再贴现率、央行一年期存款利率、央行再贷款利率等，通常选取 2~3 个折现率进行计算	区分真实收入和资源损耗，数据易获取，但对折现率的敏感程度高，未考虑开采过程中资源损耗的部分，低估资源损耗成本
考虑资源回采率的使用者成本法	考虑开采中的资源损耗	$DC = \dfrac{1}{cr}\dfrac{R_t}{(1+r)^t}$	其中 cr 为资源回采率	考虑开采过程中的资源损耗
修正的 EI Serafy 模型	通过连续的时间序列修正使用者成本法	$\dfrac{DC}{R} = e^{-rt}$	以息税前利润减去经济性资产的收益得到资源净收益	该模型采用连续的时间序列，更符合实际情况

资料来源：根据耿建新和张宏亮（2006）、翟晓彬和李志学（2013）、林伯强和何晓萍（2008）、张宏亮（2009）整理

净现值法的原理是计算期初期末资源价值的现值差作为资源耗减成本。这种方法测算的结果是对当期开采资源可获得的资源净收入现值，没有区分企业资本正常回报即真实收入和开采资源的耗减成本，并且需要对未来各个期间的

资源净收入进行估计，那就必须预测未来该资源的价格以及开采成本。随着社会、科技和经济的进步，这些未来的信息具有很强的不确定性，因此用这种方法计算的结果精确度极低，在实践中很少被采用。

净价格法是建立在霍特林法则之上的一种方法。霍特林（Hotelling，1931）提出资源的净价格增长率在完全竞争的市场前提下等于社会贴现率，即这个公式关注的资源净价格是企业单位资源收入减成本的剩余部分，并将这一部分作为资源的价值。采用这种方法计算资源耗减成本的学者将资源型企业获取的资源净收入都作为自然资源的价值，也没有区分企业的资本回报和资源损耗成本。同时该方法以开采资源的平均成本为计算净价格的成本，没有考虑到通常情况下边际成本往往比平均成本大，造成净价格的高估。

净租金法用资源的边际成本替换净价格法中的平均成本，同时将当期的资源开采量考虑进来，使结果更准确，并计算当期的全部资源净价格。这种方法虽然相对前两种方法有很大的改进，但是仍然没有区分企业的真实收入和资源的耗减成本，因此不能将这个结果直接看作资源的耗减成本。

可持续价格法与替代价格法需要考虑未来资源耗尽后可替代资源的选择和估计，增加了分析难度和偏差（林伯强和何晓萍，2008），在研究中很少被采用。

使用者成本法相对以上方法，具有明显的优势，因此在研究中的使用频率最高。林伯强和何晓萍（2008）阐述了采用使用者成本法计算资源耗减成本的可行性：使用者成本法的假定条件少，数据易获取。对环境的变化，可以通过使用者成本法的开采年限来进行调整，因此灵活性强。

基于以上有关各种资源耗减成本测度方法的文献研究和比较，本书以使用者成本法为基础，对张宏亮（2009）的使用者成本法修正模型中营业性资产收益率（return on opevating assets，ROOA）的计算公式进行了进一步修正，并据以计算资源耗减成本。

2. 资源型企业的资源耗减成本

1）资源耗减成本计算公式推导

使用者成本法由 El Serafy 于1989年提出，此理论认为资源型企业通过开采资源获取的净收入包括可持续收入和不可持续收入两部分，其中可持续收入可以永久进行投资获得收益。事实上资源的可开采年限是有限的，因此资源净收入只能在有限的开采年限中获得。那么要使企业获得可持续发展，必须满足资源净收入的现值等于企业可持续收入部分永久投资的现值。假设企业每年获取的资源净收入和其中的真实收入不变，那么：

可持续收入为 X，折现率为 r，假定其投资年限为无限，则现值为

$$V_X = X + \frac{X}{1+r} + \frac{X}{(1+r)^2} + \cdots + \frac{X}{(1+r)^t}$$

$$= \sum_{t=1}^{\infty} \frac{X}{(1+r)^{t+1}} = \frac{X}{r}$$

若企业的年资源净收入为 R，企业资源的可开采年限为 t，则在开采年限 t 内的资源净收入现值为

$$V_R = R + \frac{R}{1+r} + \frac{R}{(1+r)^2} + \cdots + \frac{R}{(1+r)^t}$$

$$= \sum_{t=1}^{n} \frac{R}{(1+r)^{t+1}} = \frac{R}{r}\left[1 - \frac{1}{(1+r)^{t+1}}\right]$$

使真实收入无穷年限的投资现值与有限开采年限中获得的资源净收入的现值相等，则有

$$\frac{X}{r} = \frac{R}{r}\left[1 - \frac{1}{(1+r)^{t+1}}\right]$$

$$R - X = \frac{R}{(1+r)^{t+1}}$$

由于资源耗减成本就是资源净收入与真实收入的差，故可以得到资源耗减成本的计算公式：

$$RC = \frac{R}{(1+r)^{t+1}}$$

其中，t 为计算当期期初的资源尚可开采年限；R 为当期的资源净收入；r 为折现率。

以上使用者成本法的公式适用于离散时间序列。张宏亮（2009）考虑实际情况中连续时间序列的情况，在公式中运用积分对 El Serafy 模型进行了修正，得到修正的资源耗减成本计算公式为

$$\frac{RC}{R} = e^{-rt} \tag{8-7}$$

本书用张宏亮（2009）的计算公式作为资源型企业资源耗减成本的计算公式，得到

$$RC = Re^{-rt} \tag{8-8}$$

从式（8-8）可以看到，决定资源耗减成本的因素总共有三个，分别为资源净收入、资源可开采年限和折现率，本书在后文将对三个指标的选取进行详细的讨论。

2）计算指标的数据选取

公式中所运用的三个指标的数据选取，根据已有文献研究进行了梳理，详细

内容见表8-8。

表8-8   使用者成本法指标数据选取

资源净收入 R	折现率 r	开采年限 t	研究者
煤炭工业增加值以当年价表示，采用国内资源的价格	央行再贷款利率	100年	张炎治等（2016）
资源净收入=销售收入−中间成本−工资总额−正常资本回报； 销售收入=开采量×国际价格	①《中国矿业权评估准则》规定，现阶段折现率采用区间指标 8%~10%；②发展中国家的贴现率一般高于 5%；③存款利率和石油天然气行业利润率的变动对折现率的影响，确定折现率为6%、8%、10%	将资源储量和年开采量换算成统一单位，计算开采年限为35.3年	高新伟和赵文娟（2014）
售价、生产量、中间成本、工资总额、正常资本回报来估算企业资源净收入	央行公布的一年期存款利率上下限	以宏观的可开采年限作为样本的资源可开采年限	翟晓彬和李志学（2013）
资源净收入=销售收入−中间成本−工资总额−正常资本回报； 销售收入=开采量×国际价格； 中间成本=工业总产值−工业增加值+本期应交增值税； 工资总额=职工平均工资×从业人员总数； 正常资本回报=企业总资产×全社会平均资产贡献率	央行公布的一年期存款利率上下限	以中国的资源储量和资源开采量计算资源开采年限	李志学和张倩（2012）
资源性资产收益=息税前营业利润−经济性资产的收益； 经济性资产的收益=经济性资产×经济性资产收益率	社会非采掘业企业的营业性资产实际收益率	t=期末存量/当期开采量+1	张宏亮（2009）

资料来源：根据张炎治等（2016）、高新伟和赵文娟（ 2014）、耿建新和张宏亮（2006）、李志学和张倩（2012）、张宏亮（2009）整理

3. 资源耗减成本的计算过程

1）资源净收入

在资源耗减成本计算公式中之所以考虑资源净收入，而不直接用企业的利润总额作为指标数据，是由于资源型企业除了进行资源开采和销售的经营活动，也跟其他企业一样拥有经济性资产获取的收入，因此为了准确计算出资源耗减成本，必须从企业的利润总额中将资源净收入与其他营业收入分开。将资源净收入从其他收入中分开有两种方式：第一，直接估算资源净收入；第二，用企业息税前利润减去其他收入得到资源净收入。从表 8-8 可知，多数研究者是根据取得的数据直接估算资源净收入，但张宏亮（2009）在修正的 El Serafy 模型中利用方法二间接计算得到模型中的资源型净收益数值。本节从两种方法计算的繁简程度和获取数据的难易程度对两种方法进行比较分析，详细内容见表8-9。

表 8-9 资源净收入计算方法比较

项目	方法一：直接估算	方法二：间接计算
计算公式	资源净收入=销售收入-中间成本-工资总额-正常资本回报	资源净收入=息税前利润-经济性资产收益
计算步骤	①销售收入=开采量×资源价格；②中间成本=工业总产值-工业增加值+本期应交增值税；③工资总额=职工平均工资×从业人员总数；④正常资本回报=企业总资产×全社会平均资产贡献率；⑤资源净收入=销售收入-中间成本-工资总额-正常资本回报	①经济性资产收益率根据配对样本的营业性资产收益率确定；②营业性资产=总资产-交易性金融资产-可供出售的金融资产-持有至到期投资-长期股权投资；③资源性资产=采（探）矿权价值；④经济性资产=营业性资产-资源型资产；⑤经济性收益=经济性资产×经济性资产收益率；⑥息税前利润=利润总额-营业外收支+财务费用；⑦资源性资产收益=息税前营业利润-经济性资产收益
计算范围	直接用资源开采量和资源价格计算，没有涉及成本和期间费用的扣除，而成本中包含资源类税费，因此计算的结果是总资源耗减成本（total resource depletion cost，TRC）	用息税前利润进行计算，扣除了资源类税费，因此计算的结果不包括资源类税费，是净资源耗减成本（net resource depletion cost，本书用RC表示）
评价	计算步骤相对简单；所需数据只有少数能够从年报中获取，而工业总产值、工业增加值、职工总人数和资源价格属于企业内部信息，获取难度大，信息可靠度也较低	计算步骤相对烦琐；但所需的数据几乎都可以从财务报告中获取，数据的获取难度小，信息的准确度高

资料来源：根据李志学和张倩（2012）、张宏亮（2009）整理

通过对两种资源净收入计算方法的比较，可以看到方法二是间接计算方法，其计算步骤相对直接估算的确较为烦琐，但是方法二所需的数据几乎都可以从企业的财务报告中获取，并且由于财务报告是经过鉴证的，数据的可靠性更高，因此选取方法二间接计算企业资源性收益。值得注意的是，这两种方法计算的资源耗减成本都不包括资源类税费。因为资源类税费在当期发生时直接计入生产成本或者期间费用，两种方法的计算公式都是扣除成本后的结果，因此不会造成资源类税费作为资源耗减成本的重复计算。

用间接计算法估算资源净收入，关键之处在于确定经济性资产收益率。对于资源型企业而言，营业性资产包括资源性资产和经济性资产，而对非采矿业公司，其营业性资产和经济性资产是等同的。张宏亮（2009）以资源型企业的配对样本公司的营业性资产收益率的平均值来确定资源型企业的经济性资产收益率。因此根据张宏亮（2009）的配对样本选取原则，先去掉 2016 年新上市没有数据的一家上市公司，共 61 家采矿业上市公司，依照每个公司选取两家配对样本公司的比例，选取了 122 家第二产业的上市公司作为两组配对样本。

在张宏亮（2009）的研究中，计算营业性资产收益率的公式为

$$ROOA = \frac{EBIT}{\overline{OA}} \times 100\% \qquad (8-9)$$

其中，ROOA 为营业性资产收益率；EBIT 表示息税前利润；$\overline{OA}$ 为平均营业性资产（张宏亮，2009）。

$$\overline{\text{OA}} = \frac{\text{期初营业性资产} + \text{期末营业性资产}}{2} \qquad (8\text{-}10)$$

$$\text{EBIT} = \text{TP} + \text{FE} \qquad (8\text{-}11)$$

其中，TP 表示利润总额；FE 表示财务费用。

$$\text{OA} = \text{TA} - (\text{TFA} + \text{AFA} + \text{HTMI} + \text{LTEI}) \qquad (8\text{-}12)$$

其中，OA 为营业性资产；TA 为总资产；TFA 为交易性金融资产；AFA 为可供出售的金融资产；HTMI 为持有至到期投资；LTEI 为长期股权投资。

根据式（8-10）~式（8-12），计算得到配对样本的营业性资产收益率，并以两组配对样本的平均营业性资产收益率作为资源型企业的经济性资产收益率。

值得注意的是，由于

$$\text{EBIT} = \text{OP} + \text{NI} - \text{NE} \qquad (8\text{-}13)$$

其中，OP 表示营业利润；NI 表示营业外收入；NE 表示营业外支出。

所以用式（8-9）计算出来的营业性资产收益率会受到营业外收支净额的影响，进而影响资源性净收益的计算结果。

因此，为了排除营业外收支对计算结果准确性的影响，在计算配对样本的营业性资产收益率时，用"息税前营业利润"替换式（8-9）中的"息税前利润"，得到修正后的营业性资产收益率式（8-14）：

$$\text{MROOA} = \frac{\text{OPBIT}}{\text{OA}} \qquad (8\text{-}14)$$

其中，MROOA 为修正的营业性资产收益率，OPBIT 为息税前营业利润，分别替代式（8-9）中的营业性资产收益率（ROOA）和息税前利润（EBIT）。

用式（8-14）对资源型上市公司和两组配对样本公司从 2011~2015 年的营业性资产收益率进行计算。

张宏亮（2009）在计算各组样本营业性资产收益率的基础上，分别对各组样本的收益率求平均值和中位数，并对配对样本的结果进行检验。本书认为这种方法的计算结果不能准确地反映平均营业资产收益率。为此对这种方法进行修正，并采用修正后的方法计算平均营业性资产收益率。

修正的计算方法为：首先分别计算两组配对样本每年的平均营业性资产平均值和息税前营业利润的平均值，再以息税前营业利润的平均值与平均营业性资产的平均值相比，得到两组配对样本每年的平均营业性资产收益率。

本书将两种算法计算出的平均营业性资产收益率进行比较（表 8-10），可以看到两种方法计算得到的结果有极大的差异。首先，通过原方法计算出的研究样本的平均营业性资产收益率在 2015 年为 2.26%，比配对样本 2 的平均营业性资产收益率 2.58%低。由于资源型企业的收益既包括资源性收益，又有与其他第二产业相类似的经济性资产收益，所以资源型企业的平均营业性资产收益率从现实的角度来讲应该大于配对样本，因此第二种方法更符合实际情况。其次，原方法相对于修正后的方法而言，在 2011~2015 年平均营业性资产收益率的波动更大，不利于确定资源型企业经济性资产收益率的替代比率。基于以上两个原因，本书认为修正后的公式的测度结果更接近实际情况。本书选择修正后的方法计算出的配对样本的平均营业性资产收益率作为资源型企业经济性资产收益率的替换数据，确定资源型企业 2011~2015 年的经济性资产收益率分别为 5.07%、3.53%、4.13%、3.83%和 3.26%。

表 8-10　修正的平均营业性资产收益率

平均 MROOA		2011 年	2012 年	2013 年	2014 年	2015 年
研究样本	原方法	13.61%	11.10%	9.19%	5.73%	2.26%
	修正后	13.02%	12.36%	9.64%	7.29%	4.39%
配对样本 1	原方法	5.80%	5.77%	4.20%	4.36%	2.17%
	修正后	6.02%	3.68%	3.45%	3.61%	3.02%
配对样本 2	原方法	4.35%	4.77%	6.59%	4.28%	2.58%
	修正后	3.34%	3.13%	4.63%	4.39%	3.33%
配对样本平均 MROOA	原方法	5.07%	5.27%	5.40%	4.32%	2.38%
	修正后	5.07%	3.53%	4.13%	3.83%	3.26%

资料来源：作者根据国泰安数据库获得的年报数据计算所得

　　同时将三组样本的平均营业性资产收益率进行比较（图 8-10），发现资源型企业的营业性资产收益率呈现逐年降低的趋势，说明资源型企业获得高出其他行业的收益能力正在逐年降低。但总是高于两组配对样本的营业性资产收益率，说明资源型企业存在超过其他第二产业企业的超额利润。

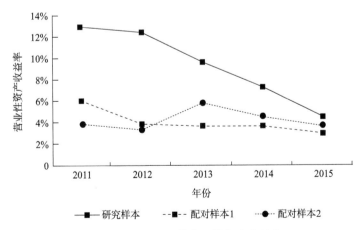

图 8-10　修正的平均营业性资产收益率

资料来源：作者根据国泰安数据库获得的年报数据整理所得

　　在确定好资源型企业各年 MROOA 的情况下，根据表 8-9 中方法二的计算步骤计算资源型企业的资源净收入，见表 8-11[①]。

表 8-11　资源型企业的资源净收入　　　　　　单位：万元

行业	企业名称	2011 年	2012 年	2013 年	2014 年	2015 年
煤炭开采和洗选业	大同煤业	290 293	99 570	—	—	
	国投新集	—	199 436			
	恒源煤电	102 354	—	2 374		
	金瑞矿业		1 413	1 062		
	靖远煤电	6 453	54 528	38 008	24 602	
	兰花科创	182 302	225 140	78 180		
	潞安环能	374 151	25 954	—		
	露天煤业	174 904	174 755	86 669	61 283	43 266
	煤气化	—	—	—		
	平煤股份	150 893	74 266			
	陕西煤业	—	—	714 741	301 291	
	西山煤电	—	—			
	新大洲 A	21 913	15 403	14 392	2 984	
	阳泉煤业	331 347	291 145	66 695	29 814	17 944
	伊泰 B 股	—				
	永泰能源	57 673	255 349	137 142	182 173	317 592
	郑州煤电	521	80 012	36 107	15 584	
	安源煤业		52 661	18 193		
	兖州煤业	1 079 536	307 309	—	—	120 540
	盘江股份	183 696	147 653	9 640		
	平庄能源	65 005	14 042			
	中煤能源	1 032 909	1 159 034	240 547		
	昊华能源	163 659	58 937	44 870		
	冀中能源	—	—	—		
	大有能源	169 134	201 351	104 752		
	中国神华	5 872 133	5 341 580	5 333 920	5 275 524	2 810 958
	上海能源	140 745	101 043	—		
石油和天然气开采业	广汇能源	77 295	80 498	36 698	86 342	
	洲际油气					
	中国石化	—	—	—		
	中国石油	—	—	—		

---

①资源净收入的计算公式为：$\overline{RA} = \dfrac{期初采(探)矿权价值 + 期末采(探)矿权价值}{2}$ ；　$\overline{EA} = \overline{OA} - \overline{RA}$ ；$ER = \overline{EA} \times ROOA$ ；$R = EBIT - ER$ 。其中，$\overline{RA}$ 为平均资源性资产，用企业年报数据中的采矿权和探矿权价款数据计算；$\overline{EA}$ 为平均经济性资产；ER 为经济性资产收益；R 为资源净收入［具体参见张宏亮（2009）］。在此基础上，将 ROOA 替换为 MROOA，将 EBIT 替换为 OPBIT，进行计算，得到表 8-11 数据。

续表

行业	企业名称	2011 年	2012 年	2013 年	2014 年	2015 年
有色金属矿采选业	驰宏锌锗	7 368	58 344	38 045	13 630	57 001
	赤峰黄金	—	—	—	—	—
	湖南黄金	56 812	21 579	10 675	1 673	—
	建新矿业	—	—	—	—	—
	金钼股份	—	—	—	—	—
	炼石有色	—	—	5 246	5 325	936
	山东黄金	—	—	—	—	—
	盛达矿业	70 884	67 062	57 044	47 880	53 278
	盛屯矿业	—	—	—	—	—
	天山纺织	—	—	—	—	—
	西部黄金	—	—	—	—	—
	西部矿业	88 742	—	6 715	—	—
	银泰资源	—	—	57 501	34 999	32 840
	园城黄金	—	—	—	—	—
	中金黄金	302 953	274 006	29 844	—	7 221
	中色股份	67 640	19 859	—	—	—
	紫金矿业	734 745	856 875	328 357	268 479	146 568
	ST 华泽	—	—	—	—	—
	兴业矿业	—	—	—	—	—
	洛阳钼业	—	89 738	3 288	195 035	44 273
	广晟有色	—	—	—	—	—
	中润资源	—	—	—	—	—
	西部资源	—	—	—	—	—
	荣华实业	—	—	—	—	—
黑色金属矿采选业	宏达矿业	—	12 201	16 764	13 370	—
	金岭矿业	—	—	—	—	—
	攀钢钒钛	—	—	—	—	—
	西藏矿业	—	—	—	—	—
	海南矿业	—	—	—	—	—
	华联矿业	—	—	—	—	—
	山东地矿	—	—	—	—	—
	创兴资源	—	—	—	—	—

2）开采年限（t）的确定

开采年限的计算公式为式（8-15）。通过整理资源型上市公司 2011~2015 年年报，从中找到剩余资源可采储量和当地资源开采量的数据，通过式（8-15）计算开采年限 t。由于资源储量和当期开采量都属于企业自愿公布的数据，因此部分资源型上市公司没有在年报和社会责任报告中进行披露。所以在计算开采年限时剔除了数据不完整的上市公司样本。由于企业披露的资源储量和资源开采量的数据不全面，因此在进行数据处理时，对公司未披露的数据用特定的式（8-15）计算来作为空白数据的代替，从而得到44家资源型上市公司2011~2015年样本企业的开采年限，如表8-12所示。

$$t = \frac{年末可开采资源储量}{当期开采量} + 1 \qquad (8-15)$$

表8-12 资源型企业2011~2015年可开采年限 单位：年

行业	企业名称	2011年	2012年	2013年	2014年	2015年
煤炭开采和洗选业	大同煤业	123.56	99.30	102.11	105.75	90.93
	国投新集	663.26	431.26	411.26	418.12	550.01
	恒源煤电	49.03	42.23	40.42	40.61	100.22
	金瑞矿业	63.31	47.85	65.04	57.60	82.29
	靖远煤电	45.40	44.82	44.55	41.66	40.66
	兰花科创	125.01	129.12	117.37	109.39	109.63
	潞安环能	73.63	74.56	66.29	68.50	49.37
	露天煤业	53.04	50.89	48.28	47.78	46.13
	煤气化	—	—	—	—	—
	平煤股份	31.50	30.67	31.64	33.36	30.45
	陕西煤业	—	—	83.37	84.55	86.71
	西山煤电	—	—	—	—	—
	新大洲A	27.09	57.47	54.55	49.89	55.65
	阳泉煤业	62.82	56.03	54.39	52.92	48.56
	伊泰B股	162.95	36.66	39.02	40.27	49.04
	永泰能源	563.71	174.93	136.11	127.95	126.57
	郑州煤电	74.96	32.35	31.13	30.79	31.31
	安源煤业	196.50	197.63	22.69	22.61	21.69
	兖州煤业	52.85	53.25	51.15	51.55	48.05
	盘江股份	91.73	82.36	114.83	94.04	116.86
	平庄能源	29.08	31.23	30.84	27.00	28.29
	中煤能源	153.47	172.14	164.97	127.47	113.65
	昊华能源	368.84	312.94	277.21	302.56	342.43
	冀中能源	—	—	—	—	—
	大有能源	41.25	40.25	31.05	40.36	46.60
	中国神华	55.11	50.75	47.65	53.12	57.04
	上海能源	91.45	88.59	84.78	79.03	74.88
石油和天然气开采业	广汇能源	27.04	26.04	33.41	19.43	23.03
	洲际油气	—	—	—	—	—
	中国石化	—	—	—	—	—
	中国石油	—	—	—	—	—

续表

行业	企业名称	2011 年	2012 年	2013 年	2014 年	2015 年
有色金属矿采选业	驰宏锌锗	35.44	44.44	43.64	25.54	20.28
	赤峰黄金	—	—	—	—	—
	湖南黄金	11.59	11.03	11.04	11.28	11.06
	建新矿业	—	—	—	—	—
	金钼股份	—	—	—	—	—
	炼石有色	99.08	54.83	56.16	63.67	64.63
	山东黄金	—	—	—	—	—
	盛达矿业	17.00	16.00	14.00	12.59	12.00
	盛屯矿业	—	—	—	—	—
	天山纺织	—	—	—	—	—
	西部黄金	—	—	—	—	—
	西部矿业	29.16	31.86	31.55	32.50	36.03
	银泰资源			44.01	49.49	48.14
	园城黄金	—	—	—	—	—
	中金黄金	7.27	6.39	5.90	4.55	4.44
	中色股份	33.17	28.55	31.74	26.57	25.89
	紫金矿业	11.75	12.93	10.88	8.61	6.10
	ST 华泽	—	—	—	—	—
	兴业矿业	—	—	—	—	—
	洛阳钼业	—	10.14	9.15	16.72	14.29
	广晟有色	—	—	—	—	—
	中润资源	—	—	—	—	—
	西部资源	—	—	—	—	—
	荣华实业	—	—	—	—	—
黑色金属矿采选业	宏达矿业		143.26	142.26	141.26	140.26
	金岭矿业	—	—	—	—	—
	攀钢钒钛	—	—	—	—	—
	西藏矿业	—	—	—	—	—
	海南矿业	—	—	—	—	—
	华联矿业	—	—	—	—	—
	山东地矿	—	—	—	—	—
	创兴资源	—	—	—	—	—

注：由于部分企业未披露可开采资源储量，因此无法计算可开采年限，造成数据缺失。在计算可开采年限时，为了保证计算结果的精确性，采用保留两位小数的结果

资料来源：作者根据企业年度报告计算所得

3）折现率（r）的确定

资源耗减成本的数值大小对折现率非常敏感。陈安宁（2000）提出贴现率的高低直接影响到人们对自然资源的利用强度。从计算资源耗减成本的式（8-8）来

看，贴现率的高低反映的是人们对自然资源未来价值的期望和风险的预判。贴现率高，反映人们对自然资源未来的价值不看好，认为将资源留到以后开发的风险大，由此会在当期开采大量的自然资源；贴现率低，说明自然资源在未来的价值损失的可能性小，自愿留到以后开发也能获得较高的收益。矿产资源属于不可再生资源，其总储量有限，而当前的科技水平尚未找到能够替代这类资源的其他廉价资源。中国长期以来倡导可持续发展，对自然资源的开采也通过资源税等税费来进行调控，因此本书认为矿产资源的贴现率应当较低。

在以往的研究中学者经常选择的折现率有央行再贴现率、央行一年期定期存款利率和社会贴现率作为确定折现率的基础，其中选取央行一年期定期存款利率的研究相对较多。所以为了避免主观选择的影响，借鉴已有研究，以央行一年期定期存款利率作为参考，按照利率持续时间的长短分别计算 2011~2015 年每年央行一年期定期存款利率的平均值，作为本书计算资源耗减成本的贴现率，2011~2015 年分别为 3.29%、3.23%、3.00%、2.98%和 2.13%（表 8-13）。

表 8-13　央行一年期定期存款利率

年份	2011	2012	2013	2014	2015
最低值	2.75%	3.00%	3.00%	2.75%	1.50%
最高值	3.50%	3.50%	3.00%	3.00%	2.75%
平均值	3.29%	3.23%	3.00%	2.98%	2.13%

资料来源：作者根据国泰安数据库整存整取一年期定期存款利率表计算所得

4）资源耗减成本（RC）的测算结果

通过对资源净收入（R）、开采年限（t）和折现率（r）分别进行计算，从样本中删除资源净收入和开采年限两个数据不全的样本，剩下的样本共 118 个，按照式（8-8）计算出资源耗减成本，如表 8-14 所示。在此基础上进一步计算资源型企业的资源耗减成本平均值，得出 2011~2015 年资源型企业资源耗减成本的平均值分别为 83 778.42 万元、82 283.88 万元、69 659.25 万元、92 612.15 万元、91 456.35 万元。

表 8-14　资源耗减成本　　　　　　　　　　单位：万元

行业	企业名称	2011 年	2012 年	2013 年	2014 年	2015 年
煤炭开采和洗选业	大同煤业	4 971	4 033	—	—	—
	国投新集	—	—	—	—	—
	恒源煤电	20 379	—	706	—	—
	金瑞矿业	—	301	151	—	—
	靖远煤电	1 448	12 824	9 988	7 111	—
	兰花科创	2 977	3 481	2 311	—	—
	潞安环能	33 153	2 336	—	—	—
	露天煤业	30 516	33 791	20 364	14 762	16 234
	煤气化	—	—	—	—	—

续表

行业	企业名称	2011 年	2012 年	2013 年	2014 年	2015 年
煤炭开采和洗选业	平煤股份	53 503	27 582	—		
	陕西煤业	—	—	58 609	24 271	—
	西山煤电	—	—			
	新大洲 A	8 984	2 408	2 802	675	—
	阳泉煤业	41 898	47 679	13 046	6 162	6 394
	伊泰 B 股	2 694	250 277	143 764	95 697	6 511
	永泰能源	—	899	2 311	4 028	21 565
	郑州煤电	44	28 146	14 190	6 227	
	安源煤业	—	89	9 211		
	兖州煤业	189 564	55 057	—	—	43 417
	盘江股份	8 971	10 332	308	—	
	平庄能源	24 959	5 123	—	—	
	中煤能源	6 609	4 466	1 705		
	昊华能源	1	2	11	—	
	冀中能源	—	—			
	大有能源	43 511	54 896	41 272		
	中国神华	957 083	1 037 512	1 277 257	1 083 982	836 439
	上海能源	6 936	5 782	—		
	行业均值	75 695	75 572	94 001	138 102	155 093
石油和天然气开采业	广汇能源	31 739	34 721	13 469	48 395	
	洲际油气	—	—	—	—	
	中国石化	—	—	—	—	
	中国石油	—	—	—	—	
	行业均值	31 739	34 721	13 469	48 395	
有色金属矿采选业	驰宏锌锗	2 294	13 890	10 272	6 369	37 041
	赤峰黄金	—	—			
	湖南黄金	38 794	15 114	7 666	1 195	
	建新矿业	—				
	金钼股份	—	—			
	炼石有色	—	—			
	山东黄金	—	—	—		
	盛达矿业	40 506	40 003	37 481	32 908	41 286
	盛屯矿业	—	—	—		
	天山纺织	—	—			
	西部黄金	—	—			
	西部矿业	33 984	—	2 606		
	银泰资源	—	—	15 355	8 011	11 807
	园城黄金	—	—			
	中金黄金	238 501	222 911	25 000	—	6 570

续表

行业	企业名称	2011 年	2012 年	2013 年	2014 年	2015 年
有色金属矿采选业	中色股份	22 701	7 900	—	—	—
	紫金矿业	499 076	564 454	236 894	207 705	128 755
	ST 华泽	—	—	—	—	—
	兴业矿业	—	—	—	—	—
	洛阳钼业	—	64 671	2 499	118 523	32 676
	广晟有色	—	—	—	—	—
	中润资源	—	—	—	—	—
	西部资源	—	—	—	—	—
	荣华实业	—	—	—	—	—
	行业均值	125 122	132 706	37 638	53 644	36 910
黑色金属矿采选业	宏达矿业	—	120	235	199	
	金岭矿业	—	—	—	—	
	攀钢钒钛	—	—	—	—	
	西藏矿业	—	—	—	—	
	海南矿业	—	—	—	—	
	华联矿业	—	—	—	—	
	山东地矿	—	—	—	—	
	创兴资源	—	—	—	—	
	行业均值	—	120	235	199	—

4. 完全生态成本值

在测算递延生态成本时，测算了最低值和合理值，递延生态成本的最低值作为检验企业是否明显获取因生态破坏的额外利益的指标，在计算完全生态成本时，不使用最低值，而用测算的合理值作为计算依据。

由于生态成本信息的获取受到限制，能够测算出的资源耗减成本有限，为了完全生态成本计算的准确性，对于因无法获取信息而未测算出资源耗减成本的资源型企业，本书假设其缴纳的资源类税费足以覆盖其开采的资源成本，即没有资源耗减成本。基于这个假设，无资源耗减成本的完全生态成本可约等于递延生态成本，即 $EC_3 \approx EC_2$。从而得到测算结果，各资源型企业的完全生态成本见表 8-15。

表 8-15　完全生态成本　　　　　　　单位：万元

行业	企业	2011 年	2012 年	2013 年	2014 年	2015 年
煤炭开采和洗选业	大同煤业	243 716	41 647	26 719	44 347	54 558
	国投新集	11 127	11 501	9 803	11 700	27 684
	恒源煤电	31 495	17 383	13 647	9 296	7 951

续表

行业	企业	2011 年	2012 年	2013 年	2014 年	2015 年
煤炭开采和洗选业	金瑞矿业	1 718	1 918	1 688	1 279	7 792
	靖远煤电	3 259	23 179	19 484	15 663	8 891
	兰花科创	20 717	13 126	10 146	8 621	40 395
	潞安环能	97 833	59 265	45 092	43 434	108 136
	露天煤业	56 143	59 291	44 796	40 748	59 971
	煤气化	9 613	6 770	9 493	6 456	16 714
	平煤股份	106 744	75 006	41 289	35 616	25 824
	陕西煤业	—	—	155 311	116 970	156 907
	西山煤电	58 468	55 005	47 931	41 777	88 357
	新大洲 A	12 470	4 449	4 554	2 813	4 380
	阳泉煤业	134 012	153 943	55 087	57 729	107 810
	伊泰 B 股	33 820	305 686	185 953	138 244	61 612
	永泰能源	5 936	18 949	18 827	21 936	63 526
	郑州煤电	20 492	54 607	39 326	27 299	38 401
	安源煤业	2 621	20 580	27 462	11 753	15 623
	兖州煤业	420 475	236 422	80 760	79 012	174 978
	盘江股份	31 652	33 929	15 526	12 915	17 417
	平庄能源	32 404	11 481	5 413	6 383	18 437
	中煤能源	447 407	186 683	901 438	147 408	143 595
	昊华能源	13 130	13 954	13 291	11 636	15 906
	冀中能源	62 803	51 542	43 487	30 532	23 389
	大有能源	69 254	78 653	62 929	15 566	68 866
	中国神华	1 260 153	1 356 919	1 591 804	1 387 132	1 438 223
	上海能源	25 916	21 035	12 677	8 473	13 382
	行业均值	119 014	107 886	129 035	86 472	104 027
石油和天然气开采业	广汇能源	37 333	40 485	20 393	63 044	20 055
	洲际油气	1 313	1 471	1 225	69 736	3 022
	中国石化	2 825 065	3 183 535	2 879 935	2 665 068	1 732 095
	中国石油	3 982 948	4 716 764	4 524 146	4 198 220	2 905 763
	行业均值	1 711 665	1 985 564	1 856 425	1 749 017	1 165 234
有色金属矿采选业	驰宏锌锗	8 992	24 801	37 038	22 662	82 904
	赤峰黄金	49	2 166	2 046	3 326	3 163
	湖南黄金	46 796	38 976	13 991	7 254	8 164
	建新矿业	14	16	1 827	2 254	822
	金钼股份	12 189	12 163	10 772	9 881	11 861

续表

行业	企业	2011 年	2012 年	2013 年	2014 年	2015 年
有色金属矿采选业	炼石有色	732	1 227	2 534	2 300	2 509
	山东黄金	39 429	43 675	34 414	31 447	28 693
	盛达矿业	45 604	45 182	40 058	34 918	43 190
	盛屯矿业	547	1 348	2 047	3 888	9 741
	天山纺织	301	224	1 169	1 147	1 972
	西部黄金	—	—	—	3 274	5 781
	西部矿业	63 628	23 263	26 125	21 501	23 471
	银泰资源	243	223	19 217	12 314	13 611
	园城黄金	54	89	11	32	10
	中金黄金	288 146	258 119	60 891	33 606	48 205
	中色股份	37 565	26 345	18 188	18 158	22 988
	紫金矿业	585 310	662 118	319 000	379 232	355 510
	ST 华泽	37	22	3 286	5 527	5 355
	兴业矿业	448	2 833	2 355	6 924	16 320
	洛阳钼业	—	90 679	27 039	144 458	55 806
	广晟有色	2 554	3 693	3 256	2 716	6 991
	中润资源	1 335	933	676	2 137	3 633
	西部资源	1 319	2 745	5 430	3 421	4 614
	荣华实业	1 187	3 230	792	826	8 416
	行业均值	47 353	51 836	26 340	31 383	31 822
黑色金属矿采选业	宏达矿业	695	610	828	1 230	1 421
	金岭矿业	2 210	1 410	1 590	1 537	745
	攀钢钒钛	71 893	44 522	63 348	65 141	47 163
	西藏矿业	977	1 323	1 391	958	1 493
	海南矿业	—	—	—	10 487	8 753
	华联矿业	693	1 421	1 015	752	1 322
	山东地矿	87	616	991	1 028	2 018
	创兴资源	852	673	536	234	11
	行业均值	9 676	6 322	8 712	10 171	7 866
资源型企业行业均值		196 442	213 454	203 463	179 738	143 362

完全生态成本在营业总收入中的比重如图 8-11 所示。其中，有色金属矿采选业完全生态成本在营业总收入中的比重最高，黑色金属矿采选业最低。总体而言，2011~2015 年资源型企业完全生态成本在营业总收入中占比比较平稳，2015年呈快速上升趋势。资源型企业 2011~2015 年完全生态成本在营业总收入中所占

比重分别为 5.21%、4.74%、4.37%、3.96% 和 8.21%。企业承担全部生态成本，会增加成本负担，从而可能对营利能力造成影响。

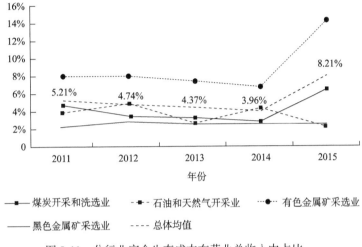

图 8-11　分行业完全生态成本在营业总收入中占比

为检验完全生态成本近似递延生态成本的合理性，抽取露天煤业、阳泉煤业、伊泰 B 股、中国神华、驰宏锌锗、盛达矿业和紫金矿业共 7 家有完整资源耗减成本数据的资源型企业，用式（8-3）计算其完全生态成本，为数据组 1；所有资源型企业的递延生态成本为数据组 2，对两组数据进行 T 检验。用 SPSS 软件进行 T 检验，结果显示 p 值为 0.330，表明两组数据的平均值的方差没有显著差异，因此假设 $EC_3 \approx EC_2$ 在 95% 的置信水平上是合理的。

5. 生态成本内部化比率

生态成本内部化比率（以下简称生态成本内化率）是资源型企业已承担生态成本在其应当承担的完全生态成本中所占的比重。通过对资源型企业三个口径生态成本的测度，测算资源型企业的生态成本内化率。

已知资源型企业实现外部成本内部化的两条路径分别为"资源耗减成本→资源类税费"和"实际治理成本→环境类税费"，即生态成本内化后形成生态类税费。即使假设生态成本在发生当期一次性转化（即不存在转化时间差），但由于生态成本内部化存在转化数量差，生态类税费也只是成功内化的部分，而未成功内化的生态成本就形成生态退化成本和资源耗减成本。

完全生态成本是最全面的生态成本，即资源型企业应当承担的全部生态责任，而即期生态成本是企业当前实际承担的生态成本，以生态类税费的形式体现。因此资源型企业的生态成本内化率就是即期生态成本与完全生态成本的比例，表示为式（8-16）：

$$r = \frac{EC_1}{EC_3} \times 100\%$$

（8-16）

其中，r表示生态成本内化率；EC_1和EC_3分别为即期生态成本和完全生态成本。

利用已知的生态成本数据测算生态成本内化率，并将不同行业生态成本内化率进行比较（图 8-12），其中煤炭开采和洗选业的生态成本内化率相对较高，石油和天然气开采业相对较低。但总体而言，资源型企业生态成本内化率从 2011 年至 2015 年逐年上升。

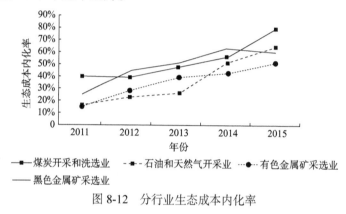

图 8-12 分行业生态成本内化率

8.4 生态成本与企业营利能力

8.4.1 营利能力测度指标

1. 营利能力相关概念

学者们对营利能力的研究多为实证研究，分析企业营利能力的影响因素和营利能力与其他变量之间的相关关系，但对营利能力的定义的理解存在差异，将营利能力、盈余能力、盈利水平以及盈利质量等词语混淆。

在对营利能力的实证研究中，多数学者选择各项财务指标作为衡量企业营利能力的标准（许港等，2014；王斌和王乐锦，2016；张红等，2016）。但财务指标只反映企业获得利润的数量情况，即反映了企业的盈利水平。而营利能力不仅指盈利水平，还包括企业获得利润的质量，即盈利质量，袁卫秋（2015）用总资产现金回收率作为衡量盈利质量的指标。在关于盈余质量的研究中，德肖等（Dechow et al., 2010）根据财务会计概念框架（statement of financial accounting concepts，SFAC）定义盈余质量为"盈余质量越高，能提供与特定决策者的决策有关的财务绩效特征信息越多"。丁俊等（2016）总结学界多数观点，指出盈余质量是对企业经济活动的准确表达。从这两条定义看，盈余质量与会计信息质量紧密相关。对盈余质量的测度，应用最广泛的方法是 Jones 模型（Jones, 1991）和 DD 模型（Dechow and Dichev, 2002），赵灵芝（2012）用 Jones 模型评价盈余能力，把盈余能力与盈余质量等同。

结合营利能力、盈余能力、盈利水平、盈利质量等词语的语义，本书认为盈利质量是指企业获得利润的质量，可以表述为已经收到的利润与应计利润的差异。营利能力一方面反映企业的利润数量，即盈利水平，另一方面包括对利润质量的评价，所以营利能力比盈利质量能更全面地反映盈利情况。盈余质量反映的则是企业盈利信息的可信程度，盈余能力与其内涵相同。所以本书从盈利水平和盈利质量两方面研究生态成本对营利能力的影响。

2. 营利能力测度指标构建

根据上文对营利能力概念的解读，其测度可以划分为盈利水平和盈利质量两个方面。每个方面都有不同的测度指标，如图 8-13 所示。

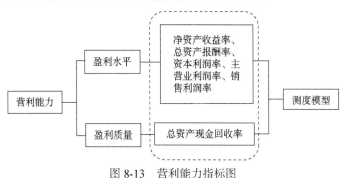

图 8-13　营利能力指标图

资料来源：根据张红等（2016）、许港等（2014）、袁卫秋（2015）、王斌和王乐锦（2016）、Dechow 等（2010）整理

上述对营利能力的测度指标与测度模型都基于企业当前的情况。资源型企业尚未承担全部的生态成本就获得了年报中的会计利润。假设企业承担全部生态成本，则会导致企业总成本上升，而上升后的生态成本必然以价格的形式转嫁给资源的最终消费者，价格的变化引起需求变化，导致资源型企业的营业利润发生变化。因此，承担全部生态成本后企业的营利能力必然发生变化。

为探究生态成本对资源型企业营利能力的影响，本书将生态成本引入测度模型中，并与引入生态成本前的营利能力进行比较。本章使用 2011~2015 年的数据对资源型企业的营利能力进行分析。

8.4.2 基于生态成本的营利能力测度

1. 生态成本对盈利水平的影响

1）基于供求理论的分析

人们的生态保护意识不断强化，这要求企业承担更大的生态成本来履行其生态责任，但是纳入生态成本意味着在当前技术条件不变的情况下，资源型企业的产品成本上升。这必然引起产品定价的变化，从而导致企业的盈利变化。资源型企业利润总额与生态成本之间的关系可以表示为式（8-17）：

$$T = QP - (C_t + EC) \tag{8-17}$$

其中，T 表示利润总额；Q 为销量；P 为单位资源产品的价格；C_t 为传统成本费用；EC 为生态成本。由于财务费用、管理费用、销售费用这三大会计期间费用波动不大，因此假设其为常数。

供求曲线表明一件商品的价格波动会引起供应量和需求量的变化。当资源型企业以生态成本为限提高价格时，其单位商品获得的利润不变，因此短时间企业不会降低供应量。当价格上升时，根据需求曲线，需求量会下降。当这种状态持续较长一段时间时，资源型企业被迫降低价格，压缩单位产品的盈利，从而需求量增加，供求曲线重新达到平衡。资源型企业的供求关系可表示为图8-14。

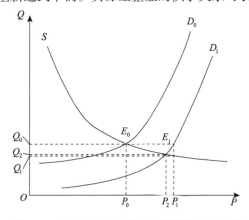

图 8-14 考虑生态成本的动态供需关系变化图

图 8-14 中，P 表示价格，Q 表示供应量，E 表示供求均衡点。S 表示需求曲线，当价格从 P_0 上升到 P_1 时，短时间资源型企业的供应曲线为 D_1。此时需求量从 Q_0 下降到 Q_1。为了增加销售量，资源型企业会逐渐降低价格，此时单位产品

的利润下降。最终资源型企业商品的价格到达 P_2，此时供应量和需求量相等为 Q_2，供求关系均衡点从 E_0 变为 E_1。因此企业的营业收入从 Q_0P_0 减小到 Q_2P_2，而企业的生产成本又增加了新的生态成本，因此企业的盈利将会减少。

2）基于实际数据的测度

纳入生态成本后资源型企业的盈利水平相对降低，但纳入不同口径的生态成本，企业盈利水平降低的幅度是不同的。为了反映成本对利润的影响，本节选择成本利润率作为衡量盈利水平的指标，计算公式如式（8-18）所示：

$$成本利润率 = \frac{利润总额}{成本费用} \times 100\% \qquad (8\text{-}18)$$

其中，成本费用是指企业的生产成本以及三大期间费用。利用这个公式，纳入三个口径的生态成本，可以看到生态成本对企业盈利水平的影响。

已知即期生态成本是企业实际发生且已经纳入会计核算体系的成本，因此纳入即期生态成本的成本利润率即当前实际成本利润率，不需另行计算。纳入递延生态成本的成本利润率需要将在小口径基础上增加的生态成本增加到成本费用中，根据中口径的计算公式，该部分增加的生态成本为资源型企业应当承担的生态退化成本。而纳入完全生态成本的成本利润率计算公式又是在递延生态成本的基础上纳入资源耗减成本。即纳入三个口径生态成本后的成本利润率可用公式分别表示为

$$r_{P/C_1} = \frac{\text{TP}}{C_t + \text{EC}_1} \qquad (8\text{-}19)$$

$$r_{P/C_2} = \frac{\text{TP} - \text{ED}}{C_t + \text{EC}_2} \qquad (8\text{-}20)$$

$$r_{P/C_3} = \frac{\text{TP} - \text{ED} - \text{RD}}{C_t + \text{EC}_3} \qquad (8\text{-}21)$$

其中，$r_{P/C}$ 为成本利润率；TP 为利润总额；C_t 为传统成本费用；EC 为生态成本；ED 为生态退化成本。基于式（8-19）~式（8-21）分别计算出三个口径生态成本下的成本利润率，见表 8-16。

为了更好地比较纳入不同生态成本对企业盈利水平的影响，将资源型企业分行业进行成本利润率比较。分别求出分行业三口径成本利润率的均值，如图 8-15 所示。

根据图 8-15，有色金属矿采选业的成本利润率最高，达到 40%以上。石油和天然气开采业的成本利润率最低。2011~2015 年煤炭开采和洗选业和石油和天然气开采业的成本利润率逐年降低，而有色金属矿采选业的成本利润率却呈现逐年上升的趋势。黑色金属矿采选业的成本利润率波动很大，最高接近 40%，而最低的时候出现行业亏损。

表 8-16 纳入三口径生态成本的成本利润率

行业	企业名称	2011年			2012年			2013年			2014年			2015年		
		EC_1	EC_2	EC_3	EC_1	EC_2	EC_3	EC_1	EC_2	EC_3	EC_1	EC_2	EC_3	EC_1	EC_2	EC_3
煤炭开采和洗选业	大同煤业	29.30%	27.66%	27.10%	9.75%	8.71%	8.43%	-1.51%	-2.23%	-2.23%	12.06%	11.32%	11.32%	-18.95%	-19.34%	-19.34%
	国投新集	29.75%	28.08%	28.08%	26.12%	24.76%	24.76%	1.63%	0.89%	0.89%	-23.27%	-23.67%	-23.67%	-32.39%	-32.65%	-32.65%
	恒源煤电	20.64%	19.21%	15.82%	11.76%	10.69%	10.69%	5.20%	4.39%	4.29%	0.53%	-0.15%	-0.15%	-25.16%	-25.49%	-25.49%
	金瑞矿业	12.86%	11.63%	11.63%	5.49%	4.53%	3.90%	6.78%	5.94%	5.65%	4.06%	3.34%	3.34%	-7.47%	-7.98%	-7.98%
	靖远煤电	9.66%	8.47%	6.83%	16.05%	14.89%	10.87%	15.59%	14.60%	11.19%	12.44%	11.58%	8.97%	7.96%	7.26%	7.26%
	兰花科创	39.10%	37.17%	36.43%	39.79%	38.21%	37.40%	21.51%	20.47%	19.99%	1.89%	1.19%	1.19%	-0.40%	-0.99%	-0.99%
	露天环能	24.12%	22.59%	20.41%	17.58%	16.39%	16.23%	11.27%	10.35%	10.35%	7.70%	6.91%	6.91%	1.17%	0.56%	0.56%
	露天煤业	40.67%	38.77%	30.50%	35.23%	33.69%	25.57%	20.08%	19.04%	14.66%	13.42%	12.56%	9.68%	12.71%	11.96%	8.47%
	煤气化	13.66%	12.39%	12.39%	-6.07%	-6.82%	-6.82%	1.85%	1.32%	1.32%	-40.32%	-40.57%	-40.57%	-56.08%	-56.20%	-56.20%
	平煤股份	10.09%	8.89%	6.40%	6.95%	5.96%	4.59%	6.48%	5.64%	5.64%	1.88%	1.17%	1.17%	-10.76%	-11.24%	-11.2%
	陕西煤业	—	—	—	—	—	—	20.50%	19.44%	17.57%	9.22%	8.41%	7.73%	-4.69%	-5.24%	-5.2%
	西山煤电	15.71%	14.39%	14.39%	9.86%	8.82%	8.82%	6.01%	5.18%	5.18%	1.94%	1.24%	1.24%	1.69%	1.07%	1.07%
	新大洲A	30.20%	28.60%	16.73%	17.00%	16.48%	13.66%	22.95%	21.92%	18.29%	13.96%	13.14%	12.30%	6.51%	5.89%	5.8%
	阳泉煤业	8.03%	6.87%	5.93%	4.60%	3.66%	2.95%	5.82%	5.00%	4.45%	4.55%	3.81%	3.49%	1.08%	0.47%	0.05%
	伊泰B股	63.05%	60.45%	60.06%	—	—	—	—	—	—	—	—	—	—	—	—

行业	企业名称	2011 年			2012 年			2013 年			2014 年			2015 年		
		EC_1	EC_2	EC_3	EC_1	EC_2	EC_3	EC_1	EC_2	EC_3	EC_1	EC_2	EC_3	EC_1	EC_2	EC_3
煤炭开采和洗选业	永泰能源	32.71%	31.03%	31.03%	27.19%	25.84%	25.67%	10.06%	9.17%	8.90%	8.42%	7.65%	7.08%	13.08%	12.33%	9.95%
	郑州煤电	1.71%	0.69%	0.68%	3.93%	3.00%	1.54%	2.23%	1.46%	0.75%	1.50%	0.81%	0.49%	-3.83%	-4.37%	-4.37%
	安源煤业	7.35%	6.21%	6.21%	3.14%	2.22%	2.22%	2.27%	1.50%	0.96%	1.33%	0.63%	0.63%	0.90%	0.31%	0.31%
	兖州煤业	32.99%	31.25%	24.88%	10.03%	9.01%	7.95%	0.22%	-0.52%	-0.52%	5.49%	4.74%	4.74%	2.20%	1.58%	0.94%
	盘江股份	37.45%	35.60%	33.43%	29.56%	28.12%	26.01%	8.26%	7.39%	7.33%	7.50%	6.71%	6.71%	0.65%	0.03%	0.03%
	平庄能源	36.55%	34.71%	24.14%	15.92%	14.76%	12.90%	3.10%	2.31%	2.31%	2.71%	1.99%	1.99%	-16.35%	-16.78%	-16.78%
	中煤能源	17.92%	16.55%	16.45%	18.11%	16.91%	16.84%	7.87%	7.01%	6.99%	2.18%	1.48%	1.48%	-4.04%	-4.59%	-4.59%
	昊华能源	34.23%	32.45%	32.45%	21.73%	20.46%	20.46%	10.05%	9.16%	9.16%	2.70%	1.98%	1.98%	0.64%	0.03%	0.03%
	冀中能源	12.41%	11.17%	11.17%	11.72%	10.66%	10.66%	7.26%	6.42%	6.42%	-0.39%	-1.06%	-1.06%	1.07%	0.55%	0.55%
	大有能源	24.84%	23.30%	16.71%	23.12%	21.81%	15.76%	17.56%	16.54%	11.75%	2.16%	1.43%	1.43%	-25.10%	-25.46%	-25.45%
	中国神华	45.54%	43.45%	34.57%	36.61%	35.01%	27.87%	32.56%	31.26%	23.94%	31.16%	29.99%	23.04%	22.72%	21.82%	15.2%
	上海能源	22.92%	21.43%	20.43%	14.77%	13.64%	12.88%	2.44%	1.66%	1.66%	0.42%	-0.26%	-0.26%	1.24%	0.63%	0.63%
	行业均值	25.13%	23.58%	20.96%	16.42%	15.26%	13.67%	9.54%	8.67%	7.57%	3.28%	2.55%	1.97%	-5.06%	-5.61%	-6.13%
石油和天然气开采业	广汇能源	34.28%	32.57%	21.79%	40.24%	38.79%	24.92%	24.69%	23.59%	19.62%	33.91%	32.83%	22.42%	6.34%	5.70%	5.70%
	洲际油气	14.01%	12.80%	12.80%	32.76%	31.50%	31.50%	9.30%	8.49%	8.49%	9.50%	8.76%	8.76%	9.81%	9.22%	9.22%

续表

行业	企业名称	2011 年			2012 年			2013 年			2014 年			2015 年		
		EC_1	EC_2	EC_3	EC_1	EC_2	EC_3	EC_1	EC_2	EC_3	EC_1	EC_2	EC_3	EC_1	EC_2	EC_3
石油和天然气开采业	中国石化	4.26%	3.19%	3.19%	3.34%	2.42%	2.42%	3.48%	2.69%	2.69%	2.40%	1.69%	1.69%	2.83%	2.20%	2.20%
	中国石油	10.06%	8.87%	8.87%	8.18%	7.18%	7.18%	8.41%	7.55%	7.55%	7.32%	6.54%	6.54%	3.43%	2.80%	2.80%
	行业均值	15.65%	14.35%	11.66%	21.13%	19.97%	16.51%	11.47%	10.58%	9.59%	13.28%	12.46%	9.85%	5.60%	4.98%	4.98%
有色金属矿采选业	驰宏锌锗	7.23%	6.10%	5.70%	3.53%	2.61%	1.43%	4.03%	3.24%	2.65%	1.22%	0.52%	0.18%	0.65%	0.03%	-1.98%
	赤峰黄金	5.72%	4.62%	4.62%	121.57%	117.44%	117.44%	113.19%	109.89%	109.89%	62.74%	60.94%	60.94%	23.96%	23.06%	23.06%
	湖南黄金	20.06%	18.62%	6.51%	15.24%	14.10%	10.11%	4.74%	3.94%	2.35%	2.57%	1.86%	1.64%	0.35%	-0.26%	-0.26%
	建新矿业	9.31%	8.55%	8.55%	-51.33%	-51.54%	-51.54%	100.81%	97.86%	97.86%	64.41%	62.58%	62.58%	47.21%	45.91%	45.91%
	金钼股份	13.24%	11.97%	11.97%	7.89%	6.90%	6.90%	3.37%	2.58%	2.58%	—	—	—	—	—	—
	炼石有色	-6.49%	-7.36%	-7.36%	37.25%	35.64%	35.64%	53.60%	51.86%	42.56%	64.12%	62.37%	54.47%	59.37%	58.10%	55.00%
	山东黄金	7.34%	6.20%	6.20%	6.16%	5.19%	5.19%	3.31%	2.52%	2.52%	2.57%	1.85%	1.85%	2.25%	1.62%	1.62%
	盛达矿业	367.62%	346.92%	53.97%	346.70%	330.11%	50.88%	258.97%	249.72%	37.81%	215.75%	209.07%	30.45%	210.98%	205.25%	21.09%
	盛屯矿业	12.29%	11.03%	11.03%	0.84%	-0.03%	-0.03%	6.03%	5.20%	5.20%	4.98%	4.23%	4.23%	3.02%	2.38%	2.38%
	天山纺织	1.54%	0.59%	0.59%	-4.62%	-5.36%	-5.36%	25.55%	24.41%	24.41%	19.79%	18.85%	18.85%	15.46%	14.67%	14.67%
	西部黄金	—	—	—	—	—	—	—	—	—	10.75%	9.92%	9.92%	8.68%	7.98%	7.98%
	西部矿业	5.78%	4.69%	2.99%	-0.62%	-1.45%	-1.45%	2.12%	1.37%	1.26%	2.00%	1.29%	1.29%	0.90%	0.28%	0.28%

续表

行业	企业名称	2011年 EC₁	2011年 EC₂	2011年 EC₃	2012年 EC₁	2012年 EC₂	2012年 EC₃	2013年 EC₁	2013年 EC₂	2013年 EC₃	2014年 EC₁	2014年 EC₂	2014年 EC₃	2015年 EC₁	2015年 EC₂	2015年 EC₃
有色金属矿采选业	银泰资源	13.40%	12.14%	12.14%	9.92%	8.88%	8.88%	238.40%	233.07%	115.42%	125.30%	122.08%	80.64%	109.39%	106.88%	56.85%
	园城黄金	-9.29%	-10.11%	-10.11%	35.51%	34.76%	34.76%	18.93%	18.00%	18.00%	37.22%	35.95%	35.95%	116.24%	114.67%	114.67%
	中金黄金	10.92%	9.71%	1.73%	8.67%	7.65%	0.95%	3.25%	2.46%	1.61%	1.48%	0.78%	0.78%	0.70%	0.09%	-0.09%
	中色股份	7.22%	6.12%	3.72%	2.05%	1.17%	0.62%	1.40%	0.65%	0.65%	2.50%	1.79%	1.79%	2.55%	1.92%	1.92%
	紫金矿业	30.25%	28.59%	10.78%	21.15%	19.90%	5.35%	8.38%	7.50%	2.26%	5.94%	5.18%	1.44%	2.84%	2.21%	0.46%
	ST华泽	-62.12%	-62.26%	-62.26%	-66.83%	-66.92%	-66.92%	3.05%	2.27%	2.27%	3.25%	2.52%	2.52%	-1.76%	-2.35%	-2.35%
	兴业矿业	39.68%	38.57%	38.57%	21.88%	20.61%	20.61%	11.30%	10.40%	10.40%	14.44%	13.65%	13.65%	-3.47%	-4.04%	-4.04%
	洛阳钼业	—	—	—	22.79%	21.53%	7.27%	—	—	—	—	—	—	—	—	—
	广晟有色	15.20%	13.91%	13.91%	6.02%	5.07%	5.07%	-3.96%	-4.63%	-4.63%	1.76%	1.07%	1.07%	-8.65%	-9.14%	-9.14%
	中润资源	30.48%	28.79%	28.79%	35.34%	34.07%	34.07%	17.92%	17.17%	17.17%	-44.30%	-44.51%	-44.51%	3.23%	2.58%	2.58%
	西部资源	—	—	—	—	—	—	—	—	—	—	—	—	—	—	—
	荣华实业	10.22%	9.02%	9.02%	4.43%	3.49%	3.49%	2.63%	1.85%	1.85%	-13.62%	-14.12%	-14.12%	4.11%	3.77%	3.77%
	行业均值	25.22%	23.16%	7.19%	26.52%	24.72%	10.15%	41.76%	40.06%	23.53%	27.85%	26.56%	15.51%	28.48%	27.41%	15.92%
黑色金属矿采选业	宏达矿业	-9.97%	-10.77%	-10.77%	32.95%	31.53%	31.20%	39.95%	38.58%	37.96%	32.97%	31.95%	31.52%	-39.62%	-39.82%	-39.82%
	金岭矿业	60.51%	57.98%	57.98%	26.26%	24.91%	24.91%	27.02%	25.83%	25.83%	18.91%	18.04%	18.04%	0.64%	0.11%	0.11%

续表

行业	企业名称	2011年			2012年			2013年			2014年			2015年		
		EC_1	EC_2	EC_3	EC_1	EC_2	EC_3	EC_1	EC_2	EC_3	EC_1	EC_2	EC_3	EC_1	EC_2	EC_3
黑色金属矿采选业	攀钢钒钛	0.95%	-0.05%	-0.05%	6.36%	5.37%	5.37%	6.04%	5.22%	5.22%	-27.08%	-27.48%	-27.48%	-17.27%	-17.69%	-17.69%
	西藏矿业	6.49%	5.39%	5.39%	-25.72%	-26.18%	-26.18%	4.84%	4.03%	4.03%	-16.45%	-16.92%	-16.92%	4.85%	4.19%	4.19%
	海南矿业	—	—	—	—	—	—	—	—	—	—	—	—	—	—	—
	华联矿业	-33.49%	-33.92%	-33.92%	29.44%	28.00%	28.00%	43.37%	41.87%	41.87%	24.89%	23.82%	23.82%	-46.97%	-47.14%	-47.14%
	山东地矿	6.81%	5.74%	5.74%	58.82%	56.65%	56.65%	67.67%	65.66%	65.66%	-6.68%	-7.27%	-7.27%	10.34%	9.61%	9.61%
	创兴资源	-19.50%	-20.19%	-20.19%	101.42%	100.05%	100.05%	74.70%	73.88%	73.88%	-95.64%	-95.64%	-95.64%	60.24%	60.09%	60.09%
	行业均值	1.69%	0.60%	0.60%	32.79%	31.48%	31.43%	37.66%	36.44%	36.35%	-9.87%	-10.50%	-10.56%	-3.97%	-4.38%	-4.38%

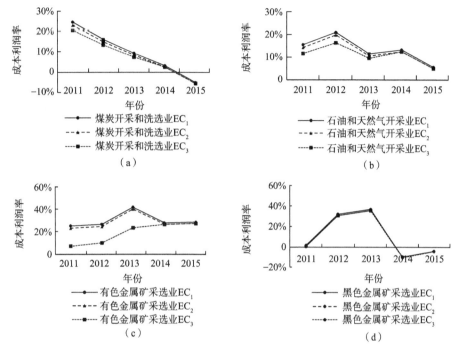

图 8-15　分行业三口径成本利润率

虽然分行业的成本利润率差异很大，但是随着三口径生态成本的逐渐纳入，其成本利润率都降低了。这种现象在煤炭开采和洗选业、石油和天然气开采业和有色金属矿采选业中表现得比较明显，在黑色金属矿采选业中不太明显，三条成本利润率的线几乎重合，纳入大口径和中口径生态成本后的曲线相叠，差别不大。

考虑生态成本后的成本利润率的总体均值见表 8-17，从 2011 年到 2015 年企业的成本利润率在不断下降，表明随着时间的推移，资源型企业的盈利水平逐渐降低。当纳入生态成本的口径不断增大时，企业的成本利润率也在下降，且下降幅度较大。在递延生态成本下，企业的成本利润率下降 1 个百分点左右，而考虑资源耗减成本即在完全生态成本下，资源型企业的成本利润率相对下降超过 5 个百分点。可见若企业承担全部生态成本，其盈利水平将受到较大影响。

表 8-17　考虑生态成本后的成本利润率

生态成本口径	2011 年	2012 年	2013 年	2014 年	2015 年
EC_1	21.68%	22.55%	24.73%	11.28%	7.95%
EC_2	20.02%	21.13%	23.52%	10.35%	7.22%
EC_3	12.87%	14.68%	16.96%	5.90%	2.83%

资料来源：作者根据企业年报数据计算所得

2. 生态成本对盈利质量的影响

盈利质量是对企业获利的质量进行评价，对盈利质量的好坏判断主要是企业利润中的现金含量。假设资源型企业的生态成本全部在当期以现金形式支付，那么在考虑生态成本后，企业的现金流量会相应变化，从而对盈利质量造成影响。生态成本影响的是企业的经营现金流量，而对投资活动现金流量和筹资活动现金流量没有影响。为了反映生态成本对盈利质量的影响，避免投资和筹资现金流量对结果产生的影响，以经营性现金净流量与利润之比作为判断盈利质量的指标。对利润数据的选择，为避免纳入生态成本后改变所得税产生的影响，不用净利润而使用利润总额，即式（8-22）：

$$r_C = \frac{经营性现金净流量}{利润总额} \tag{8-22}$$

运用 2011~2015 年的实际数据进行验证，分别计算扣除三口径生态成本后的经营性现金净流量与利润总额之比。探讨盈利质量的前提是资源型企业获得的利润，因此剔除利润总额和经营性现金净流量为负的数据，再计算生态成本对该比率的影响，见表 8-18。

对四个行业纳入生态成本后的比率进行比较。一般而言，在经营性现金净流量与净利润均为正时，经营性现金净流量与利润总额之比越大，说明每一元利润总额中有越多的现金流入，企业的盈利质量越好。

从图 8-16 可以看出，纳入生态成本后，经营性现金流量净值与利润总额的比重在一般情况下变化不大，但是当企业的经营性现金净流量或利润总额小于纳入的生态成本时，该比率会发生突变。纳入的生态成本越多，该比值越小。而石油和天然气开采业的折线图出现反向变化，说明该行业的经营性现金净流量水平高，超过利润总额，这种情况下同时扣除生态成本便会出现比值增加的情况。这也说明石油和天然气开采业通过经营活动获取利润的质量较高，当纳入生态成本后，虽然盈利水平降低，但盈利质量仍然比较高。

生态成本的确会对资源型企业的营利能力造成影响。总体而言，依次纳入小、中、大口径的生态成本后，企业的盈利水平和盈利质量都会降低，即企业的营利能力降低。考虑递延生态成本后，企业的成本利润率下降 1 个百分点左右；当考虑完全生态成本时，企业的盈利水平下降超过 5 个百分点，而其盈利质量也随之降低。

承担完全生态成本会导致资源型企业营利能力下降，但生态治理不应牺牲企业营利能力。解决这个问题需要通过利益让渡的方式，即由政府从税收中让渡部分利益给企业，在保证企业营利能力稳定的情况下，达到政府和企业利益平衡。而当税负公允相对当前实际税负水平下降的幅度可以覆盖生态成本上升的幅度时，就可解决生态成本上升与企业发展之间的矛盾。

表 8-18 纳入生态成本的经营性现金净流量与利润总额之比

行业	企业名称	2011年			2012年			2013年			2014年			2015年		
		EC_1	EC_2	EC_3	EC_1	EC_2	EC_3	EC_1	EC_2	EC_3	EC_1	EC_2	EC_3	EC_1	EC_2	EC_3
煤炭开采和洗选业	大同煤业	0.89%	0.89%	0.89%	0.57%	0.52%	0.50%	—	—	—	0.36%	0.32%	0.32%	—	—	—
	国投新集	0.70%	0.69%	0.69%	0.92%	0.92%	0.92%	3.96%	6.40%	6.40%	—	—	—	—	—	—
	恒源煤电	1.32%	1.34%	1.40%	1.57%	1.62%	1.62%	1.54%	1.64%	1.65%	6.14%	-17.28%	-17.28%	—	—	—
	金瑞矿业	1.26%	1.28%	1.28%	2.40%	2.68%	2.94%	—	—	—	0.06%	-0.00%	-0.27%	—	—	—
	靖远煤电	—	—	—	0.19%	0.13%	-0.14%	0.92%	0.91%	0.89%	0.83%	0.73%	0.73%	—	—	—
	兰花科创	0.56%	0.54%	0.53%	0.44%	0.43%	0.42%	—	—	—	1.66%	1.73%	1.73%	—	—	—
	潞安环能	1.68%	1.72%	1.78%	1.15%	1.16%	1.16%	0.86%	0.85%	0.85%	1.87%	1.93%	2.17%	2.48%	4.08%	4.08%
	露天煤业	0.64%	0.63%	0.55%	0.73%	0.72%	0.66%	1.45%	1.47%	1.59%	3.08%	3.19%	4.00%	3.08%	3.19%	4.00%
	煤气化	0.17%	0.10%	0.10%	—	—	—	—	—	—	—	—	—	—	—	—
	平煤股份	0.97%	0.96%	0.95%	—	—	—	0.80%	0.79%	0.77%	0.03%	-0.05%	-0.13%	—	—	—
	陕西煤业	—	—	—	—	—	—	1.48%	1.55%	1.55%	2.00%	2.56%	2.56%	3.04%	4.20%	4.20%
	西山煤电	0.94%	0.94%	0.94%	0.97%	0.96%	0.96%	1.78%	1.91%	2.01%	1.34%	1.40%	1.43%	—	—	—
	新大洲 A	0.66%	0.65%	0.45%	0.77%	0.75%	0.71%	2.25%	2.36%	2.40%	3.10%	3.29%	3.46%	5.40%	11.08%	53.17%
	阳泉煤业	1.31%	1.36%	1.42%	0.53%	0.42%	0.28%	0.79%	0.68%	0.39%	3.77%	6.80%	6.80%	—	—	—
	伊泰 B 股	0.91%	0.91%	0.91%	1.16%	1.17%	1.17%	0.13%	-0.31%	-1.04%	1.68%	1.78%	1.78%	2.21%	2.27%	2.54%
	永泰能源	0.76%	0.75%	0.75%	0.62%	0.51%	0.05%	22.69%	-8.19%	-8.19%	2.15%	2.27%	2.27%	2.48%	5.33%	5.33%
	郑州煤电	1.19%	1.46%	1.47%	1.28%	1.39%	1.39%	2.05%	2.17%	2.18%	7.48%	9.76%	9.76%	1.87%	2.20%	2.99%
	安源煤业	0.34%	0.23%	0.23%	1.46%	1.51%	1.57%	—	—	—	3.34%	4.44%	4.44%	21.54%	516.37%	516.37%
	兖州煤业	1.56%	1.59%	1.70%	0.79%	0.78%	0.77%	1.58%	1.64%	1.64%	0.95%	0.93%	0.93%	—	—	—
	盘江股份	1.16%	1.17%	1.18%	0.03%	-0.03%	-0.16%	0.53%	0.49%	0.49%	—	—	—	—	—	—
	平庄能源	0.74%	0.73%	0.64%	0.93%	0.93%	0.93%	—	—	—	—	—	—	—	—	—
	中煤能源	1.12%	1.13%	1.13%	0.66%	0.64%	0.64%	—	—	—	—	—	—	—	—	—
	昊华能源	0.57%	0.55%	0.55%	—	—	—	—	—	—	—	—	—	—	—	—

续表

行业	企业名称	2011 年			2012 年			2013 年			2014 年			2015 年		
		EC₁	EC₂	EC₃	EC₁	EC₂	EC₃	EC₁	EC₂	EC₃	EC₁	EC₂	EC₃	EC₁	EC₂	EC₃
煤炭开采和洗选业	冀中能源	0.73%	0.70%	0.70%	0.77%	0.75%	0.75%	3.09%	3.34%	3.34%	—	—	—	6.75%	12.25%	12.25%
	大有能源	0.92%	0.91%	0.89%	1.69%	1.72%	1.95%	0.44%	0.41%	0.20%	0.63%	0.45%	0.45%	—	—	—
	中国神华	1.12%	1.12%	1.15%	1.07%	1.07%	1.08%	0.78%	0.77%	0.72%	1.14%	1.14%	1.18%	1.67%	1.70%	1.94%
	上海能源	0.78%	0.77%	0.76%	1.18%	1.19%	1.20%	3.91%	5.23%	5.23%	29.40%	-44.26%	-44.26%	10.54%	19.70%	19.70%
	行业均值	0.92%	0.93%	0.92%	0.95%	0.95%	0.93%	2.68%	1.27%	1.21%	3.58%	-1.16%	-1.15%	5.55%	52.94%	56.96%
石油和天然气开采业	广汇能源	0.45%	0.42%	0.21%	0.33%	0.31%	0.03%	—	—	—	0.28%	0.27%	0.01%	2.28%	2.42%	2.42%
	洲际油气	—	—	—	—	—	—	3.18%	3.37%	3.37%	0.83%	0.82%	0.82%	0.64%	0.62%	0.62%
	中国石化	1.47%	1.63%	1.63%	1.59%	1.81%	1.81%	1.57%	1.73%	1.73%	2.23%	2.74%	2.74%	2.96%	3.51%	3.51%
	中国石油	1.57%	1.64%	1.64%	1.43%	1.49%	1.49%	1.62%	1.69%	1.69%	2.27%	2.42%	2.42%	4.49%	5.26%	5.26%
	行业均值	1.16%	1.23%	1.16%	1.12%	1.20%	1.11%	2.12%	2.26%	2.26%	1.41%	1.56%	1.50%	2.59%	2.95%	2.95%
有色金属矿采选业	驰宏锌锗	2.37%	2.61%	2.72%	3.26%	4.03%	6.48%	1.17%	1.21%	1.25%	3.89%	7.72%	20.31%	15.84%	287.02%	-3.72%
	赤峰黄金	—	—	—	0.46%	0.45%	0.45%	1.24%	1.25%	1.25%	0.22%	0.21%	0.21%	0.53%	0.52%	0.52%
	湖南黄金	0.41%	0.37%	-0.61%	0.49%	0.46%	0.27%	2.72%	3.06%	4.40%	3.76%	4.79%	5.29%	29.81%	-38.06%	-38.06%
	建新矿业	0.32%	0.26%	0.26%	1.75%	1.85%	1.85%	0.64%	0.63%	0.63%	0.77%	0.77%	0.77%	0.55%	0.54%	0.54%
	金钼股份	—	—	—	0.38%	0.36%	0.36%	1.18%	1.24%	1.24%	—	—	—	—	—	—
	炼石有色	0.86%	0.83%	0.83%	0.82%	0.79%	0.79%	2.30%	2.33%	2.52%	2.23%	2.25%	2.36%	0.82%	0.82%	0.81%
	山东黄金	0.75%	0.75%	0.44%	0.61%	0.60%	0.09%	1.95%	2.24%	2.24%	2.16%	2.60%	2.60%	2.45%	3.00%	3.00%
	盛达矿业	1.44%	1.49%	1.49%	4.07%	-76.82%	-76.82%	0.76%	0.76%	0.38%	0.94%	0.94%	0.82%	0.46%	0.46%	-1.09%
	盛屯矿业	—	—	—	—	—	—	2.23%	2.41%	2.41%	—	—	—	—	—	—
	天山纺织	—	—	—	—	—	—	1.44%	1.45%	1.45%	1.42%	1.44%	1.44%	1.79%	1.82%	1.82%
	西部黄金	—	—	—	—	—	—	—	—	—	2.88%	3.03%	3.03%	1.33%	1.35%	1.35%
	西部矿业	3.05%	3.24%	3.24%	20.91%	23.03%	23.03%	3.09%	4.23%	4.49%	3.40%	4.68%	4.68%	10.29%	30.75%	30.75%
	银泰资源	—	—	—	0.75%	0.75%	0.75%	0.45%	0.45%	0.28%	0.43%	0.42%	0.29%	0.55%	0.55%	0.35%
	园城黄金	—	—	—	—	—	—	9.35%	9.71%	9.71%	2.25%	2.29%	2.29%	1.12%	1.13%	1.13%

续表

行业	企业名称	2011 年 EC₁	2011 年 EC₂	2011 年 EC₃	2012 年 EC₁	2012 年 EC₂	2012 年 EC₃	2013 年 EC₁	2013 年 EC₂	2013 年 EC₃	2014 年 EC₁	2014 年 EC₂	2014 年 EC₃	2015 年 EC₁	2015 年 EC₂	2015 年 EC₃
有色金属矿采选业	中金黄金	0.61%	0.57%	-1.25%	0.85%	0.83%	-0.28%	0.84%	0.80%	0.69%	1.65%	2.23%	2.23%	—	—	—
	中色股份	—	—	—	0.63%	0.61%	—	0.64%	0.24%	0.24%	1.26%	1.36%	1.36%	2.91%	3.52%	3.52%
	紫金矿业	0.69%	0.67%	0.26%	0.94%	0.94%	-0.26%	2.31%	2.45%	5.57%	1.90%	2.03%	4.55%	4.92%	6.00%	24.54%
	ST华泽	0.53%	0.52%	0.52%	—	—	0.94%	1.16%	1.21%	1.21%	1.69%	1.88%	1.88%	—	—	—
	兴业矿业	—	—	—	1.46%	1.49%	2.27%	0.39%	0.34%	0.34%	—	—	—	—	—	—
	洛阳钼业	—	—	—	0.08%	-0.09%	-0.09%	—	—	—	—	—	—	—	—	—
	广晟有色	—	—	—	0.60%	0.59%	0.59%	—	—	—	—	—	—	—	—	—
	中润资源	—	—	—	—	—	—	—	—	—	—	—	—	—	—	—
	西部资源	—	—	—	—	—	—	—	—	—	—	—	—	—	—	—
	荣华实业	1.71%	1.80%	1.80%	10.38%	12.80%	12.80%	—	—	—	—	—	—	8.45%	9.08%	9.08%
	行业均值	1.16%	1.19%	0.88%	2.85%	-1.61%	-1.57%	1.88%	2.00%	2.24%	1.93%	2.41%	3.38%	5.46%	20.57%	2.30%
黑色金属矿采选业	宏达矿业	—	—	—	0.14%	0.11%	0.10%	0.29%	0.26%	0.26%	1.00%	1.00%	1.00%	—	—	—
	金岭矿业	0.69%	0.68%	0.68%	1.56%	1.59%	1.59%	0.36%	0.27%	0.27%	0.91%	0.90%	0.90%	6.13%	30.52%	30.52%
	攀钢钒钛	11.75%	-205.18%	-205.18%	1.70%	1.82%	1.82%	—	—	—	—	—	—	—	—	—
	西藏矿业	—	—	—	—	—	—	—	—	—	—	—	—	7.29%	8.24%	8.24%
	海南矿业	—	—	—	1.20%	1.21%	1.21%	—	—	—	—	—	—	—	—	—
	华联矿业	—	—	—	0.65%	0.65%	0.65%	1.11%	1.12%	1.12%	2.23%	2.27%	2.27%	—	—	—
	山东地矿	—	—	—	0.08%	0.07%	0.07%	0.26%	0.25%	0.25%	—	—	—	—	—	—
	创兴资源	—	—	—	—	—	—	—	—	—	—	—	—	—	—	—
	行业均值	6.22%	-102.25%	-102.25%	0.89%	0.91%	0.91%	0.51%	0.47%	0.47%	1.38%	1.39%	1.39%	6.71%	19.38%	19.38%
总均值		1.36%	-5.85%	-5.95%	1.60%	0.10%	0.09%	2.09%	1.56%	1.63%	2.54%	0.68%	1.03%	5.19%	28.81%	22.04%

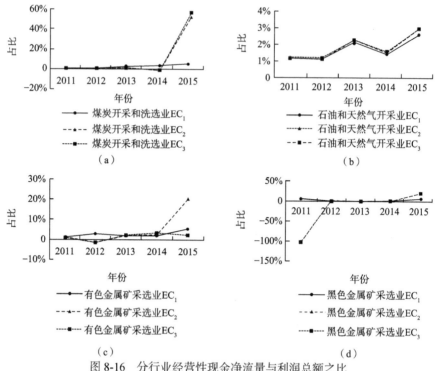

图 8-16 分行业经营性现金净流量与利润总额之比

第9章 资源型企业税负公允水平测算

资源型企业的相关税费建立的本质是协调政府、企业与矿区居民三个利益主体间围绕生态资源配置的生态结构所形成的特殊利益结构。维持企业利润达到行业平均水平是公允税负的上限,足额生态成本补偿是公允税负的下限。资源型企业的公允税负水平是相关利益主体在约束条件下通过对策达到适度相对的动态平衡状态。

9.1 利益结构与税负阈值

9.1.1 利益结构

资源型企业与政府、矿区居民处在一个动态竞争的环境中。矿区居民、企业与政府三个利益主体有各自的利益目标,各方利益目标的实现又取决于各利益方自身需考虑的因素。当 $f_1(X_1)$、$f_2(X_2)$、$f_3(X_3)$ 分别代表政府、企业与矿区居民三方的利益函数时,一个公允的税负水平所对应的状态应是考虑政府、企业与矿区居民三方的利益函数后生态效益的最大化,如式(9-1)所示:

$$\max V = f\left[af_1(X_1), bf_2(X_2), cf_3(X_3)\right]$$
$$f_1(X_1) = \boldsymbol{\alpha} \times X_1$$
$$f_2(X_2) = \boldsymbol{\beta} \times X_2$$
$$f_3(X_3) = \boldsymbol{\gamma} \times X_3$$

(9-1)

其中,X_1、X_2、X_3 分别为政府、企业与矿区居民利益函数的决定因素构成的向量;$\boldsymbol{\alpha}$、$\boldsymbol{\beta}$、$\boldsymbol{\gamma}$ 为政府、企业与矿区居民利益函数的决定因素构成的向量所对应的参数向量;a、b、c 分别为 $\max V$ 成立情况下政府、企业与矿区居民三方利益函数的对应参数。

政府、企业与矿区居民三个主体的利益结构可以用图 9-1 表示。

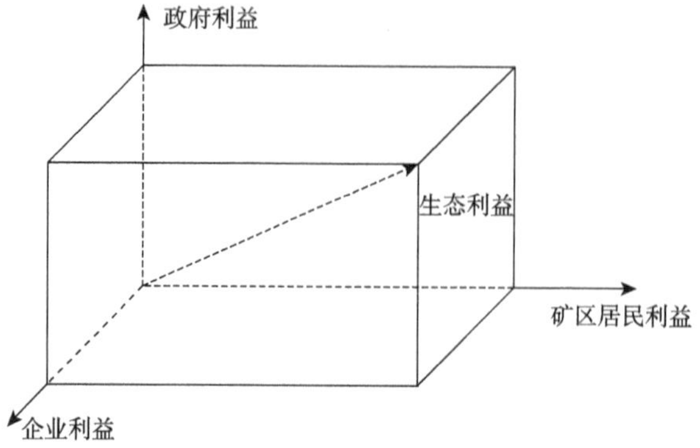

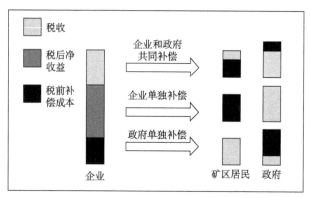

图 9-1　不同主体的利益结构

9.1.2　税负阈值

税负水平不能仅仅是政府主观决定的结果，需受到企业特有因素和政府最低要求的一些限制，即存在企业所能承受最高税负水平和政府所能接受最低税负水平的阈值。

行业平均利润率是企业税负水平的上限，是维持企业发展的经济基础，而利润率由于竞争最终会趋于平均化，有些企业获得超额利润，有些企业经营不善破产清算，被驱逐出行业。因此保持一定利润率是行业发展的基本条件，税收征收不能超过行业利润率。维持行业平均利润率水平恰恰是某些行业获得超额利润的基础，是激励企业创新的前提。

企业税负水平的下限是企业必须承担的生态成本，是企业、矿区居民、政府三者利益调节的初始条件。利益补偿是平滑利益落差与维护社会公允发展的校正机制。政府、企业、矿区居民之间的利益补偿关系如图 9-2 所示。

图 9-2　政府、企业、矿区居民间的补偿关系

政府单独补偿：政府利用其经济权力要求企业将必须承担的生态成本通过税收的方式交予政府，政府从企业取得税收后给予矿区居民直接或间接的补偿，主要为补足企业对矿区居民产生的负外部性。

企业单独补偿：政府通过行政权力要求企业足额补偿矿区居民承受的负外部性，政府不需要再行使其经济权力对矿区居民进行直接或间接的补偿。

企业和政府共同补偿：政府通过经济和行政权力组合，要求企业对矿区居民承受的负外部性进行部分直接补偿，同时将未补偿的部分通过税收方式转移给政府，由政府直接或间接补偿矿区居民所承受的负外部性的差额部分。

实际的税负水平是波动的，税负水平不是最高点也不是最低点，而是企业与政府利益调节中形成的均衡结果，即税负水平的中线。

9.2　税负公允模型

税收行为的法律主体双方为企业与政府，实际涉及的主体包括政府、企业与矿区居民三方，分别代表三个独立的利益主体。政府、企业与矿区居民三方是构成社会经济体系的三个主要成员，税收旨在对社会经济中各成员之间的经济活动进行引导，合理调整社会经济结构与利益结构。

资源型企业的相关税费建立的本质是协调政府、企业与矿区居民三个利益主体间围绕生态资源配置的生态结构所形成的特殊利益结构。因此，只有公允合理的税负水平才能协调政府、企业与矿区居民三个利益主体在生态资源配置方面的利益诉求，在满足各自利益诉求的基础上建立合理的生态结构，实现生态系统的优化和可持续发展。

矿区居民的基本利益诉求是其所承受企业负外部性的损失能够得到合理的补偿，该补偿可以是产生负外部性企业给予的直接补偿，也可以是政府从企业取得税收后给予矿区居民直接或间接的补偿。

在产生负外部性的企业足额补偿矿区居民所承受企业负外部性的损失的情况下，一个公允的税负水平应是对企业和政府均公允的税负水平：就企业而言，在公允税负水平对应的征收规则下，其应纳税额应以其收入扣除所有直接或间接成本之后的数额为基础，企业足额补偿矿区居民所承受企业负外部性的损失即为上述成本之一，但现行税收体制下，税收政策的制定方政府在企业真实成本方面存在先天的信息不对称，其所制定的税收政策往往不考虑企业所承担的间接成本和隐性成本，造成企业承担较高的税负压力。因此，一个公允的税负水平应是企业与政府进行调节后共同决定的结果，调节的目标是实现生态效益这一目标效益的最大化，政府与企业进行调节的过程就是统筹经济利益与社会利益的过程。

9.2.1 模型构建

1. 理论分析

企业作为其真实成本的信息优势方需实际参与到税负水平的确定过程中，将其真实成本信息及其在正常发展路径下的合理利润率信息通过对策传达给政府方；政府方需要通过企业在对策过程中传递出的真实成本信号，结合自身对企业利润水平的估计，做出关于税负水平的决策。上述对策过程是一个动态的过程，企业作为真实成本的信息优势方做出第一轮决策，政府随后进行第二轮决策，税负水平的最终决定权在政府，因此对策在政府方结束，其动态对策的纳什均衡解即为对政府和企业双方均公允的税负水平。

当企业的所有直接成本和间接成本不能在税前得到全额扣减时，企业为使利润率达到其正常发展所要求的合理利润率，会采取其他方式降低企业在对应税制下的真实税负水平。在此种情形下，税收制度是企业采取相应行为的核心，当企业不违背税法精神，仅是在多种税收方案中进行最优化选择并合理利用一系列税收政策时，企业的行为可归类为节税行为；当企业进一步利用税法上的漏洞或税法允许的办法，做适当的财务安排或税收筹划来减轻税负时，企业的行为可归纳为避税行为；当企业采用非法手段减轻税负时，企业的行为可归纳为税收违规行为。

税负的不公允性是企业采取节税、避税与税收违规行为的动因之一，但企业税收行为受到固有的利益驱动。即使税负是公允的，即企业的所有直接与间接成本能在税前得到合理的扣除，并能保证税后得到合理的利润率，企业仍有动机采取税收行为去进一步提高自身的利润水平。

企业采取节税、避税与税收违规行为需要付出一定的成本，如节税行为需付出的搜寻成本、避税行为需付出的财务成本和税收违规行为需付出的法律风险成本。一个公允的税负水平是政府和企业双方动态对策的结果，在对策的过程中企业所有的直接成本与间接成本的信息得到完全的体现，并且这一结果对政府与企业双方而言都是公允的。因此，在一个公允的税负水平下，企业采取节税、避税与税收违规行为所付出的成本与行为带来的相应收益应该是相等的，否则该税负水平对企业而言就是不公允的。政府与企业有关公允税负水平的对策过程会消除企业采取节税、避税与税收违规行为后所达到的税负水平与税法对应的税负水平之间的差距，所以企业采取节税、避税与税收违规行为后所达到的税负水平与税法对应的税负水平之间的差距应是对策过程中的关键变量。

2. 模型结构

1）基础模型

本章构建了 K 均值聚类与遗传算法相结合的基础模型，其中 K 均值聚类模型为前端模型，遗传算法模型为后端模型。通过基础模型，首先确定在现行税收体制下，企业采取节税、避税和税收违规行为对应的企业实际税率，以下分别称之为节税点、避税点和税收违规点。基础模型所确定的节税点、避税点和税收违规点对应数据作为主体模型即资源型企业税负公允的动态对策模型的基础数据。整个模型的结构如图 9-3 所示。

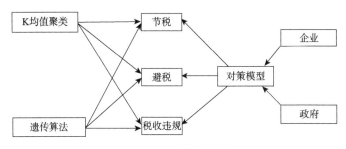

图 9-3　基础模型结构

基础模型为主体模型基础数据的计算提供依据。不同类型的企业面对的节税与避税的空间不同，其对应可采取的节税与避税行为的方式和力度由其行业特性决定。直接从现行税收制度的细则和单个企业的财务报表出发确定企业是否采取节税、避税和税收违规等行为工作量大，在不进行企业横向对比的情况下，其准确性无法保证。

依据企业和税负水平相关的财务数据和企业的税负水平是直接相关还是间接相关的关系，将企业和税负水平相关的财务数据分为两类，并分别采取不同的分类方法。前端模型对企业和税负水平直接相关的财务数据采取 K 均值聚类，第一次粗略确定节税点、避税点和税收违规点的对应数据；后端模型将第一次粗略确定的节税点、避税点和税收违规点的对应数据作为遗传算法模型的目标值，对企业和税负水平间接相关的财务数据采取遗传算法，第二次精细确定节税点、避税点和税收违规点的对应数据，以第二次精细确定节税点、避税点和税收违规点的对应数据为主体模型即资源型企业税负公允的动态对策模型的基础数据。

第一，前端模型的构建。

K 均值聚类算法是先随机选取 K 个对象作为初始的聚类中心。然后计算每个对象与各个种子聚类中心之间的距离，把每个对象分配给距离它最近的聚类中心。聚类中心以及分配给它们的对象就代表一个聚类（戴晓晖等，2000）。

为建立前端 K 均值模型，建立如下假设。

假设 1：初始聚类中心随机分配。

假设 2：每一个类，可以确定一个中心点，使该类中所有样本到所确定中心点的距离平方和小于到其他类中心的距离平方和。

假设 3：聚类得出的为全局最优解而非局部最优解。

基于上述假设，前端 K 均值聚类模型的主体结构如下：计算企业实际税负水平；定义类别数目 $K=4$，第一类：税率在 $[0,C)$ 之间；第二类：税率在 $[C,B)$ 之间；第三类：税率在 $[B,A)$ 之间；第四类：税率在 $[A,1]$ 之间；随机分配初始聚类中心；进行 K 均值聚类模型下的无监督学习，将聚类后各类别的区间端点对应赋值 A、B、C，其中 A 为节税点对应实际税率，B 为避税点对应实际税率，C 为税收违规点对应实际税率。

第二，后端模型的构建。

在前端模型测算的基础上，后端模型将进一步精确测算 A、B、C 的对应值。各税率临界点计算过程中涉及的两个主要问题分别为求解精度不够以及收敛速度过慢。遗传算法是机器学习过程中求解最优化问题效果较好的方法，可以有效解决各类优化问题求解速度较慢的缺点（金菊良等，2000），因此首先将各税率临界点计算的求解转化为一个最优化问题，然后用遗传算法解决该最优化求解问题，建立基于遗传算法的各税率临界点计算方法。后端模型的对应变量主要为企业和税负水平间接相关的财务数据，后端模型主要选取指标，如表 9-1 所示。依照遗传算法基本操作步骤对基于遗传算法的各税率临界点计算方法进行算法实现，具体实现步骤见附录 9-1。

表 9-1　后端模型所需指标

符号	名称	计算公式
PPE	固定资产比率	固定资产／总资产
INV	存货占总资产的比率	存货／总资产
Growth	营业收入增长率	当年营业收入／上一年营业收入-1
Ln（TA）	公司规模	公司总资产的自然对数
DFL	财务杠杆	总负债／总资产
ROA	资产收益率	净利润／资产总额

2）主体模型

该主体模型为政府和资源型企业针对企业税负水平的一个讨价还价动态对策模型，政府、企业与矿区居民对自身的利息诉求有先天的信息优势，因此一个协调各方利益诉求的公允税负制度需要由三个利益主体方通过对策确定，即 a、b、c 的具体值需由政府、企业与矿区居民三方进行对策选择确定。由于上文已经提到：矿区居民的基本利益诉求是其所承受企业负外部性的损失能够得到合理的补偿，该补偿可以是产生负外部性企业给予的直接补偿，或是政府从企业取得税收后给予矿区居民直接或间接的补偿。在产生负外部性的企业足额补偿矿区居民所承受企业负外部性的损失的情况下，一个公允的税负水平应是对企业和政府而言均公允的税负水平，即可以通过对矿区居民收益函数的转化将三方对策的过程转化为两方对策的过程。

当产生负外部性的企业足额补偿矿区居民所承受的负外部性后，政府将不需要从企业取得税收给予矿区居民直接或间接的补偿。因此，矿区居民收益函数可以整体转化到企业的收益函数中，具体的体现形式为企业对矿区居民的环境污染补偿。

当对策由政府、企业与矿区居民三方的对策转化为政府与企业的两方对策后，对策过程按如下方式实现：企业作为其真实成本信息的优势方做出第一轮出价，即报出其认为公允的税负水平，并且在第一次报价前，其对政府愿意接受的最低税负水平根据现行税制有一个预估。政府自身有一个可接受的税负水平的最低值，如果资源型企业的出价低于这一水平，政府不接受而做出第二轮出价。资源型企业对税负水平有一个可接受的最高水平，如果政府的出价高于这一水平，资源型企业会拒绝而进行下一轮出价。这一讨价还价的过程结束于政府这一税负水平的制定方。基于上述分析，本章构建最基础的三阶段动态对策模型。模型的结构如图 9-4 所示。

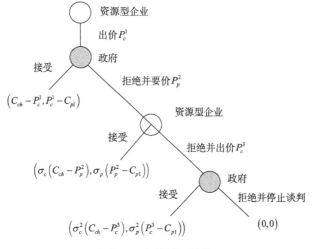

图 9-4　主体模型结构

9.2.2 模型推导

主体模型需在如下假设的条件下进行。

假设1：不完全信息下的动态非合作对策。

假设2：政府和资源型企业通过出价的方式决定企业的总税负水平。

假设3：资源型企业与政府均是理性人。

假设4：资源型企业估计政府要求的税负水平服从$[e, C_{ch}]$上的均匀分布，并随着政府的出价对客体要求的税负水平服从分布的估计进行学习型改变。

假设5：不考虑谈判过程中产生的固定成本。

假设6：就企业所承担真实成本而言，资源型企业相较政府处于信息的优势方，因此，假设由资源型企业进行第一次出价。

假设7：税负水平的最终决定权在政府手中，因此对策最终结束于政府，对策次数定义为奇数次。

通过对对策过程的分析（具体分析见附录 9-2），得到公允税负水平［式（9-2）］，变量解释如表 9-2 所示。

$$P_c^1 = (1 - 0.5\sigma)C_{ch} + (\sigma - 0.5)e \qquad (9\text{-}2)$$

在式（9-2）中，P_c^1 为对政府、企业和矿区居民三方都公允的税负水平；σ 为货币的时间价值；C_{ch} 为避税点对应的实际税负水平；e 为资源型企业预期政府可接受的最低税负水平，其范围在避税点对应的实际税负水平和税收违规点对应的实际税负水平之间，即 $A<e<B$。σ 与 e 均为变量，采取控制变量的方法对公允税负水平进行数值模拟。

表 9-2　遗传算法模型所需变量汇总

变量	解释
C_{pl}	政府愿意接受的最低税负水平（不扣除生态成本并保持最高合理利润率后的税负水平）
C_{ch}	资源型企业愿意接受的最高税负水平（扣除生态成本并保持最低合理利润率后的税负水平，等价于基础模型中避税点对应的实际税负水平）
P_p	对策过程中政府的要价 $P_p \geqslant C_{pl}$
e	资源型企业预期政府可接受的最低税负水平 $e \leqslant C_{pl}$（扣除生态成本并保持最高合理利润率后的税负水平）
P_c	对策过程中资源型企业的出价 $e \leqslant P_c \leqslant C_{ch}$
σ_p	政府的贴现因子 $0 < \sigma_p < 1$
σ_c	资源型企业的贴现因子 $0 < \sigma_c < 1$
p_{pi}	政府在第 i 阶段接受出价的概率
q_{pi}	政府在第 i 阶段拒绝出价的概率（$p_{pi} + q_{pi} = 1$）

变量	解释
p_{ci}	资源型企业在第 i 阶段接受要价的概率
q_{ci}	资源型企业在第 i 阶段拒绝要价的概率（ $p_{ci}+q_{ci}=1$ ）

基于上述基础模型和主体模型，对资源型企业和政府均公允的税负水平的合理范围取决于资源型企业愿意接受的最高税负水平和资源型企业预期政府可接受的最低税负水平，随着资源型企业对政府可接受的最低税负水平的预期值改变，对资源型企业和政府均公允的税负水平的范围相应改变。下一节将具体分析公允税负水平的参数取值范围。

9.3　资源型企业税负公允水平范围测算

公允性税负水平模型分为前端模型、后端模型与主体模型三个子模型。三个子模型之间依次呈递进关系：前端模型的结果作为后端模型的基础性数据，初步确定节税点、避税点与税收违规点的数值；后端模型的结果作为主体模型的重要参数，精确确定节税点、避税点与税收违规点的数值。通过对主体模型的参数进行数值模拟，即可求得一定约束条件下的公允税负水平并且可以研究某些参数改变对公允税负水平产生的影响。

现行税制下的企业实际总税负水平是前端模型的关键性基础数据，由于上述模型间依次递进关系的存在，现行税制下的总税负水平这一参数直接影响整个综合模型的最终结果。本书在资源型企业税负公允理论中已经说明现行税制下的企业总税负水平存在三种不同的计算口径，即狭义的总税负测度口径、广义的总税负测度口径和延伸的总税负测度口径，并且在资源型企业现状分析中对 63 家资源型企业 2015 年三种不同口径下的总税负水平进行测度，涉及煤炭开采和洗选业、石油和天然气开采业、有色金属矿采选业和黑色金属矿采选业。虽然不同口径的企业总税负水平会影响综合模型的最终结果，但不同口径的税负水平数值不对模型的求解过程产生影响。因此，本章以狭义的总税负测度口径下的总税负水平进行模型的求解及数值模拟，同时将广义与延伸的总税负测度口径作为公允税负水平敏感性分析的一个重要参数。

9.3.1　税负约束条件与税负公允

前端模型的理论核心为 K 均值聚类模型，初始聚类中心采取随机分配的方式，并且类别数按理论分析已经确定为 4。因此，采取 SPSS 软件对资源型企业现状分析中已经进行三种口径下实际税负水平测算的 63 家企业 2015 年的数据进行 K 均值聚类。天山纺织、西部资源、华联矿业、山东地矿、创兴资源、盛达矿业和煤气化 7 家公司因已被借壳上市、停牌、数据异常等原因被剔除，因此最后的样本被缩减为 56 家。56 家样本在狭义的总税负测度口径、广义的总税负测度口径和延伸的总税负测度口径下的总税负水平的数据描述性统计如表 9-3 所示。

表 9-3　三种口径下实际税负水平的描述性统计

变量	N	均值	标准差	P_{10}	Q_1	中位数	Q_3	P_{90}
狭义	56	0.111	0.181	0.014	0.046	0.115	0.184	0.281
广义	56	0.149	0.192	0.018	0.068	0.146	0.244	0.353
延伸	56	0.182	0.225	0.018	0.085	0.153	0.288	0.385

采用迭代与分类的方法，将最大迭代次数设定为 10，聚类结果表明在第五次迭代后聚类中心内没有改动或改动较小而达到收敛，迭代过程中聚类中心内的更改记录如表 9-4 所示。

表 9-4　迭代历史记录

迭代	迭代中心内的更改			
	1	2	3	4
1	0.006	0.024	0.039	0.019
2	0.001	0.006	0.011	0.015
3	0.002	0.000	0.010	0.010
4	0.002	0.000	0.000	0.004
5	0.000	0.000	0.000	0.000

第一类：税率在 $[0, C)$ 之间；第二类：税率在 $[C, B)$ 之间；第三类：税率在 $[B, A)$ 之间；第四类：税率在 $[A, 1]$ 之间。在五次迭代聚类后，每一类的样本数目及范围如表 9-5 所示。

表 9-5　前端模型信息汇总表

类别	样本数	最小值	最大值
1	16	0.002	0.082
2	22	0.088	0.158
3	12	0.162	0.249
4	6	0.289	0.388

在 K 均值聚类的方法下，税收违规点、避税点与节税点对应的实际税率分别为 0.085、0.160 和 0.264（当首尾连接处端点的值不相等时，取两端点的中间值）。

前端模型所确定的是粗略的节税点、避税点和税收违规点的对应值，为进一步精细确定节税点、避税点和税收违规点的对应数据，后端模型以求解优化问题效果较好的遗传算法为核心，将各税率临界点计算的求解转化为一个最优化问题。按照表 9-2 遗传算法模型所需变量汇总表的要求，整理计算得到前端模型中 56 家企业的数据描述性统计，如表 9-6 所示。

表 9-6 遗传算法所需变量描述性统计

变量	N	均值	标准差	P_{10}	Q_1	中位数	Q_3	P_{90}
PPE	56	0.286	0.144	0.105	0.159	0.289	0.389	0.493
INV	56	0.069	0.108	0.014	0.019	0.028	0.058	0.198
Growth	56	（0.085）	0.340	（0.383）	（0.285）	（0.182）	0.081	0.324
Ln（TA）	56	23.429	1.815	21.800	22.000	23.000	24.000	25.300
DFL	56	0.512	0.195	0.235	0.380	0.543	0.663	0.834
ROA	56	（0.000）	0.066	（0.088）	（0.021）	0.003	0.019	0.049

注：（1）"（ ）"表示该数值为负值
（2）ROA 的均值表示原数值为负值，在保留至小数点三位后四舍五入为 0.000

初始种群数量为所研究对象 10 倍的理论数量，随着迭代次数的增加，适应度函数的值会逐渐向最低可接受适应度的值靠拢，具体变动情况如图 9-5 所示。

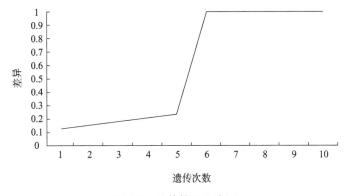

图 9-5 遗传算法迭代图

由上述遗传算法迭代图可知，在遗传至第六代时，适应度函数的值趋近于 1，达到遗传算法终止的要求。遗传算法终止后，遗传算法下每一类的样本数目及范围如表 9-7 所示。

表9-7　后端模型信息汇总表

类别	样本数	最小值	最大值
1	18	0.002	0.088
2	21	0.089	0.158
3	11	0.162	0.242
4	8	0.249	0.388

在 K 均值聚类的方法下，税收违规点、避税点与节税点对应的实际税率分别为 0.088、0.160 和 0.246（当首尾连接处端点的值不相等时，取两端点的中间值）。将前端模型与后端模型所求出的税收违规点、避税点与节税点对应的实际税率进行纵向对比得到表 9-8。

表9-8　前后端模型结果差异对比

类型	前端模型	后端模型	差异
税收违规点	0.085	0.088	0.003
避税点	0.160	0.160	0.000
节税点	0.264	0.246	0.018

由表 9-8 可得，前端模型与后端模型所求得的税收违规点、避税点与节税点对应的实际税率数据差异较小，达到本章模型概述模块中对前后端模型机理设置的要求，因此此处确定的节税点、避税点和税收违规点的对应数据为主体模型即资源型企业税负公允的动态对策模型的基础数据。

折现率对公允税负水平的影响。e 为资源型企业预期政府可接受的最低税负水平，并且其范围为 $A<e<B$，因此首先考虑 e 的极端值与中间值，得到图9-6的公允税负水平的模拟值。

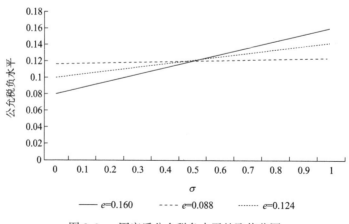

图 9-6　e 固定后公允税负水平的取值范围

由图9-6可知，当e固定后，公允税负水平随着折现率σ的增大而增大，但其所有取值均在0.08~0.16的范围内。随着折现率的增大，资源型企业和政府间对策过程的时间越长，对资源型企业而言，其所承担的时间成本越高。因此，随着折现率的增大，公允性税负水平会上升，但仍保持在一定的范围内。

测算口径对公允税负水平的影响。测算口径不直接影响节税点、避税点与税收违规点的确定，间接影响到最终的公允性税负水平，σ固定为 4.9%，分别测算广义的总税负测度口径和延伸的总税负测度口径下的公允性税负水平，如图 9-7 所示。

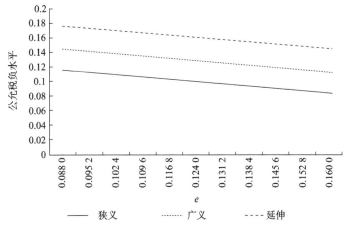

图 9-7　测算口径对公允性税负水平的影响

由图 9-7 可知，三种口径下实际税负水平的均值之间的大小关系依次是狭义的总税负测度口径<广义的总税负测度口径<延伸的总税负测度口径，因此，当以广义的总税负测度口径下的数据和延伸的总税负测度口径下的数据作为整体模型的基础数据时，节税点、避税点与税收违规点的数值会相应提高，相应地，资源型企业预期政府可接受的最低税负水平和资源型企业最高可接受的税负水平上升，最终导致公允的税负水平上升。

生态成本对公允税负水平的影响。成本与收入的变动最终都通过净利润的变动来体现，净利润的变动又主要通过对避税点的影响间接影响公允的税负水平。σ 为折现率，以中国人民银行发布的五年期以上贷款基准利率为基础，将σ取值固定为 4.9%，测算现有样本在收入分别上涨 20%、30%和 40%时的公允税负水平，如图 9-8 所示。

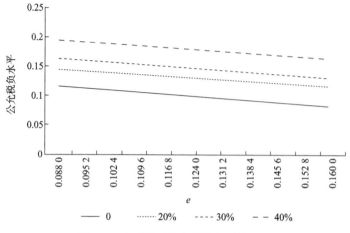

图 9-8　净利润对公允税负水平的影响

　　净利润主要通过后端模型的影响间接影响公允的税负水平。净利润作为后端模型中的重要变量，其数值直接影响后端模型精确确定的节税点、避税点与税收违规点的数值。随着净利润的提升，后端模型精确确定的节税点、避税点与税收违规点的数值相应提升，产生与改变测算口径相同的效应，即资源型企业预期政府可接受的最低税负水平和资源型企业最高可接受的税负水平上升。因此，随着净利润的升高，公允性的税负水平相应上升。

9.3.2　资源型企业税负公允水平确定

　　当 σ 固定为 4.9% 后，公允税负水平的模拟值如图 9-9 所示。

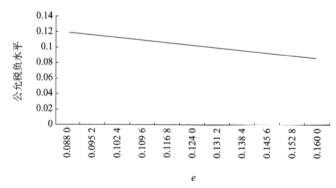

图 9-9　σ 固定后公允税负水平的取值范围

　　由图 9-9 可知，当 σ 固定为 4.9% 后，公允税负水平随着资源型企业预期政府可接受的最低税负水平的升高而降低，其最大值为 12%，最小值为 8.39%。

资源型企业根据预期税负水平的升高在对策第二轮的出价过程中会提高自身的出价，从而影响政府对资源型企业可接受公允税负水平的判断，导致最终成交的公允性税负水平下降。因此，随着资源型企业预期政府可接受最低税负水平的升高，公允的税负水平会降低，但保持在一定的范围内。

附录 9-1

　　采用实数对各税率临界点进行编码，因为二进制编码过长从而容易陷入局部最优解。初始种群的个体数目设置为各税率临界点的10倍，即初始种群的个体数为30。构建适应度函数和终止条件：基于上述定义，当K均值聚类分类结果与遗传算法分类结果一致性较高时，样本的平均分类系数（当某一样本分类一致时，该样本的分类系数定义为 0，不一致时根据不一致的程度分别记为3、2、1；平均分类系数 = $\sum$ 所有样本的分类系数 / 样本数）会较低。所以定义适应度函数为

$$f = \frac{1}{1 + e^2}$$

　　当适应度的值越靠近于 1 时，K 均值聚类分类结果与遗传算法分类结果一致性越高。终止条件设定为

$$|1 - f| \leqslant 10^{-5}$$

　　记录本代种群中适应度最高的个体，采用轮盘赌的方法选择个体进行复制操作，在复制操作形成的新种群中，用适应度最高的个体代替新种群中适应度最低的个体，防止轮盘赌算法将上一代种群中适应度最高的样本随机淘汰。在两个个体的染色体进行配对时采取交叉算子相互交换部分基因形成两个新的个体，给遗传算法更多的搜索机会，提高其搜索能力。采用的交叉算子为

$$X_A^{t+1} = aX_A^t + (1 - a)X_B^t$$
$$X_B^{t+1} = (1 - a)X_A^t + aX_B^t$$

其中，a 为一个随机数，范围是（0，1）。

　　遗传算法的缺点之一是容易陷入局部最优解，变异操作则可以保持整个种群的多样性，当遗传算法陷入局部最优解时，变异产生的个体使其局部搜索能力增强，跳出局部最优去搜寻全局最优。在随机抽取变异点后，对于选中的变异点，计算该变异点上编码的取值范围，产生一个随机数，该随机数须在该变异点上编码的取值范围内，具体计算公式如下：

$$X' = U_{min} + s(U_{max} - U_{min})$$

其中，s 为一个随机数，范围是（0，1）；U_{min} 为该变异点上编码的最小值，U_{max} 为该变异点上编码的最大值。

附录 9-2

第三阶段决策：

$$p_{p3} = p\left\{C_{p1} \leqslant P_c^3\right\} = \frac{P_c^3 - e}{C_{ch} - e}$$

$$q_{p3} = 1 - p_{p3} = \frac{C_{ch} - P_c^3}{C_{ch} - e}$$

资源型企业的出价 P_c^3 会使自身收益最大化，即

$$\max\left\{\frac{\sigma_c^2\left(C_{ch} - P_c^3\right)\left(P_c^3 - e\right)}{C_{ch} - e}\right\}$$

上式对 P_c^3 求导并令导数为零得到

$$P_c^3 = \frac{e + C_{ch}}{2}$$

两者的收益分别为

$$\left(\frac{\sigma_c^2\left(C_{ch} - e\right)}{2}, \sigma_p^2\left(\frac{e + C_{ch}}{2} - C_{p1}\right)\right)$$

资源型企业在第二阶段选择接受 P_p^2，需要使其收益不小于第二阶段的收益，即

$$P_p^2 \leqslant C_{ch} - \frac{\sigma_c\left(C_{ch} - e\right)}{2}$$

第二阶段政府决策问题转化为

$$\max\sigma_p\left(P_p^2 - C_{p1}\right)$$

$$\text{s. t.} P_p^2 \leqslant C_{ch} - \frac{\sigma_c\left(C_{ch} - e\right)}{2}$$

在此，假定 $C_{ch} - \dfrac{\sigma_c\left(C_{ch} - e\right)}{2} \geqslant C_{p1}$

则

$$P_p^2 = C_{ch} - \frac{\sigma_c\left(C_{ch} - e\right)}{2}$$

两者收益分别为

$$\left(\frac{\sigma_c^2 \left(C_{ch} - e \right)}{2}, \upsilon_p \left(C_{ch} - \frac{\sigma_c \left(C_{ch} - e \right)}{2} - C_{p1} \right) \right)$$

第一阶段政府接受 P_c^1 的条件是

$$P_c^1 - C_{p1} \geqslant \sigma_p \left(C_{ch} - \frac{\sigma_c \left(C_{ch} - e \right)}{2} - C_{p1} \right)$$

$$C_{p1} \leqslant \frac{P_c^1 - \sigma_p \left(C_{ch} - \frac{\sigma_c \left(C_{ch} - e \right)}{2} \right)}{1 - \sigma_p}$$

第一阶段资源型企业的决策问题转换为

$$\max \left\{ p_{p1} \left(C_{ch} - P_c^1 \right) + q_{p1} p_{c2} \frac{\sigma_c^2 \left(C_{ch} - e \right)}{2} + q_{p1} q_{c2} p_{p3} \frac{\sigma_c^2 \left(C_{ch} - e \right)}{2} + 0 \right\}$$

其中，

$$p_{p1} = p \left\{ C_{p1} \leqslant \frac{P_c^1 - \sigma_p \left(C_{ch} - \frac{\sigma_c \left(C_{ch} - e \right)}{2} \right)}{1 - \sigma_p} \right\} = \frac{\dfrac{P_c^1 - \sigma_p \left(C_{ch} - \frac{\sigma_c \left(C_{ch} - e \right)}{2} \right)}{1 - \sigma_p} - e}{C_{ch} - e}$$

$$q_{p1} = 1 - p_{p1} = \frac{C_{ch} - \dfrac{P_c^1 - \sigma_p \left(C_{ch} - \frac{\sigma_c \left(C_{ch} - e \right)}{2} \right)}{1 - \sigma_p}}{C_{ch} - e}$$

$$p_{c2} = 1$$

$$q_{c2} = 0$$

$$\max \left\{ \frac{\dfrac{P_c^1 - \sigma_p \left(C_{ch} - \frac{\sigma_c \left(C_{ch} - e \right)}{2} \right)}{1 - \sigma_p} - e}{C_{ch} - e} \left(C_{ch} - P_c^1 \right) + \frac{C_{ch} - \dfrac{P_c^1 - \sigma_p \left(C_{ch} - \frac{\sigma_c \left(C_{ch} - e \right)}{2} \right)}{1 - \sigma_p}}{C_{ch} - e} \frac{\sigma_c^2 \left(C_{ch} - e \right)}{2} \right\}$$

对 P_c^1 求导并令导数为 0 得到

$$P_c^1 = \frac{4C_{ch} - 2e\left(1 - \sigma_p\right) - \sigma_p\sigma_c\left(C_{ch} - e\right) - \sigma_c^2 / \left(C_{ch}^1 - e^1\right)}{4}$$

政府与资源型企业面对的折现率相同，均为货币的时间价值，即

$$\sigma_p = \sigma_c = \sigma$$

$$P_c^1 = \frac{2C_{ch} - e\left(1 - \sigma\right) - \sigma\left(C_{ch} - e\right)}{2} = \left(1 - 0.5\sigma\right)C_{ch} + \left(\sigma - 0.5\right)e$$

第10章 税收与生态治理基金联动运作机制

生态问题是一个区域问题更是一个全球问题，因此与之配套的税收政策呈现出国际组织引导、国家趋同的态势。在国际参照、税负公允思想演进现状及公允水平理论等综合分析的基础上，本章通过分析税费改革方案的动态，根据"化繁为简，征用统一，成本补偿，利益统筹"原则，调整资源型企业税费种类，通过矿山生态治理基金运作方式的有效使用，构建信息披露机制，实现征收、使用、披露的统一，达到有效的生态治理。

10.1 税费政策协同

10.1.1 税改国际趋同

税费政策改革、发展、结构调整等长久以来都是国家政府、各界学者、资源型企业等不断探索实践的领域，在这一方面积累了丰富的经验与成果。理清发展脉络与当前研究成果对后续改革设计具有重要参考意义。

1. 税收结构转变

税收结构是指复合税制国家的税收布局与配置，一般来说包括两个方面，一是税收主体税种的确定即税收结构，二是主体税种的辅助税种配置。纵观世界经济发展的历史，低收入国家的税制结构一般以流转税为主体，中等收入国家则形成以所得税和流转税为双主体的结构，而大多数经济发达国家税制结构以所得税为主体。中国自1994年税改后税制结构就转变为双主体结构，从

2000 年之后的税收数据结构来看，中国目前的税收结构是以流转税为主，其变化趋势如图 10-1 所示，因此增值税、营业税、消费税、关税等税种将是税改的重点。

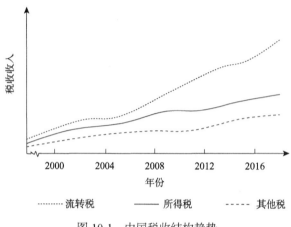

图 10-1　中国税收结构趋势

主体税种对财政收入和经济调节方面具有主导作用，但辅助税种的补充针对性和功能性依然十分重要，其中对资源开采、生态破坏征税，为开发污染者提供了减排治理的动力，并且为创新提供重要激励。由此，在生态矛盾日益凸显的当下，税制生态化成为一个普遍的全球趋势。

2. 全球税制生态化

从国际范围来看，生态环境税费的发展历史较短，各国状态不一。

经济合作与发展组织的成员国无疑是生态环境税费改革的探索先驱，其中北欧成员国（丹麦、瑞典、荷兰等）的环境税制最为先进完备。综合观察生态税费的发展历史基本经历了三个阶段：一是 20 世纪 70 年代的初始发展阶段，一些国家零散、探索式的开征环境税，采用一些环境污染税措施；二是 20 世纪 80~90 年代的快速发展阶段，开始大规模、多方面的引入环境税制，自此形成了比较丰富的资源开发补偿、排放收费、产品收费、押金退款、资源使用付费等制度体系；三是从 20 世纪 90 年代至今全面改革阶段，全面系统地构建生态环境税制，走入成熟完善期。北欧国家率先开启的全面绿化税制的改革运动为世界范围的改革拉开了序幕，挪威、瑞典等国纷纷成立环境税委员会，以求使新出现的生态税种能够与原税收制度协调统一。图 10-2 展现了世界各国生态税费各个发展阶段的概况。

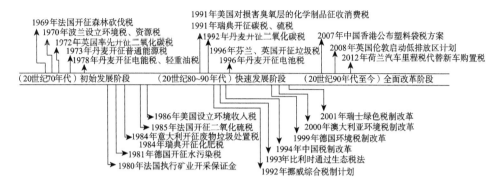

图 10-2　世界各国生态税费发展概览

资料来源：根据中国 21 世纪议程管理中心（2012）、李传轩（2011）、查浩等（2012）、高萍（2005）整理

　　欧盟自 1990 年开始纳入环境税，其征收范围和规模不断扩大，继商品税、服务税、所得税和社会保障税后成为欧盟税制结构中第五大税种，环境税收入占税收收入比重达 6%~8%，税制结构开始逐步走向生态化（王金霞等，2012）。

　　王金霞等（2012）指出税制生态化的开展依据不同国家的国情有"一揽子型"和"循序渐进型"的模式，即整体改组调整税收结构（以瑞典、丹麦、挪威和芬兰等北欧国家及荷兰为代表）或是引入环境税来取代或补充现有税收方式而没有全面改革（以德国、瑞士、法国、卢森堡、比利时等西欧国家为代表）。税制生态化并不能完全服务于生态保护，在实际运用中往往带有不同的政治导向，政治目标的不同也会导致具体实施的差异，如减少财政负担和改善环境两种导向下所采取的税改实施便会不同，而从历史数据来看生态税制作为一种财政工具的作用要相对明显一些（俞敏，2016）。例如，在 2008 年全球金融危机前能源价格暴涨，环境税改革放缓，而金融危机后欧洲政府需要通过税收来减缓一定程度的财政赤字，加之一贯存在的环境问题，环境税改革又重新被重视起来。

　　近年来欧盟对环境税改革主要有两方面进展。一是为实现 2020 年欧洲范围内碳排放承诺，引导成员国选择市场工具，制订详尽计划推进环境税税负转移；二是欧盟委员会制定针对环境有害补贴的改革（Environmentally Harmful Subsidies，EHS）[①]。其整个税制生态化改革的过程带动了环保产业和新型能源产业的发展并使得产业结构进行了升级，环境税也在一定程度上调节了消费结构，并且各国的生态化税制有效地降低了所得税税率，促进了投资积极性，总体上取

　　① European Commission. Tax reforms in EU member states: tax policy challenges for economic growth and fiscal sustainability. Luxembourg: Publications Office of the European Union，2013. 其中包括：根据碳和能源含量调整化石燃料的税率结构，减少柴油税收优惠；激励节约能源，取消能源增值税税率优惠；鼓励使用清洁车辆，减少公司车辆的税收补贴；减少二氧化碳排放，优化车辆税。

得了经济转型，获得了良好的经济和生态效益。

在早期的欧洲环境署（European Environment Agency，EEA）和经济合作与发展组织所采集的数据中，各个国家的实践数据汇总表明环境税和有关措施有375种之多，此外还有将近250种其他费用[①]。这些举措丰富了环境税法制度的建设，但是也造成税费种类冗余不成熟的现状。目前生态类税法制度的未来发展存在三个主要趋势：一是在现有基础上进行结构优化调整，以解决税费结构中的不协调和矛盾冲突问题；二是继续探索引入新的环境税，虽然现行的税费种类繁多，但仍会不断出现新的生态问题，加之政府的财政收入考虑，必然会产生新的税种；三是对生态类税费进行国际协调以减少政策差异带来的影响（李传轩，2011）。当前国际上发达国家的生态税费体系大致上趋同，主要包括能源税、交通税、污染税和其他几大类，如表10-1所示。

表 10-1　部分国家生态税费体系构成情况

国家	税类	税种
日本	能源税	航空燃油税、柴油税、汽油税、液化石油气税、地方汽油税、石油和煤炭税等
	交通税	汽车购置税、汽车税、轻型汽车税、汽车吨位税
德国	能源税	电力税、交通能源税、加热燃料税、核燃料税
	交通税	车辆税、航空税
荷兰	能源税	汽油税、能源税、矿物油（除汽油外）、消费税、燃料税（煤炭税）、矿物油储备税
	交通税	车辆税、重型车辆税、摩托车税
	污染税	航空噪声税、水污染税、市政排污费、包装税、垃圾税
	其他	狩猎执照费、地下水抽取税、自来水税
美国	能源税	联邦：燃料替代税、商业航空燃油税、柴油税、汽油税、内河燃油税等；地方：亚拉巴马润滑油税、车辆燃油税、水电税，阿拉斯加电气合作税等
	交通税	联邦：燃油税、重型车辆高速公路使用税、重型卡车和拖车税；地方：亚拉巴马车辆注册费，阿拉斯加商业客轮消费税、汽车燃油税等
	污染税	联邦：臭氧消耗税、石油泄漏责任税；地方：亚拉巴马干洗注册费、危险废弃物费、废轮胎环境费等
	其他	地方：亚拉巴马采掘费、跨区采掘费，阿拉斯加渔业营业税、渔业资源入境税、采矿牌照税、海鲜发展税、轮胎费等
丹麦	能源税	矿物油税、CO_2 税、煤炭税、电税、天然气税、汽油税
	交通税	机动车强制保险税

---

① OECD. The Political Economy of Environmentally Related Taxes. http://www.oecd.org/greengrowth/tools-evaluation/thepoliticaleconomyofenvironmentallyrelatedtaxes.htm，2007.

续表

国家	税类	税种
丹麦	污染税	购物袋消费税、氯化溶剂税、零售容器税、臭氧破坏税、氮税、农药税、硫税等
	其他	电灯和电气保险丝税、矿产资源税、轮胎税

资料来源：作者根据经济合作与发展组织官网（http://www.oecd.org/）、刘建徽等（2015）、黄玉林等（2014）整理

生态税制改革是一项综合变革，为了提高经济效益，各国在不断开征新的生态税费的同时，对原有税制也进行了一定的调整，也就是"绿色税收转移"（Green Tax Shift），调整税基，以保持宏观的税负平衡。这也是为了增强实施生态税种的可行性，避免企业负担过重影响竞争力。例如，在美国环境税的设计中，开征环境税同时削减劳动力的税负；一些国家考虑到税负公平性问题而不影响企业的出口竞争力，实行出口退税政策，但同时对进口商品课征环境税，尽量减少税收对市场经济正常运行的干扰，以保持税收中性。

3. 中国税制生态化发展

从图 10-3~图 10-5 中可以看到环境类税收在经济合作与发展组织成员国平均水平和中国总的变化趋势，中国正逐渐朝着国际趋同的方向改革发展，差距逐渐缩小。2000 年经济合作与发展组织环境类税收占 GDP 份额为 1.83%，而中国仅为 0.38%。之后国际环境类税负水平略有下降，而中国自 20 世纪 80 年代开始探索研究环境治理政策，以 1979 年颁布《中华人民共和国环境保护法（试行）》为起点，紧接着在宪法中增加了生态环境相关内容[1]，国务院、财政部、环保部、国家发展和改革委员会等多部门推进改革，在多年发展中，理论基础、法律依据[2]、量化标准、实践执行效果等方面取得不少成效，至 2014 年中国环境类税收占 GDP 份额已经上升至 1.33%，经济合作与发展组织为 1.56%。这不仅仅是简单的环境税负水平上升，而是代表了一个国家生态意识的觉醒，以及企业和民众对于生态保护的认可接受程度。

---

[1] 1982 年《中华人民共和国宪法》第二十六条中，"国家保护和改善生活环境和生态环境，防治污染和其他公害"、第九条"国家保障自然资源的合理利用，保护珍贵的动物和植物。禁止任何组织或者个人用任何手段侵占或者破坏自然资源"均有提及。

[2] 中国制定了系列法律，如《中华人民共和国水污染防治法》《中华人民共和国大气污染防治法》《中华人民共和国环境噪声污染防治法》《中华人民共和国固体废物污染环境防治法》《中华人民共和国海洋环境保护法》《中华人民共和国野生动物保护法》《中华人民共和国水土保持法》《中华人民共和国水法》《中华人民共和国土地管理法》《中华人民共和国森林法》《中华人民共和国草原法》《中华人民共和国渔业法》《中华人民共和国农业法》《中华人民共和国文物保护法》《中华人民共和国标准化法》等。

图 10-3　环境类税收占 GDP 份额

资料来源：http://www.oecd.org/

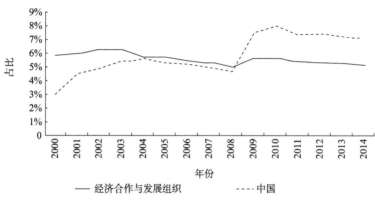

图 10-4　环境类税收占总税收份额

资料来源：http://www.oecd.org/

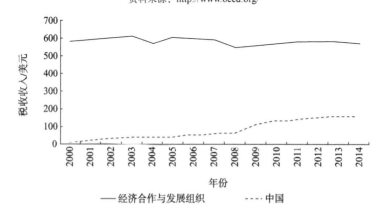

图 10-5　人均环境类税收

资料来源：http://www.oecd.org/

此外，图 10-3~图 10-5 中 2008 年中国的环境类税收明显提升，原因是自 2008年起环境税制改革成为政府重点推进的税收政策之一，在正式的环境保护税实施之前，清理杂乱不合理的收费，提高环境税负水平成为一个总体趋势。目前中国的税制改革主要坚持"正税清费"的税制改革方向，围绕"六税一法"进行[1]，"六税"包括增值税、资源税、消费税、环境保护税、房产税和个税，"一法"是税收征管法，可见税改是生态文明建设的关键点之一。

2016 年 7 月 1 日起，中国全面推行从价计征资源税改革，清理收费基金，资源税随矿价升降而增减，以发挥资源税对资源开采的自动调节作用，三个月内总体减负 21.12 亿元（吴秋余，2016）。并且除矿产资源外，河北省还开始试点开征水资源税。2016 年 8 月 8 日国务院印发《降低实体经济企业成本工作方案》提出"将能源成本进一步降低"作为降低实体经济企业成本的目标之一，由于能源价格实行价内税，目前中国与世界主要能源国家相比天然气和煤炭价格水平偏高，成品油和天然气价格处于中等偏上，深化能源税费改革也成为必由之路。紧跟着 2016 年 12 月通过《中华人民共和国环境保护税法》，2018 年 1 月 1 日起开始正式征收环境保护税，不再征收排污费，有力地解决了排污费收取刚性不足问题，促进经济结构调整。

值得一提的是，矿山环境治理恢复保证金（中国矿山环境治理恢复保证金于 2017 年已调整为矿山环境治理恢复基金）一直被认为是将资源型企业外部性成本内部化的有效方式之一，但在中国实施效果不佳。刘云（2015）研究了江西省矿山环境治理恢复保证金制度，认为存在立法依据不足、管理体系混乱、核定方式有待完善、费用关系混淆等问题。许妮和许军（2010）认为陕西省矿山环境治理恢复保证金不符合市场经济、征收标准过低、资源型企业环境保护自律性较弱。高新才和斯丽娟（2011）以甘肃省为例，认为甘肃省矿山环境治理恢复保证金政策实施难度大、征缴工作进展缓慢。

保证金制度的差异是保证金会计处理和信息披露差异的基础。表 10-2 为矿山复垦环境财务担保（environment financial assurance，EFA）的各国制度比较。在矿山环境恢复财务担保的形式方面，中国只接受现金种类的保证金，而澳大利亚和美国都可以接受多种形式的保证金，包括银行担保、保险债券、信用证等。在复垦方案方面，中国矿山环境恢复方案编制规程里明确提出了矿山企业应对土地复垦费用安排做出详细说明，与其他两国相似的是土地复垦方案不仅是强制的而且是开矿的前提。在保证金的计算上，中国有统一的计算式，以"影响系数"判定土地复垦义务人的复垦义务，而澳大利亚和美国则要求保证金的金额应该覆盖

---

① 根据 2014 年中共中央政治局审议通过的《深化财税体制改革总体方案》，2016 年我国基本完成新一轮财税体制改革的重点工作和任务，2020 年基本建立现代财政制度。

复垦的全部费用甚至更多。在保证金归还方面，"可持续利用"是中、美、澳三国复垦标准的一个核心思想。

表 10-2　矿山复垦环境财务担保的各国制度比较

国家	可接受 EFA 种类	复垦方案	保证金计算标准	复垦完成标准（复垦金归还）
中国[1]	现金	对土地复垦费用安排做出详细说明，土地复垦义务人应与项目所在地县级国土资源主管部门和银行签订土地复垦费用监管协议[2]	保证金=收缴标准×采矿许可证批准面积×采矿许可证有效年限×影响系数	经整治措施后，在地表形态、土壤质量、配套设施和生产力水平方面达到可供持续利用状态的程度[2]
澳大利亚[3]	现金；银行担保（无条件，不可撤销）；保险债券（无条件，不可撤销）；信用证	矿山复垦方法必须安全、稳定、无污染。维护要求与类似的非采矿用地相当	保证金的金额应该覆盖复垦的全部费用，还应考量公司的过去和现在的财务状况、业绩记录等	当复垦地被建设到趋于稳定（不少于 7 年），并且已经有完整的项目来维护复垦地的环境条件
美国[3]	保证金；信用证；信托基金；企业担保或保险；附带债券；托管债券；保证/托管债券组合	复垦计划中完善的工作描述，复垦地植被再生长的成功示范，复垦地 5 年内监测证明化学稳定性	该标准应量化一些物理活动，如土地转移、建筑物拆迁、废水处理等，总金额 40% 应该包括完成这些工作的设备租用费用、政府规定的工资以及行政费	如果政府监管机构认为复垦活动已完成，则整个许可区域或增量区域的债券将被归还。随着复垦活动的进行，债券将被分阶段归还，直到所有复垦活动都被完成

1）《矿山地质环境保护规定》（国土资源部令第 44 号）（2009）第十八条

2）中华人民共和国国土资源部. 土地复垦方案编制规程. http://www.mnr.gov.cn/hd/jyxc/tdfk/jsbz/201811/t20181114_2363974.html，2013-06-28

3）International Council on Mining and Metals. Financial Assurance for Mine Closure and Reclamation，2005

资料来源：本框架是综合参考国际矿业与金属委员会发布的复垦方案的基础上，经过作者重新归纳补充所得

生态税制改革在实践与理论研究中逐渐呈现以下发展趋势。

第一，纳入市场化改革当属于共识。已有的研究证明了基于市场的措施其有效性要强于控制命令类型的政策（Downing and White，1986；Milliman and Prince，1992），也就表明了越是灵活自由、不指挥命令的政策工具越有利于企业进行低成本的创新。因此，对于矿产资源行业税费改革，积极纳入市场化运作机制，才能够有效地促进由竞争带来的低投入高回报的环保技术创新革命。在资源性产品定价机制上应采用"市场+政府"相结合形式（伍世安，2011），主要由市场形成价格（刘宁，2016），打破垄断，鼓励竞争。资源税应弥补资源代际分配的外部性，通过市场和制度完善纠正资源消耗的外部性（刘立佳，2013）。

第二，生态税制改革需要联动设计。仅仅针对生态类税费的调整无法应对复杂的经济形势，张德勇（2017）认为未来资源税改革应同消费税的扩围改革与环境保护税的开征一道联动设计，并且矿产资源税全部收为地方财政收入可能会导致资源过度开采，建议考虑资源租，租收入归属中央政府以保证中央的宏观资源开发、生态和税负调控。同时，将资源价格改革与工资制度、社会保障制度改革结合起来，降低资源价格改革对低收入阶层的影响。考虑开征煤炭资源超额利润

税：对已获得的利润部分征税，不对消费环节征税。建立配套煤炭资源税制度的资源产权制度（贾建宇，2014）。建立与资源利用水平挂钩的浮动费率制度和动态调整机制（王燕东和曾凌云，2014）。而实现减排目标应采用碳交易和碳税相结合的复合型资源税政策（石敏俊等，2013）。只有各个税种之间相互配合协同才能发挥最好的效果。

第三，税率是重点标杆。税率的设计需要充分考虑征税对象、总体税负水平是否公允等各方面具体的实际情况，过高的税率不具备可行性，过低的税率不具备有效性。例如，煤炭资源税费转嫁能力较强，单纯通过提高资源税率将导致资源税负向下游转嫁（李波，2013），这样就无法达到资源税本身的调节作用。林伯强等（2012）曾利用动态可计算的一般均衡模型（computable general equilibrium，CGE）分析煤炭资源税对宏观经济的影响，得出社会经济可以承受的资源税率理论区间为 5%~12%。税率应该因时因地制宜，根据区域不同的资源和经济情况设置税率，经济发达地区可选择较低税率减少供需矛盾，资源丰富地区可选择较高税率同时增加地方财政收入（徐晓亮等，2017）。

第四，惩罚与激励并行。对不依法缴纳税款的企业惩罚一定要有力度，减少税收违规行为发生。同时制定税收优惠政策，对特定行业和低收入者予以一定程度的特殊优惠，"减排的税收激励一致性有助于确保以最低的社会成本实现该环境目标"（俞敏，2016）。但同时要兼顾公平。

10.1.2　税费结构调整

现阶段税费结构生态化还未完全实现，许多税负问题仍处于新老税法的灰色地带。目前，中国税收领域总体上呈现法律法规较少而规范性文件较多的局面，造成相关处理规则分散、模糊、重叠及矛盾的问题。因此革新矿业税费体制是实现资源型企业发展、经济转型、生态治理的重要途径。

矿业税费制度改革要贴合现实，既不能"一刀切"，也不能过于细化，引起制度冲突。税制改革不能只就税论税、就费论费，更不能就一税论一税，就一费论一费。因地制宜、因时制宜、因主体制宜，建立以政策协同为中心、清晰简洁的矿业税费结构，有效降低矿业税费，减轻资源型企业税费负担。因此规范矿业税费体系，要做到政策协同、部门协同、区域协同。解决矿业税费结构性水平过高的问题，首先需要从特殊性税费入手，明确界定各税费关系。结合矿业实际，从中央层面对矿业税费进行名称统一、用途界定、标准规范，减少中央与地方、地方与地方、政府与企业政策冲突，提高政策执行效率。

目前的税负结构中很多"绿色"税费没有充分发挥其效用，主要是征用错位，生态环境问题没有得到根本有效治理。同时，企业感到税费负担过重，进行生态治理便无法保全成本获得利润，从而对企业自觉维护生态环境产生抑制作用，一方面导致企业偷排，另一方面可能发生、避税、税收违规现象。因此需要构建新的税费结构体系以改善当前状况，改革遵循优化结构、有升有降、循序渐进的原则。建立生态税制应采取一种综合的系统框架，可以参考经济合作与发展组织对于环境税的分类，取消其他繁杂的各项规费及基金，统一建立刚性更强的生态税体系。改革设计如图 10-6 所示。

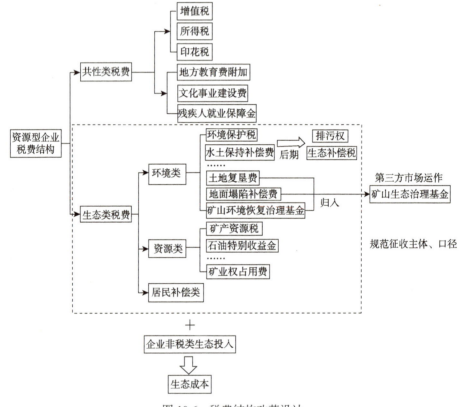

图 10-6 税费结构改革设计

1. 纳税人

根据生态税收制度的概念，纳税人范围应包含中国境内所有的进行生态破坏、资源开采、污染排放活动，并且超过国家明文规定标准的个人和单位，涵盖了开采者、生产者、消费者。但本书主要研究的是资源型企业，因此本章税费结构调整及后续制度设计主要依据资源型企业而定，但其整体结构对除资源型企业纳税人以外的企业同样具有一定的参考价值。

2. 税目调整

目前我国深化改革的部署在于逐渐降低间接税比重，增加直接税比重。通过税种替代和课税机制转换实现营改增全面减税，统筹房地产税相关税制改革，个人所得税改革要推行综合与分类相结合，研究个人所得税与企业所得税一体化政策，消除重复征税。进一步清理、规范行政事业性收费①，降低各种社保收费标准，落实税收法定原则。

基本原则应该是提高生态类税费，降低非生态类税费，总体负担降低。现行资源税种类繁多、体系混乱，既有法定明文收取的税，也有众多规范性文件征收的费，但很多税费种类并不算严格意义上的资源税。当前十分有必要精简税费结构，清除重复性、非必要性税费。当下矿业实行的"清费立税"改革，重点应置于及时清理行政性规费，不能只立税而不清费。资源税改革后，资源税率上升，更加要求其他行政性规费的减免政策跟上改革步伐，适当取消不必要的、重复性税费，同一性质税费保留一项即可，构建清晰明了的矿业税费体制，在改革中保持税收中性原则。

根据图 10-6 中的结构设计，改革后的生态类税费在资源类、环境类、居民补偿类中对比原有结构做出了调整。具体的税目如表 10-3 所示。

表 10-3　中国生态类税费调整设计方案

种类	改革前税目	调整思路
资源类	探矿权证书工本费 矿权变更、延续登记费 矿产年检注册费 采矿许可证年检费	取消
资源类	矿产资源税 石油特别收益金 矿山维简费 矿产资源储量报告评审费 压覆矿产资源情况评估报告费 煤矿在用设备安全检测收费 矿业权出让收益 矿业权占用费	保留
环境类	排污费 排污权有偿使用费 海洋废弃物倾倒费 海洋石油勘探开发超标污染费 挥发性有机物排污收费	2018 年 1 月 1 日全面开征"环境保护税"； 后期经过试点逐步转移为"排污权"进行市场化运作
环境类	森林植被恢复费 草原植被恢复费 污水处理费	取消； 统一新征"生态补偿税"

① 根据《关于清理规范一批行政事业性收费有关政策的通知》，自 2017 年 4 月 1 日起，取消或停征 41 项中央设立的行政事业性收费，同时将商标注册收费标准降低 50%。

续表

种类	改革前税目	调整思路
环境类	水土流失防治费 水土保持补偿费	合并为"水土保持补偿费"; 后期并入"生态补偿税"
	—	开征"燃油税",再进一步设立"能源税"; 设立"污染产品税"
	水资源费	扩大资源范围,开征"自然资源税"
	土地复垦费 土地复垦保证金 地面塌陷补偿费 矿山环境治理恢复基金	统一归入"矿山生态治理基金"进行市场化管理使用
	城镇垃圾处理费 城市建筑垃圾处置费 船舶油污损害赔偿基金 临时用地管理费 绿化补偿费 恢复绿化补偿费	保留
居民补偿类	草原补偿费 草原安置补助费	合并为"草原补偿费"
	征地补偿费 临时使用草原补偿费 临时用地土地补偿费 耕地造地费	保留

资源类税费中探矿权证书工本费,矿权变更、延续登记费,矿产年检注册费,采矿许可证年检费等应取消。此处资源类税费仅包含矿产资源相关税费,资源税征税对象包括开采的原油、天然气、煤炭、非金属矿原矿、黑色金属矿原矿、有色金属矿原矿、盐七类。其他自然资源等在目前基础上扩大征收范围后归入环境类税费中进行说明。当前资源税应保证推进全面从价计征,体现矿产品价格波动,灵活反映市场需求,在当前经济形势下有助于降低企业资源税负担,改善其生存环境。但资源税的从价计征需要合理制定资源税折算系数,鼓励企业进行矿产品精加工、深加工,使采选一体化企业得到合理政策优惠。

居民补偿类税费中现有草原补偿费与草原安置补助费存在重叠,根据《中华人民共和国草原法》(2013)第三十九条可以看出,类比于征地补偿费,征地补偿费是指土地补偿费、安置补助费、地上附着物和青苗补偿费的总和;同时草原补偿费包含了对原承包经营生产者的补偿,而草原安置补助费也包含对原承包者以及牧民的生产与生活安置性补偿,两者之间存在一定的交叉,地方法规之间对这两种费的解释说明存在差异,且各级政府之间的法规未对两者的界限有一个明确划分。因此本书认为应该将草原安置补助费包含于草原补偿费,取消草原安置补助费科目,类比于土地补偿费,将草原安置补助费作为一部分列示在草原补偿费中,并将两者之间的界限划分清楚,避免重复缴费。

环境类税费中环保税面对水污染物、大气污染物、固体废物和噪声污染等征收。在改革前期主要依靠全面推行法定环保税来控制污染排放，后期通过试点逐步全面实施排污权，各污染源之间通过货币交换的方式相互调剂排污量，实现在市场机制下控制排污总量。

污染产品税则主要属于一种间接税，不同于环保税直接针对污染物，而是针对必然产生污染物的产品。通过使用者补偿的原则，促使消费者减少消费有潜在污染的产品（包括过度包装物、农药等），或者鼓励消费者选择使用无污染或低污染的替代消费品。对于能源的消耗，可以先开展燃油税，再进一步设立能源税，主要针对电力、成品油气、煤炭、焦炭等。自然资源税征收对象包括耕地、非耕地、城镇土地、水资源、森林资源、草场、滩涂等其他自然资源。

同时，在改革过程中合并或取消重复和不必要的收费，如水土保持补偿费与水土流失防治费，水土保持补偿费中已包含"……损坏水土保持设施、地貌植被，不能恢复原有水土保持功能的，应当缴纳水土保持补偿费，专项用于水土流失预防和治理"[①]的目的。属于行政事业类收费，因此不应重复开设费用，保留水土保持补偿费即可。在改革的中后期应该逐步设立生态补偿税替代水土保持补偿费、森林植被恢复费等生态环境补偿恢复费用。

此外，对于矿山环境治理恢复基金、土地复垦费、地面塌陷补偿费等主要用于治理因企业开采而破坏的矿山环境，一般交由政府财政收入统一规划，或交由企业自主恢复治理，从历史经验来看使用效果并不理想，因此本书认为应将这三种税费收入统一归入矿山生态治理基金进行市场化管理使用。

3. 税率与税负水平

税率的设计应从利益让渡的角度出发，在治理的同时使企业总体获利。如图 10-7 所示，当税负水平从 16.13%下降到公允税负水平 12.10%时，下降了 4.03 个百分点。与此同时，以生态治理基金的方式将企业承担的生态成本从 6.02%上升到 8.21%，增长了 2.19 个百分点。公允税负水平相对于实际税负下降的幅度代表了政府向企业的让利。虽然资源型企业承担生态成本降低了企业的营利能力，但公允税负的降低幅度足以覆盖生态成本的上升幅度，因此企业在税负公允的环境下承担生态成本不会降低企业的营利能力。

---

① 《中华人民共和国水土保持法》第三十二条。1991 年 6 月 29 日第七届全国人民代表大会常务委员会第二十次会议通过，2010 年 12 月 25 日第十一届全国人民代表大会常务委员会第十八次会议修订。

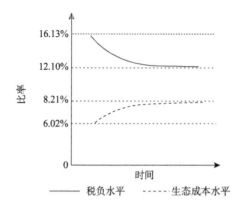

图 10-7 生态成本与税负水平调整变动趋势

资料来源：作者根据第 8 章和第 9 章测算结果整理

总之，企业总生态成本应提高，代表经济利益对于生态利益的让渡，但同时要保障企业的正常经营发展，因此共性类税费需要有所降低或取消，而清费就是在触及地方利益，要取消大部分行政类税费，需要协调好中央政府与地方政府的利益，加强深度合作，共同制定标准。最终总体的税负水平应保持在前文测算的 8.39%~12.09% 的公允期间内，见表 10-4。

表 10-4 税负水平调整过程

时期	税负↓	生态成本参数↑	解释
现状	16.13%	6.02%	当前税费结构比较混乱，不合理规费较多，体现的治理效果差
过渡期	12%~16%	6.62%	逐步完善税制结构，进行内部结构优化，税负与生态成本一降一增，生态成本的增加将导致企业成本增加，为保证企业合理盈利水平，整个税负水平需要下降，即政府向企业让利
公允状态	8.39%~12.09%	8.21%	达到和维持政府、企业、环境、矿区居民互相平衡、相对公允的状态

资料来源：作者根据第 8 章和第 9 章测算结果整理

4. 税权

短期内生态类税费应该适用属地原则，同时执行共享税方式，即由税务局征收后由中央和地方政府按比例分享。但是从历史经验中可以看到，这样的分配形式极有可能造成生态无效率，企业缴纳税费后摆脱责任，政府收取税费后不作为或有心无力。生态类税费理应保证专款专用，上缴中央部分应用于全国性生态防治项目，地方留用部分用于治理本区域生态防治项目或其他环保工程建设。各级财政应建立生态治理基金，对矿山环境治理恢复基金、土地复垦费、地面塌陷补偿费等不再收归财政也不完全交由企业完全自治，而是收缴后划拨至矿山生态治理基金。

5. 循序渐进分期发展

改革过程应该从时间上分短期、中期、长期，逐步提高生态类税费倒逼企业进行生态治理，同时降低非生态类税费，给企业创造自身发展的条件，提升营利能力，达到治理与盈利的统筹。同时要清醒地看到，受国家财政能力的约束，降低企业税收负担空间是有限的，且过程是逐步推进的，必须分阶段进行。

短期内生态类税费的提高主要靠法制的硬约束，降低重复性行政收费予以平衡，主要还是依靠对现有税制改革的逐步完善，如清除冗余重叠的规费杂费，实现费到税的平稳过渡，扩大生态税费允许计入成本税前扣除的范围。

中期发展时逐步稳定完善以上税制建设，配套相关法律法规，逐步完成税费结构的总体调整，加大生态类税费的征收，刺激企业治理创新，同时全面开启生态类税费计入生态成本。

在长期发展中，减税要和企业的其他降低成本措施相配合，企业的成本构成除了税费负担，还有融资成本、制度性交易成本、人工成本、能源成本和物流成本等。随着市场的完善发展，制度流程的整合简化，企业技术的创新发展，其他成本结构会逐步降低，此时企业的整体负担减少，可以开始启动矿山生态治理基金模式，建设综合治理机制。

10.1.3 会计政策配套

值得注意的是，设计以上税改框架并非只是调整征收结构，而是以确定的税目和征收客体来规范收费口径，重点在于收取后的生态类税费处理问题。对企业而言，生态类税费和其他企业生态保护治理类投入应统一纳入成本允许抵扣，企业应设置"生态成本"科目进行处理。对企业成本进行补偿，也就是对包括各项生态治理相关税费的生态成本进行税前扣除。依据中国税法规定，用于环境保护、生态恢复等方面的专项资金，准予扣除[①]。但仅针对专项提取的资金，在实际经营中，无法保证所有与生态资源相关的税、费、基金等都能比照此项规定进行扣除，不能全面覆盖对企业生态投入成本在所得税上的补偿。

在图 10-8 的会计恒等式中，可以看到生态类税费与企业的非生态类税费投入共同形成企业的生态成本，生态成本代表了生态环境的利益。在不断的开采中，资源红利已不再是国家新一轮经济增长的驱动力，资源的不可恢复耗减也需要考虑其成本，因此在税后净利润中矿产资源红利应当进行部分补

---

① 根据《中华人民共和国企业所得税法实施条例》第四十五条规定："企业依照法律、行政法规有关规定提取的用于环境保护、生态恢复等方面的专项资金，准予扣除。上述专项资金提取后改变用途的，不得扣除。"但需注意，准予扣除的专项资金必须是依照法律、行政法规的有关规定提取的。企业根据地方性法规、规章、其他规范性文件等提取的专项资金不允许扣除。只有实际提取且实际用于专项目的的资金，才允许税前扣除。如果企业将提取的专项资金用于其他用途的，则不得扣除，已经扣除的，则应计入企业的当期应纳税所得额，缴纳企业所得税。

偿返还，以作为矿区居民利益的体现。

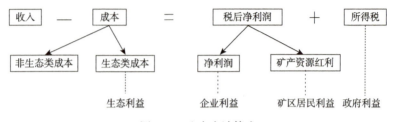

图 10-8　生态会计等式

许多名目繁杂但见效甚微的税、费理应取消，转而将企业真正投入治理的支出内化为企业的生态成本进行扣除，同时考虑资源的耗减成本，降低企业整体税负的同时实现有效的生态治理，让企业缴纳更为合理的所得税，得到更为公允的净利润。

针对资源型企业税负结构调整后，其会计处理探讨如下。

1. 资源类税费

资源类税费包括但不限于矿产资源税、矿山维简费、矿业权出让收益等。

企业交纳的资源税，通过"应交税金——应交资源税"科目进行核算。该科目贷方反映企业应交纳的资源税税额；借方反映企业已经交纳或允许抵扣的资源税税额；余额在贷方表示企业应交而未交的资源税税额。"生态成本"作为各项生态类税费以及企业在其他保护生态环境方面投入的归集科目，资源类税费应计入"生态成本"科目进行抵扣。因此，改革前后会计分录的区别主要体现在企业销售应税产品方面，当企业计提对外销售应纳资源税产品应纳的资源税时，借方科目由生态成本改为税金及附加，用于抵扣企业在销售应税产品时发生的税费，见表 10-5。

表 10-5　资源税会计处理改革表

时期	改革前[1]	改革后
销售应税产品时	借：银行存款 　　贷：主营业务收入 　　　　应交税费——应交增值税（销项税额） 借：税金及附加 　　贷：应交税费——应交资源税 借：主营业务成本 　　贷：库存商品	借：银行存款 　　贷：主营业务收入 　　　　应交税费——应交增值税 　　　　（销项税额） 借：生态成本 　　贷：应交税费——应交资源税 借：主营业务成本 　　贷：库存商品

1）财政部，国家税务总局. 关于全面推进资源税改革的通知（财税〔2016〕53 号）. http://www.chinatax.gov.cn/n810341/n810755/c2132534/content.html

2. 环境类税费

环境类税费包括但不限于环境税、能源税等。

改革前后的主要区别在于将环境税计入单独的"生态成本"会计科目而非"生产成本",这样可以覆盖一部分企业生态投入成本在所得税上的补偿,能够满足"对包括各项生态治理相关税费的生态成本进行税前扣除"这一要求,见表 10-6。

表 10-6　环境税会计处理改革表

形式	改革前[1)	改革后
预缴时	借:应交税费——应交环境税 　　贷:银行存款	借:应交税费——应交环境税 　　贷:银行存款
月终结算	借:生产成本 　　贷:应交税费——应交环境税	借:生态成本 　　贷:应交税费——应交环境税
月终收到退税或补缴税款	借:银行存款 　　贷:应交税费——应交环境税 (或做相反分录)	借:银行存款 　　贷:应交税费——应交环境税 (或做相反分录)

1)2016 年 12 月 25 日全国人民代表大会常务委员会通过《中华人民共和国环境保护税法》,因财政部并未对环境税会计处理发布相应准则,在这里以《中华人民共和国环境保护税法(征求意见稿)》为依据,对其改革前的会计处理进行介绍

特别地,根据《国务院关于印发矿产资源权益金制度改革方案的通知》(2017 年)取消了原有的矿山环境治理恢复保证金,转而将其改为矿山环境治理恢复基金。因此,对矿产资源权益金的会计处理发生了较大的变化。

首先针对"矿山环境治理恢复基金"对方科目会计处理分析。

根据改革方案的要求,计提矿山环境治理恢复基金时,"计入企业成本"可能是计入营业总成本(营业成本+税金及附加+销售费用+管理费用+财务费用+资产减值损失)也可能是计入营业成本(直接生产成本+制造费用)。而其借方科目具体列示的位置应由这笔交易发生的事项的性质所决定。因此,如果将通知中"计入企业成本"理解为计入营业总成本,那么由于矿山环境治理恢复基金不属于上缴国家的税费,无法计入税金及附加;由于其不属于矿山企业在销售矿产品过程中发生的各项费用,故也无法计入销售费用;由于其不属于矿产企业行政管理部门为组织和管理生产经营活动而发生的各项费用,故无法计入管理费用;由于不属于矿产企业在生产经营过程中为筹集资金而发生的筹资费用,故无法计入财务费用,不属于资产的减值。综上可知将其计入企业的营业成本较为合理,并且,因为矿山环境治理恢复基金不属于直接生产成本(直接材料和人工),所以,本书认为矿产开发企业在计提矿山环境治理恢复基金时,其借方应计入制造费用。

其次是对"矿山环境治理恢复基金"科目会计处理分析。

根据会计恒等式的扩展公式:资产=负债+所有者权益+(收入-费用),借方

的制造费用增加了费用类的金额，因此贷方的"矿山环境治理恢复基金"科目应计入负债类科目或所有者权益类科目才能使恒等式平衡。

在矿产资源权益金制度改革前，矿山环境治理恢复保证金作为一项专项储备，计在所有者权益类别下，对比国际上发达矿业国家采取的做法，美国和澳大利亚作为矿业大国普遍采取将其计入负债类别的会计处理方法，其中美国的做法是将其计入负债类中的长期负债（non-current liabilities）科目，而澳大利亚则将其计入了预计负债（provision）科目，见表10-7。因此，将矿山环境治理恢复基金计入负债类科目，可以使国内会计准则更好地与国际会计准则接轨，促进国内外会计准则的趋同。

表 10-7　　"矿山环境治理恢复保证金"科目类别国际比较

国家	中国	美国	澳大利亚
会计准则	中国会计准则（Chinese Accounting Standards, CAS）	通用会计准则（General Accepted Accounting Principles, GAAP）	国际会计准则（International Financial Reporting Standards, IFRS）
"矿山环境治理恢复基金"科目类别	所有者权益类	负债类	负债类

从定义上看，《企业会计准则——基本准则》指出，负债是指企业过去的交易或者事项形成的、预期会导致经济利益流出企业的现时义务。矿山环境治理恢复基金未来会造成矿山开发企业经济利益流出，可将其看作企业在一定时期之后必须偿还的经济债务，因此本书认为将"矿山环境治理恢复基金"科目计入负债类更能充分体现其经济实质，见表10-8。

表 10-8　　矿产资源权益金制度改革会计处理变化明细表

形式	矿山环境治理恢复保证金	矿山环境治理恢复基金
计提	借：制造费用 　　贷：专项储备	借：制造费用 　　贷：矿山环境治理恢复基金
缴存	借：其他货币资金 　　贷：银行存款	—
履行复垦义务时	借：专项储备 　　贷：银行存款	借：矿山环境治理恢复基金 　　贷：银行存款
返还	借：银行存款 　　贷：其他货币资金	—

3. 居民补偿类费用

居民补偿类费用包括但不限于征地补偿费、草原补偿费、耕地造地费等。

以征地补偿费为例，根据所征土地的用途，归入借记成本或损益类科目。土地使用权的成本应当为购买价、相关税费以及直接归属于土地使用权的其他支出。为了将居民补偿费统一归入"生态成本"这一科目进行核算，企业在计提矿产资源补偿费时，应该将借方发生额计入"生态成本"科目，统一抵扣生态环境相关税费，见表 10-9。

表 10-9　居民补偿费会计处理改革表

支付费用	借：××费用/成本 　　贷：银行存款	借：生态成本 　　贷：银行存款

10.2　生态治理基金综合运作体系

10.2.1　生态治理基金运作体系构建原则

1. 正义导向

利益主体间的收入与成本不配比成为利益矛盾的主要原因，而生态正义导向是"在生态利益基础上统筹不同利益主体在经济利益、社会利益、政治利益之间冲突与协商的基本条件"（程宏伟等，2012）。生态正义是环境正义（温茨，2007）从自然折射人类社会矛盾演化的有机延伸。作为人类社会发展基础的生态资源，已经异化为等级制的身份象征，生态资源空间分布客观性与生态利益分配主观性的错位是生态矛盾发展的根本原因。生产性正义与分配性正义对生态矛盾的解决交替占据主导地位，奥康纳（2003）认为正义只能通过生产性正义去实现而非分配性正义。实际上，具体的正义形式需要与之相匹配的社会综合发展水平，特别是在当前中国社会发展阶段，分配正义仍然是必须且合理的。谢福林（2016）从民间正义的角度重新定义了税收公平，使生产性正义与分配性正义在对立中走向统一。生态正义既是对传统正义思想的传承，更是对正义思想的发展。

2. 可持续导向

生态可持续性、经济可持续性和社会可持续性的相互紧密联系共同构成了人类社会的持续性。构建矿山生态治理基金综合治理体系必然需要达到一种可以长久维持的状态，根据生态的可承载力控制物质和能量的流动以保证生态服务的持续稳定。"人类不管是文明的还是野蛮的，都是自然的孩子而不是自然的主人。如果他要维持对自然的统治，他必须使自己的行动符合某些自然规律。当他试图违背自然规律时，他总是破坏维持他生存的自然环境，而当他的环境迅速恶化

时，他的文明也就衰落了。"（卡特和戴尔，1987）

同时，设计的运作机制尤其需要具备自我可持续性，内部构成一个小型生态圈，能够调整不同利益主体间的利益关系，充分体现当代的公平和代际公平发展。

10.2.2 生态治理基金运作体系设计

生态文明是生态结构、社会结构、利益结构的协同，关键在于利益是否统筹、成本是否补偿、税负是否公允。合理的生态成本是资源利益主体各方实现利益平衡公允的充分条件。当前各项以生态之名征收的税费使企业税费负担繁重，但生态治理却没有得到很好的效果。中国的税制改革整体方向现在正朝着"放管服"与"清费立税"方向上推进，如 2016 年推进的税收与资源价格直接挂钩的调节机制①，2017 年国务院制定的《矿产资源权益金制度改革方案》②等。但目前的方案仍然存在着不足，以矿山环境治理恢复保证金转为矿山环境治理恢复基金为例，改革方案认为这项基金应"由矿山企业单设会计科目，按照销售收入的一定比例计提，计入企业成本，由企业统筹用于开展矿山环境保护和综合治理"。本书认为这依然无法解决实质问题，虽然说矿山环境治理恢复基金的设立目的在于提高企业利用资金的便捷性，进一步降低企业财务成本，但只要最终交由企业统筹治理就容易趋于无效治理，以往的实际证据已经充分表明了企业自我治理模式的不可持续性，并且按销售收入提取是否合理或是提取多少比例才合适仍值得商榷。

同时，目前生态治理项目存在众多审批、评价、验收、评估环节。仅以环保部门来监督企业环保行为显得身单力薄，近年号召群众参与监督的尝试却因信息分散且难以获取而收效甚微。因此急需建立一套社会多方参与的生态治理体系。

企业设立矿山生态治理基金专门账户，将以往地面塌陷补偿费、矿山环境治理恢复基金等统一纳入生态治理基金，不再列为政府财政收入管理使用，并且作为企业生态成本的一部分可以扣除，同时吸收政府和社会资金。成立基金公司独立法人，以第三方开展专业治理，接受政府监督、民众参与等来共同推进基金综合治理体系的建设。

税负机制改革只靠生态治理基金是不够的，必须同时建立税费政策，进行税

---

① 《关于全面推进资源税改革的通知》（财税〔2016〕53 号），主要内容包括扩大资源税征收范围；实施矿产资源税从价计征改革；全面清理涉及矿产资源的收费基金；合理确定资源税税率水平；加强矿产资源税收优惠政策管理，提高资源综合利用效率等。

② 《矿产资源权益金制度改革方案》（国发〔2017〕29 号）指出"在矿山环境治理恢复环节，将矿山环境治理恢复保证金调整为矿山环境治理恢复基金"，"将矿产资源补偿费并入资源税，取缔违规设立的各项收费基金"等。

费结构、水平调整，制定会计政策等系列配套措施给予充分保障，"两条腿走路"才能全面有效，体系架构见图 10-9。

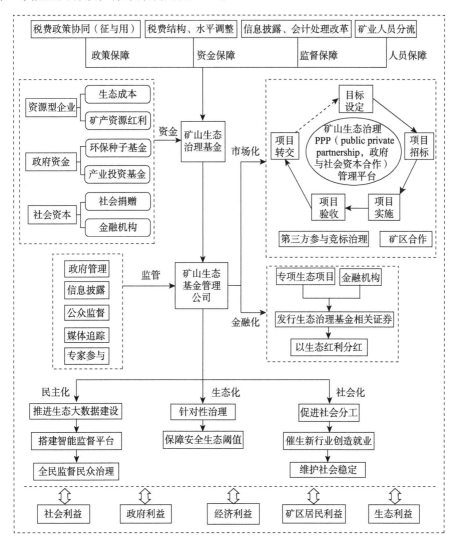

图 10-9　资源型企业矿山生态治理基金综合治理体系架构

1. 设立生态治理基金

税负公允的前提是成本补偿，成本是主体存在的基本条件，是主体基本权利的象征。成本错位是社会结构失衡在利益结构上的直接表现，其本质是主体权利的不完整。本书认为在税费改革过程中，设立矿山生态治理基金并将其计入企业成本是非常有必要的，能够明确成本范畴，完善各主体权利。但目前改革中将保证金转为基金治理且交由企业治理是不够的，应将涉及生态名义的税费都逐步转变纳入基金范围，以市场化、金融化来管理基金，保障资金利用。

"基金"在《现代汉语词典》中解释为"为兴办、维持和发展某种事业而储备的资金或专门拨款。基金必须用于指定的用途并单独核算"。在全球范围内已有很多成形的环保类基金组织，如国际上的全球环境基金（Global Environment Facility，GEF）①、绿色气候基金（Green Climate Fund，GCF）②、全球绿色资助基金（Global Greengrants Fund，GGF）③等。在中国也存在一些比较正规的基金组织，如中华环境保护基金会（China Environmental Protection Foundation，CEPF）④、中国绿化基金会（China Green Foundation）⑤等。基金形式通常可以分为法人型基金和非法人型基金、民间基金和政府基金、营利性和公益性基金。当前的环保类基金基本源自政府组织间合作与协定，几乎都属于公益性基金，资金来源与使用分离，对于环保项目的支持属于无偿援助。而本书中建议设立的生态治理基金则表现出明显不同的特点：首先针对主体性

① 全球环境基金成立于 1991 年 10 月，是一个由 183 个国家和地区组成的国际合作机构，其宗旨是与国际机构、社会团体及私营部门合作，协力解决环境问题。各国可以利用这些资金支持相关项目和规划实施过程中与生物多样性、气候变化、国际水域、土地退化、化学品和废弃物有关的环境保护活动。目前全球环境基金管理着不同的信托基金，它们分别是：全球环境基金信托基金、最不发达国家信托基金（Least Developed Countries Fund，LDCF）、气候变化特别基金（The Special Climate Change Fund，SCCF）和名古屋议定书执行基金（Nagoya Protocol Implementation Fund，NPIF）。详情可见 http://www.globalenvironmentfund.com/。

② 绿色气候基金于 2010 年的《联合国气候变化框架公约》第 16 次缔约方会议（COP16）上决定设立，旨在帮助发展中国家适应气候变化。该基金管理一个拥有多方资金来源的大规模的财政资源，同时兼有资金操作实体和资金媒介的功能，重视"国家驱动"原则，重视通过向受援国直接拨付资金（direct access）的方式帮助发展中国家开展项目。GCF 也建立了较为灵活的风险管理框架，设有"资本安全垫"（capital cushion），最大的特色是为专门处理私营部门资金的运作设立了私营部门机制（Private Sector Facility，PSF）。

③ 全球绿色资助基金总部在美国科罗拉多州，旨在通过对发展中国家基层环境运动进行小额资助，以期帮助保护全球环境。全球绿色资助基金在最未受关注而又面临诸多环境威胁的地区广泛支持以社区为基础的环境活动。

④ 中华环境保护基金会是环境保护部（现为生态环境部）主管、民政部登记注册的中国第一家专门从事环境保护事业的全国性公募基金会。1992 年 6 月在巴西里约热内卢召开的联合国环境与发展大会上，首任国家环境保护局局长曲格平教授获得了联合国环境大奖和十万美元奖金。获奖后，曲格平教授以这笔奖金为基础于 1993 年 4 月正式成立基金会。后开展了全民环境意识调查、设立中华环境奖、格平绿色行动、生态长城行动、小康幸福工程、大学生环保社团小额资助、生态卫生、动物保护、绿色助学行动等一系列公益项目。详情参见 http://www.cepf.org.cn/。

⑤ 中国绿化基金会是根据中共中央、国务院 1984 年 3 月 1 日《关于深入扎实地开展绿化祖国运动的指示》中，"为了满足国内外关心我国绿化事业，愿意提供捐赠的人士的要求，成立'中国绿化基金会'"的决定，由乌兰夫等国家领导人支持，联合社会各界共同发起，经国务院常务会议批准，于 1985 年 9 月 27 日召开第一届理事会宣告成立。属于全国性公募基金会，在民政部登记注册，业务主管单位是原国家林业局。基金用于：全民义务植树，公众生态绿化意识和环境伦理道德及碳汇事业的宣传教育；长江、黄河等大江大河流域水土流失治理；荒漠化、沙化重点区生态治理；濒危野生动植物保护及保护区建设；湿地保护与建设；希望工程、生态扶贫等绿化公益项目；各类纪念林、城市绿化和部门绿化等。详情参见 http://www.cgf.org.cn/。

质。建议设立矿山生态治理基金公司而非成立基金会。基金会具有明确的公益宗旨，是依托名方捐赠为基础形成的公益财产的集合，属于非营利性法人。传统基金公司在广义上可以分为公募基金公司和私募基金公司。矿山生态治理基金公司的性质相对综合，具备基金会的一般性质，其核心矿山生态治理基金是以矿山恢复治理为目的而设立的资金，但其资金来源多样化，并非仅通过捐赠获得。同时属于公募基金，是企业法人在基金公司的管理中允许市场化、金融化运作，允许合理灵活利用闲置资金投资获利，具有半营利性。但基金设立主要目的为矿山治理恢复且其资金来源之一为资源型企业缴纳生态类税费，因此公司的控制权需要由政府掌握，资金来源使用必须接受政府与社会的共同监督以防止管理人员私人牟利行为。

　　然后是组织结构。矿山生态治理基金公司由其主体性质决定其属于公司制基金公司，综合其实际业务与特点设计组织架构见图 10-10。

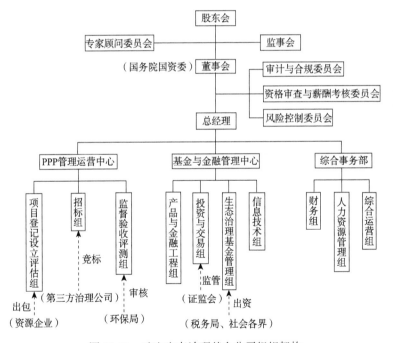

图 10-10　矿山生态治理基金公司组织架构

　　基金公司由国务院国资委作为出资人代表国家所有权，根据以往对国企的运作方式与监管活动来看，国务院国资委应定位于董事会，统筹基金公司负责人选择任命、业绩考核、制定发展战略规划等工作。公司的组织架构应尽量精简扁平化，总经理下设三个部门分别为 PPP 管理运营中心、基金与金融管理中心、综合事务部，各部门再分小组工作，部门工作组之间实际上会有合作交叉的部分，可灵活调配。例如，生态治理基金管理组主要负责管理基金的流入流出口径（对接政府拨款、接受捐赠等，各矿山治理项目对应子基金划分管理等），而财务组负责记录整个基金公司的账务资金周转，因此存在信息交叉管理部分，这就需要信息技术组保证公司内部系统软件的信息整合共享有效；同时资格审查与薪酬考核委员会与人力资源管理组同样存在合作。

2. 引入市场激励机制

在古典经济学中不论是庇古提倡的税收治理还是科斯提出的配额机制，实质上都属于"谁污染，谁治理"的范畴，这一原则在一些国际组织如经济合作与发展组织中得到了大量的运用，能够刺激环保政策的出台，通常伴随着一定程度的强制性和惩罚性。但事实上这样的措施很容易引起不满情绪，并且不具备长期自发的可持续性。原因在于"谁污染，谁治理"的原则虽然对减少使用生态服务[①]的私人成本和社会成本差额见效快，却无法体现未来的收益。

齐尔尼斯基和希尔（Chichilnisky and Heal，2000）认为对于公共物品的搭便车现象根源在于市场缺乏对公共物品提供者的激励，"个人通过追求自身利益对社会利益的提高通常比他本身试图这样做时更为有效"（斯密，1974）。因此引入市场激励机制，将生态保护原则转化为"谁治理，谁受益"显得尤为重要，使治理人因为保护生态行为而获得经济收益从而产生自身动力形成可持续的生态链。市场激励机制体现到综合治理体系中的具体设计如下。

以 PPP 管理模式为核心。企业按时按量缴纳生态治理基金相关税费后意味着将开采矿区环境义务出包给了基金公司，基金公司将开采区治理项目设立为标的，由基金管理公司统一面向社会招标，第三方专业治理企业参与竞标来恢复治理标的地生态，政府、公众等各方参与监督验收。

生态治理基金公司将治理工程对外招标实质上是一种产权创新的尝试，出包竞标则是一个对生态环境建立明晰产权的过程，通过让专业的第三方生态治理公司拿到矿山生态治理的产权，将外部效应引入交易的框架中，使用生态治理基金支付费用从而使第三方治理公司获得收益，并且因为其专业性和丰富的经验，加之设备、技术资源统筹，其治理成本或许会比企业自治成本低，增强了生态保护成本与收益之间的联系，重点解决的其实是资金的使用问题。

但这同时也会面临一个问题，是否企业按时按量缴纳了生态治理基金形成生态成本后，就意味着完全摆脱了治理义务可以"为所欲为"了呢？答案当然是否

---

① 希尔在《生态价值链：在自然与市场中建构》（*Nature and Marketplace ：Capturing the Value of Ecosystem Services*）一书中将生态服务总结为：自然生态系统中支撑生命延续和提升生命质量的服务，包括流域、生态旅游、森林碳汇等。具体参见希尔（2016）。

定的，这涉及一个"下限"或是"总量"的问题。借鉴当今温室气体排放许可证的交易思想，配发许可证进行市场交易的前提是确定排放的控制总量[①]。企业缴纳的生态治理基金相关的税费是根据开采中矿山的实际生态破坏情况为口径征收的，却不能因为负担得起足够的税费而无限污染，需要限定一个生态下限，即生态阈值。

理论上"总量"应当充分考虑生态状态，通过科学测算生态承载力而确定，但实际上在国际中类似的"总量"一般是由政府之间的谈判和对策来决定的。这也正是体现了一切生态环境问题其实都起源于不同利益方的矛盾冲突，并只能由各利益方对策解决，而这个对策的过程可能是和平协商也可能是暴力制服。生态环境本身并没有主张诉求的能力，只有享受生态环境效用的背后利益主体才具备诉求能力，当产权模糊时便占据道德视角呼吁，当产权主体明晰时便依据财产所有主张权利。根据力量大小、谈判能力等，最终形成一个利益各方都接受（或被迫接受）的结果，见图 10-11。

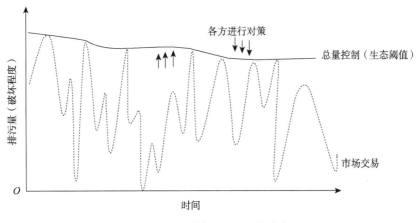

图 10-11 对策下的总量值确定

3. 资金来源与金融化

事实上国际各类环保基金在实际运营以来资金来源始终面临困境，没有得到妥善解决。大部分基金的主要长期来源是以发达国家为主的承诺出资，但即便基金得到确切的承诺金额，在承诺期内依然面临发达国家逃避出资义务的风险，如

---

① 例如，在《京都议定书》中第三条"附件一所列缔约方应个别地或共同地确保其在附件 A 中所列温室气体的人为二氧化碳当量排放总量不超过按照附件 B 中所载其量化的限制和减少排放的承诺和根据本条的规定所计算的其分配数量，以使其在 2008 年至 2012 年承诺期内这些气体的全部排放量从 1990 年水平至少减少 5%"就是对总量的控制。

美国自 2018 年起停止对绿色气候基金的拨款事件①。沈绿野和杨璞（2017）指出发达国家承诺出资存在"价值虚无主义"，在国际谈判中形成的集团又存在"国家环境主义"，出资义务的约束力匮乏且追责机制缺位。因此多样化资金来源是必然趋势。

矿山生态治理基金资金来源渠道拟通过以下三种途径筹集：第一，从资源型企业收取（税务局划拨）。企业根据每年的资源开采量、矿区生态破坏情况缴纳，主要分为各项计入生态成本形成企业税前成本的税费、自愿性投入和对利润进行分配的矿产资源红利补偿。第二，源自政府和社会资金。从政府发起设立的环保种子基金和产业投资基金中提取一部分比例分配给该基金，同时接受社会各方的捐助支持。第三，接受市场资本进入。基金接受金融机构的注资、金融产品吸收的市场资本、为企业出包的待治理矿地进行众筹。

其中，第三点资本市场资金进入主要由金融化来实现。如果说不加节制地大量开采资源和砍伐森林使后人无资源可用是一种"代际不公"，那对于生态环境治理这种"前人栽树后人乘凉"，换言之就是会形成当期成本却只产生未来收益的工程同样也是一种"代际不公"。这时以金融工具带动资本市场参与成为一种有效的解决方法。中国资本市场中 ESG 因素②的影响力正在逐渐增强，连两会政府工作报告都多次提及要大力发展绿色金融，并下发指导意见③。金融的产生使收入与消费能够跨时期流动，因此联合金融机构，发行生态治理基金证券等方式吸收社会资本，不仅能解决筹资问题，重要的是可以将未来收益用以补偿当前成本。要形成长期生态运作机制，关键在于证券运行中的投资与获利关系，依靠政府信用发行的债券由政府补偿债券风险利息，但分红应该产生于生态保护所节约的成本、矿山生态恢复后产生的资源、带动的其他产业发展等生态红利。资本市场绿色化已然成为趋势，而机构投资者必将发挥重要作用，见图 10-12。

---

① 绿色气候基金曾在截至 2016 年 12 月时获得了包括日本、英国、法国在内的 43 个国家宣布的承诺捐赠总额 103 亿美元。美国承诺负担 30 亿美元，占总额的近 3 成，曾被视为该基金的最大支援国，实际执行拨款目前只有前奥巴马政府 2017 财年时的 9.98 亿美元。在特朗普政府 2018 财年的预算咨文中，为了增加国防费等，关于环境对策和社会保障的支出将被削减。向支援发展中国家应对全球变暖的多边机构"绿色气候基金"的拨款将为零，此外，对于 2017 财年美国曾拨款合计 2.3 亿美元的另外两个全球变暖对策相关基金也将停止拨款。http://world.huanqiu.com/exclusive/2017-05/10730260.html。

② ESG 出自联合国责任投资原则组织，该组织由联合国前秘书长科菲·安南先生于 2006 年发起，是一个由全球主要投资者组织的国际框架。责任投资原则是一种先进的投资理念，旨在帮助投资者理解环境（environmental）、社会（social）和公司治理（corporate governance）（三个要素简称 ESG）对投资的重要影响，进而将 ESG 纳入投资决策之中。http://www.chinaamc.com/guanyu/gongyi/index.shtml。

③ 2016 年 8 月央行、财政部、中国证监会等七部门联合印发《关于构建绿色金融体系的指导意见》，指出推动证券市场支持绿色投资，鼓励金融机构以绿色指数为基础开发公募、私募基金等绿色金融产品。

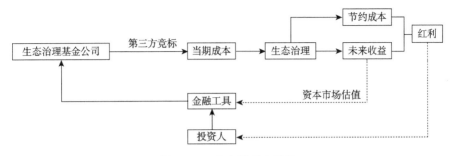

图 10-12　生态治理金融化

4. 基金监管

为使基金公司良好运作基金，避免基金滥用与贪腐现象，需要社会各方的共同监督管理。政府为基金公司主导，负责强有力的管理执行；基金公司自身需要做好信息披露工作，及时有效地对招标竞标情况、基金使用情况进行全面披露，保证运作过程的公正公开；在开发绿色金融产品的同时接受中国证监会等相关机构的审查与监督；生态的治理关乎资源地居民的生存环境，要引导民众积极参与，实现公众监督。

同时，推动生态大数据，搭建智能监督平台。由政府切实推进工业智能化在排污端口监测的应用，确保初期污染端口测量、监视设备的选择与安装符合标准，实现排放端口全覆盖，杜绝企业检测设备不达标，或偷改设备数据造假的情况；引入社会多方参与合作，共同实现互联网云计算与传送技术，搭建统一披露平台，设计企业排污数据披露网页与移动端 APP（application，应用程序），要求各企业生成发布环境日报与预报，将企业环境外部性牢牢固定在"天网"之中；实现智能监测与实时公布，民众可以随时查看关注的任何区域环境状态与具体的企业排污达标情况，实时特定地追踪到任意一个具体的污染输出口，全民参与企业环境监督，政府主要在初期构建全面监测平台时进行投入，大大降低了中后期政府环保部门监督成本，且效果更为显著；媒体对基金使用及矿区治理进行追踪报道，进一步使基金"在阳光下使用"。

此外，完善生态治理基金使用管理制度，制定针对性政策扶持，联合其他社会组织与专家团体取得经验技术支持，提供有益的技术与理论帮助，不定期考察，审计识别项目真实进度与合理开销。当前应拟定系列监测安装标准、数据采集计量标准、披露范式标准、考核标准、防治行动计划等文件及法规，为智能环境监督提供保障。

5. 人力资源保障

实行矿山生态治理基金综合治理需要足够的专业人才来推进，而当前中国矿业人员存在结构性失衡的问题。因此应以矿山环境治理进行稳定有序、层层推进的人员分流计划，吸纳矿业过剩员工，将矿山环境治理发展为成熟产业，吸引各行业人员主动加入矿山环境治理，形成矿山环境治理产业链，将矿山环境治理对人员的被动吸收转化为主动吸引。矿山环境治理实现"队伍—产业—产业链"的发展，人员分流形成"吸纳—吸引—吸附"的转化，从根本上解决矿业人员失衡问题，实现人力资本的再造和生态资本的积累。

首先做好留分统筹。在转岗分流工作中，留下技术人才，加强培训，提高资源型企业人力资源素质，激活其创新能力，发挥其技能优势，为资源型企业转型改革提供人才储备；分出缺乏专业技能的一线工人或基层员工，精简企业组织机构，去除组织冗杂人员，减少人工成本。通过有计划的转岗分流，实现资源型企业再发展。将分流人员用于矿山环境治理，将人力资本转化为生态资本。矿业分流工作中分出的一线矿工、基层初加工人员加入矿山环境治理，由专业人员统一管理规划，直接进行矿山环境治理具体工作。充分利用矿业沉淀的人力资本，弥补生态资本不足，实现中国矿业经济绿色化。

其次是通过人员培训，形成专业化矿山环境治理队伍。通过对分流员工进行专业培训，将矿业基层员工发展为矿山环境治理专业化人才，组成矿山治理人才库，发展中国专业化矿山环境治理队伍，使矿山环境治理既依附于矿业，又相对独立，提升中国环境治理经验；发展矿山环境治理产业，吸引人员加入，通过前期矿山环境治理恢复工作，将矿山环境治理发展为独立产业，与矿业进行明确分工，企业开采、第三方治理；通过扩大产业规模，吸引当地居民、矿业员工、先进人才主动参与矿山环境治理，进一步解决人员过剩问题。

6. 基金的作用与意义

整合资源促进社会分工，催生新行业。资源型企业在开采过程中会不可避免地损坏生态环境，但不是每个资源型企业都对生态治理足够专业，并且配备了足够的设备与技术人员。将开采矿区出包后，由竞标后的专业绿化企业通过提供技术控制、出租设备等进行恢复治理。有效地整合资源，节约成本，促进社会专业化分工，推动产业结构升级、技术更新。积极推进矿山环境治理相关产业发展，向产业链下游延伸，在矿山环境治理过程中发展生态农业、生态林业、生态畜牧业、生态服务业等产业，由此带动生态环境系列产业的发展，通过以矿山环境治理进行人员分流，吸纳矿业过剩员工，还能为社会创造一批就业岗位，实现当地经济发展，激发生态红利。

有效恢复生态，保障安全生态阈值。运用生态基金综合治理体系，能够有针对性地对矿山提供专业有效和持续的治理，使生态环境保持在可持续发展的阈值内，实现各方利益主体和谐发展，恢复绿水青山，改善居民居住环境，进一步提供良好的生活品质。

促进制度完善，深化体制改革。无论是基金设立使用管理、矿区招标竞标、监测设备的安装、大数据的采集还是披露窗口的搭建，都少不了统一完善的政策支持。企业环境切实改善的同时，必然使得环保部门各项环保罚款收费减少，此时必须构建合理的行政系统机构，做好背后的制度支持。保障专款专用，保证行政经费能够及时足额发放，避免执法部门因缺乏收入而不作为，坚决落实智能化环境监测。

全民攻坚，维护社会稳定。在基金管理充分披露的基础上应大力鼓励市民参与监督，随时线上违法举报。实时监督的压力促使基金公司公正公开运作，第三方治理企业真实有效治理，资源型企业遵守法规绿色排放，减少寻租，避免环境投机与腐败的滋生。在"互联网+"大数据背景下，民众参与环境监督的同时提高公众环保意识，促使政府、企业、民众形成生态共同体，实现绿色发展。搭建的平台应实时动态传输每一监测端数据，对不达标企业严格记录严肃处理，打破以往信息不充分不透明的现象。消除民众对于政府包庇污染企业的猜疑，破解民粹主义煽动民众对立情绪、扰乱治安的不良企图，维护社会和谐稳定[①]。

10.2.3　生态治理基金运作透明度

根据生态治理基金公司业务性质，对资金来源和使用分别给出了披露表格，见表 10-10 和表 10-11。资金来源包括企业、政府、社会和基金收益，主要披露基金公司内部资金使用情况以及各个出包项目的付款情况，做到透明公开。

表 10-10　生态治理基金资金来源披露

基金资金来源项目	来源明细项目	上期余额	本期实际收到金额
资源型企业缴纳	生态成本		
	矿产资源红利		
	……[1)]		
政府资金投入	环保种子基金		
	产业投资基金		
	……		
社会资本投入	社会捐赠		
	金融机构		
	……		

① 《社区发展工具包》对利益相关者有效参与矿业开发的过程设计了系列应用方案，但如何具体与中国的矿业开发实践相结合需要深入探索。具体参见：International Council on Mining and Metals. Community Development Toolkit. http://www.icmm.com/website/publications/pdfs/social-and-economic-development/，4080.pdf2012-07-12。

续表

基金资金来源项目	来源明细项目	上期余额	本期实际收到金额
基金金融化运作	债券性质收益		
	股权性质收益		
	其他综合性收益		
	……		
其他			
合计			

1）省略号表示在后续运用中可根据实际需要进行增补，后同

资料来源：在参考世界银行 PPP 推荐信息披露的基础上，经过作者重新归纳补充所得

表 10-11　生态治理基金使用披露

使用主体		使用明细	本年预算	上年金额	本期实际发生金额
基金管理内部	基金管理中心	职工薪酬			
		日常办公费			
		……			
	基金综合事务中心	职工薪酬			
		金融工具研发费			
		……			
	基金运营中心	职工薪酬			
		招标采购费			
		治理效果监测费			
		治理效果评估费			
		……			
	其他				
第三方治理公司	第三方治理 X 公司	XX 项目			
	第三方治理 Y 公司	YY 项目			
	……	……			
其他					

10.3　资源型企业税费与生态成本信息披露

资源型企业税费信息披露有助于政府灵活调控税费政策、管理企业纳税行为。通过披露资源类、环境类等税费信息，为企业资源使用、环境治理等行为提供公众监督渠道，有利于提高资源集约利用效率、改善矿山生态环境恢复治理效果。

10.3.1 资源型企业税费表

2017 年《矿产资源权益金制度改革方案》中强调了信息公示制度和税费信息披露[①]。从宏观方面考虑，完善税费信息披露的建议集中在税费信息披露模式的改进；从微观方面考虑，完善税费信息披露情况的方式有建立税费信息披露表、完善会计报表、公开纳税申报表、发布独立的税费信息披露表等。本书认为，资源型上市公司应单独发布税费信息披露表，将税费信息以更集中的形式进行披露，同时将税费信息披露表作为财务报表体系的一部分，以此完善税费信息披露情况。

1. 资源型企业税费表建立的原则及依据

（1）建立原则。《上市公司信息披露管理办法》规定了信息披露的基本要求："信息披露义务人应当真实、准确、完整、及时地披露信息，不得有虚假记载、误导性陈述或者重大遗漏。"[②]本书研究在建立税费信息披露表时以其中的准确性和完整性为基本原则进行构建。

（2）建立依据。在建立税费信息披露表时，重点关注中国资源型上市公司税费信息披露现有的突出问题，增加税费信息披露明细情况、公司的税收返还、享有税费优惠政策、实际税费负担水平情况、与上期的比较、税收返还信息、实际税费负担水平信息等的披露。

2. 资源型企业税费表内容

在税费基本信息表中，将中国上市公司共有的税费项目以及资源型上市公司特有的税费项目进行综合披露，披露内容包含基本的税基和税率，本年及上年应缴数、实缴数以及税收优惠的金额。表中所列税费项目根据中国资源型企业现有税费综合整理所得，公司实际披露过程中只需按照本公司实际税费情况进行披露即可。此外，为了便于发现和分析重大差异还要求披露本年与上年差异数，在税费基本信息表的附注中还需要说明企业采用的税率的法规依据，以及企业税收优

---

① 《矿产资源权益金制度改革方案》（国发〔2017〕29 号）指出："建立健全矿业权人信用约束机制。建立以企业公示、社会监督、政府抽查、行业自律为主要特点的矿业权人信息公示制度，将矿山环境治理恢复与土地复垦方案、矿产资源税费缴纳情况纳入公示内容，设置违法'黑名单'，形成政府部门协同联动、行业组织自律管理、信用服务机构积极参与、社会舆论广泛监督的治理格局。"

② 中国证券监督管理委员会令第 40 号. 上市公司信息披露管理办法. http://www.gov.cn/gzdt/2008-01/31/content_875503.htm.

事的法条依据。

税费基本信息表设计如表 10-12 所示。

表 10-12 税费基本信息表

编号：×号

编制单位：   20××年×月×日   单位：元

编号	项目	税基	税率	本年金额			上年金额			本年与上年差异
				应缴数	实缴数	税收优惠金额	应缴数	实缴数	税收优惠金额	
1	企业所得税									
2	增值税									
3	关税									
4	城镇土地使用税									
5	契税									
6	土地增值税									
7	车辆购置税									
8	房产税									
9	车船税									
10	印花税									
11	城建税									
12	教育费附加									
13	矿产资源税									
14	矿业权占用费									
15	矿业权出让收益									
16	自然资源税									
17	能源税									
18	环保税									
19	生态补偿税									
20	污染产品税									
……	……									
	税项合计									
	费用合计									
	税费总计									

税费基本信息表附注：企业采用的税率的法规依据，以及企业税收优惠的法条依据

注：若出现同一税种多种税率的情况，在附注中说明

税费现金流量表类似于传统三大报表中的现金流量表，设计该表时依据收付实现制，目的是以现金流的形式来反映公司税项和费用对公司现金流带来的影

响，从现金流的角度反映公司在税费方面周转现金的能力，更好地为公司进行资金管理、纳税筹划等活动提供依据。

在税费现金流量表中，将税费分为税项和费用项目两类，分别计算税项和费用项目产生的现金流量，以现金流入扣除现金流出得到税项及费用的现金流量增加净额，最后计算出期末税目及费用项目的本期现金余额，并且加入上期金额作为比较，通过对比本期较上期变化较大的项目，发现税费异常情况。

税费现金流量表如表 10-13 所示。

表 10-13 税费现金流量表

编号：×号

编制单位：　　　　　　20××年×月×日　　　　　　　　　单位：元

项目	本期金额	上期金额
税项产生的现金流量		
税项产生的现金流入		
收到增值税销项税额		
收到税收返还		
……		
税项产生的现金流出		
支付税款金额		
……		
费用项目产生的现金流量		
费用项目产生的现金流入		
收到预提费用返还		
收到政府补助返还		
……		
税项产生的现金流出		
支付费用项目金额		
……		
税项及费用的现金流量增加净额		
加：期初税收及费用项目现金余额		
期末税收及费用项目现金余额		

税费负担是指公司实际缴纳的税费金额在其所有收入中所占的比例，能反映公司收入用于支付税费的比例，是从微观角度衡量公司税负轻重的重要指标，也是政府管理者等税费信息使用者需要获取的关键信息。目前公司所使用的涉及税费的报表中没有直接反映税费负担和税费贡献率的项目，税费信息使用者需要相关信息进行决策的时候往往需要从财务报表中分散的部分抓取需要的信息，然后

进行相关计算得到需要的值，这项工作会耗费大量的时间和精力。将税费负担和贡献率集中在一个表格中计算，能节约税费信息使用者的信息采集成本，而且能提高上市公司税费信息披露的有效性，达到互利的目的。

设计的税费负担和贡献率表主要用于披露上市公司实际的税费负担以及税费金额在公司息税前利润中所占的比例，各个项目指标的计算方式为

综合税费负担率=实际缴纳税费金额合计/收入金额合计×100%

净资产税费负担率=实际缴纳税费金额合计/净资产×100%

固定资产税费负担率=实际缴纳税费金额合计/固定资产×100%

息税前税费贡献率=应纳税金额合计/（净利润+应纳税款金额合计+利息）×100%

在实际使用该表格进行税费信息披露时，将利用计算机软件进行数据处理，表10-14中数据可由表10-12税费基本信息表中的数据自动计算得到，不会增加公司用于计算数据的成本。

表10-14　税费负担和贡献率表

编号：×号

编制单位：　　　　　　　　　　　20××年×月×日

编号	项目	本期数	上期数
1	综合税费负担率		
2	净资产税费负担率		
3	固定资产税费负担率		
4	息税前税费贡献率		

10.3.2　资源型企业生态成本披露

生态成本信息的披露有利于培养社会大众生态理念；有利于企业资本的良性循环；有利于生态恢复与治理。构建生态成本信息披露制度是构建企业整合信息披露的基础与重心[①]。

1. 编制原则

（1）独立集中。生态成本报告应该作为企业公告中一项独立的公开报告，将年报、可持续发展报告、环境报告、董事会报告中的有关生态信息以特定形式整理汇总，单独进行集中披露，使企业外部生态影响信息更加系统、综合。

---

① 《采掘业透明度行动计划》（Extractive Industries Transparency Initiative，EITI）重点在于披露利益相关者对于资源开发利益的分享，而未突出资源型企业生态治理的有效性。具体参见 Extractive Industries Transparency Initiative. https://eiti.org/explore-data-portal。

（2）信息整合。传统的财务类成本费用表只能反映出单纯的数字信息，无法满足生态价值反映的需求，编制将物理单位与货币单位整合的生态成本表，可以在披露生态成本支出的同时披露出资源型企业矿山开采的生态足迹与开展防治的生态效益。

（3）简要务实。在进行生态成本报告编制时，对于管理层致辞、企业简介、编制说明等可适当简要报告，对文字描述部分力求简洁概要，宁可少不可杂，多使用表格形式量化记录，主要突出报告中生态成本、生态执行数据等关键信息。

2. 生态成本报告主体框架设计

根据编制原则，对生态成本要素进行确认、计量，形成的生态成本报告主体框架如图 10-13 所示。

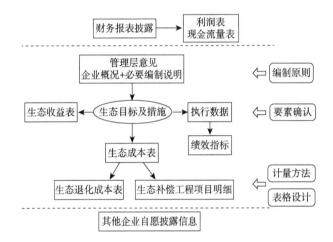

图 10-13　生态成本报告主体框架

3. 生态信息披露表设计

生态收益表。从会计视角出发，本书将生态收益定义为资源型企业由于进行矿山生态问题预防、恢复治理而获得的补助和生态产出收入，如节能收入，以及因开展项目的环保性质而得到的补助收入等。表格编制见表 10-15。

表 10-15　生态收益表

收益项目	期初余额	本期增加	本期减少	期末余额
补助收入				
环保奖励收入				
"三废"处理收入				
节能收入				
……				

生态指标完成情况表。资源型企业每一会计年度应披露本年度生态执行数据，并计算各项生态指标完成情况，表格编制见表10-16。

表 10-16 生态指标完成情况表

生态指标	全年指标	实际完成情况
固体废物综合利用率		
主要污染物排放达标率		
煤矸石及灰渣综合利用率		
原煤生产综合能耗/（千克标准煤／吨）		
污水复用率		
……		

生态成本表。资源型企业应在进行生态补偿的同时确认各项生态成本，归集成本费用，期末汇总编制生态成本信息表，详细列示各项直接支出的生态成本的增减，利用不同的核算方法将实物单位计量部分以价值量反映进行列报。表格编制见表10-17。

表 10-17 生态成本表

单位：元

制表单位：　　　　　　　　　　　　　　　　　　　　　　　　　日期：

项目	物理量/（面积/公顷、质量/吨、体积/吨）				金额			
	期初余额	本期增加	本期减少	期末余额	期初余额	本期增加	本期减少	期末余额
生态补偿征纳支出：								
环保税								
生态补偿税								
污染产品税								
矿产资源税								
自然资源税								
能源税								
矿业权占用费								
矿业权出让收益								
……								
其他								
合计：	—	—	—	—				
自主性补偿：								
复垦成本								
其中：工程复垦费用								

续表

项目	物理量/（面积/公顷、质量/吨、体积/吨）				金额			
	期初余额	本期增加	本期减少	期末余额	期初余额	本期增加	本期减少	期末余额
生物复垦费用								
其他费用								
水资源防治								
其中：废水防排减排								
污水净化								
居民补偿								
其中：搬迁安置工程								
补偿费用								
……								
其他								
合计：	—	—	—	—				
生态成本总额：	—	—	—	—				

生态退化成本表。依据生态退化成本计算思路，可以量化出因矿山开采而造成的生态功能、潜在社会效益的损失。表格编制见表10-18。

表 10-18 生态退化成本表

项目	期初	本期增加	本期减少	期末
矿区占用面积/公顷				
生态退化成本/元				

其中本年度计算标准/元：

单位土壤保持价值	单位固碳价值	单位释氧价值	单位涵养水源价值	……
……				

本年度开展生态补偿工程项目明细表。对开展的各项生态防治工程明细予以列示，披露形式类似在建工程项目。对部分环保节能型项目政府会给予一定的补助，因此表格中应反映项目资金的来源情况，并且记录工程中形成固定资产、费用化的金额，表格编制参考见表10-19。

表 10-19　本年度开展生态补偿工程项目明细表　　　　　单位：元

项目名称	防治对象	预算数	期初余额	本期增加金额	本期转入固定资产金额	本期费用化金额	本期其他减少金额	期末余额	工程累计投入占预算比例	工程进度	资金来源
××矿山污水净化工程											
××能源管理项目											
……											

其他企业自愿披露的相关表格可自行编制反映。

生态收益、生态成本要素归总披露在年报中列示于利润表及现金流量表。中国资源型上市公司可以在利润表中"营业外收入"项目下设立"生态收益"，"营业外支出"项目下设立"生态成本"损益类科目，对企业会计年度用于生态补偿的自主性投入经济支出予以反映，见表 10-20。

表 10-20　　生态成本在利润表中的反映　　　　　单位：元

……	
三、营业利润	
加：投资收益	
营业外收入	
其中：生态收益	
……	
减：营业外支出	
其中：生态成本	
……	
四、利润总额	
……	

本书中将生态补偿支出视为对企业外部生态的一种投资活动，因此在现金流量表中进行列报时可于"投资活动产生的现金流量"下设立"进行生态防治所收到的现金"、"进行生态防治所购建的固定资产、无形资产和其他长期资产所支付的现金"和"其他进行生态防治所支付的现金"，对企业会计年度用于生态补偿的自主性投入经济支出现金流量进行反映，见表 10-21。

表 10-21　　生态成本在现金流量表中的反映　　　　　单位：元

……	
二、投资活动产生的现金流量：	
收回投资所收到的现金	

续表

……	
进行生态防治所收到的现金	
现金流入小计	
购建固定资产、无形资产和其他长期资产所支付的现金	
其中：进行生态防治所购建的固定资产、无形资产和其他长期资产所支付的现金	
……	
其他进行生态防治所支付的现金	
现金流出小计	
投资活动产生的现金流量净额	

优化结构性税负水平，以税制生态化为生态治理夯实基础，平衡资源收益分配不均的问题，通过税负公允优化利益结构，实现税负结构、利益结构、社会结构与生态结构的高度和谐，在资源平等、制度公正、生态正义的基础上推进生态文明建设，使自然的人与人的自然在人性回归自然中升华。

参 考 文 献

奥康纳 J. 2003. 自然的理由：生态学马克思主义研究. 唐正东，臧佩洪译. 南京：南京大学出版社.

奥斯特罗姆 E. 2000. 公共事物的治理之道. 余逊达，陈旭东译. 上海：上海三联书店.

奥拓 J，安德鲁斯 C，卡伍德 F，等. 2013. 矿业特许税费：关于其对投资者、政府和市民社会影响的国际研究. 胡德胜，魏铁军，等译. 北京：北京大学出版社.

白中科. 2010. 美国土地复垦的法制化之路. 资源导刊，（8）：44-45.

坂入长太郎. 1987. 欧美财政思想史. 张淳译. 北京：中国财政经济出版社.

鲍灵光. 1998. 西方税制优化理论综述. 经济学动态，（5）：63-65.

鲍莫尔 W J，奥茨 W E. 2003. 环境经济理论与政策设计. 2 版. 严旭阳译. 北京：经济科学出版社.

毕茜，彭珏，左永彦. 2012. 环境信息披露制度、公司治理和环境信息披露. 会计研究，（7）：39-47.

庇古 A. 2006. 福利经济学. 朱泱，张胜纪，吴良健译. 北京：商务印书馆.

陈安宁. 2000. 自然资源利用贴现率探讨. 资源科学，（3）：13-16.

陈璇，淳伟德. 2015. 上市公司环境绩效与环境信息披露——对企业控制权和激励调节效应研究. 西南民族大学学报（人文社会科学版），（10）：126-130.

程宏伟，冯茜颖，等. 2012. 矿产资源开发利益统筹与西部地区科学发展研究. 北京：中国社会科学出版社.

崔玮，朱志远，苗建军. 2016. 碳减排压力下城市非农用地生态成本的估算及其影响因素研究. 经济问题，（8）：120-125.

达利 H E，柯布 J B. 2015. 21 世纪生态经济学. 王俊，韩冬筠译. 北京：中央编译出版社.

戴晓晖，李敏强，寇纪淞. 2000. 遗传算法理论研究综述. 控制与决策，15（3）：263-268，273.

邓子基. 1994. 现代西方财政学. 北京：中国财政经济出版社.

丁俊，汪炜，吴君民. 2016. 财务报告质量与会计盈余质量、会计信息质量、信息披露质量. 商业研究，（4）：147-155.

段治平，周传爱，史向东，2005. 中外矿业税收制度比较与借鉴. 煤炭经济研究，（11）：13-15.

范树印，卢利华，蒋一军. 2008-08-06. 澳大利亚土地复垦. 中国国土资源报.

冯波，李强. 2015. 公司治理、股权性质与环境信息披露质量. 财会通讯，（15）：31-34.

冯巧根. 2011. 从 KD 纸业公司看企业环境成本管理. 会计研究，（10）：88-95.

高凤勤. 2014. 促进我国居民收入公平分配的税收政策研究. 济南：山东人民出版社.

高萍. 2005. 丹麦"绿色税收"探析. 税务研究，（4）：91-94.

高小萍. 2007. 价、税、费、租联动：矿产资源分配体制改革的思考. 财政与发展，（5）：11-17.

高新才，斯丽娟. 2011. 甘肃矿产资源开发生态补偿研究. 城市发展研究，18（5）：中彩页6-8，12.

高新伟，赵文娟. 2014. 基于资源耗减补偿的中国油气资源税率优化研究. 中国人口·资源与环境，24（1）：102-108.

葛家澍，李若山. 1992. 九十年代西方会计理论的一个新思潮——绿色会计理论. 会计研究，（5）：1-6.

耿建新，张宏亮. 2006. 资源开采企业的自然资源耗减估价理论框架. 经济管理，（15）：40-42.

顾晓薇，胥孝川，王青，等. 2013. 矿山开采的生态成本. 东北大学学报（自然科学版），（4）：594-597.

郭齐勇. 2006-03-13. 儒家的公平正义论. 光明日报.

国家税务总局税收科学研究所. 1997. 西方税收理论. 北京：中国财政经济出版社.

郝如玉，曹静韬，张冬梅，等. 2002. 税收理论研究. 北京：经济科学出版社.

华晓龙. 2016. 非再生能源资源定价机制研究. 北京：经济科学出版社.

黄比智，霍军. 2004. 西部资源跨区域开发与政府间税收管辖权协调问题研究. 税务与经济，（2）：73-76.

黄玉林，尹崇东，安然，等. 2014. OECD 国家环境税改革比较分析. 税务研究，（10）：84-88.

霍布斯. 1986. 利维坦. 黎思复，黎延弼译. 北京：商务印书馆.

贾建宇. 2014. 谨慎推进煤炭资源税改革. 湖南税务高等专科学校学报，（1）：24-29.

金丹，卞正富. 2009. 国内外土地复垦政策法规比较与借鉴. 中国土地科学，（10）：66-73.

金菊良，杨晓华，丁晶. 2000. 基于实数编码的加速遗传算法. 四川大学学报（工程科学版），32（4）：20-24.

经济合作与发展组织. 1996. 税收与环境：互补性政策. 张山岭，刘亚明译. 北京：中国环境科学出版社.

经济合作与发展组织. 2011. 税收、创新与环境. 孙迎春译. 北京：国家行政学院出版社，中央编译出版社.

卡特 F，戴尔 T. 1987. 表土与人类文明. 庄崚，鱼姗玲译. 北京：中国环境科学出版社.

孔慧阁，唐伟. 2016. 利益相关者视角下环境信息披露质量的影响因素. 管理评论，（9）：182-193.

兰德尔 A. 1989. 资源经济学. 施以正译. 北京：商务印书馆.

李波. 2013. 煤炭资源税改革目标实现的困境与对策. 中国人口·资源与环境，23（1）：69-74.

李传轩. 2011. 中国环境税法律制度之构建研究. 北京：法律出版社.

李国平，张海莹. 2010. 我国采矿行业税收负担水平研究. 税务研究，（7）：48-51.

李娟伟，任保平. 2011. 协调中国环境污染与经济增长冲突的路径研究——基于环境退化成本的分析. 中国人口·资源与环境，21（5）：132-139.

李凯，刘昊. 2011. 关于企业税收负担影响因素的研究——基于我国上市公司有效税率的测度. 税收经济研究，（3）：89-94.

李连华，丁庭选. 2000. 环境成本的确认和计量. 经济经纬，（5）：78-80.

李炜光，臧建文. 2017. 中国企业税负高低之谜：寻找合理的企业税负衡量标准. 南方经济，（2）：1-23.

李香菊，祝玉坤. 2014. 中国采矿企业税收负担与经营绩效的实证研究. 中国人口·资源与环境，24（2）：149-153.

李晓红，魏微. 2015. 房地产行业税收负担研究——基于沪、深房地产上市公司的经验数据. 税务与经济，（3）：92-97.

李贻玲. 2008. 环境成本在煤炭企业的应用. 经济管理，（11）：78-80.

李英伟. 2013. 对我国煤炭资源税费体制改革的新构想. 税务与经济，（2）：96-101.

李志学，张倩. 2012. 矿产资源耗减的使用者成本法计量模型及其应用. 干旱区资源与环境，26（1）：48-54.

丽丝 J. 2002. 自然资源：分配、经济学与政策. 蔡运龙，等译. 北京：商务印书馆.

林伯强，何晓萍. 2008. 中国油气资源耗减成本及政策选择的宏观经济影响. 经济研究，（5）：94-104.

林伯强，刘希颖，邹楚沅，等. 2012. 资源税改革：以煤炭为例的资源经济学分析. 中国社会科学，（2）：58-78.

刘建徽，周志波，刘晔. 2015. "双重红利"视阈下中国环境税体系构建研究——基于国际比较分析. 宏观经济研究，（2）：68-77.

刘剑文，丁一. 2003. 避税之法理新探（上）. 涉外税务，（8）：8-12.

刘骏，刘峰. 2014. 财政集权、政府控制与企业税负——来自中国的证据. 会计研究，（1）：21-27.

刘立住. 2013. 基于可持续发展视角的资源税定位研究. 资源科学，（1）：74-79.

刘宁. 2016. 推进煤炭资源税从价计征改革的思考. 新疆广播电视大学学报，（2）：69-71.

刘羽羿. 2003. 我国矿业税费现状及其改善措施. 矿业研究与开发，23（5）：57-60.

刘云. 2015. 简论江西省矿山环境治理和生态恢复保证金制度及展望. 江西理工大学学报，36（2）：29-33.

罗尔斯 J. 1988. 正义论. 何怀宏，何包钢，廖申白译. 北京：中国社会科学出版社.

罗明，土平. 2013. 公众全程参与 科技动态监测——澳大利亚土地复垦的经验与启示. 资源导刊，（5）：44-45.

罗森 H，盖亚 T. 2009. 财政学. 8 版. 郭庆旺，赵志耘译. 北京：中国人民大学出版社.

吕峻. 2012. 公司环境披露与环境绩效关系的实证研究. 管理学报，9（12）：1856-1863.

马歇尔 A. 2010. 经济学原理. 朱志泰译. 北京：商务印书馆.

马衍伟. 2009. 中国资源税制：改革的理论与政策研究. 北京：人民出版社.

麦克唐纳 W，布朗嘉特 M. 2005. 从摇篮到摇篮：循环经济设计之探索. 中国 21 世纪议程管理中心，中美可持续发展中心译. 上海：同济大学出版社.

毛新述，叶康涛，张頔. 2012. 上市公司权益资本成本的测度与评价——基于我国证券市场的经验检验. 会计研究，（11）：12-22.

美国科罗拉多矿业学院，全球资源政策和管理研究院. 2006. 全球矿业税收比较研究. 国土资源部信息中心译. 北京：地质出版社.

穆勒 J. 1991. 政治经济学原理（下卷）. 赵荣潜，等译. 北京：商务印书馆.

配第 W. 1963. 赋税论 献给英明人士 货币略论. 陈冬野，等译. 北京：商务印书馆.

皮凯蒂 T. 2014. 21 世纪资本论. 巴曙松，等译. 北京：中信出版社.

塞里格曼 E. 1931. 所得税论. 杜俊东译. 北京：商务印书馆.

沈洪涛，程辉，袁子琪. 2010. 企业环境信息披露：年报还是独立报告？上海立信会计学院学报，（6）：5-12.

沈洪涛，冯杰. 2012. 舆论监督、政府监管与企业环境信息披露. 会计研究，（2）：72-78.

沈洪涛，苏亮德. 2012. 企业信息披露中的模仿行为研究——基于制度理论的分析. 南开管理评论，15（3）：82-90，100.

沈绿野，杨璞. 2017. 浅析绿色气候基金长期资金的来源模式. 经济研究导刊，（6）：61-63，87.

石敏俊，袁永娜，周晟吕，等. 2013. 碳减排政策：碳税、碳交易还是两者兼之？管理科学学报，16（9）：9-19.

思德纳 T. 2005. 环境与自然资源管理的政策工具. 张蔚文，黄祖辉译. 上海：上海人民出版社.

斯科尔斯 M，沃尔夫森 M，埃里克森 M，等. 2004. 税收与企业战略：筹划方法. 2 版. 张雁翎译. 北京：中国财政经济出版社.

斯密 A. 1974. 国富论. 郭大力，王亚南译. 北京：商务印书馆.

孙钢. 2007. 我国资源税费制度存在的问题及改革思路. 税务研究，（11）：41-44.

孙文学，刘佐. 2006. 中国赋税思想史. 北京：中国财政经济出版社.

泰坦伯格 T. 2003. 环境与自然资源经济学. 5 版. 严旭阳，等译. 北京：经济科学出版社.

谭建新，金明玉. 2008. 污染治理与环境退化成本的地区差距及政策选择——基于我国第一份绿色 GDP 核算报告的数据分析. 经济问题探索，（9）：27-30.

特维 A. 2006. 中国的能源与环境——经济发展的两大制约因素. 世界环境，（4）：71-77.

田高良. 2016. 媒体关注与税收激进——基于公司治理视角的考察. 管理科学，29（2）：104-121.

田利辉，张伟. 2013. 政治关联影响我国上市公司长期绩效的三大效应. 经济研究，（11）：71-86.

王斌，王乐锦. 2016. 纵向一体化、行业异质性与企业盈利能力——基于中加澳林工上市公司的比较分析. 会计研究，（4）：70-76，96.

王德宝，仇林明英. 1995. 真实和公允. 会计研究，（1）：41-43.

王建明. 2008. 环境信息披露、行业差异和外部制度压力相关性研究——来自我国沪市上市公司环境信息披露的经验证据. 会计研究，（6）：54-62，95.

王金南，曹东，於方，等. 2009. 中国环境经济核算研究报告 2004. 北京：中国环境科学出版社.

王金霞，郑凯文，李思奇. 2012. 欧盟税收制度生态化改革对我国环境税制建设的启示. 当代经济研究，（4）：39-44.

王立彦. 2015. 环境成本与 GDP 有效性. 会计研究，（3）：3-11，94.

王延明. 2003. 上市公司所得税负担研究——来自规模、地区和行业的经验证据. 管理世界，（1）：115-122.

王燕东，曾凌云. 2014. 矿产资源补偿费与资源税征收及制度演变耦合分析. 中国矿业，23（增刊）：15-19.

王育宝，吕嘉郁. 2013. 中国油气企业税费负担的国际比较. 经济问题探索，（7）：45-51.

温茨 P S. 2007. 环境正义论. 朱丹琼，宋玉波译. 上海：上海人民出版社.

文正益. 2011. 厘清税费制度关系 推进资源税费改革——关于资源税与矿产资源补偿制度关系的思考. 中国国土资源经济，（7）：9-11.

吴秋余. 2016. 资源税改革三个月减负逾 20 亿元. http://www.zgkyb.com/yw/20161104_35759.htm，2016-11-04.

吴祖光，万迪昉. 2012. 企业税收负担计量和影响因素研究述评. 经济评论，（6）：149-156.

伍世安. 2011. 深化能源资源价格改革：从市场、政府分轨到"市场+政府"合轨. 财贸经济，（5）：123-128.

武恒光，王守海. 2016. 债券市场参与者关注公司环境信息吗？——来自中国重污染上市公司的经验证据. 会计研究，（9）：68-74.

希尔 G. 2016. 生态价值链：在自然与市场中建构. 胡颖廉译. 北京：中信出版社.

肖序，毛洪涛. 2000. 对企业环境成本应用的一些探讨. 会计研究，（6）：55-59.

谢德仁，林乐. 2015. 管理层语调能预示公司未来业绩吗？——基于我国上市公司年度业绩说明会的文本分析. 会计研究，（2）：20-27，93.

谢福林 S M. 2016. 税收公平与民间正义. 杨海燕译. 上海：上海财经大学出版社.

谢美娥，谷树忠. 2017. 我国资源税改革评价与新时期设计思路. 中国国土资源经济，（3）：14-17，42.

徐大伟，杨娜，张雯. 2013. 矿山环境恢复治理保证金制度中公众参与的博弈分析：基于合谋与防范的视角. 运筹与管理，22（4）：20-25.

徐晓亮，程倩，车莹，等. 2017. 资源政策调整对减排和环境福利影响——以煤炭资源税改为例. 管理科学学报, 20（2）: 18-31.

徐瑜青, 王燕祥, 李超. 2002. 环境成本计算方法研究——以火力发电厂为例. 会计研究, （3）: 49-53.

许港, 韩先锋, 宋文飞. 2014. 信息化水平、盈利能力与"第四利润源"——来自中国工业行业层面的经验证据. 软科学, 28（5）: 11-14, 19.

许妮, 许军. 2010. 陕西煤炭矿山环境治理恢复保证金制度研究. 西北农林科技大学学报（社会科学版）, 10（4）: 83-87.

许善达. 1997. 关于深化税制改革的几个问题. 税务研究, （11）: 6-8.

杨海燕. 2017. 我国上市公司实际税负水平比较研究. 商业会计, （2）: 25-28.

姚圣, 梁昊天. 2016. 政治关联、利益相关者监督与企业环境信息披露. 中国矿业大学学报（社会科学版）, （2）: 57-66.

伊特韦尔 J, 米尔盖特 M, 纽曼 P. 1996. 新帕尔格雷夫经济学大辞典.《新帕尔格雷夫经济学大辞典》翻译编辑委员会译. 北京: 经济科学出版社.

余明桂, 回雅甫, 潘红波. 2010. 政治联系、寻租与地方政府财政补贴有效性. 经济研究, （3）: 65-77.

俞敏. 2016. 环境税改革: 经济学机理、欧盟的实践及启示. 北方法学, （1）: 73-83.

袁卫秋. 2015. 营运资本管理效率对企业盈利水平和盈利质量的影响研究. 河北经贸大学学报, 36（2）: 62-66.

曾先峰, 李国平. 2013. 中、美两国煤炭资源的税费水平及负担率. 中国人口·资源与环境, 23（3）: 25-32.

查浩, 曹茂莲, 韩朝, 等. 2012. OECD 主要成员国绿色税收实施经验. 环境保护, （13）: 78-79.

翟晓彬, 李志学. 2013. 采煤企业资源耗减成本测算与分析. 财会通讯, （6）: 109-111.

张呈祥, 孙金华, 王维, 等. 2017. 不同管理模式下城镇道路绿地的生态系统服务价值和生态成本研究——以浙江省永嘉县为例. 资源科学, 39（3）: 522-532.

张德勇. 2017. 资源税改革中的租、税、费关系. 税务研究, （4）: 58-62.

张复明. 2009. 矿产开发负效应与资源生态环境补偿机制研究. 中国工业经济, （12）: 5-15.

张海莹. 2012. 负外部成本内部化约束下的煤炭开采税费水平研究. 中国人口·资源与环境, 22（2）: 147-151.

张红, 高帅, 张洋. 2016. 基于主成分分析和支持向量机的企业盈利能力预测. 统计与决策, （23）: 174-177.

张宏亮. 2009. 企业资源会计研究——微观与宏观衔接视角下的理论与实证. 北京: 经济科学出版社.

张举钢, 周吉光. 2011. 矿山企业综合税费负担的实证研究——基于河北省典型矿山企业的调研数据. 中国矿业大学学报（社会科学版）, （1）: 67-72.

张伦俊, 李淑萍. 2012. 规模以上工业企业的行业税负研究. 统计研究, 29（2）: 66-72.

张鹏. 2016. 国内外铁矿石井米企业税负比较研究. 中国矿业, 25 (10): 53-55.

张涛, 王永生. 2009. 加拿大矿山土地复垦管理制度及其对我国的启示. 西部资源, (1): 47-50.

张馨, 杨志勇, 郝联峰, 等. 2000. 当代财政与财政学主流. 大连: 东北财经大学出版社.

张秀敏, 汪瑾, 薛宇, 等. 2016. 语义分析方法在企业环境信息披露研究中的应用. 会计研究, (1): 87-94, 96.

张雅杰, 马明, 许刚. 2016. 长江中游城市群经济与生态成本空间演化模式分析. 长江流域资源与环境, 25 (11): 1679-1686.

张炎治, 魏晓平, 冯颖. 2016. 煤炭资源耗减价值及其"利益共享, 风险共担"补偿机制研究. 中国人口·资源与环境, 26 (1): 77-82.

张云. 2007. 非再生资源开发中价值补偿的研究. 北京: 中国发展出版社.

赵灵芝. 2012. 基于拓展 Jones 模型的国内上市企业盈余能力分析. 统计与决策, (22): 165-168.

中国 21 世纪议程管理中心. 2012. 生态补偿的国际比较: 模式与机制. 北京: 社会科学文献出版社.

中国煤炭工业协会, 中国煤炭经济研究会. 2003. 关于煤炭企业税收负担的调研报告. 煤炭经济研究, (4): 17-21.

中国有色金属工业协会课题组. 2004. 减轻税负 促进发展. 有色金属工业, (2): 9-12, 16.

中华人民共和国国土资源部. 2015. 2015 中国矿产资源报告. 北京: 地质出版社.

周红. 2009. 大型工程全寿命期生态成本研究综述. 科技进步与对策, 26 (21): 43-46.

周黎安. 2007. 中国地方官员的晋升锦标赛模式研究. 经济研究, (7): 36-50.

周志芳, 欧静. 2016. 生态会计: 发展动态综述与框架体系设计. 财会通讯, (4): 16-22.

朱海玲, 石超. 2009. 涉及环境降级成本调整的绿色 GDP 研究综述. 统计与决策, (8): 151-154.

朱权, 张修志. 2013. 论我国稀土矿区生态补偿机制的建设与完善. 有色金属科学与工程, 4 (3): 91-95.

Aerts W, Cormier D, Magnan M. 2008. Corporate environmental disclosure, financial markets and the media: an international perspective. Ecological Economics, 64 (3): 643-659.

Ahmad Y J, El Serafy S, Lutz E. 1989. Environmental Accounting and Sustainable Income. Washington: The World Bank.

Alexeev M, Conrad R. 2009. The elusive curse of oil. The Review of Economics and Statistics, 91 (3): 586-598.

Anderson J E. 2013. US tax acts and their effects on average tax rates. Applied Economics Letters, 20 (2): 131-134.

Ansoff H I. 1965. Corporate Strategy: An Analytic Approach to Business Policy for Growth and Expansion. New York: McGraw-Hill.

Atkinson A B, Stiglitz J E. 1976. The design of tax structure: direct versus indirect taxation. Journal of Public Economics, 6 (1~2): 55-75.

Atwood T J, Drake M S, Myers J N, et al. 2012. Home country tax system characteristics and corporate tax avoidance: international evidence. The Accounting Review, 87（6）: 1831-1860.

Auty R M. 1993. Sustaining Development in Mineral Economics: The Resource Curse Thesis. London: Routledge.

Bansal P, Roth K. 2000. Why companies go green: a model of ecological responsiveness. The Academy of Management Journal, 43（4）: 717-736.

Barrett S. 1994. Strategic environmental policy and international trade. Journal of Public Economics, 54（3）: 325-338.

Bebbington J. 2001. Sustainable development: a review of the international development, business and accounting literature. Accounting Forum, 25（2）: 128-157.

Birol E, Koundouri P, Kountouris Y. 2010. Assessing the economic viability of alternative water resources in water-scarce regions: combining economic valuation, cost-benefit analysis and discounting. Ecological Economics, 69（4）: 839-847.

Bithas K. 2011. Sustainability and externalities: is the internalization of externalities a sufficient condition for sustainability? Ecological Economics, 70（10）: 1703-1706.

Blackwell B D, Dollery B. 2013. Resource taxation and remote aboriginal expenditure. Economic Papers, 32（3）: 360-382.

Boadway R. 2012. From Optimal Tax Theory to Tax Policy: Retrospective and Prospective Views. Cambridge: The MIT Press.

Brammer S, Pavelin S. 2006. Voluntary environmental disclosures by large UK companies. Journal of Business Finance & Accounting, 33（7~8）: 1168-1188.

Brammer S, Pavelin S. 2008. Factors influencing the quality of corporate environmental disclosure. Business Strategy and the Environment, 17（2）: 120-136.

Branco M C, Eugénio T, Ribeiro J. 2008. Environmental disclosure in response to public perception of environmental threats: the case of co-incineration in Portugal. Journal of Communication Management, 12（2）: 136-151.

Buhr N, Freedman M. 2001. Culture, institutional factors and differences in environmental disclosure between Canada and the United States. Critical Perspectives on Accounting, 12（3）: 293-322.

Burnett R D, Hansen D R. 2008. Ecoefficiency: defining a role for environmental cost management. Accounting, Organizations and Society, 33（6）: 551-581.

Burritt R L. 2004. Environmental management accounting: roadblocks on the way to the green and pleasant land. Business Strategy and the Environment, 13（1）: 13-32.

Buzby S L, Falk H. 1979. Demand for social responsibility information by university investors. The Accounting Review, 54（1）: 23-37.

Cai H, Qiao L. 2009. Competition and corporate tax avoidance: evidence from Chinese industrial firms. The Economic Journal, 119（537）: 764-795.

Carney T F. 1972. Content Analysis: A Technique for Systematic Inference from Communications. Winnipeg: University of Manitoba Press.

Chichilnisky G, Heal G. 2000. Environmental Markets: Equity and Efficiency. New York: Columbia University Press.

Cho C H, Roberts R W, Patten D M. 2010. The language of US corporate environmental disclosure. Accounting, Organizations and Society, 35 (4): 431-443.

Ciroth A. 2009. Cost data quality considerations for eco-efficiency measures. Ecological Economics, 68 (6): 1583-1590.

Clarkson P M, Fang X H, Li Y, et al. 2013. The relevance of environmental disclosures: are such disclosures incrementally informative? Journal of Accounting and Public Policy, 32 (5): 410-431.

Clarkson P M, Li Y, Richardson G D, et al. 2008. Revisiting the relation between environmental performance and environmental disclosure: an empirical analysis. Accounting, Organizations and Society, 33 (4~5): 303-327.

Coase R H. 1960. The problem of social cost. Journal of Law and Economics, (3): 1-44.

Cuperus R, Canters K J, Piepers A A G. 1996. Ecological compensation of the impacts of a road. Preliminary method for the A50 road link (Eindhoven-Oss, The Netherlands). Ecological Engineering, 7 (4): 327-349.

Dahmén E. 1971. Environmental Control and Economic Systems. London: Palgrave Macmillan.

de Bruijn T J N M, Hofman P S. 2000. Pollution prevention and industrial transformation evoking structural changes within companies. Journal of Cleaner Production, 8 (3): 215-223.

Dechow P, Ge W, Schrand C. 2010. Understanding earnings quality: a review of the proxies, their determinants and their consequences. Journal of Accounting and Economics, (50): 344-401.

Dechow P M, Dichev I D. 2002. The quality of accruals and earnings: the role of accrual estimation errors. The Accounting Review, (77): 35-39.

Deegan C, Gordon B. 1996. A study of the environmental disclosure practices of Australian corporations. Accounting and Business Research, 26 (3): 187-199.

Diamond P A, Mirrlees J A. 1971. Optimal taxation and public production I: production efficiency. The American Economic Review, 61 (1): 8-27.

Downing P B, White L J. 1986. Innovation in pollution control. Journal of Environmental Economics and Management, 13 (1): 18-29.

Druckman A, Bradley P, Papathanasopoulou E, et al. 2008. Measuring progress towards carbon reduction in the UK. Ecological Economics, 66 (4): 594-604.

Druckman J N, Fein J, Leeper T J. 2012. A source of bias in public opinion stability. American Political Science Review, 106 (2): 430-454.

Dyreng S D, Hanlon M, Maydew E L. 2008. Long-run corporate tax avoidance. The Accounting

Review, 83（1）：61-82.

Ergas H, Harrison M, Pincus J. 2010. Some economics of mining taxation. Economic Papers, 29（4）：369-389.

Feldstein M S. 1976. On the theory of tax reform. Journal of Public Economics, 6（1）：77-104.

Feng T, Cai D, Wang D, et al. 2016. Environmental management systems and financial performance：the joint effect of switching cost and competitive intensity. Journal of Cleaner Production,（113）：781-791.

Freebairn J. 2015. Reconsidering royalty and resource rent taxes for Australian mining. Australian Journal of Agricultural and Resource Economics, 59（4）：586-601.

Freebairn J, Quiggin J. 2010. Special taxation of the mining industry. Economic Papers, 29（4）：384-396.

Freeman R E. 1984. Strategic Management：A Stakeholder Approach. Boston：Pitman.

Garnaut R, Ross A C. 1975. Uncertainty, risk aversion and the taxing of natural resource project. Economics Journal, 85（338）：272-287.

Gastineau P, Taugourdeau E. 2014. Compensating for environmental damages. Ecological Economics,（97）：150-161.

Glazyrina I, Glazyrin V, Vinnichenko S. 2006. The polluter pays principle and potential conflicts in society. Ecological Economics, 59（3）：324-330.

González-Benito J, González-Benito Ó. 2005. Environmental proactivity and business performance：an empirical analysis. Omega, 33（1）：1-15.

Gray R. 2010. Is accounting for sustainability actually accounting for sustainability…and how would we know? An exploration of narratives of organisations and the planet. Accounting, Organizations and Society, 35（1）：47-62.

Gray R, Bebbington J. 2000. Environmental accounting, managerialism and sustainability：is the planet safe in the hands of business and accounting? Advances in Environmental Accounting and Management,（1）：1-44.

Hanlon M, Heitzman S. 2010. A review of tax research. Journal of Accounting and Economics, 50（2~3）：127-178.

Hart S L. 1995. A natural resource-based view of the firm. The Academy of Management Review, 20（4）：986-1014.

Henri J F, Boiral O, Roy M J. 2014. The tracking of environmental costs：motivations and impacts. European Accounting Review, 23（4）：647-669.

Henri J F, Boiral O, Roy M J. 2016. Strategic cost management and performance：the case of environmental costs. The British Accounting Review, 48（2）：269-282.

Henri J F, Journeault M. 2010. Eco-control：the influence of management control systems on environmental and economic performance. Accounting, Organizations and Society, 35 (1): 63-80.

Hogan L. 2012. Non-renewable resource taxation: policy reform in Australia. The Australian Journal of Agricultural and Resource Economics, (56): 244-259.

Holland K. 1998. Accounting policy choice: the relationship between corporate tax burdens and company size. Journal of Business Finance & Accounting, 25 (3~4): 265-288.

Hooks J, van Staden C J. 2011. Evaluating environmental disclosures: the relationship between quality and extent measures. The British Accounting Review, 43 (3): 200-213.

Hotelling H. 1931. The economics of exhaustible resources. The Journal of Political Economy, 39 (2): 137-175.

Ingram R W, Frazier K B. 1980. Environmental performance and corporate disclosure. Journal of Accounting Research, 18 (2): 614-622.

Janssen B. 2005. Corporate effective tax rates in the Netherlands. De Economist, 153 (1): 47-66.

Jones J. 1991. Earnings management during import relief investigations. Journal of Accounting Research, 29 (2): 193-228.

Joseph C, Taplin R. 2011. The measurement of sustainability disclosure: abundance versus occurrence. Accounting Forum, 35 (1): 19-31.

Joshi P L, Gao S S. 2009. Multinational corporations' corporate social and environmental disclosures (CSED) on web sites. International Journal of Commerce and Management, 19 (1): 27-44.

Kohn M, Saccardo J. 2015. Is tax avoidance worth the cost? Governance Directions, 67 (3): 149-152.

Kraal D. 2013. A grounded theory approach to the minerals resource rent tax. Australian Tax Forum, 28 (4): 819-852.

Kuznets S. 1955. Economic growth and income inequality. The American Economic Review, 45 (1): 1-30.

Lafreniere K C, Deshpande S, Bjornlund H, et al. 2013. Extending stakeholder theory to promote resource management initiatives to key stakeholders: a case study of water transfers in Alberta, Canada. Journal of Environmental Management, (129): 81-91.

Lang M, Lundholm R. 1993. Cross-sectional determinants of analyst ratings of corporate disclosures. Journal of Accounting Research, 31 (2): 246-271.

Langpap C. 2007. Pollution abatement with limited enforcement power and citizen suits. Journal of Regulatory Economics, 31 (1): 57-81.

Li E, Tran A. 2016. An empirical analysis of the tax burden of mining firms versus non-mining firms in Australia. Australian Tax Forum, 31 (1): 167-203.

Luppi B, Parisi F, Rajagopalan S. 2012. The rise and fall of the polluter-pays principle in developing countries. International Review of Law and Economics, 32 (1): 135-144.

Marrewijk M V. 2003. Concepts and definitions of CSR and corporate sustainability: between agency and communion. Journal of Business Ethics, 44 (2~3): 95-105.

Mcwilliam A, Siegel D. 2000. Corporate social responsibility and financial performance: correlation or mis-specification? Strategic Management Journal, 21 (5): 603-609.

Merkl-Davies D M, Brennan N M. 2007. Discretionary disclosure strategies in corporate narratives: incremental information or impression management? Journal of Accounting Literature, (26): 116-196.

Milliman S R, Prince R. 1992. Firm incentives to promote technological change in pollution control: reply. Journal of Environmental Economics and Management, (22): 292-296.

Milne M, Gray R. 2013. W (h) ither ecology? The triple bottom line, the global reporting initiative, and corporate sustainability reporting. Journal of Business Ethics, 118 (1): 13-29.

Mitchell R K, Agle B R, Wood D J. 1997. Toward a theory of stakeholder identification and salience: defining the principle of who and what really counts. The Academy of Management Review, 22 (4): 853-886.

Modigliani F, Miller M H. 1958. The cost of capital, corporate finance and the theory of investment. The American Economic Review, 48 (3): 261-297.

Moledina A A, Coggins J S, Polasky S, et al. 2003. Dynamic environmental policy with strategic firms: prices versus quantities. Journal of Environmental Economics and Management, 45 (2): 356-376.

Morgan Research. 2010. Australians worried about superannuation and lost jobs if rudd government's mining "super profits" tax introduced. http://www.roymorgan.com/findings/finding-4502-201302250400.

Murphy L, Nagel T. 2002. The Myth of Ownership: Taxes and Justice. New York: Oxford University Press.

Noordwijk M, Chandler F, Tomich T. 2005. An introduction to the conceptual basis of RUPES. ICRAF Working Paper.

Osgood C E. 1961. Psycholinguistic relativity and universality. Acta Psychologica, 19 (1): 673-678.

Papandreou A. 2003. Externality, convexity and institutions. Economics and Philosophy, 19 (2): 281-309.

Papyrakis E, Gerlagh R. 2004. The resource curse hypothesis and its transmission channels. Journal of Comparative Economics, 32 (1): 181-193.

Passant J. 2014. The minerals resource rent tax: the Australian labor party and the continuity of change. Accounting Research Journal, 27 (1): 19-36.

Patten D M. 1992. Intra-industry environmental disclosures in response to the Alaskan oil spill: a note on legitimacy theory. Accounting, Organizations and Society, 17 (5): 471-475.

Patten D M. 2002. The relation between environmental performance and environmental disclosure: a research note. Accounting, Organizations and Society, 27（8）: 763-773.

Pearce D. 1991. The role of carbon taxes in adjusting to global warning. Economic Journal, 101（407）: 938-948.

Plumlee M, Brown D, Hayes R M, et al. 2015. Voluntary environmental disclosure quality and firm value: further evidence. Journal of Accounting and Public Policy, 34（4）: 336-361.

Qian Y, Roland G. 1998. Federalism and the soft budget constraint. The American Economic Review, 88（5）: 1143-1162.

Rawls J. 2001. Justice as Fairness: A Restatement. Cambridge: Haward University Press.

Rawls J. 2005. Justice as Fairness: A Restatement. Cambridge: Belknap Press.

Reverte C. 2009. Determinants of corporate social responsibility disclosure ratings by Spanish listed firms. Journal of Business Ethics, 88（2）: 351-366.

Roca L C, Searcy C. 2012. An analysis of indicators disclosed in corporate sustainability reports. Journal of Cleaner Production, 20（1）: 103-118.

Rosa F, Ensslin S, Ensslin L, et al. 2012. Environmental disclosure management: a constructivist case. Management Decision, 50（6）: 1117-1136.

Rupley K H, Brown D, Marshall R S. 2012. Governance, media and the quality of environmental disclosure. Journal of Accounting and Public Policy, 31（6）: 610-640.

Russo M V, Fouts P A. 1997. A resource-based perspective on corporate environmental performance and profitability. The Academy of Management Journal, 40（3）: 534-559.

Sala-i-Martin X, Subramanian A. 2013. Addressing the natural resource curse: an illustration from Nigeria. Journal of African Economies, 22（4）: 570-615.

Siegfried J. 1974. Effective average U.S. corporation income tax rates. National Tax Journal, 27（2）: 245-259.

Smith B. 2010. "Charging for non-renewable resource depletion" or "slimming the goose": less foie gras but more golden eggs? Conference: Australia's Future Tax System: A Post-Henry Review, Sydney.

Suhendra D I. 2013. Decision support system for rehabilitation bond of mining area. Bogor Agricultural University.

Taylor P D. 1979. Evolutionarily stable strategies with two types of player. Journal of Applied Probability, 16（1）: 76-83.

Tilton J E. 2004. Determining the optimal tax on mining. Natural Resources Forum, 28（2）: 144-149.

Tullock G. 1967. Excess benefit. Water Resources Research, 3（2）: 643-644.

van den Bergh J C J M. 2010. Externality or sustainability economics? Ecological Economics,

69（11）：2047-2052.

van Staden C J，Hooks J. 2007. A comprehensive comparison of corporate environmental reporting and responsiveness. The British Accounting Review，39（3）：197-210.

Verrecchia R E. 1983. Discretionary disclosure. Journal of Accounting and Economics，（5）：179-194.

Wagner M. 2005. How to reconcile environmental and economic performance to improve corporate sustainability：corporate environmental strategies in the European paper industry. Journal of Environmental Management，76（2）：105-118.

Wagner M，Phu N V，Azomahou T，et al. 2002. The relationship between the environmental and economic performance of firms：an empirical analysis of the European paper industry. Corporate Social Responsibility and Environmental Management，9（3）：133-146.

Wayne S. 2013. Minerals tax falls short. The Chemical Engineer，（861）：14.

Wiseman J. 1982. An evaluation of environmental disclosures made in corporate annual reports. Accounting，Organizations and Society，7（1）：53-63.

Wu B，Liu P，Xu X. 2017. An evolutionary analysis of low-carbon strategies based on the government-enterprise game in the complex network context. Journal of Cleaner Production，（141）：168-179.

Wu L，Wang Y，Lin B X，et al. 2007. Local tax rebates, corporate tax burdens, and firm migration：evidence from China. Journal of Accounting and Public Policy，26（5）：555-583.

Yuthas K，Rogers R，Dillard J F. 2002. Communicative action and corporate annual reports. Journal of Business Ethics，41（1~2）：141-157.

Zeng S X，Xu X D，Yin H T，et al. 2012. Factors that drive Chinese listed companies in voluntary disclosure of environmental information. Journal of Business Ethics，109（3）：309-321.

Zhu L，Zhao Y C. 2015. A feasibility assessment of the application of the Polluter-Pays Principle to ship-source pollution in Hong Kong. Marine Policy，（57）：36-44.

后　记

本书系国家社会科学基金项目"生态成本补偿与资源型企业税负公允性研究"（批准号：14BJY025）的最终研究成果。感谢国家社会科学基金对本项目的资助。

本书是研究团队的合作成果。程宏伟教授作为课题负责人主持全面研究工作，课题组主要成员彭茜、喻上坤、周国栋、李双海、胡栩铭、王良锦、王良成、周瑞、张永海、冯茜颖、欧璐、文霜、柴鑫涛、钟笠文、丁欣、汪小凡、吴晓娟、杨义东、罗昕炜、杨晓萍等在课题研究的资料梳理、数据分析、研究报告撰写、文字校对等方面做了大量工作。

我们对在课题研究过程中给予支持和帮助的相关部门与人员表示衷心感谢。感谢四川攀枝花地区、新疆伊犁地区、中国石油西南油气田公司等资源地与资源型企业在课题调研过程中的协调与配合；感谢四川大学杜肯堂教授、西南财经大学郭复初教授、四川大学干胜道教授和王虹教授等对课题研究提出的中肯建议。

感谢四川大学商学院2015级会计学专业本科生，他们在地方政府收费清单梳理中的辛勤工作，使我们得出相对准确的统计结果，这些同学是苗思雨、秦皓楠、杨敬茜、黄薇、蒋睿莉、李卓航、邓绍潼、王红艳、李卓然、刘雨菲、王卓群、郑琳莉、邓智文、吕泓南、应淑捷、马婧文、许温庭、付子芮、程洁如、吕德辉、杨玉枝、唐绍兵、冯熙岚、赵亚勇、王艺璇、许婷、罗鹤、黄瑾、张若琳、吴凡、王婧、易智敏、何欣叶、康林、武海楠、刘璐、吴芸、王丹、周围、扈光远、顾青青、胡念柔、和丽、李薇、陈晓秀、郑亚菲、陈霜、王聪、周璐、刘忠杰、石元元、杨和亦舒、龚之然、龚桂勤、郭明昊、邓晔、刘杰仁、周庆鸽、易小晴、章蔓、张艺瑕、平非凡、耿渝、闫晨红。

感谢科学出版社李嘉老师在本书出版过程中认真细致的工作。